새로고친
고려가요의 어석 연구

박병채 저

국학자료원

옛 판의 머리말

고려가요는 신라의 향가를 계승한 국민문학으로서 비록 조선조에 들어 국문으로 정착된 것이기는 하나 오랜 세월을 통하여 우리 조상들의 생활감정이 응고된 것이어서 우리 시가 문학의 정수이며 또한 시가 문학의 계보를 알려주는 주옥같은 존재이다. 현존하는 고려가요는 얼마 안 되는 유산에 지나지 않지만 그런대로 「악학궤범」, 「악장가사」, 「시용향악보」 등에 정착되어 빛을 보게 된 것만도 다행한 일이라 아니할 수 없다. 이들 문헌에 수록된 국문가요 중 고려시대의 가요로 추정되기에는 논거가 희박한 것이 없지도 않으나, 본저에서는 총 21편을 가리어 고려시대 또는 그 이전의 구전국문가요로 보고 어석의 대상으로 삼았다. 그리고 고려 소성(所成)의 가요로 추정되기는 하나 국문으로 기재되지 않은 한문체가요 12편은 어석의 대상에서 제외하되 고려가요를 망라하는 뜻에서 원가(原歌)를 실었다.

여기서 어석의 대상으로 삼는 21편의 노래는 조선조 초기의 가요에서 볼 수 있는 유목적적인 창작이거나 투식적인 표현방식이 아닌 그야말로 대중의 소리이며 자연적인 언어들이어서 문학적인 가치는 물론이지만 구문이나 어휘면에서 볼 때 어학적인 가치도 지대한 것이다. 물론 정착 당시의 조선조 언어로 꽤 윤색된 흠이 있기는 하나 산 언어를 대하는 면에서 그 유례를 찾아 볼 수 없는 것들이다. 따라서 본저에서는 문학적 음미와 평가에 앞서 민족문화유산으로서 순수한 어법적 분석을 토대로 음운과 어형을 가리고 이의 변천과정을 밝히는 데 힘썼다. 우리가 고대요(古代謠)뿐 아니라 일반적으로 고어를 이해함에 있어서는 음운·어형·철법 등이 현대어와 달리 어느 정도의 음운적·형태적 분석이 없이는 내용을 제대로 파악할

(2)

　수가 없는 것이다. 그러므로 고전의 올바른 이해는 이런 분석적인 작업과정에서 추출된 어휘의 정확한 형태에 입각하여, 그 변동 분화과정에서 의미를 측정함으로써 비로소 가능한 것이라고 할 수 있다. 이런 점에서 본저가 어법적 형태분석을 통하여 이해에 조금이라도 이바지할 수 있다면 다행한 일이라고 생각한다. 정작 엮어놓고 보니 소루한 점이 한두 가지가 아닌 듯하나 이는 뒷날을 기약할 수밖에 없다.

　본저에서 고려가요라 한 것은 이들 노래가 비록 한문학의 그늘에서 자라 왔을망정 민요적인 성질을 띠고 오랜 옛부터 불리워 오고 구전되어 오는 동안에 민간속요로서 하나의 시가형식을 이루어 고려인의 특징, 말하자면 고려인의 성격과 그 유연한 정서를 진솔하게 나타낸 점에서 편의상 붙인 명칭이며, 엄밀한 의미에서 말하면 고려시대 또는 그 이전의 국문정착가요라고 보는 것이 좋을 것이다.

　이 소저(小著)는 본래 국어학강독의 강의용으로 고려가요를 다룬 노우트를 보충 정리한 것이며, 어석에 있어서 필자 나름의 어학적 분석 아래 전개하였지만 그동안 발표된 주석서나 논문에서 얻은 바 많았다. 특히 고문헌 용례의 인문(引文)에 있어서는 유창돈·남광우 양 교수의 「이조어사전」·「고어사전」에 힘입은 바 컸다. 두 분에게 사의를 표한다.

저자 씀

새로 고친 판의 머리말

　새로 고친 판의 머리말을 쓰는 일은 우리의 몫이 아님이 분명하다. 돌아가신 선생님을 대신하여 책의 머리를 꾸미는 일은 이제는 더이상 선생님을 뵐 수 없다는 슬픔을 더할 뿐이다. 그러나 우리에게 여전히 남아 있는 책임은 이 책을 새로 고치게 된 경과와 내용을 독자들에게 알리는 일이다.
　선생님의 역저인 「고려가요의 어석연구」는 1968년에 선명문화사에서 처음 발간되었다. 이후 판을 거듭하면서 고려가요 연구에 빼놓을 수 없는 참고서적으로 독자들의 사랑을 받아 왔다. 그러나 해가 지나면서 선생님께서는 첫 판의 교정 상태나 용어 사용에 대해 늘 마음 걸려 하셨다. 더구나 우리 국어학이 보여 왔던 비약적인 발전이나, 특히 고려가요 연구에 대한 이후의 연구가 새로운 판에 반영되어야 한다고 생각하셨다. 그래서 새로 고친 판의 출간을 묵묵히 준비해 오셨던 것이다. 선생님께서 준비하신 옥고를 받아 미력하나마 우리가 마지막 마무리를 하기로 한 것은 1992년 5월 1일의 일이다. 처음에는 1992년 말까지 탈고를 계획했으나, 선생님의 저작이 워낙 방대하여 이모저모를 다듬느라 예정된 시간을 맞추지 못하였다. 그러나 무엇보다도 우리의 게으름이 일을 지체한 것이기 때문에, 계획대로 일이 진행되지 못한 것은 우리에게 씻을 수 없는 자책을 남겨 놓았다. 이제 근 2년의 작업을 통하여 새로 고친 판을 세상에 내놓게 되었다. 이 책은 이전 판과 비교할 때, 그 동안의 많은 업적들을 가능한 한 국어학적 지식의 토대 위에서 비판적으로 검토하고 새로운 견해를 덧붙였다. 그러나 이 책은 성격상 전문 연구서로뿐 아니라 이 방면에 입문하고자 하는 일반 독자들을 염두에 두었기 때문에 부득이 여러 학자들의 다양한 견해들을 구체적으로 논급하지는 않았다. 이 자리를 빌어 이 책에 참고된 많은

(4)

 논저의 저자들에게 진심으로 존경과 감사의 뜻을 전한다. 또한 이 책에서는 우리 글살이의 발전방향을 따라 한자의 사용을 극히 자제했다. 사실 옛말을 논하는 데 한자의 사용을 자제하기란 극히 어려운 일이다. 그러나 이러한 노력 자체가 새로운 문체를 형성하고, 이것이 우리의 글살이를 살지게 하리라는 것은 자명하다. 이를 통하여 우리는 우리 옛 말의 아름다움이 새로운 세대 안에서도 충분히 이해될 수 있기를 바라는 것이다.

 새로 고친 판이 오히려 선생님의 업적에 흠을 내는 것이 아닌가 하여 두렵기 그지없다. 이 책에서 문제가 되는 부분은 전적으로 우리 가필자의 책임이다. 관심있는 연구자들의 많은 질정을 통하여 이 책의 내용이 좀더 다듬어지기를 바란다. 아울러 이 책이 나오기까지 많은 격려와 도움을 주신 고려대학교 한국어학연구회의 여러 선생님들께 감사를 드린다. 또한 어려운 입장에서도 흔쾌히 이 책의 출판을 맡아 주신 국학자료원의 정찬용 사장님께도 심심한 감사의 뜻을 전한다. 끝으로 이 책의 출판을 못 보고 돌아가신 선생님께 뒤늦게나마 머리를 조아리며 이 책을 올린다. 엄한 꾸지람을 듣고 싶을 뿐이다.

1994. 1.

박영준 · 고창수 · 김정숙 · 시정곤

일러두기

1. 이 책의 어석은 먼저 원 노래를 보이고 간략한 해설을 붙인 뒤 각 연을 구절별로 나누어 일련번호로 표시하는 방법을 취하였다. 예를 들면

   1-1 : 해당 노래의 첫 연의 첫 구절
   4-3 : 해당 노래의 넷째 연의 셋째 구절

이들은 다시 각 구절별로 단어를 (1) (2) (3) 등으로 표시하여 어학적 풀이를 꾀하였다. 그러나 '연'의 구분이 곤란한 짧은 노래의 경우는 단어별로 전체를 (1) (2) (3) 등으로 일련번호만을 붙인 것도 있다.

2. 인용예문의 구체적인 약호에 대한 대표적인 예를 보이면 다음과 같다.

월인 186	月印千江之曲 其一百八十六
용비 2	龍飛御天歌 第二章
석보 6:6	釋譜詳節 第六 六張
월석 8:87	月印釋譜 第八 八十七張
능엄 1:88	楞嚴經諺解 券一 八十八張
두초 20:3	杜詩」諺解 初刊 券二十 三張
박초 상 10	朴通事諺解 初刊 上券 十張
악학 처용가	樂學軌範 所載 處容歌
유사 처용가	三國遺事 所載 處容歌
악장 서경별곡	樂章歌詞 所載 西京別曲
훈해 용자	訓民正音解例 用字例 등

3. 어석을 진행하면서 음운, 어법 등에 대한 중복된 대목이 나올 때에는 앞서 상술된 곳을 참조하도록 하고, 다시 설명하는 것을 피하였다. 즉 '동동 11-3 (1) 것거 참조' 등과 같이 노래명, 연, 구, 단어 등의 일련번호와 어휘 등을 표시하여 찾아 보기에 편리하도록 하였다. 그러므로 이 참조란을 그때그때 펼쳐 보는 것이 이해에 도움이 될 것이다.

4. 옛 노래의 어학적 풀이가 국어사의 일면을 담당한다는 것은 말할 필요가 없으나, 우리가 고전을 이해하기 위해서는 음운, 형태, 어법 등의 변천과정에서 분석된 현대어와의 정확한 대응이 요청되는 것이다. 그러므로 이 책에서는 단어마다 어학적 분석에서 추출된 현대어를 먼저 보이었다. 그리고 원칙적으로 노래의 맨끝에 〈현대어 옮김〉을 붙였다.

인용예문의 철자법은 원전과 동일하며, 인용도서목록은 다음과 같이 대부분 약호를 사용하였다.

(1) 약호를 사용한 도서명

〈가례〉	가례언해(家禮諺解)	신식	1632
〈계축〉	계축일기(癸丑日記)	궁녀	
〈고산〉	고산유고(孤山遺稿)	윤선도	1791
〈관음〉	관음경언해(觀音經諺解). 重刊		1630
〈구간〉	구급간이방(救急簡易方)		1489
〈구방〉	구급방언해(救急方諺解)		1466
〈균여〉	균여전(均如傳)	혁련성	1074
〈금강〉	금강경언해(金剛經諺解).刊經都監	한계희 등	1464
〈금삼〉	금강경삼가해(金剛經三家解)		1482
〈남명〉	남명집언해(南明集諺解)		1482
〈내훈〉	내훈(內訓). 重刊本(1573)이 전함		1475

〈노걸〉	노걸대언해(老乞大諺解). 重刊		1795
〈노계〉	노계집(蘆溪集)	박인로	1800
〈능엄〉	능엄경언해(楞嚴經諺解)		1462
〈동문〉	동문류해(同文類解)	현문항	1748
〈두초〉	두시언해(分類杜工部詩諺解)	조위 등	1686
〈두중〉	두시언해(分類杜工部詩諺解). 重刊		1632
〈두창〉	두창경험방(痘瘡經驗方)		미상
〈맹언〉	맹자언해(孟子諺解)		1578
〈목우〉	목우자수심결(牧牛子修心訣)	신미	1467
〈몽산〉	몽산화상법어약록언해 (蒙山和尙法語略錄諺解).刊經都監	신미	1467
〈박초〉	박통사언해(朴通事諺解). 初刊	최세진	중종조
〈박중〉	박통사언해(朴通事諺解). 重刊	김창조	1765
〈번소〉	번역소학(飜譯小學)	최숙생 등	1518
〈법화〉	법화경언해(法華經諺解). 刊經都監		1463
〈불정〉	불정심경언해(佛頂心經諺解)		1631
〈사기〉	삼국사기(三國史記)	김부식 등	고려 인종조
〈사성〉	사성통해(四聲通解)	최세진	1517
〈삼강〉	삼강행실도(三綱行實圖)	설순 등	성종조
〈삼역〉	삼역총해(三譯總解). 重刊	최훈택	1774
〈서전〉	서전언해(書傳諺解)		1588
〈석보〉	석보상절(釋譜詳節)	수양대군	1447
〈석봉〉	석봉천자문(石峯千字文)	한호서	1583
〈소아〉	소아론(小兒論)	김진하	1777
〈소학〉	소학언해(小學諺解). 重刊		1612
〈속삼〉	속삼강행실도(續三綱行實圖)	신용개 등	1514
〈송강〉	송강가사(松江歌辭). 星州本	정철	1687

(8)

〈시경〉	시경언해(詩經諺解)		1588
〈시용〉	시용향악보(時用鄕樂譜).		중종·명종 사이
〈신속〉	동국신속삼강행실도 (東國新續三綱行實圖)		1617
〈신전〉	신전자초방언해(新傳煮硝方諺解)		1698
〈신편〉	신편보권문(新編普勸文)		미상
〈심경〉	심경언해(心經諺解)	한계희 등	1463
〈악장〉	악장가사(樂章歌詞)	박준(?)	미상
〈악학〉	악학궤범(樂學軌範). 重刊	성현 등	1610
〈어록〉	어록해(語錄解)	정양	1657
〈언간〉	언간집(諺簡集)		
〈역어〉	역어류해(譯語類解)	신이행 등	1690
〈영가〉	영가집언해(永嘉集諺解)	신미	1463
〈오륜〉	오륜행실도(五倫行實圖)	이병모 등	1797
〈오전〉	오륜전비언해(伍倫全備諺解)		1721
〈왕랑〉	왕랑반혼전(王郞返魂傳)		1753
〈왜어〉	왜어유해(倭語類解)	홍순명(?)	17세기
〈용비〉	용비어천가(龍飛御天歌)	권재 등	1445
〈유사〉	삼국유사(三國遺事)	일연	고려 충렬왕조
〈신증〉	신증유합(新增類合)		1576
〈원각〉	원각경언해(圓覺經諺解)	신미	1465
〈월석〉	월인석보(月印釋譜).重刊本이 많음		1459
〈월인〉	월인천강지곡(月印千江之曲)	김수온(?)	1447
〈정속〉	정속언해(正俗諺解)	김안국	1518
〈주천〉	주해천자문(註解千字文)		1752
〈은중〉	은중경언해(恩重經諺解)		1553
〈지장〉	지장경언해(地藏經諺解)		1569

〈첩몽〉 첩해몽어(捷解蒙語) 1737
〈첩신〉 첩해신어(捷解新語) 강우성 1676
〈청구〉 청구영언(靑丘永言) 김천택 1728
〈칠대〉 칠대만법(七大萬法) 1569
〈태평〉 태평광기언해(太平廣記諺解) 미상
〈훈몽〉 훈몽자회(訓蒙字會) 최세진 1527
〈훈해〉 훈민정음해례본(訓民正音解例本) 최항 등 1446
〈훈언〉 훈민정음언해본(訓民正音諺解本)은 세종조
월인석보(1459)에 있음

2) 원전명을 사용한 도서명

고려사(高麗史) 정인지 등 1449
고려사절요(高麗史節要) 1453
경도잡지(京都雜志) 유득공 정조조
근재집(謹齋集) 안축 고려 충숙왕조
농암집(聾岩集) 이현보 중종조
단속사신행선사비(斷俗寺神行禪師碑) 813
대동운부군옥(大東韻賦群玉) 권문해 선조조
동각잡기(東閣雜記) 이정향 선조조
동국세시기(東國歲時記) 홍석모 순조조
동국통감(東國通鑑) 서거정 1484
동국정운(東國正韻) 신숙주 등 1447
동환록(東寰錄)
무릉잡고(武陵雜稿) 주세붕 중종조
문헌비고(文獻備稿) 홍봉한 1770

(10)

목은집(牧隱集)	이색	고려말
불우헌집(不憂軒集)	정극인	성종조
서포만필(西浦漫筆)	김만중	숙종조
성종실록(成宗實錄)		1499
성호사설(星湖僿說)	이익	영조조
세종실록(世宗實錄)		1471
술악부사(述樂府辭)	김수온	세조조
여지승람(輿地勝覽)		1486
연려실기술(燃藜室記述)	이긍익	정조조
열량세시기(洌陽歲時記)	김매순	순조조
오주연문장전산고(五洲衍文長箋散稿)	이규경	헌종조
이두편람(吏讀便覽)		
익재난고(益齋亂藁)	이제현	고려 공민왕조
자암집(自庵集)	김구	선조조
조선관역어(朝鮮館譯語)		고려말
중종실록(中宗實錄)		1550
정도사조탑기(淨兜寺造塔記)		1031
증보문헌비고(增補文獻備考)	이만운	1782
태조실록(太祖實錄)		1413
퇴계집(退溪集)	이황	명종조
평산신씨장절공유사(平山申氏壯節公遺事)		
포은집(圃隱集)	정몽주	고려말
한청문감(漢淸文鑑)	이수	영조조
함종세고(咸從世稿)	윤금손	1510
해동악부(海東樂府)	심광세	1617
해동역사(海東繹史)	한치윤	정조조

향약구급방(鄕藥救急方)　　　　　　　　　　고려 고종조

(3) 기타 한적(漢籍) 도서명

계림유사(鷄林類事)	송	손목(孫穆)
박물지(博物志)	진	장화(張華)
사기(史記)	한	사마천(司馬遷)
사원(辭源)		
삼국지(三國志)	진	진수(陳壽)
중국인명대사전		
한서(漢書)	후한	반고(班固)
향보(香譜)	송	심립(沈立)
환우기(寰宇記)	송	악사(樂史)
후한서(後漢書)	송	범엽(范曄)

차 례

옛 판의 머리말 / (1)
새로 고친 판의 머리말 / (3)
일러두기 / (5)

I. 고려가요의 개관

1. 고시가의 역사적 발전과 고려가요의 성격 ················ 1
2. 고려가요의 문헌적 특성 ················ 7
3. 국문정착가요의 어문학적 의의 ················ 16

II. 국문 정착 가요

■ 악학궤범

1. 정 읍 사 ················ 21
2. 동   동 ················ 51
3. 처 용 가 ················ 122
4. 정 과 정 ················ 170

■ 악장가사

5. 서경별곡 ·· 191
6. 청산별곡 ·· 214
7. 쌍 화 점 ·· 244
8. 정 석 가 ·· 259
9. 만 전 춘 ·· 278
10. 이 상 곡 ·· 295
11. 사 모 곡 ·· 307
12. 가 시 리 ·· 315
13. 한림별곡 ·· 323

■ 시용향악보

14. 나 례 가 ·· 355
15. 유 구 곡 ·· 361
16. 상 저 가 ·· 365
17. 성 황 반 ·· 370
18. 내   당 ·· 376
19. 대 왕 반 ·· 383
20. 삼성대왕 ·· 387
21. 대   국 ·· 390

Ⅲ. 한문체가사

1. 도이장가 ·········· 399
2. 관동별곡 ·········· 401
3. 죽계별곡 ·········· 404
4. 자 하 동 ·········· 406
5. 관 음 찬 ·········· 407
6. 풍 입 송 ·········· 408
7. 야 심 사 ·········· 409
8. 보 허 자 ·········· 410
9. 능 엄 찬 ·········· 411
10. 영산회상 ·········· 412
11. 하 여 가 ·········· 413
12. 단 심 가 ·········· 414

■ 참고문헌 ·········· 415

■ 찾아보기

1. 어   휘 ·········· 421
2. 문법 용어 ·········· 428
3. 기타 용어 ·········· 429

I. 고려가요의 개관

1. 고시가의 역사적 발전과 고려가요의 성격

　예술은 인간 본성이 스스로 발현된 것이다. 그 기원이 인간생활의 여유로움에 근거한 것이든 혹은 실용적 필요에 근거한 것이든, 언어를 가진 인간은 일찍부터 노래부르고 춤추며 저마다의 삶을 즐겨 왔다. 「시경」집전서(詩經 集傳 序)에 '마을 마을마다 노래를 지어 불렀는데, 이른바 남녀가 함께 부르는 것으로 노래마다 연정이 넘친다(多出於里巷 歌謠之作 所謂男女相與詠歌 各言其情)'고 한 것을 보면, 마을의 남녀들이 서로 연정을 노래하여 즐긴 사실을 알 수 있다.

　우리나라만 하더라도 「후한서」동이전(後漢書 東夷傳)에 보면 고구려의 풍속에 대하여 '모두 몸을 정결히 하고 기쁜 마음으로 모여서 밤 이슥도록 남녀가 어울려 노래를 불렀으며, 하늘신과 땅신을 잘 받들어서 해마다 10월이면 하늘에 제사를 올리는 큰 모임을 가졌는데, 이를 동맹이라고 한다(皆潔淨自喜 暮夜輒 男女群聚爲倡樂 好祠鬼神社稷零星 以常十月祭天大會 名曰同盟)'고 하였다. 마한에 대해서는 「삼국지」위지 동이전 한조(三國志 魏志 東夷傳 韓條)에 '해마다 오월에 씨를 뿌리고 하느님께 제를 올렸는데, 사람들이 모여 춤추고 노래부르고 술을 마시기를 밤낮을 쉬지 않았으며, 그 춤은 수십명이 모두 일어나 서로를 좇고 땅을 구르며 손발을 맞추는 식인데 그 가락이 탁무와 비슷하다. 시월에 농사일이 끝나도 이와 똑같은 의식을 행하였다(常以五月下種訖 祭鬼神 群聚歌舞飮酒 晝夜無休 其舞數十人 俱起相隨 踏地低昂 手足相應 節奏有似鐸舞 十月農功畢 亦復如之)'고 한 바 있다.

결국 우리 옛 기록에 보이는 춤과 노래는, 일을 끝낸 뒤 하늘에 제사를 드리면서 집단적 엑스타시를 발현하는 수단이었다고 볼 수 있다. 이는 인간들이 생활 안에서 노래를 부르고 춤을 추며 삶을 영위해 왔음을 보여 주는 것이다. 즉 노동, 연애, 수렵, 전쟁, 풍자, 생사, 애환 등을 노래의 소재로 삼아 그때그때의 생활감정을 솔직히 토로함으로써 의욕적인 삶을 구가하였던 것이다. 그러므로 태초부터 얼마나 많은 노래들이 인간생활을 기름지고 살지게 해 왔던가를 짐작하기 어렵지 않다. 따라서 인류의 생성발전과 더불어 불리어 온 노래들이 우리나라에도 많았으리라 생각된다. 그러나 오늘날 우리가 접할 수 있는 옛 노래가 그리 많지 못함은 실로 유감스러운 일이다.

우리의 옛 노래가 많은 부분 전해 내려오지 못한 큰 이유는 그 노래들을 담을 고유문자가 없었다는 점이다. 그러나 문자가 제정된 조선조에 들어서도 식자층들에게 전해오는 노래들을 기록으로 남길 만한 사상적 성숙성이 없었다는 점도 작지 않은 이유가 될 것이다. 즉 조선시대의 세종, 성종, 중종 대에 계속 옛 노래를 정리하면서 유교입국의 국시만을 내세운 진부한 유생들의 위선과 독선으로 모처럼 구전된 노래마저 '남녀상열지사(男女相悅之詞)'니 '음사(淫詞)'니 '망탄(妄誕)'이니 하여 함부로 삭제해 버리는 잘못을 범했기 때문이다.

문학예술의 매개체인 언어와 문자의 관계를 새삼스럽게 말할 필요는 없다. 따라서 우리의 문학유산을 논의할 때, 일찍이 고유문자를 갖지 못한 점은 모든 역사적 전개에서 커다란 장애가 되어 왔던 것이다. 특히 문자는 그 나라 사람들이 말하는 언어를 담는 그릇이라는 점에서 문학예술의 직접적인 매개체이다. 그러나 우리는 불행히도 오랫동안 고유문자를 갖지 못하고, 우리말과 동떨어진 외래문자인 한자를 가지고 문자생활을 영위해 왔다. 비록 국문학사에서 우리나라의 고대가요로 〈공무도하가(公無渡河歌)〉, 〈황조가(黃鳥歌)〉, 〈구지가(龜旨歌)〉 등을 연구와 논의의 대상으로 삼고 있기는 하지만, 이들을 담은 그릇이 우리의 옛 말을 그대로 드러내지 못하므로, 우리 노래로서의 진면목을 접할 길이 없는 것이다. 이 노래들이 우리 문학의 공백기에서 갖는 의의는 크다고 할 수 있을지 모르나, 우리 노래의 정수를 찾기란 거의 불가능한 일이라고 할 것이다. 이런 의미에서 우리는 신라 향가의 국문학사적 의의를 크게 평가하지 않을 수 없다.

향가는 우리 선인들이 일찍이 언어와 문자의 괴리를 극복하여 우리 노래를 문학의 진정한 연구영역에 올려놓게 한 노력의 결정이었다. 비록 외래 문자가 아닌 새로운 문자를 만들어내는 데에는 미치지 못했지만, 주어진 표기수단을 응용하여 우리말을 드러낼 수 있도록 표기체계를 확립하였다는 것은 단순히 몇몇 노래를 우리에게 전해 주었다는 것만으로 평가할 수 없는 역사적 의의가 있는 일이다. 이는 고대인의 주체적 세계의식과 언어에 대한 과학적 인식을 전제로 한 것이기에 더욱 값진 것이며, 이로써 우리 문학이 우리 말로 우리에게 이해되는 출발이 되었다는 점에서 더욱 소중한 것이다. 다만 우리에게 전해진 자료가 극히 제한되어 있고 표기수단도 제약되어 있었기 때문에, 천년을 거슬러 신라어의 실체를 살핀다는 것은 너무나도 어려운 일이다. 그러나 우리는 고대국어 연구에 대한 발상적 전환과 이의 재구를 위한 엄격한 과학적 방법론의 확립을 통하여 우리 옛 말의 실체를 파악할 수 있는 길을 끊임없이 모색하여야 할 것이다.

현재 전해지는 향가가 비록 25수에 지나지 않지만 「삼국사기」 악조(樂條)와 열전(列傳), 그리고 「삼국유사」 및 「증보문헌비고」 등에서 신라 노래로 약 60여편의 노래명을 볼 수 있다. 또한 향가집으로 「삼대목(三代目)」이 편찬되었다는 사실이나 「삼국유사」에 보이는 신라인들의 향가 숭상에 대한 기록을 참고하면, 향가는 하나의 국민문학으로서 널리 창작되고 가창되었음을 짐작하기 어렵지 않다. 향가의 성행은 신라인의 생활을 풍요롭게 했음은 물론, 고려에 전승되어 고려 특유의 시가형식을 발전시키게 된 동인이 되었을 것이다. 즉 고려의 노래는 향가식 가요의 계승과 이의 발전형태라고 할 수 있는데, 그 대표적인 형식이 오늘날 우리가 접할 수 있는 '고려속요'이다. 우리는 이 고려속요의 표현미를 통하여 당시 민중들의 소박하고 가식없는 생활감정을 접할 수 있다.

그러나 고려시대에는 고려속요 외에도 향가계의 〈도이장가〉나 〈정과정〉 같은 지배계층의 노래, 귀족 한림의 '경기체가(景幾體歌)' 등도 불렸다. 이들도 고려속요와 더불어 고려를 대표하는 새로운 시가형식을 형성하였다는 점에서 '고려가요'라는 범주에 포함시키고자 한다. 이들 고려가요는 조선에 와서 문자로 정착되어 「악학궤범」, 「악장가사」, 「시용향악보」 등에 전해지고 있다. 이들 중에서 「악학궤범」에 〈동동〉 이하 4편, 「악장가사」에 〈한림별곡〉 이하 10편(이 중 〈처용가〉가 중복되므로 결국 9편), 「시용향악보」에 〈유구곡〉 이하 8편(이는 노래의 형식과 내용에서 추정한 것) 등 모두 21편의 가요가 국문으로 정착되었는데, 이들을 '국문정착가요'라고 부르겠다(구체적인 사항은 다음 장 고려가요의 문헌적 특성 참조).

그러나 엄밀한 의미에서 이들 문헌에 정착된 노래들을 모두 고려가요라고 단정할 수는 없다. 「삼국유사」나 「균여전」에 전하는 25수의 향가는 대부분 연대와 작자가 밝혀져 있고, 당시의 언어를 반영하는 신라시대의 문학유산임을 부인할 수는 없는 것이다. 그러나 고려가요는 대부분 연대와 작자가 밝혀져 있지 않으며, 고려 혹은 그 이전부터 문자와 유리된 채로 구전되어 온 노래들 중 일부가 조선조에 이르러 비로소 문자로 정착된 것이기 때문이다.

　　　聲樂之理 有關時政 今慣習鄕樂五十餘聲 並新羅百濟高麗時民間俚語 猶可相見當時 政治得失 足爲徵戒 (禮曹啓) 〈세종실록 권61 15년 9월조〉

위의 기사에 의하면 당시에 신라, 백제, 고려 때의 언어로 된 향악 50여 곡이 있었음을 알 수 있다. 따라서 향가나 고려가요가 고유문자를 가지지 못한 시대의 산물이라는 점에서는 같은 입장이지만, 향가는 신라의 노래라는 시대성을 부여할 수 있는 반면, 국문정착가요는 이를 명확히 단정할 수 없는 것이다.「세종실록」에 언급된 50여곡의 민간전승 노래들이 현전하는 고려가요에 얼마나 반영되었는가는 알 길이 없다.

따라서 향가와 고려가요의 자료에 접근하는 태도가 달라야 함은 물론이다. 고려는 신라를 정치적으로 대신했을 뿐 아니라 문화적으로 계승하여 이를 유지, 발전시켜 왔다. 그러므로 삼국시대 또는 통일신라시대부터 불리어 오던 많은 가요들도 그대로 고려에까지 계승되었을 것이다. 이들이 고려의 새로운 노래들과 더불어 그 시대의 언어미에 맞도록 윤색되었고 일부는 조선에까지 한역이나 구전을 통하여 내려왔으리라는 것은 의심할 수 없다.

고려가요 중 일부는 한역을 통하여 그 대략의 내용이 전하는 것이 있다. 한역시의 대표적인 것은 이제현(李齊賢)의 문집「익재난고(益齋亂藁)」권4 소악부(小樂府)에서 볼 수 있다. 소악부는 이제현이 당시에 불렸던 노래들을 절구체(絶句體)로 한역한 것으로 모두 11수가 수록되어 있다. 그 중〈처용가〉,〈정과정〉,〈서경별곡〉은 다행히 국문으로 정착이 된 것이어서 내용의 일부만이 칠언절구로 한역되었음을 알 수 있지만, 나머지는 출처나 원가의 모습을 알 길이 없다.「익재난고」10권은 그의 자손이 이색(李穡)의 서를 붙여 공민왕 12년에 간행하였던 것을 조선 선조 33년에 그의 후손이 재간하고, 다시 숙종 19년에 경주부(慶州府)에서 중간하였다. 오늘날 전하는 것은 이 중간본이다.

이 외의 한역에 대하여는「고려사」악지(樂志)에〈동동〉이하 31편의 노래명들이 보이는데, 그 중〈삼장(三藏)〉과〈사룡(蛇龍)〉만을 한역하였는데, 전자는 칠언절구(七言絶句)로(〈쌍화점〉제 2연의 한역), 후자는 오언절구로 되어 있다.〈한림별곡〉은 원 노래의 줄거리를 한문으로 소개한 것이며, 다만 이미 소개한 바 있는 이제현의 번역시 11수 중〈오관산(五冠山)〉,〈거사련(居士戀)〉,〈처용(處容)〉,〈사리화(沙里花)〉,〈장암

(長巖)〉,〈제위보(齊危寶)〉,〈정과정(鄭瓜亭)〉등 7편과 장진공(張晉公)의 번역시〈한송정(寒松亭)〉등을 간단한 해설 뒤에 소개했을 따름이다. 그 나머지는 노래 이름과 간단한 해설 뿐이다. 이와 같은「고려사」의 속악 채록에 대한 태도는 다음과 같은 '악지 2'의 기사에서 엿볼 수 있다.

> 俗樂
> 高麗俗樂 考諸樂譜載之 其動動及西京以下二十四篇 皆用俚語
> 動動
> 動動之戲 其歌詞多有頌禱之詞 盖效仙語而爲之 然詞俚不載

결국 고려의 많은 노래들이 한역이나마 전문이 다 채록되지 못한 것은 '사리부재(詞俚不載)'의 원칙에 따른 것으로, 이는 소중화(小中華)를 자처한 상류계급의 왜곡된 역사인식 때문이었다.

또한 고려가요가 불리던 시대의 언어와 국문으로 정착된 시대의 언어 사이에는 많은 변화가 있기 때문에, 우리가 오늘날 접할 수 있는 고려가요는 매우 복잡한 언어학적 사실을 내포하고 있다고 보아야 한다. 이 점이 고려가요가 국문가요임에도 불구하고 그 언어학적 사실을 명확히 밝히기 어려운 근본적 요인인 것이다.

2. 고려가요의 문헌적 특성

고려가요의 문헌적 특성을 살펴보기 전에 앞서 논의한 국문정착가요를 먼저 고찰하고, 한문체와 그 노래의 면모를 알 수 없는 부선가요 등은 따로 일괄하기로 한다.

(1) 국문정착가요

국문정착가요는「악학궤범」과「악장가사」및「시용향악보」에 채록된 것으로, 비록 이들이 조선시대에 들어와 당시의 언어내용으로 윤색되었다고 하더라도 그 이전의 원형을 어느 정도 간직하고 있는 희귀한 존재들임에는 틀림없다. 다음의 표는 이들 국문정착가요의 일람을 보인 것이다.

〈표 1〉 국문정착가요 일람

노래이름	작 자	연 대	출 전
동동(動動)			악학궤범
정읍사(井邑詞)			악학궤범
처용(處容)			악학궤범, 악장가사
삼진작(三眞勺)/정과정(鄭瓜亭)	정 서	의 종 대	악학궤범
정석가(鄭石歌)			악장가사, 시용향악보
청산별곡(靑山別曲)			악장가사, 시용향악보
서경별곡(西京別曲)			악장가사, 시용향악보
사모곡(思母曲)			악장가사, 시용향악보
쌍화점(雙花店)		충렬왕대	악장가사
이상곡(履霜曲)			악장가사
가시리/귀호곡(歸乎曲)			악장가사, 시용향악보
한림별곡(翰林別曲)	한림유생	고 종 대	악장가사
만전춘(滿殿春)			악장가사
유구곡(維鳩曲)	예 종	예 종 대	시용향악보
나례가(儺禮歌)			시용향악보
상저가(相杵歌)			시용향악보
성황반(城皇飯)			시용향악보
내당(內堂)			시용향악보
대왕반(大王飯)			시용향악보
삼성대왕(三城大王)			시용향악보
대국 1, 2, 3 (大國)			시용향악보

이상 「악학궤범」에서 〈동동〉 이하 4편, 「악장가사」에서 〈정석가〉 이하 9편(모두 10편이지만 〈처용가〉가 「악학궤범」과 중복됨), 「시용향악보」에서 〈유구곡〉 이하 8편(모두 13편이지만 〈정석가, 청산별곡, 서경별

곡, 사모곡, 가시리〉 5편은 「악장가사」와 중복되며, 이들 중 〈사모곡〉을 제외한 나머지 4편은 모두 제 1연만 채록됨) 등 모두 21편의 국문정착가요를 접할 수 있다.

「악학궤범」은 조선 성종 24년(1493) 8월 성현, 유자광 등이 장악주부(掌樂主簿)인 신말평과 전악(典樂) 박곤, 김복근 등과 더불어 왕명으로 편찬한 9권 3책으로 된 악서이다. 여기에는 율조를 짓는 원리와 연주하는 방법 및 악기와 의식에 쓰이는 기구의 형체와 그 제작, 그리고 연주자와 춤추는 사람의 행렬 자리와 들어오고 나감의 절차 등을 아악, 당악, 향악 등으로 구분하여 상세히 그림과 더불어 설명하고 있다. 그러나 성종시대의 초간본은 임진왜란으로 없어졌고, 현재 전하는 국내본은 임란 후 광해군 2년(1610)에 이정구 등이 간행한 중간본이다. 이는 현재 규장각에 소장되어 있는데, 1933년에 고전간행회에서 이를 처음 영인하였다. 국외본으로는 일본 도쿄 소재의 봉좌문고(蓬左文庫)에 소장된 것이 있다. 이는 임란 때 일본으로 반출된 것으로 임란 이전판으로는 유일본이라고 할 수 있으며, 성종 때의 초간본으로 추정되고 있다. 봉좌문고본은 마이크로 필름으로 영인되어 국내에 소개되었는데, 그 후 중간본과의 대교로 「교본 악학궤범」이 영인되었다.

「악학궤범」 수록의 국문가요는 권5 '시용향악정재도의(時用鄕樂呈才圖儀)'조에 채록되어 있다. 여기에 실린 통칭 고려가요로의 국문가요는 〈동동, 정읍사, 처용, 삼진작〉 4편뿐이며, 이 외에 〈여민락(與民樂), 봉황음(鳳凰吟), 북전(北殿), 관음찬(觀音讚), 문덕곡(文德曲)〉 등이 실려 있다. 이 중 〈관음찬〉은 고려 때의 노래인 듯하나 전편이 오언체(五言體) 한시에 토를 단 것일 뿐이므로 국문가사에서 제외되며, 나머지는 모두 조선시대에 들어서 지어졌거나 개작된 것이고 대부분이 한시에 토를 단 형식의 노래이다(〈여민락〉-〈용비어천가〉의 일부, 〈봉황음〉-윤준 개찬, 〈북전〉-성종조 개작, 〈문덕곡〉-정도전 작). 이밖에 권2 '시용속부 제악(時用俗部 祭樂)'조에 〈정동방곡(靖東方曲)〉(위화도 회군), 〈납씨가

(納氏歌)〉(정도전 작) 등이 있으나, 조선조 작품으로 한시에 토를 단 것에 불과하다.

「악장가사」는 일명 「국조사장(國朝詞章)」 또는 「국조악장(國朝樂章)」이라고도 하며 사본 1책만이 전하는 희귀본이다. 여기에는 고려 이전 부터 전해 내려 온 노래와 조선 초기까지의 향악 가사가 수록되어 있다. 작자와 출간 연대는 미상이나 중종, 명조 간의 사람으로 보이는 박준이 편찬한 것으로 추정되고 있다. 이는 「퇴계집」 '서어부사 후(書漁父詞後)'의 다음과 같은 기록에 근거한 것이다.

> 頃歲 有密陽朴浚者 名知衆音 凡係東方之樂 或雅或俗 靡不裒集 爲一部書 刊行于世而此詞(漁夫詞) 與霜花店諸曲 混載其中 〈권43〉

즉, 여기서 박준이 편찬한 책이 곧 「악장가사」로 여겨지기 때문이다. 그러나 현전본은 표기상으로 볼 때 분명히 임란 이후에 출간된 것이 틀림없다. 한편 「악장가사」는 '속가사 상', '아악가사' 등으로 분류하여 노래를 기록한 점으로 미루어 '속악가사 하'가 별도로 엮어졌으리라 생각되나 전하지 않는다.

「악장가사」의 '가사 상'에 수록된 노래는 모두 24편인데, 이 중 고려 이전부터의 국문정착가요로 추정되는 것은 앞에 든 10편이며 나머지 14편은 다음과 같다. 즉, 〈여민락, 보허자(步虛子), 감군은(感君恩), 능엄찬(楞嚴讚), 영산회상(靈山會相), 유림가(儒林歌), 신도가(新都歌), 풍입송(風入松), 야심사(夜深詞), 어부가(漁夫歌), 화산별곡(華山別曲), 오륜가(五倫歌), 연형제곡(宴兄弟曲), 상대별곡(霜臺別曲)〉 등이다. 이 중 〈풍입송, 야심사〉 2편은 「고려사」 악지에도 해설된 고려의 노래이나 원가사가 한시에 토를 단 형식일 뿐이며, 〈보허자, 능엄찬, 영산회상〉도 한문체이므로 국문정착가요에서 제외된다. 또한 이들을 제외한 9편은 조선에 와서 만들어진 노래이다(〈여민락〉-〈용비어천가〉의 일부, 〈감군은〉-상진 작, 〈유림가〉-작자 미상, 〈신도가〉-정도전 작, 〈어부가〉-작자 미상,

〈화산별곡〉-변계량 작, 〈오륜가〉-작자 미상, 〈연형제곡〉-작자 미상, 〈상대별곡〉-권근 작).

「시용향악보」는 고려부터 내려 온 향악과 조선 초기까지의 향악 악보를 집대성한 것이다. 이는 통문관 주인 이겸로씨가 소장하던 것을 1954년 동방학연구소에서 영인함으로써 학계에 알려지게 된 귀중본이며, 이로써 음악, 어문학, 민속학의 자료가 더욱 풍부하게 되었다. 이 판본은 악보의 편찬자나 간행 연대가 미상이나, 원본의 지질, 묵색, 판식, 자체 및 표기법 등으로 미루어 보아 중종, 명종 때나 선조 때의 것으로 추정되고 있다. 이 악보에 수록된 노래는 모두 26편으로 다음과 같다.

〈납씨가〉(평조), 〈유림가〉(평조), 〈횡살문(橫殺門)〉, 〈사모곡〉(속칭 엇노리, 계면조), 〈서경별곡〉(평조), 〈쌍화곡〉(속칭 쌍화점, 평조), 〈나례가〉(평조), 〈정석가〉(평조, 계면조 통용), 〈청산별곡〉(평조), 〈유구곡〉(속칭 비두로기, 평조), 〈귀호곡〉(속칭 가시리, 평조), 〈생가요량(笙歌寥亮)〉(평조), 〈상저가〉(평조), 〈풍입송〉(평조), 〈야심사〉(평조), 〈성황반〉(계면조), 〈내당〉(계면조), 〈대왕반〉(ᄆᆞᆯ와디 평조 내당 ᄆᆞᆯ와디 악동), 〈잡처용(雜處容)〉(평조), 〈삼성대왕〉(평조), 〈군마대왕(軍馬大王)〉(평조), 〈대국 1, 2, 3〉(평조), 〈구천(九天)〉(평조), 〈별대왕(別大王)〉(평조)

이상 26편 중 다음 16편은 이 판본의 발견 이전에는 그 이름조차 알려지지 않았던 것으로 그 대부분이 고려 이전의 구전가요로 추정되는 것들이며, 이로써 「악학궤범」이나 「악장가사」에 정착되지 못한 옛 노래를 몇 편 보태게 되었다.

〈횡살문〉, 〈나례가〉, 〈유구곡〉, 〈귀호곡〉, 〈생가요량〉, 〈상저가〉, 〈성황반〉, 〈내당〉, 〈대왕반〉, 〈삼성대왕〉(평조), 〈군마대왕〉(평조), 〈대국 1, 2, 3〉(평조), 〈구천〉(평조), 〈별대왕〉(평조)

새로 발견된 16편 중 〈횡살문〉과 〈생가요량〉은 조선시대의 건국 태평송 또는 성수무강(聖壽無疆)을 송축한 한시체이며, 〈귀호곡〉은 「악장가사」소재의 〈가시리〉의 제목을 바꾼 것이다. 이들 3편을 제외한 13편은 모두 우리말로 된 것이며, 고려 때부터 불리어 오던 노래가 조선시대에 와서 다소 윤색 또는 개작된 흠이 있는 듯하나 여기서는 일괄하여 국문정착 가요로 보고자 한다. 다만 이 중 〈군마대왕, 구천, 별대왕〉 3편은 퍽 희귀한 형식의 노래로 모두가 주술적 입타령으로만 된 여음이므로, 이들을 제외하면 모두 10편의 노래가 남는다. 다음에 이 여음으로 된 3편을 보인다.

군마대왕 평조

리러루 러리러루 런러리루
러루 러리러루
리러루리 러리로
로리 로라리
러리러 리러루 런러리루
러루 러리러루
리러루리 려리로

구천 평조

리로 리런나
로리라 리로런나
로라리리 리로리런나
오리런나
나리런나
로런나
로라리로 리런나

별대왕 평조

노런나 오라나 리라리로런나
니리리런나 나라나 리런나

    로로런나 리런나
    로로런나 리런나

 이들은 모두 무당의 노래로 주술적 입타령으로만 불린 노래이다. 또한 이들 10편 중 여음이 공통적인 〈대국 1, 2, 3〉 3연을 1연씩 따로 악보로 올린 것으로 간주한다면, 결국 8편의 새로운 국문정착가요를 찾게 된 셈이다.
 새로 발견된 16편을 제외한 11편의 노래는 「악장가사」 소재의 가사와 중복된 것이거나 조선조에서 이루어진 노래이다. 이를 구체적으로 보면, 〈사모곡, 서경별곡, 정석가, 청산별곡〉 4편은 「악장가사」 소재의 것과 제목이 같으며, 노래 내용도 〈사모곡〉의 경우는 전부 일치하고 나머지는 제1연만이 표기에서 사소한 차이만을 보이며 수록되었다. 〈납씨가〉(정도전 작)와 〈유림가〉(작자 미상)는 조선시대 태조의 공을 칭송한 것이며, 〈쌍화곡〉과 〈잡처용〉은 「악장가사」 소재의 〈쌍화점〉과 〈처용〉의 가사와는 완전히 달라 조선시대에 들어와 개작된 것으로 보인다. 〈풍입송, 야심사〉는 고려의 노래이나 한시에 토를 단 형식일 뿐이므로 국문정착가요에서 제외된다(「악장가사」 소재 노래 해설 참조).
 이상에서 대체로 고려 이전부터 전해 오는 국문정착가요의 문헌적 특성을 살펴 보았다. 이 책에서는 앞에서 살핀 대로 「악학궤범」, 「악장가사」에 채록된 13편과 「시용향악보」의 노래 8편 등 모두 21편의 국문정착가요를 어석의 대상으로 하였다.

 (2) 한문체가요

 한문체가요는 한시, 한시현토, 향찰식 표기 또는 한문과 향찰 혼용표기의 노래를 지칭한다. 이들은 앞서 언급한 「악학궤범」, 「악장가사」, 「시용향악보」 등을 비롯하여 「고려사」 악지 및 개인문집 등에서 찾아 볼 수 있다. 이들을 일람하면 다음과 같다.

〈표 2〉 한문체가요 일람

노래 이름	작자	연 대	기사 방법	출 전
도이장가(悼二將歌)	예 종	예종15년(1120)	향찰식	장절공유사
관동별곡(關東別曲)	안 축	충숙왕17년(1330)	한문향찰식혼용	근재집
죽계별곡(竹溪別曲)	안 축	충숙왕17년(1330)	한문향찰식혼용	근재집
자하동(紫霞洞)	채홍철	충숙왕17년(1330)	한시	고려사악지
관음찬(觀音讚)			한시현토	악학궤범
풍입송(風入松)			한시현토	고려사악지, 악장가사, 시용향악보
야심사(夜深詞)			한시현토	고려사악지, 악장가사, 시용향악보
보허자(步虛子)			한시	고려사악지, 악장가사, 시용향악보
능엄찬(楞嚴讚)			한시현토	악장가사
영산회상(靈山會相)			한시	악장가사
하여가(何如歌)	이방원	공양왕 4년(1329)	한문의사(意寫)	해동악부
단심가(丹心歌)	정몽주	공양왕 4년(1329)	한문의사(意寫)	해동악부

이상 12편의 노래는 비록 한문체이기는 하나 고려 때의 것이므로, 상세한 어석은 하지 않더라도 노래의 모습을 일괄하여 보임으로써 참고하도록 하였다.

(3) 가사부전가요

「고려사」 악지는 노래명만 전할 뿐 가사가 전하지 않는 노래를 알 수 있는 대표적인 문헌이다. 여기에는 〈동동〉 이하 31편이 그 이름과 간단한 해설 또는 한역시가 붙어 있다. 이 31편이 과연 「세종실록」(권61, 15년 9월)의 '지금 전해오는 향악 50여곡은 모두 신라, 백제, 고구려 때 민간에서 쓰이던 말이다(今慣習鄕樂五十餘聲 並新羅百濟高麗時民間俚語)'라는 기록과 부합되는 것인지는 분명치 않다. 다만 '모두 속된 말을 썼다(皆用俚語)'라든가 '가사가 속되어 싣지 않는다(詞俚不載)'라든가 하여 가사를 수록하지 않은 것은 애석한 일이다(「고려사」는 세종 31년(1449)에 정인

14 고려가요의 개관

지, 김종서 등이 고려사를 개찬하라는 세종의 명으로 찬술한 것으로 문종 원년(1451)에 완성을 본 정사이다. 이 때에는 구전의 민간속요를 우리말로 채록할 수 있었던 것이다). 다행히 31편 중 〈동동, 벌곡조(유구곡), 처용, 정과정, 한림별곡, 삼장(쌍화점)〉 등이 「악학궤범」, 「악장가사」, 「시용향악보」 등에 채록되었으나 나머지는 영영 사라지고 말았다.

다음에 「고려사」 악지를 비롯한 문헌에서 이 시대의 속요로 노래명만 전한 부전가요를 일람으로 보인다.

〈표 3〉 부전가요 일람

노래 이름	작 자	연 대	출 전
무애(無㝵)			고려사 악지
서경(西京)			고려사 악지
대동강(大洞江)			고려사 악지
오관산(五冠山)	문충(文忠)		고려사 악지 〈익재 해시〉
양주(楊洲)	양주 사람		고려사 악지
월정화(月精花)	진주 사람		고려사 악지
장단(長湍)	장단 사람		고려사 악지
정산(定山)	정산현 사람		고려사 악지
원흥(元興)	원흥현 뱃사람 부인		고려사 악지
금강성(金剛城)	개경 사람	현종대	고려사 악지
장생포(長生浦)	군 사	공민왕대	고려사 악지
총석정(叢石亭)	기철(奇轍)	공민왕대	고려사 악지
거사련(居士戀)	행역자 부인		고려사 악지 〈익재 해시〉
사리화(沙里花)			고려사 악지 〈익재 해시〉
장엄(長嚴)	장엄 노인		고려사 악지 〈익재 해시〉
제위보(濟危寶)	행역 여인		고려사 악지 〈익재 해시〉
안동자청(安東紫青)			고려사 악지
송산(松山)			고려사 악지
예성강(禮成江)	예성강 뱃사람 부부		고려사 악지

고려가요의 문헌적 특성 15

노래 이름	작 자	연 대	출 전
동백목(冬柏木)	채홍철(蔡洪哲)	충숙왕대	고려사 악지
한송정(寒松亭)		광종 이전	고려사 악지 〈장진공 해시〉
사룡(蛇龍)		충렬왕대	고려사 악지 〈고려사 해시〉
태평곡(太平曲)	김원상(金元祥)	충렬왕 22년(1269)	고려사 악지
쌍난곡(雙鸞曲)		충렬왕대	고려사 악지
양화사(楊花詞)	한종유(韓宗愈)	충렬왕대	고려사 권110
목자득국(木子得國)		우왕 14년(1388)	고려사 권37 〈참요〉
서경성(西京城)		우왕 14년(1388)	동각잡기(東閣雜記) 〈참요〉
소년행(少年行)			익재난고 〈익재 해시〉
수정사(水精寺)			익재난고 〈익재 해시〉
탐라요(耽羅謠)			익재난고 〈익재 해시〉
호목(瓠木)		고종대	문헌비고・상위고(象緯考) 〈참요〉
만수산(萬壽山)		충렬왕대	문헌비고・상위고(象緯考) 〈참요〉
흑책(黑册)		충숙왕 16년(1326)	문헌비고・상위고(象緯考) 〈참요〉
우대후(牛大吼)		공민왕 10년(1361)	문헌비고・상위고(象緯考) 〈참요〉
궁수분(窮獸奔)	정도전(鄭道傳)	공민왕대	증보문헌비고
영선악(迎仙樂)			증보문헌비고
보현찰(普賢刹)		의종대	동국통감 권25 〈참요〉
아야가(阿也歌)		충혜왕대	동국통감 권45 〈참요〉
후전진작(後殿眞勺)		충혜왕대	세종실록 권3

　이상에서 살펴 본 고려가요의 72편은 다음과 같다.

　　(1) 국문정착가요 21편 〈이 책의 어석 대상〉
　　(2) 한문체가요 12편 〈원 노래의 제시 대상〉
　　(3) 가사부전가요 39편 〈노래명의 제시 대상〉

3. 국문정착가요의 어문학적 의의

앞에서 서술한 21편의 국문정착가요들은 민간에서 구전된 노래인 만큼, 원작에 대한 얼마간의 형태적, 내용적 변질을 짐작할 수 있다. 그러나 다소 원작에 대한 윤색이 있다 하더라도 그 속에는 순박한 민중의 입김과 마음이 서려 있어, 우리 선인들의 꾸밈없는 생활감정이 배어 있는 것은 부정할 수 없다. 다만 조선의 건국이념과 국시가 고려와는 달라서 모처럼 정착된 노래들마저 이들의 유교지상주의 예의사상에 걸려 수정의 대상이 되어 원작과는 동떨어진 노래들이 이 속에 끼어 있지 않나 하는 점이 염려되는데, 다행히 이 21편에서는 그런 흔적을 찾아 볼 수 없다.

조선에 들어 고려문화를 전반적으로 재검토하고 옛 음악을 정리할 때, 우리말로 된 노래들을 '비어(鄙語)'니 '이어(俚語)'니 하여 경시하였으며, 남녀의 애정문제가 조금만 섞여도 음란하다고 하여 독단적으로 삭제하거나 한문으로 개작하는 가운데 전술한 21편이나마 남아 있는 것은 다행이다.

실제로 현전 21편 중에서도 이와 같은 대상에 오른 노래가 있었는데, 성종 때에 〈서경별곡〉이 '속악'으로 문제되었고(「성종실록」 권 219 19년 8월조), 〈후정화, 만전춘〉은 '가사가 비속하다(鄙俚之詞)'라고 하여 배척되었고(「성종실록」 권219 19년 8월조), 〈쌍화점, 이상곡, 북전가〉는 '가사가 음란하다(淫褻之詞)'라고 하여 개작되었다(「성종실록」 권 240 21년 5월조). 중종 때에도 〈동동, 정읍사〉가 '음사(淫詞)'라 하여 궁중악에서 폐지되고 신제악장으로 대용되었다(「중종실록」 권 32 13년 4월조). 즉 〈서경별곡, 만전춘, 쌍화점, 이상곡, 동동, 정읍사〉가 배척의 대상이 되었지만, 원 가사가 그대로 채록된 것은 다행한 일이라고 할 수 있다.

특히 개작되었다는 〈쌍화점〉과 〈이상곡〉 중 〈쌍화점〉은 〈쌍화곡〉으로 제목이 바뀌었을 뿐 아니라 내용도 완전히 다른 한시로 개작되었다. 그러나 원 가사는 「악장가사」에 그대로 수록되어 있고, 개작된 〈쌍화곡〉도 「시용향악보」에 수록되어 있어 두 노래 모두를 오늘날 접할 수 있다. 그러므로 이들 21편의 국문정착가요는 고려까지 문학의 진수를 전하는 것으로 보고 연구의 대상으로 삼을 수 있는 것이다.

이들 속요의 대부분은 한문을 자유자재로 구사하던 상층지식계급의 산물과는 달리 민중의 진솔한 감흥을 거침없이 토로한 것으로, 그 내용에는 가식이 없는 서민의 생활감정이 그대로 흐르고 있다. 또한 이러한 생활감정은 표현에 나타난 생동하는 말의 아름다움에서 더욱 구체적으로 느낄 수 있다.

  西京이 아즐가
  西京이 셔울히마르는
  위 두어렁셩 두어렁셩 다링디리

  닷곤 뒤 아즐가
  닷곤 뒤 쇼셩경 고외마른
  위 두어렁셩 두어렁셩 다링디리

  여히므른 아즐가
  여히므른 질삼뵈 브리시고
  위 두어렁셩 두어렁셩 다링디리

  괴시란뒤 아즐가
  괴시란뒤 우러곰 좃니노이다
  위 두어렁셩 두어렁셩 다링디리 〈서경별곡〉

이는 이별을 안타까워하는 어느 여인의 애절한 사랑의 고백이다. 고향이나 길쌈을 버리고서라도 사랑하는 임의 뒤를 따르겠다는 순수한 사랑이 아무런 수식없이 표현되고 있다.

어름 우희 댓닙자리 보와
님과 나와 어러주글 만뎡
어름 우희 댓닙자리 보와
님과 나와 어러 주글만뎡
情둔 오ᄂᆞᆺ범 더듸 새오시라 더듸 새오시라 〈만전춘〉

이 노래로 작자가 얼마나 사랑하는 이와의 해후를 즐기며, 짧은 밤을 안타깝게 생각하는가를 알 수 있다. 이런 노래를 우리말로 솔직하게 토로했다고 하여 함부로 '음설지사'로 돌릴 수는 없는 것이다.

듥긔동 방해나 디히 히애
게우즌 바비나 지서 히애
아바님 어마님끠 받줍고 히야해
남거시든 내 머고리 히야해 히야해 〈상저가〉

이 노래는 방아찧기 노래로 촌부의 순박하고 효성어린 고운 마음씨가 방아 찧는 동작과 함께 생동하고 있음을 보여 준다. 이러한 진솔한 표현은 효에 대해 우리 마음에 전하는 것이 크다. 더구나 민가의 소박하고 정겨운 풍경을 묘사함에야 덧붙일 것이 없을 것이다.

이와 같은 속요들은 우리말을 꾸밈없이 구사함으로써 생명을 더하게 된 것으로, 그 내용의 진솔함과 그 말의 아름다움에서 풍기는 유연한 정서는 이들을 제외하고는 찾아보기 어렵다. 다음에 김만중의 「서포만필」에서 송강의 가사를 두고 국어존중론을 편 평론을 인용하여, 이를 우리의 국문정착가요의 문학사적 의의와 결부시키고자 한다.

"송강의 〈관동별곡〉과 〈전후 사미인곡〉은 우리나라의 이소(離騷)이다. 애석하다면 이를 한문으로 표현할 수 없다는 것이다. 다만 악인(樂人)들이 입으로 서로 전하거나 우리 글로 이를 전할 수 있을 뿐이다. 어떤 사람이 칠언시를 가지고 〈관동별곡〉을 번역한 일이 있지만 이에 미칠 만큼 아름답지 않다. 혹 이택당(李澤堂)이 젊었을 때 지은 것이라고도 하나 그렇지 않다. 구마라습이 말하기를 인도 사람들은 아름답게 꾸미는 것을 좋아하여 부처님을 찬양하는 노래를 많이 불렀는데, 그 노래가 아름답기 이를 데 없다. 그런데 이제 이를 중국말로 옮기면, 다만 그 뜻을 얻을 뿐 그 말은 얻지 못한다고 하였으니 진실로 당연한 말이다. 사람의 마음이 입으로 나오면 말이 되고 말이 절주(節奏)가 있으면 '가시문부(歌詩文賦)'가 된다. 세상의 말이 비록 같지 않으나 진실로 말할 수 있다 한다면, 각각 그 말로 절주가 있는 것이며, 이로써 모두 천지를 움직이고 귀신과 통하는 것은 중국말에 국한될 수 없는 것이다. 이제 우리나라 시문은 그 말을 버리고 남의 말을 배워서 쓰니 가령 아주 비슷하다고 해도 이는 앵무새가 사람의 말을 흉내낸 것에 불과하다. 그보다는 시골의 풀 베는 아이와 물 긷는 아낙네가 웅웅거리고 서로 화답하는 것이, 비록 속되다고는 하나 그 참과 거짓을 논한다면, 이는 진실로 글하는 선비들의 이른바 시부라고 하는 것과 비교도 될 수 없다. 하물며 위의 '삼별곡(三別曲)'으로 말하면 천기의 자연이 있고 이속(夷俗)의 더러운 데가 없으니, 예부터 우리나라의 참 문장은 오직 이 세 편뿐이다. 그러나 이 세 편을 두고 말하면 그 중에서도 〈후미인곡〉이 더욱 높으니, 〈관동별곡〉과 〈전미인곡〉은 말하자면 한문을 빌어 그 빛을 꾸미었을 뿐이다. (松江關東別曲 前後思美人歌 乃我東之離騷 而惜其不可以文字寫之 惟樂人輩口相授或傳以國書而已 人有以七言詩飜關東曲 而不能佳 或謂澤堂少時作 非也 鳩摩羅什有言曰 天竺俗 最尙文 其讚佛之詞 極其華美 今譯以秦言 只得其意 不得其辭 理固然矣 人心之發於口者爲言 言之有節奏者爲歌詩文賦 四方之言雖不同 苟有能言者 各因其言而節奏 則皆足以動天地通鬼神 不獨中華也 今我國詩文 捨其言 而學他之言 假令十分相似 只是鸚鵡之人言 而閭巷樵童汲婦 咿咿而相和者 雖曰鄙俚 若論眞贋 則固不可與學士大夫所謂詩賦者 同日而論 況此三別曲者 有天機之自然 而無夷俗之鄙俚 自古左海眞文章 只此三篇 然又就三篇而論之 則後美人尤高 關東前美人 猶借文字語 以飾其色耳)"

이는 실로 당당한 평론이고 안목있는 주장이다. 특히 '이제 우리나라 시문은 그 말을 버리고 남의 말을 배워서 쓰니, 가령 아주 비슷하다고 해도 이는 앵무새가 사람의 말을 흉내낸 것에 불과하다'라고 설파하고 '그보다는 시골의 풀 베는 아이와 물 긷는 아낙네가 옹옹거리고 서로 화답하는 것이 비록 속되다고는 하나, 그 참과 거짓을 논한다면 이는 진실로 글하는 선비들의 이른바 시부라고 하는 것과 비교도 될 수 없다'라고 단정한 것은 그대로 고려속요를 두고 한 말인 듯한 착각을 일으키게 한다.

국문정착가요는 표현형식에 있어서도 속요의 특유한 형식을 가지고 있다. 대개가 후렴구를 가진 분장형식(分章形式)이거나, 첩구식 방법으로 자유롭게 연장해 나가는 형식을 취하여 운율미를 살리었다. 이와 같은 속요의 형식은 시조나 가사문학에 영향을 주었다는 점에서 그 의의가 크다고 할 것이다. 속요의 분장식 표현은 마치 시조의 형식을 방불케 하며, 〈청산별곡〉이나 〈서경별곡〉 등 분장식으로 얼마든지 연장할 수 있는 장가적 시형식은 가사문학의 준비기적 시형으로 볼 수 있기 때문이다.

또한 국문정착가요에는 중기국어의 어사나 어법과는 다른 고답적 용법이 간혹 발견되고 있으므로, 이들을 일률적으로 중기국어의 문법지식으로 다룰 수는 없는 것이다. 따라서 이 책에서는 이들의 언어적 특질을 최대한 반영하도록 노력하였으며, 문학적 평가나 해설은 되도록 자제하는 입장을 취하였다. 노래의 배열은 원전별로 하되, 그 순서는 반드시 원전의 순서를 따르지 않고 해설의 필요에 따라 다소 조절하였음을 밝혀 둔다.

Ⅱ. 국문 정착 가요

■ 악학궤범

1. 정 읍 사

전강(前腔)	둘하 노피곰 도드샤
	어긔야 머리곰 비취오 시라
	어긔야 어강됴리
소엽(小葉)	아으 다롱디리
후강전(後腔全)	져재 녀러 신고요
	어긔야 즌 디룰 드디욜셰라
	이(어)긔야 어강됴리
과편(過篇)	어느 이(이) 다 노코 시라
김선조(金善調)	어긔야 내 가논 디 졈그룰셰라
	어긔야 어강됴리
소엽(小葉)	아으 다롱디리

※ ( ) 안은 봉좌문고본(蓬左文庫本) 「악학궤범」과의 대교(對校).

〈정읍사〉는 다음과 같은 기록으로 백제 때부터 구전해 내려온 민간전승의 가요이며 그 형성 연대는 알려져 있지 않다.

三國俗樂
新羅 百濟 高句麗之樂 高麗竝用之 編之樂譜故 附著于此 詞皆俚語.
新羅「東京卽雞林部」「東京(安康卽雞林部屬縣)」「木州(今淸州屬縣)」「余那山」「長漢城」「利見臺」(麗史解說 생략)
百濟「禪雲山」「無等山」「方等山」「井邑」「智異山」〈同上〉
高句麗「來遠城」「延陽(延山府)」「溟州(同上)」〈고려사 권71 악지2〉
　　俗樂
高麗俗樂考諸樂譜載之 其動動及西京以下二十四篇 皆用俚語
　　舞鼓
舞隊率樂官妓 立于南 樂官重行而坐 樂官二人奉鼓及臺 置於殿中 諸妓歌井邑詞 鄕樂奏其曲 妓二人先出分左右 立於鼓之南 向北拜訖跪 斂手起舞 俟樂一成 兩妓執鼓槌起舞 分左右 俠鼓一進一退 訖繞鼓 或面或背周旋而舞 以槌擊鼓 從樂節次 與杖鼓相應 樂終而止 樂徹兩妓 如前俛伏興退〈고려사 권71 악지2〉

이「고려사」악지에 보이는 '정읍(井邑), 정읍사(井邑詞)'는 「악학궤범」권5 향악정재조(鄕樂呈才條)의 가사와 일치한다.

樂師 帥工十六人 奉鼓臺具 由東楹入 置於殿中而出 樂師抛鼓槌十六個 由東楹入 置鼓南而出 請妓唱井邑詞 前腔 돌하 노피곰 도드샤 어긔야 머리곰 비취오 시라 어긔야 어강됴리 小葉 아으 다롱디리 後腔全 져재 녀러 신고요 어긔야 즌디롤 드디욜셰라 어긔야 어강됴리 過篇 어느이다 노코 시라 金善調 어긔야 내 가논디 졈그롤셰라 어긔야 어강됴리 小葉 아으 다롱디리 樂奏井邑慢機 妓八人 以廣斂分左右而進 立於鼓南 北向齊行跪 俛伏起立 足蹈俛攺朶斂而立 舞訖 竝斂手俛 執槌斂手而起 足蹈舞進左右相連 左旋繞鼓而舞 隨杖鼓雙聲 鼓聲而擊之 奏井邑中機 樂聲漸促側 越長鼓雙聲隨鼓聲而擊之奏井邑急機 樂師因節次遲速 越一腔擊拍 妓八人 斂手而退 齊行跪 置槌於本處 斂手而立 足蹈跪 俛伏興 足蹈而退 樂止 樂工十六人 撤鼓而出 樂師入 撤退而出

이와 같이 〈정읍사〉는 삼국 속악(三國俗樂)의 하나로 전승되어 고려와 조선을 통하여 무고(舞鼓)와 함께 연주되었고, 특히 조선에 와서는 대회일(大晦日)에 궁중 나레(儺禮) 후에 거행되던 '학연화대 처용무 합설(鶴蓮花臺處容舞合設)'에서 〈처용무〉,〈봉황음〉,〈삼진작〉,〈북전〉,〈영산회상〉,〈미타찬〉,〈본사찬〉,〈관음찬〉 등과 함께 가창되었다. 그리하여 〈정읍사〉는 「악학궤범」에 채록되어 조선악장의 하나로 문헌에 정착되었으나 중종대에 이르러 '음사(淫詞)'라 하여 폐기되고 신제악장(新製樂章)으로 대용되었다.

> 己巳朔○大提學 南袞啓曰 前者 命臣改制樂章中 語涉淫詞釋敎者 臣與掌樂院提調 及解音律樂師 反覆商確 如牙拍呈才動動語涉男女間淫詞 代以新都歌……舞鼓呈才 井邑詞 代用五冠山 亦以音律相叶也〈중종실록 권32 13년 무인 4월조〉

즉, 〈정읍사〉는 〈동동〉과 함께 중종대 신하들에 의하여 '남녀간 음사(男女間淫詞)'라 하여 폐기되었으며 궁중가악에서 몰려난 〈정읍사〉는 다시 민간에 전승되어 「투호아가보(投壺雅歌譜)」에

> 阿弄曲
> 月阿 高高的 上來些
> 遠遠的 照著時羅
> 漁磯 魚堪釣哩 阿弄多弄日日尼
>
> 아롱곡
> 달아 노피곰 도드샤
> 멀리곰 비취시라
> 어긔 어강조리 아롱다롱일일니

와 같은 노래로 불리었다.

이 노래의 내용에 대하여는 「고려사」(권71 악지2) 삼국 속악조(三國俗樂條)에 다음과 같은 기록이 있다.

> 百濟……井邑……井邑全州屬縣 縣人爲行商久不至 其妻登山石以望之 恐其夫夜行犯害 托泥水之汚 以歌之 世傳有登岾望夫石云

성종, 중종대에 엮은 「여지승람」(권34) 정읍현 고적조(井邑縣 古蹟條)에도 이와 비슷한 기록이 보인다.

> 望夫石 在縣北十里 縣人行商久不至 其妻登山石以望之 恐其夫夜行犯害 托泥水之汚 以作歌 名其曲曰井邑 世傳登岾望夫石 足跡猶在

'행상을 떠나 오래도록 돌아오지 않자 …… 더러운 진흙물에 의탁해서 노래하였다(行商久不至 …… 托泥水之汚以歌之)'라는 내용을 볼 때, 이 노래는 정읍에 사는 상인의 아내가 부른 망부가이다.

한편,「고려사」(악지2)의 삼국속악조의 '정읍'이 고려속악무고조의 '정읍사'나「악학궤범」의 '정읍사'와는 별개라는 전제 하에 앞의 기록을 삼국속악의 '정읍'에 국한된 것으로 보는 견해가 있다. 그러나 삼국속악조 첫 머리에 '신라, 백제, 고구려의 노래인데 고려에서도 이를 함께 불렀다(新羅 百濟 高句麗之樂 高麗竝用之)'란 기록으로 미루어 이들을 별개의 것으로 보아야 할 이유는 없는 것이다.

이 노래는 전강, 후강, 과편의 3연으로 구성되어 있으며, 각 연은 2구로 모두 3연 6구의 형식이다. 특이한 점은 후강에서 '아으 다롱디리' 1구가 빠져 있다는 것이다. 이것을 단순한 누락으로 보느냐, 의식적으로 빼고 '후강전'이라 명시했느냐 하는 문제가 논란이 되어 왔다. 그러나, 가사의 내용이나 표기방식으로 미루어, '全'의 의미는 가창에 있어서 소엽이 없어도 그것으로 후강이 완전하다는 것으로 볼 수 있다. 따라서, '후강전'은 소엽이 없는 악조명을 지칭한 것이라고 생각한다(정읍사 2-1 (1) 져재 참조).

1-1 돌하 노피곰 도ᄃᆞ샤

(1) 돌하 〉 달아

명사어간 '돌(月)'에 강조형호격접미사 '하'가 연결된 형.

  ᄇᆞ룸과 돌왜 ᄆᆞᆯᄀᆞ니(風月淸)〈두초 16:50〉
  ᄃᆞ리 두려우며 ᄃᆞ리 이즈며(月圓月缺)〈금삼 2:6〉

조선 초기 문헌에는 호격접미사로 '하'와 '아'가 공존하였다.

  님금하 아ᄅᆞ쇼셔〈용비 125〉
  如來하 우리 나라해 오샤〈석보 6:25〉

사룸둘하 아으라히 너룰 愛憐ᄒ노니(長年三老憐汝)〈두초 3:32〉
아소 님하 도람드르샤 괴오쇼셔〈악학 정과정〉
혀고시라 밀오시라 鄭少年하〈악학 한림별곡〉

瞿曇아 나는 一切衆生이 다 부톄 ᄃ외야〈석보 6:46〉
佛子 文殊아 모ᄃᆞᆫ 疑心을 決ᄒ고라〈석보 13:25〉
善男子아 엇던이룰 爲ᄒ야 이 길헤 든다〈월석 21:118〉
比丘아 알라 世間애 나미 맛나미 어려보니〈월석 17:14〉
潮아 潮아 네게 엇뎨 ᄒ료(潮乎潮乎奈汝何)〈두초 16:16〉

이와 같이 조선 초기의 문헌에 나타나는 호격접미사 '하'를 존칭호격으로 보는 견해가 있으나, 이를 통시적으로 관찰할 때 반드시 그럴만한 논거는 발견할 수 없다. 명령문만 보더라도, 근대국어의 다음 자료는 '하, 아'가 갖고 있는 '존칭, 비존칭'의 자질로 설명할 수 없는 것이다.

너 쥬신하 즉재 날 위ᄒ야 사라가라〈번노 상 21〉
先生아 내 니룰 열어 니룸을 기ᄃ리쇼셔〈오전 1:27〉

한편, 고대국어에 나타나는 다음과 같은 용례는 '하'의 기원적인 성격을 암시하는 것이라고 볼 수 있다.

佛道 向隱 心下(*ᄆᆞᅀᆞᆷ하)〈균여 상수불학가〉
月下(*ᄃᆞᆯ하) 伊底亦 西方念丁 去賜里遣〈유사 원왕생가〉
龜何龜何(*검하 검하) 首其現也 若不現也 燔灼而喫也〈유사 2 가락국기〉

고대국어의 '*하'는 감정표출의 심리적 표기의식에서 발달된 형태로 생각된다. 즉, '心(ᄆᆞᅀᆞᆷ), 月(ᄃᆞᆯ)' 등 대상을 강조하려 할 때, 강렬한 기식음(氣息音)을 사용한 것이 아닌가 생각된다.

따라서 호격 '하'는 고대국어에서 대상에 대한 강조 표현으로 사용되다가 조선에 와서는 상위자에 대한 호칭으로 바뀌어 사용되었다. 그러므로 '하'는 호격 '아'와 병존하다가 '아'로 단일화되어 가는 일반호격화의 과정을 보여 주는 것이다.

중기국어에서는 명사어간이 모음일 때 '야, 여'도 사용하였다.

阿逸多야 衆生이 부텻 壽命 長遠이 이 ᄀᆞᆫ호ᄃᆞᆯ 듣고 〈월석 17:31〉
須菩提야 如來 悉知悉見ᄒᆞᄂᆞ니 〈금삼 2:32〉
文殊師利여 뎌 藥師瑠璃光如來菩薩ㅅ道理 行ᄒᆞ싫 時節에 〈석보 9:10〉
우리지븻 姪子여 〈두초 8:50〉

(2) 노피곰 〉 높이높이

동사어간 '높(高)'의 부사형에 강세접미사 '곰'이 연결된 형.

城 높고 ᄃᆞ리 업건마ᄅᆞᆫ(城之高矣 雖無梯矣)〈용비 34〉
崇은 노풀 씨오 〈월석 서 23〉
노폰 樓 우희 오ᄅᆞ시고 〈석보 6:2〉

그러나 어간 '높'과 함께 '놉'도 사용되었다.

이 하ᄂᆞᆯ돌히 놉다웃 목수미 오ᄅᆞᄂᆞ니 〈월석 1:37〉
巍巍ᄂ 놉고 클 씨라 〈월석 1:1〉
하ᄂᆞᆯ콰 ᄯᅡ쾌 爲ᄒᆞ야 오래 ᄂᆞ갑거니 놉거니 ᄒᆞ니라 (天地爲之久低昂)
〈두초 16:47〉
ᄇᆞ룸맷 고지 놉ᄂᆞ가이 ᄂᆞᄂᆞ다(花風高下飛)〈두초 1:4〉
東山泰山이 어ᄂᆞ야 놉돗던고 〈송강 1:4〉

이와 같은 '높'과 '놉'의 사용은 훈민정음 창제 당시의 표기원칙에 의한 것이다.

우리는 훈민정음으로 표기된 15세기 이후의 문헌들이 표음적 연철의 표기법이었다는 통념은 부정할 수 없는 사실이지만 훈민정음 반포 후의 초창기에 이미 고도의 형태론적인 문법의식을 가지고 합리적인 표기법을 구사한 사실을 간과할 수 없는 것이다. 즉 전자는 형태의식이 없이 표음적 음절단위의 표기법을 사용한 것으로 「석보상절」이 이를 대표하므로 이를 '석보상절식 표음적 표기법'이라 한다면, 후자는 체언과 격, 용언어간과 어미의 형태를 의식하고 이를 분리하는 표기법으로 「월인천강지곡」이 이를 대표한다. 그러므로 이를 '월인천강지곡식 표기법'이라 할 수 있다. 이 양자의 예를 몇가지 보이면 다음과 같다.

ㄱ. 격형에서
  a. 석보상절식 표기
    羅雲의 ᄆᆞᅀᆞ미 여러아니라 〈석보 6:22〉
    님긊 ᄆᆞᅀᆞ미 긔 아니 어리시니 〈용비 39〉
    모미 크긔 ᄃᆞ외야 〈석보 6:34〉
    살 소샤 닐흐늬 모미 맛거늘 〈용비 40〉
    뉘읏븐 ᄆᆞᅀᆞ몰 아니호리라 ᄒᆞ더니 〈석보 6:8〉
    하놇 ᄆᆞᅀᆞ몰 뉘 고티ᅀᆞᄫᆞ리 〈용비 85〉
    ᄂᆞ몰 되다 ᄒᆞ야 〈석보 9:14〉
    三韓ᄋᆞᆯ ᄂᆞ몰 주리어 〈용비 20〉
    兜率天子 모매 放光ᄒᆞ야 〈석보 6:45〉
    모매 브튼 일로 仁心 몯 일우시니 〈용비 104〉
    손소 머리 갓고 묏고래 이셔 〈석보 6:12〉
  b. 월인천강지곡식 표기
    네 ᄆᆞ숨이 고ᄃᆞ디 몯ᄒᆞ리 〈월인 89〉
    제 몸이 고텨 ᄃᆞ외니 〈월인 29〉
    ᄆᆞ숨ᄋᆞᆯ 내혀ᅀᆞᄫᆞ니 〈월인 72〉
    百姓돌히 놉ᄋᆞᆯ 다 조ᄎᆞ니 〈월인 11〉
    世尊ㅅ 몸에 감아놀 〈월인 76〉
    鹿皮옷 니브샤 묏골애 苦行ᄒᆞ샤 〈월인 141〉

ㄴ. 활용형에서
  a. 석보상절식 표기
    묏고래 수머 겨샤 〈석보 6:4〉
    수메셔 드르시고 〈용비 108〉
    沐浴 ᄀᆞ마 좁ᄇᆞᄅᆞ고 〈석보 9:22〉
    그 ᄯᆞ롤 비로디 〈석보 11:30〉
  b. 월인천강지곡식 표기
    닐웨롤 숨엣더시니 〈월인 108〉
    須達이 듣고 沐浴 곰아나니 〈월인 156〉
    자리롤 일이라 ᄒᆞ시니 〈월인 100〉

앞에서 볼 수 있는 양자의 차이는 찬술하는 당사자들의 현격한 문법적 표기의식의 차이에서 온 결과임을 알 수 있는데, 형태를 분리하여 표기한

「월인천강지곡」의 표기방식은 크게 주목할 필요가 있다. 그러나 조선에서는 월인천강지곡식의 표기방식은 특별한 것이었고 한결같이 석보상절식 표음적 표기법을 원칙적으로 사용하였던 것이다.

한편, 「훈민정음」 본문에는 자음 17자를 규정하고 '종성부용초성(終聲復用初聲)'이라고 하여 초성 17자를 종성(받침)으로 다시 쓴다는 원칙을 세워 놓았으나, 「훈민정음해례」에서는 이것을 다시 다음과 같이 '종성 팔자 가족용'의 통용 세칙을 세워 음운론적 이론에 의한 실용적 표기법을 채택하였다.

所以ㅇㄴㅁㅇㄹㅿㅊ字爲平上去聲之終 而餘皆爲入聲之終也 然ㄱㅇㄷㄴㅂㅁㅅㄹ八字可足用也 如빗곶爲梨花 엿의갗爲狐皮 而八字可以通用 〈종성해〉

이 종성 팔자 가족용(八字可足用)의 통용 규정은 훈민정음 제정 초기의 문헌인 「용비어천가」, 「석보상절」, 「월인천강지곡」 등에서 채택되었으며, 그 후 받침 표기에는 이 원칙이 계속 사용되었다. 이 규정에서 '빗곶', '엿의갗'이라고 표기례를 보인 것은 '곶'이나 '갗'을 기본어형으로 인식하고 '곶)곳', '갗)갓'으로 'ㅅ'통용을 삼은 것은 음운규칙에 의한 이형태의 표기를 허용한 것으로 형태론적 사실보다도 음운론적 사실에 치중하여 기본어형보다 이형태를 표기 원칙으로 삼은 것이다. 그러나 이와 같은 종성의 제한사용의 원칙이 통용되기는 했으나, 표기자의 문법의식에 따라 때때로 기본어형에 대한 형태론적 의식이 나타나는 경우가 있다. 즉, 일부 문헌에서 'ㅈ, ㅊ, ㅍ' 등 받침 표기의 기본어형이 나타나고 있다.

곶 됴코(2)　　　물 깊고(34)　　　城 높고(34)
좇거늘(36)　　　빛나시니이나(80)　새 닢 나니이다(84)

이상 「용비어천가」의 예.

다솟 곶(7) 낯과(16) 븮쑨(40) 맞나ᄉᆞᄫᆞ며(178)

이상 「월인천강지곡」의 예.

이상의 표기례는 종성을 여덟자로 제한한 표기원칙에서 벗어나 자음으로 시작되는 접미사와 연결될 때, 형태론적 사실에서 기본어형을 표기한 극소수의 예외에 속한다.

한편, 다음과 같이 모음으로 시작되는 접미사와 연결될 때에는 그 기본어형의 종성이 드러나지만, 기본형태를 고정시키지 못하고 음절단위의 표음적 표기법을 사용하였다.

  불휘 기픈 (깊은) (2)
  아니 그츨쎄 (긏을쎄) (2)
  즘겟 가재 (갖애) (11)

  이상「용비어천가」의 예.

  信誓 기프실쎄 (깊으실쎄) (8)
  놈올 다 조츠니 (좇ᄋ니) (11)
  닐굽 고줄 (곶올) (8)

  이상「월인천강지곡」의 예.

이상의 표기례는 기본어형의 받침을 고정시키지 못했으나 모음으로 시작되는 접미사에 나타난 것이다.

그러므로, '놉'은 '높'의 실용적 표기 원칙에 의한 것이다.

강세를 나타내는 접미사 '곰'은 다음과 같이 사용되었다.

① 부사 또는 동사의 부사형 아래 접미되어 다소 강세의 뜻을 나타낸다.

  種種方便으로 다시곰 술바도 〈석보 6:6〉
  눌 보리라 우러곰 온다 〈월석 8:87〉
  엇뎨 시러곰 뜯 일후믈 崇尙ᄒ리오(何得尙浮名) 〈두초 7:7〉

② 명사 아래 접미되어 '씩'의 뜻 또는 강세의 뜻을 나타낸다.

  各各 變ᄒ야 十方곰 드외면 〈석보 19:12〉
  王이 ᄒᆞᆫ 太子ᄅᆞᆯ ᄒᆞᆫ 夫人곰 맛디샤 〈석보 11:33〉

또한, '곰'은 주로 'ㅣ'모음이나 'ㄹ'자음 아래에서는 대부분 'ㄱ'탈락으로 '곰〉옴'으로 변하여 사용되었다.

>우믌므를 ᄒᆞᄅ 五百 디위옴 길이더시니 〈월석 8:91〉
>고우닐 스싀옴 녈셔 〈악학 동동〉
>그듸 내 各各 호 아ᄃᆞᆯ옴 내야 〈석보 6:9〉
>各 호 발옴 더 주시다(各賜一具) 〈내훈 2:70〉

그러나 'ㅣ'모음 이외의 모음 아래에서도 때때로 'ㄱ'이 탈락되기도 하였다.

>五百比丘옴 ᄃᆞ려 이리 안자 ᄂᆞ라가니 〈월인 186〉
>쉰히롤 ᄒᆞᄅ옴 혜여 五百히니 〈월석 1:37〉
>제 슈공을 언머옴 받ᄂᆞᆫ고(他要多少功錢) 〈박초 상 43〉
>百年에 一年옴 더러 〈원각 상 2-2:160〉

(3) 도ᄃᆞ샤 〉 돋으시어

동사어간 '돋(出, 昇)'에 존칭선행어미 '시', 그리고 부사형어미 '아'가 연결된 형.

>두희 돋다가 세희 도ᄃᆞ면 모시다 여위며 〈월석 1:48〉
>東方앳 볼곤 벼리 도ᄃᆞ미 ᄯᅩ 더듸디 아니ᄒᆞ도다(東方明星亦不遲)
>〈두초 2:17〉

존칭선행어미 '시'는 후행 모음 '아'와 축약되어 '샤' 형태가 된다.

>샤 : 海東六龍이 ᄂᆞᄅᆞ샤 일마다 天福이시니 〈용비 1〉
>샤디 : 目蓮이ᄃᆞ려 니ᄅᆞ샤디 〈석보 6:1〉
>샴 : 가샴 겨샤매 오늘 다ᄅᆞ리잇가 〈용비 26〉

위의 예에서 'ᄂᆞᄅᆞ샤'의 '샤'는 '시'와 부사형어미 '아'가 축약된 형이며 '니ᄅᆞ샤디'와 '가샴, 겨샴'의 '샤'는 '시'와 어간첨입모음 '아'의 축약형이다. 그러나 후자의 '샤'를 '시'와 어간첨입모음 '오/우'의 축약형으로 보는 견해도 있다.

중기국어에서 양보를 나타내는 어미 '디'나 명사형은 반드시 어간첨입모음 '오/우'를 선행시키기 때문이다.

　　아슨보디 나사오니 〈용비 51〉
　　느미그에 브터 사로디 어싀 아드리 업게 드외야 〈석보 6:5〉
　　안줌 걷뇨매 어마님 모르시니 〈월석 2:24〉
　　날로 뿌메 便安킈 ᄒ고져 홇 ᄯᄅᆞ미니라 〈훈민〉

그러나 어미 '디'와 명사형어미는 동일 환경인데도 '시'와 연결될 경우만 '쇼디/슈디, 숌/슘'을 취하지 않고 '샤디, 샴' 형을 취한다. 우리는 이 때 어간첨입모음 '아'가 연결되었다고 본다. 만약 '오/우'가 연결되었다고 보면 다음과 같은 문제가 생긴다.

중기국어에서 모음 '이'와 '오/우'가 연결될 때 그 음운론적 형태는 반자음 'j' 삽입의 경우 '이요, 이유' 형으로, 축약의 경우 '요, 유' 형으로 된다. 그러므로 동사어간 '이시(有)'가 어미 '디'와 명사형으로 될 때는 '이쇼디, 이숌' 형을 취한다. 그렇다면 동일환경의 '시'만 음운론적 예외로 간주하여 한다.

따라서 존칭선행어미 '시'는 어간첨입모음으로 '오/우'가 아닌 '아'를 취한다고 할 수 있다. 그러나 왜 '시'만이 어간첨입모음으로 '아'를 취하는지에 대해서는 더 많은 연구가 요구된다.

1-2 어긔야 머리곰 비취오 시라

(1) 어긔야 〉 어기여차

'어긔야'는 힘을 돋우는 감탄사로 배를 저을 때나 김을 맬 때 지르는 '어긔야' 또는 '어긔여차', '어긔어차' 등과 동일한 말이다.

(2) 머리곰 〉 멀리멀리

동사어간 '멀(遠)'에 부사화접미사 '이'와 강세접미사 '곰'(정읍사 1-1

노피곰 참조)이 연결된 형.

    恩愛룰 머리 여희여 어즐코 아독ᄒ야 〈석보 6:3〉
    머리 노닐 아ᄃ리(遠遊子) 〈남명 상 10〉
    즁이 머리 나가디(僧遠出) 〈능엄 1:33〉

현대국어 '멀리'는 '싸ᄅ다(速)', '다ᄅ다(異)' 등의 부사형 '샐리', '달리' 등의 유추로 'ㄹ'이 개입된 'ㄹ―ㄹ'형으로 볼 수 있다.

(3) 비취오 시라 〉 비추고 있으라

동사어간 '비취'에 연결형어미 '고'가 연결된 형과 동사어간 '시(有)'에 명령형종결어미 '라'가 연결된 형.
'비취오'는 '비취고〉비취오'로 '고'가 'ㅣ'모음 아래 'ㄱ'이 탈락하여 '오'가 된 형이다.

    城밧긔 브리 비취여 〈용비 69〉
    照ᄂᆞᆫ 비췰 쎠라 〈월석 서 22〉
    暉 비췰 휘 〈훈몽 하 1〉

종전의 고려가요 주석에서는 모두 '오시라'로 분석하고 이는 '고시라'의 '고〉오'의 ㄱ탈락형으로 분석하고, '고〉오'는 접속형선행어미, '시'는 존칭선행어미, '라'는 명령형종결어미 등으로 해독하였으나, 이는 다음과 같은 문제를 낳는다.

    술 짜히 업도다(無處所) 〈두초 25:12〉
    雙花 사라 가고 신된 〈아장 쌍화점〉
    ᄒᆞᆫ 머리 자거늘 ᄒᆞᆫ 머리 ᄀᆞ바 이샤 〈월인 135〉
    三年이 몯차 이셔 世間 브리시고 〈석보 6:4〉

외형적으로는 접속형 '고'에 명령형어미 '라'가 붙는 '고라'는 원망이나 명령 또는 의문형으로 흔히 쓰는 어형으로 파악하기도 했으며, 이 형태에 다시 존칭형으로 '시'가 개입한 '고시라'형과 대응시키기도 하였다.

그러나 이러한 분석은 문제가 있다. 왜냐하면 '*시고라'형은 발견되지 않고, '고시라'형만 나타나기 때문이다. 존칭선행어미 '시'가 종결어미 '고라'의 사이에 개재하는 특수한 현상은 국어 문법을 기술하는 데 부담을 준다. 이러한 미묘성은 '고라'의 '고'가 종결어미로 완전히 굳어진 형태가 아니라는 점을 시사하는 것이다. 따라서 '고시라'는 연결어미 '고', 본동사 '시', 명령형종결어미 '라'로 구성되었다고 본다.

  내 願을 일티 아니케 ᄒ고라 〈월석 1:13〉
  金과 玉과란 ᄇ리고라 〈두초 4:27〉

'비취고〉비취오'와 같은 ㄱ탈락현상은 다음과 같이 주로 모음 'ㅣ'나 유성자음 'ㄹ' 아래서 탈락하는 것이 원칙이었다.

① 용언 활용에서

'거〉어' 형

  狄人이 ᄀᆞᆯ외어늘 〈용비 4〉
  西征에 功이 일어늘 〈용비 45〉
  큰 나라히 ᄃᆞ외어늘 〈월석 2:7〉
  뎌 네 아다ᄅᆞᆫ 어딜어늘 〈월석 2:5〉

'고〉오' 형

  親友 ᄃᆞ외오뎌 〈영가 하 142〉
  됴ᄒᆞᆫ 일란 내게 보내오 구즌 일란 ᄂᆞ미게 주ᄂᆞ니 〈금강 21〉
  혀고 시라 밀오 시라 鄭少年하 〈악장 한림별곡〉

'게〉에' 형

  사롬 ᄃᆞ외에 ᄒ시리라 〈월석 1:18〉
  너를 뫼에 아니ᄒᄂ노라 〈몽산 3〉
  다 알에 ᄒ라 〈목우 5〉

② 강세접미사에서 '고〉오'

二十里예 훈 亭子옴 짓게ᄒᆞ야 〈석보 6:9〉
各 훈 볼옴 더 주시다(各賜一具) 〈내훈 21:70〉
네 말옷 아니 드르시면 〈월석 2:5〉
菩提옷 아니면 〈금삼 2:2〉

③ 명사에서

川寧縣爲梨浦 비애 〈용비 3:13〉
매 놀애 티ᄃᆞ시 가비얍고 〈월석 10:78〉
실에롤 바라 書帙을 ᄀᆞ즈기 ᄒᆞ고(傍架齊書帙) 〈두초 7:6〉

이와 같은 ㄱ탈락현상은 임란 후에 다시 복귀하기 시작하였다. 여기에서 '비취오 시라'의 '오'는 어간첨입모음인 '오'와 혼동하기 쉬우나, 이는 본래 접속형선행어미 '고'이며, 이 '고'의 ㄱ탈락형임을 주의할 것이다. 어간말음이 'ㅣ'를 취하는 모음일 경우, 어간첨입모음 '오/우'가 첨입될 때는 다음과 같이 반자음 'j'가 개입하여 '요/유'로 변하는 것이 원칙이었다(정읍사 2-2 (2) 드더욜셰라 참조).

네 어믜 간 짜홀 뵈요리라 〈월석 21:21〉
紅실로 紅글위 미요이다 〈악장 한림별곡〉
色과 뷔욤과 슬히 너겨 〈월석 1:35〉
ᄒᆞᆫ 念 쳐섬 뮈유미 일후미 行이니 〈월석 2:21〉

1-3 어긔야 어강됴리

(1) 어긔야 〉 어기여차 (정읍사 1-2 (1) 참조)

(2) 어강됴리 〉 어강됴리

'어강됴리'는 조율을 위하여 아무 뜻이 없이 부르는 북소리의 의성적 장단. 「투호아가보」의 〈아롱곡〉에는 '漁磯魚堪釣哩'라 하여 차자표기로 기록되었다.

1-4 아으 다롱디리

(1) 아으 〉 아

'아으'는 고려가요에 흔히 나오는 탄성으로 이것은 향가에 나오는 감탄사 '阿也', '阿邪' 등과 그 기원을 같이 하는 것이라고 할 수 있다.

　　아으 어져 녹져 ᄒᆞ논디 〈악학 동동〉
　　아으 千金 머그샤 어위어신 이베 〈악학 처용가〉
　　아으 벼기더시니 뉘러시니잇가 〈악학 정과정〉
　　阿耶 栢史叱枝次 高支好 〈유사 찬기파랑가〉
　　阿邪 此 身 遣也 置遣 〈유사 원왕생가〉

이 외에 비슷한 감탄사로 '어와, 애, 이, 위' 등이 사용되었다.

　　어와 아븨 즈이여 處容아븨 즈이여 〈악학 처용가〉
　　애 繼天立極景 幾 어쎠ᄒᆞ니잇고 〈무릉 도동곡〉
　　이 迷人아 오ᄂᆞᆯ록 後에 이 길훌 넓디 말라 〈월석 21:119〉
　　위 試場ㅅ景 긔 엇더ᄒᆞ니잇고 〈악장 한림별곡〉

(2) 다롱디리 〉 다롱디리

'어강됴리'와 마찬가지로 조율을 위하여 아무 뜻이 없이 부르는 말이며, 고려가요에 흔히 사용되는 '다리, 디러, 디리' 등과 같이 북소리의 의성적 장단으로 생각된다.

　　아으 動動다리 〈악학 동동〉
　　위 두어렁셩 두어렁셩 다링디리 〈악장 서경별곡〉
　　더러둥셩 다리러디러 다리러더러 다로러거디러 다로러 〈악장 쌍화점〉

2-1 져재 녀러 신고요

(1) 져재 〉 시장에

명사어간 '져재'에 처격접미사 '애'가 연결된 형. 이때 '애'는 동음연결로 생략되었다.

> 東海ㅅᄀ싀 져재 ᄀᆮ호니(東海之濱如市之從) 〈용비 6〉
> 闠온 져잿 다미오 闤논 져잿 門이라 〈능엄 5:68〉
> 市 져제 시 〈훈몽 중 8〉

이 구절은 '후강전(後腔全)'이라 하여 악조명으로 보는 설과 '全'을 '全州'의 지명 약칭으로 보고 '全져재'의 가사로 보려는 설이 대립되어 있다. 그러나, '全져재'의 '全'을 '全州'의 약칭이라 보는 것은 〈정읍사〉가 백제의 가요라는 점에서 우연적인 일치를 가져온 데 불과하다. 더욱이 '全州'라는 명칭은 백제가 망한 지 100여년이 지난 신라 경덕왕 16년에 비로소 개명된 명칭으로 백제 시대의 가요라는 점에서 당시의 지명과 부합되는 것도 아니다. 가령, 〈정읍사〉가 경덕왕 이후 불리어진 백제 지방의 가요라 하더라도 노래의 형식이나 표현에서 볼 때, '全'을 '져재'에 붙여 '全州'의 약칭으로 볼 수는 없다.

〈정읍사〉의 구성형식을 보면, 제 1연 '전강'과 제 3연의 '과편, 김선조'에서는 모두 '소엽 아으 다롱디리'라는 '소엽'이 있는데, 제 2연 '후강'에서는 이것이 붙어있지 않다. 즉, 〈정읍사〉는 마땅히 다음과 같이 되어야 한다.

> 제 1연 前腔
>   小葉 아으 다롱디리
> 제 2연 後腔
>   小葉 아으 다롱디리
> 제 3연 過篇·金善調
>   小葉 아으 다롱디리

이와 같이 되었어야 할 것이 가창의 음악적 효과를 위함인지 후강에서는 소엽이 삭제되었다. 그러므로, 이 소엽을 빼는 대신 이것으로 후강은 가창에 있어 완전하다는 뜻으로 '全'자를 붙여 '후강전'이라는 악조명을 붙인 것이라고 생각된다. '全'자는 「고려사」 악지에서 음악이나 악기 등의 표현에서 '一具', '一什'의 뜻으로 사용한 다음과 같은 용례를 찾아볼 수 있다.

杖鼓二十面金渡鍮石鉤 條索幷杖子 單絹朳複全 柏板二串金渡銀鐸結子一匣 盛紅羅 褥子紫羅夾複全 曲譜一十册 黃綾裝褙紫羅夾朳全 指結圖一十册 黃綾裝褙紫羅夾朳 全 是年十月丁卯親祫于太廟兼用宋新樂 〈고려사 권7 악지 송신사악기조〉

그러므로, 악조명 '후강전'은 '全'자가 '完也', '具也'를 뜻하는 글자의 뜻 그대로 소엽을 빼어도 후강으로서 완전하다는 뜻으로 사용한 것이라고 할 수 있다. 또한 노래의 표현에 있어서는 〈정읍사〉는 모두 국문으로 표기되 었으며, 한자어휘를 사용하지 않고 있다. 그런데 유별나게 지명을 끌어 들 여 '全州'의 약칭으로 '全'을 표기한 것이라고는 볼 수 없다.

다만, '후강전'이라는 악조명을 다른 데서 찾아 볼 수 없는 것이 유감이 나, 「시용향악보」의 원문 후면에 낙서한 글 중에 '후강반(後腔半)'이라는 악조명이 보이더라는 이병주 교수의 말로 미루어 보면, '후강전'이란 별칭 도 존재했을 것으로 생각된다.

한편, '全져재'에서 '全'을 '全州'나 '악조명'으로 해독하지 않고, '온'의 의미로 파악하고 '온 져재'로 해독하려는 견해도 있으며, 특이한 견해이기 는 하지만 '全'을 '또'의 오자로 해독할 가능성을 조심스럽게 제시한 설도 있다.

(2) 녀러 신고요 〉 가 있는가요?

동사어간 '널(行)'에 부사형어미 '어'의 연결형과 동사어간 '시(有)'에 의문형종결어미 'ㄴ고'와 의문접미사 '요'의 연결형.

한편 '녀(行)'와 선행어미 '더'의 'ㅣ'모음 아래 'ㄷ〉ㄹ'음변이형 '러'의 연결형으로 해석하는 견해도 있다. 즉, '녀더〉녀러'형을 상정하였으나, '녀'는 말음에 'ㅣ'모음을 갖고 있지 않으므로 이러한 해석은 잘못된 것이 다. 또한, 후행하는 '신고요'에서 '시'가 본동사로 사용된 것이기 때문에 '녀러'의 '러'를 '더'의 이형태로 해독할 수 없는 것이다.

斯陀含은 흔 번 녀러 오다혼 뜨디니 〈월석 2:19〉
누의 지비 잠깐 녀러 오나지라 호야놀 〈삼강 오이면화〉
어듸 녀러 오시ᄂ고(那裏去來) 〈박초 상 14〉

원래 의문형어미는 '고'이다. 'ㄴ고'는 관형사형어미 'ㄴ'이 '고'에 연결된 형이며 시상을 나타내고 있다.

籠竹이 니를 섯거 시니(籠竹和煙) 〈두초 7:1〉
벼슬ᄒ여 신 저기나 벼슬 업슨 저기나 〈번소 10:31〉
니라샤디 이 엇던 光明고 〈월석 10:7〉
그 닐온 거슨 므스고(其所詮者何也) 〈원각 서 12〉

의문형어미 '요'는 '이오'의 합성이다. '이오'를 원래 의문접미사 '고'가 용언화접미사 '이' 아래서 '고)오'로 'ㄱ'이 탈락된 형이며 '녀러 신고요'의 '고요'는 '고이고'형이 '고이오)고요'로 된 의문형의 복합형으로 보는 것이다. 그러나, 이런 분석이 완벽한 것은 아니다. 'ㄴ고요'의 구성이 'ㄴ고'(의문형어미)에 다시 '요'(의문형어미)가 결합된 특이한 모습을 보여주는 것이다. 후에 결합된 '요'의 성격이 의문형어미가 아닐 가능성이 충분히 있는 것이다. 현재 입장에서는 뚜렷한 해결책을 제시할 수는 없지만, 현대국어에서 빈번히 나타나는 경어를 표시하는 '요'일 가능성도 검토될 여지가 있는 것이다.

2-2 어긔야 즌 디룰 드디욜셰라

(1) 즌 디룰 〉 진 곳을, 질퍽한 곳을

동사어간 '즐(泥深)'에 관형사형 'ㄴ'이 연결된 형과 처소를 뜻하는 의존명사 '디'에 대격접미사 '룰'이 연결된 형.

부텨 가시논 뙬히 즐어늘 〈월석 1:16〉
즌 홀개 그스며(拖泥) 〈금삼 4:36〉

王ㅅ ᄆᆞᅀᆞ매 아모 디나 가고져 ᄒᆞ시면 〈월석 1:26〉
믌결 어즈러운 딘 힛비치 더듸도다(波亂睡遲) 〈두초 7:14〉

이 '디'는 현대국어의 '데'인데 '디'는 원래 원시적 추상명사 'ᄃᆞ'에 처격형 접미사 '이'가 합성되어 명사로 굳어진 형이다.

夫人이 좌시고 아모 ᄃᆞ라셔 온동 모ᄅᆞ더시니 〈월석 2:25〉
이런 ᄃᆞ로 金剛ᄋᆞ로 가줄비시고(是故로 以金剛ᄋᆞ로 爲喩ᄒᆞ시고) 〈금강 서 4〉

앞의 예문의 'ᄃᆞ'는 처소의 뜻으로 사용된 예이며 뒷 예문의 'ᄃᆞ'는 '까닭, 때문' 등의 뜻으로 사용된 예로 이두의 '等以 — ᄃᆞ로, 돌로'와도 통하며, 현대국어 '하니, 건두루' 등은 이 'ᄃᆞ' 용법의 흔적이다. 그러므로 이 'ᄃᆞ'는 '곳, 것, 줄, 까닭' 등의 뜻을 가진 추상명사로 각각의 격접미사와 결합되어 다음과 같이 여러 가지로 사용되었다.

① 주격형 — 디(ᄃᆞ + ㅣ)

無明이 實로 體 잇논 디 아니라 〈월석 2:22〉
足히 議論홀디 아니니라(不足論) 〈두초 5:33〉

② 절대격형 — 돈(ᄃᆞ + ㄴ)

願ᄒᆞ돈 내 生生애 내 그딧가시 ᄃᆞ외아지라 〈월석 1:11〉
信잇돈 그츠리잇가 〈악장 서경별곡〉

③ 대격형 — 돌(ᄃᆞ + ㄹ)

不解甲이 현나리신돌 알리(幾日不解甲) 〈용비 112〉
釋迦佛 ᄃᆞ외싫돌 普光佛이 니ᄅᆞ시니이다 〈월석 1:3〉

④ 처격형 — 디(ᄃᆞ + 이)

法이 심기샨 디 이쇼믈 證홀 ᄯᆞ르미니라 〈능엄 1:23〉
갓가온 디사 劣ᄒᆞ나 〈두초 16:12〉

⑤ 감탄형 — 뎌(ᄃᆞ + 여)

녯 사ᄅ미 마롤 몯ᄒ논뎌 〈남명 하 30〉
녯나롤 닛고 신뎌 〈악학 동동〉

현대국어의 대격접미사는 받침 유무에 따라 '을, 를'이지만, 중기국어에서는 모음조화의 법칙에 따라 명사말음이 양성모음인 때는 '올, 롤'이, 음성모음인 때는 '을, 를'이 사용되었고, 중성모음 'ㅣ'인 때는 양자가 다 혼합되어 사용되었다. 그러나, 이들 대격접미사 '올, 롤, 을, 를'의 원형은 'ㄹ'이며 음절연결상 'ㄹ'에 조성모음 'ᄋ'와 '으'가 합성되어 '올, 을'이 발달하였고, '올, 을'은 다시 개음절에서 문법적 인상강화의 수단으로 'ㄹ~ㄹ'로 다시 'ㄹ~'이 첨입되어 '롤, 를'이 발달한 것이다. 이 대격의 원형 'ㄹ'은 중기국어에서도 다음과 같은 사용례를 볼 수 있는데 대격 'ㄹ'의 기원은 용언의 관형사형어미 'ㄹ'의 전용인 것으로 생각된다. 이는 향가표기에서 관형사형 접미사 'ㄹ'이나 'ㄴ'이 직접 대격이나 절대격의 기능을 겸한 예를 찾아볼 수 있기 때문이다. 그리고 현용 '을, 를'은 모음조화의 파괴와 '올, 롤'이 'ㆍ'음의 소실로 통합된 형태이다.

부야미 가칠 므러(大蛇銜鵲) 〈용비 7〉
그르멜 비취샤 〈월석 7:27〉
아ᄋ 스랑ᄒ놋다(憶弟) 〈두중 2:1〉

(2) 드디욜셰라 〉 디딜세라, 디디고 있을까 두렵구나
동사어간 '드디'에 어간첨입모음 '오'와 의구형종결어미 'ㄹ셰라'가 연결된 형.
'드디'의 원형은 '드듸'이며 '드디'는 'ㅢ'모음과 'ㆎ'모음의 혼동이라 볼 수 있다.

牒ᄋ 우흘 드듸여 나롤 씨라 〈능엄 1:49〉
발 드듸욜 고디 업스니 〈금강 4:27〉

어간첨입모음 '오/우'는 주어와의 관계에서 어간과 활용어미 사이에 개

재하며, 모음조화법칙에 따라 어간말음이 양성모음일 때는 '오', 음성모음일 때는 '우'가 첨입되어 사용되었다. 그리고 중성모음 'ㅣ'일 때는 주로 음성계열의 '우'가 첨입되었다.

> 울모러 님금 오시며 姓 골히야 員이 오니 〈용비 16〉
> 쉽디 몯혼 法을 神通으로 나토샤 〈월석 2:76〉
> 반드기 이 엇던 境界오 ᄒ야 아로리니 〈몽산 2〉
> 제 모미 누본 자히셔 보더 〈석보 9:30〉
> 龍올 자바 머구려 홀쎄 〈월석 7:39〉

한편, 이 어간첨입모음 '오/우'는 어간모음이 'ㅣ'를 가진 중모음 아래서는 반자음 'j' 개입으로 '요/유'가 되었다.

> 녜 나라홀 배요리라 〈월석 7:46〉
> 그려기 바래 미욘 거슬 難히 期約ᄒ리로다(雁足繫難期) 〈두초 8:47〉
> 紅글위 미요이다 〈악장 한림별곡〉
> 無常호 여희유미 녜로브터 잇ᄂ니 〈월석 10:6〉
> 僞姓을 꾸튜리라 親朝를 請ᄒᅀᄫ니 〈용비 71〉

이와 같이 '오/우'는 '어간 + 오/우'로 제 2차 어간을 형성하는 형태소인데, 이 '오/우'의 첨입은 의미론에서 볼 때, 주어와의 관계에서 주관적인 행동성 또는 의지의 표시로서 나타나는 것이 그 본질적인 특징이다. '오/우'가 어간과 결합하는 형태는 다음과 같다.

① 명사형 형성에 첨입되는 '오/우'

> 供養 바도미 맛당할 씨라 〈석보 9:3〉
> 됴훈 뻐 심거든 됴훈 여름 여루미 〈월석 1:12〉

② 미래형 형성에 첨입되는 '오/우'

> 다 大乘으로 便安킈 호리라 〈석보 9:5〉
> 네 이제 衆生들홀 爲ᄒ야 利益을 지수리라 ᄒ야 〈월석 10:69〉

③ 원망형 형성에 첨입되는 '오/우'

加毗羅國 사르몰 네 이제 다 갓고려 ᄒᆞᄂᆞ다 〈월석 7:8〉
그듸 精舍 지ᅀᅮ려 터흘 ᄀᆞᆺ 始作ᄒᆞ야 〈석보 6:35〉

④ 관형사형 형성에 첨입되는 '오/우'

놈 勸ᄒᆞ야 가 드로ᄆᆞᆫ 隨喜ᄒᆞ논 이리오 〈월석 17:54〉
田里예 드문 다비 父母宗親善友知識 爲ᄒᆞ야 〈월석 17:45〉
ᄯᅩ 깃븐 ᄆᆞᅀᆞᆷ 내디 마롫디어다 〈몽산 18〉

⑤ 기타 활용형에 첨입되는 '오/우'

須達이 무른대 對答호디 그듸 精舍 지ᅀᅮ려 〈석보 6:35〉
須陁洹ᄋᆞᆯ 일우ᅀᆞ보니 우리둘히 父王ㅅ棺ᄋᆞᆯ 메ᅀᆞᄫᅡᅀᅡᄒᆞ리이다
〈월석 10:12〉

  이상에서 살펴보듯이, 어간첨입모음 '오'는 원형과 의미론적 차이를 보이거나 주술일치현상에 관계하는 것으로 이해되어 왔다. 또한 최근의 연구에서는 어간첨입모음 '오'가 내포문 구성에서 선행 요소가 문장임을 지시하는 통사론적 기능을 수행한다고 보기도 하는데, 이는 일치현상이 보이는 부차적인 결과라고 생각된다.

  'ㄹ셰라'는 감탄형 종결어미 'ㄹ셔'에 서술형 종결어미 'ㅣ라'의 합성으로 된 형태이며, 'ㄹ셔'는 원래 관형사형 어미 'ㄹ'에 원시적 추상명사 'ㅅ'와 감탄형 종결어미 'ㅣ어'의 연결합성으로 어미화한 형이다. 즉 'ㄹ+ㅅ+ㅣ어 〉 ㄹ셔'로 볼 수 있다.

내 가논 ᄃᆡ 놈 갈셰라 〈악장 한림별곡〉
잡ᄉᆞ와 두어리마ᄅᆞᄂᆞᆫ 션ᄒᆞ면 아니 올셰라 〈악장 가시리〉

  원시적 추상명사 'ㅅ'는 관형사형어미 'ㄹ'과의 연결에서 사용되는 것이 보통이며, '슬흟ᄉᆞ라온뎌 고우닐 스싀옴 녈셔'〈악장 동동〉와 같이 원형대로 사용한 예가 있기는 하나 여러 가지 접미사가 합성되어 다음과 같이 사용되었다.

① 주격형 — ㄹ시, ㄹ씨(ㄹ+ㅅ+이)

  져머셔 아비 업슬시 孤ㅣ오 艱難ᄒᆞᆯ시 貧이니 〈원각 서 77〉
  다ᄋᆞᆫ 相이 업슬씨 이 일후미 못 노푼 法供養이라 〈능엄 1:4〉

② 절대격형 — ㄹ손, ㄹ손(ㄹ+ㅅ(ᄉᆞ오)+ㄴ)

  엇디ᄒᆞᆯ손 免帖인고(怎的是免帖) 〈노걸 상 3〉
  白鷗ㅣ야 헌ᄉᆞᄒᆞ랴 못 미들손 桃花ㅣ로다 〈고시조 이황〉

③ 대격형 — ㄹ솔, ㄹ쏠(ㄹ+ㅅ+ㄹ)

  바ᄅᆞ래 건내야 내실쏠 濟渡ㅣ라 ᄒᆞᄂᆞ니라 〈월석 1:11〉
  恣任僧擧ᄒᆞᆯ솔 曰 自恣ㅣ라 〈능엄 1:29〉

④ 이유형 — ㄹ시, ㄹ씨(ㄹ+ㅅ+이)

  불휘 기픈 남ᄀᆞᆫ ᄇᆞᄅᆞ매 아니 뮐씨 곶 됴코 여름 하ᄂᆞ니 〈용비 2〉
  ᄯᅡ히 幽僻ᄒᆞᆯ시 옷가외 니부믈 게을이 ᄒᆞ노라(地僻衣裳) 〈두초 7:5〉

⑤ 의문형 — ㄹ손고, ㄹ쏜가(ㄹ+ㅅ+오+ㄴ고)

  어듸가 이로 다 사괼손고 〈가곡 74〉
  白玉京 琉璃界ㄴ들 이에서 더ᄒᆞᆯ쏜가 〈고시조 이정보〉

⑥ 의구형 — ㄹ셰라, ㄹ쎄라(ㄹ+ㅅ+ㅣ어+ㅣ라)

  예문 생략(본 노래)

⑦ 양보형 — ㄹ션뎡, ㄹ션졍(ㄹ+ㅅ+ㅣ+언뎡)

  엇뎨 구틔여 지블 이웃ᄒᆞ야 살라 ᄒᆞ리오 〈두초 20:29〉
  能히 侵勞ᄒᆞᄂᆞ닐 制馭ᄒᆞᆯ션뎡 엇뎨 해 주규메 이시리오 〈두중 5:28〉

⑧ 감탄형 — ㄹ셔, ㄹ쎠(ㄹ+ㅅ+ㅣ어)

  어딜쎠 觀世音이여(良哉觀世音) 〈능엄 6:65〉
  아으 오실셔 곳고리새여 〈악학 동동〉

⑨ 서술형 — ㄹ시라, ㄹ쎄라(ㄹ+ㅅ+ㅣ라)

    因果롤 내며 일울시라 〈원각 서 70〉
    妄塵이 콜디 몯홀쎄라 〈능엄 1:79〉

이 'ㅅ'는 '것, 바, 줄, 때문, 까닭' 등의 뜻을 가진 추상명사이며, 같은 추상명사인 'ㄷ'와 뜻이나 용법에 있어서 비슷하다(정읍사 2-2 (1) 즌 더롤 참조).

본 연의 끝 구는 '이긔야'로 되었으나 '어긔야'의 한 획 탈각이다. 봉좌문고본에는 '어긔야'로 되어있다.

제 2연은 서두에 '님하'가 생략된 듯하며, '져재 녀러 신고요'의 가벼운 의문사로 전개되어 이런 불안과 초조한 마음은 마침내 '즌 더롤 드더욜셰라'의 의구심으로 번져갔다. '저자에 가 계신가요?' 오래도록 돌아오지 않는 임에 대한 의구는 다른 여인에게 정을 두고 있지나 않은가 하여 주색잡기에 빠져 있을지도 모를 임을 생각해 보는 것이다. 그러나 애써 이를 떨쳐 버리려는 듯 진 땅을 디디고 계실까 두려우면서도 그렇지 않기를 바라는 간절한 마음이 드러나 있다.

3-1 어느 이 다 노코 시라

(1) 어느 이 다 〉 어느 것이나 다

관형사 '어느(何)'와 명사어간 '이(物)', 부사 '다(皆)'가 연결된 형.

'何'의 뜻으로 '어느' 외에 '어ᄂ, 어니, 어누'형이 아울러 사용되었는데, 이 중 '어ᄂ'가 고형인 듯하며 '어니'는 '어ᄂ이'의 축약형이다. 다음과 같은 향가표기 '於內'는 이들과 관계가 있음을 알 수 있다.

    於內 人衣 善陵等沙 不冬喜好尸 置乎理叱過 〈균여 수희공덕가〉

현대국어에서는 '어느'가 관형사로만 사용되나 '何'의 뜻을 가진 '어느, 어ᄂ, 어니, 어누' 등은 관형사뿐만 아니라 부사, 명사로도 사용되었다.

① 관형사로 사용된 '어느'

　　어느 누를 더브르시려뇨 〈월인 52〉
　　어느 결에 네 님군의 히골을 무드리오 〈오륜 2:65〉

② 부사로 사용된 '어찌'

　　國人 쁘들 어느 다 술녕리 〈용비 118〉
　　엇뎨 ᄒ마 다ᄋᆫ 목수미 어누 더으리잇고 〈석보 9:30〉

③ 명사로 사용된 '어데'

　　어늬 구더 兵不碎ᄒ리잇고 〈용비 47〉
　　어늬 施一切樂陀羅尼句ㅣ 잇고 〈월석 10:72〉

　이들 예 중에서 '어늬'는 '어느'의 주격형이다. 그러나 오늘날의 부사 '어찌'는 '어느'형이 아닌 '엇디'형의 구개음화형이며, '어느' 형은 모두 관형사로 고정되었다(가시리 2-1 (2) 엇디 참조).

　추상명사 '이'는 '物, 人' 등을 뜻하는 것으로 현대국어에서 '하는 이', '노는 이' 등 사람을 뜻하나, 일찍이 '물건, 사람, 일, 장소' 등을 두루 나타내는 말로 사용되었으며, 본 노래의 '어느 이'는 '何物, 何人' 의 뜻으로 사용된 것이다.

　　말ᄊᆞ몰 ᄉᆞᆯ녕리 호디 〈용비 13〉
　　믜리도 괴리도 업시 마ᄌᆞ셔 우니노라 〈악장 청산별곡〉
　　절로 가며 절로 오ᄂᆞ닌 집 우횟 져비오(自去自來堂上燕) 〈두초 7:3〉
　　셜본 잃 中에도 離別ᄀᆞ트니 업스니 〈석보 6:6〉

(2) 노코 시라 〉 놓고 있으라

　동사어간 '놓(放)'에 연결형어미 '고'가 연결된 형과 동사어간 '시(有)'에 명령형어미 '라'가 연결된 형(정읍사 1-2 (3) 비취오 시라 참조).

　　소놀 노티 말라(莫放手) 〈박초 8:32〉

能히 아ᅀᆞ며 노호미 이시며(能奪有放) 〈금강 2:50〉

어간말음에 'ㅎ'이 있는 말은 그 아래 오는 접미사 어두 'ㄱ, ㄷ, ㅂ, ㅈ'은 각각 유기음 'ㅋ, ㅌ, ㅍ, ㅊ'로 소리 나는 것은 현대국어에서도 동일하다.

3-2 어긔야 내 가논 ᄃᆡ 졈그를셰라

(1) 내 〉 나의

명사어간 '나(我)'의 속격형. 즉 '*ㅣ'는 원시국어의 속격접미사.

내 아ᄃᆞ리 비록 ᄆᆞ다라도 〈월석 1:41〉
부톄 니ᄅᆞ샤ᄃᆡ 올타 네 말 ᄀᆞᄐᆞ니라 〈석보 9:22〉

'내'는 '나'의 주격형으로 볼 수도 있으나, 여기에서는 속격형으로 보는 것이 노래의 뜻에 적절하다. '*ㅣ'는 원시국어의 속격접미사로 만주어나 몽고어의 속격접미사 'i'와 대응되며, 15세기 국어의 속격인 '이/의'의 고형인데 향가의 표기에서 이 원시속격형 '*ㅣ'의 흔적을 찾아볼 수 있다.

耆郞矣 兒史 是史藪邪 〈유사 찬기파랑가〉
吾衣 身 不喩仁 人音 有叱下呂 〈균여 수희공덕가〉

향가에서 '矣, 衣'는 속격 표기에 공통적으로 사용된 음차자인 바 이들은 당시의 중고한음에 비추어 국어음 'ㅣ'로 실현되었으리라는 가능성이 있는 것이다. 이와 같은 사실은 다음과 같은 표기에서도 찾아볼 수 있다.

俗以端午爲車衣 〈유사 2 문호왕조〉
端午俗名戌衣日戌衣東語車也 〈경도잡지 2 단오조, 동국세시기 오월단오조〉

여기서 '戌衣'는 '술이〉수리'의 표기로 고려가요에 보이는 '수릿날'과 통한다.

五月 五日애 아으 수릿날 아춤 藥은 〈악가 동동〉

또한 「조선관역어」에는

　　衣服‥‥‥以卜
　　夾衣‥‥‥夏以

등 '衣'자가 '以'자로 표기된 사실도 주목할 만하며, 「향약구급방」의 향명 표기(鄕名表記)에도

　　松衣亇(菖蒲)
　　鼠苞衣(雀麥)

등으로 표기되어 '소리마', '쥐보리'로 볼 수 있어 이들은 모두 한자음의 고음을 관용적으로 사용한 것이라고 볼 수 있다. 그러므로, 15세기 국어의 '이/의'는 '*ㅣ'의 제 2차적인 발달 형태로 원형 '*ㅣ'에 'ᄋ/으'의 첨입으로 형성된 것이다. 이 'ᄋ/으'는 대격이나 절대격의 원형 'ㄹ, ㄴ'에 조성모음 'ᄋ/으'를 첨입하여 '올,을/온,은'으로 제 2차적 형성을 가져 온 것과 형태적으로 동일한 유추작용에 의한 것이라고 할 수 있다(정읍사 2-2 (1) 즌ᄃᆡ롤 참조). 이와 같은 원시국어의 속격접미사 '*ㅣ'는 현재 대명사 '나, 너, 누, 저'에 대한 속격형 '내, 네, 뉘, 제'에서 그 잔영을 유지하고 있으며, 이 '나, 너, 누, 저'에 대한 '내, 네, 뉘, 제'의 'ㅣ'는 원시국어의 속격형 '*ㅣ'를 가정하지 않고는 해명되지 않는 것이다.

　　대 버히ᄂᆞ닌 뉘 아돌오(竹家者誰子)〈두초 1:23〉
　　聖女 方便을 너비 펴 제 어미롤 勸ᄒᆞ야〈월석 21:20〉

(2) 가논 ᄃᆡ 〉 가는 곳에

동사어간 '가(行)'에 시상선행어미 'ᄂᆞ'와 어간첨입모음 '오'가 연결되고 다시 관형사형 'ㄴ'의 연결형(정읍사 2-2 (2) 드디욜셰라 참조)과 원시 추상명사 'ᄃ'에 처격접미사 '이'가 연결된 형.

　　부텨 가시논 ᄯᅡ히 즐어늘〈월석 1:16〉
　　위 내 가논 ᄃᆡ ᄂᆞᆷ 갈셰라〈악장 한림별곡〉

堪忍에 사르시논 이롤 묻조ᄫ시니라〈월석 18:80〉

'行'은 '가다'와 함께 '니다, 녀다' 등이 병용되었다.

狄人ㅅ 서리예 가샤 狄人이 굴외어늘〈용비 4〉
東애 니거시든 西夷 ᄇ라ᅀᆞᄫ니〈용비 38〉
ᄆᆞᆺ맷 길히 녀디 아니홀 뻬긔〈몽산 41〉

앞의 예에서 '녀'는 '니'의 부사형 '니어'가 합성으로 굳어져 어간으로 고정된 형일 것이다.

앞에서 주석한 '즌 디 '의 '디'는 'ᄃ'의 처격형이 굳어져 처소를 뜻하는 명사로 사용된 것이나, 여기에서는 '곳에'로 해석된다(정읍사 2-2 (1) 즌 디롤 참조).

'내 가논 디'는〈한림별곡〉에서도 동일한 형태가 발견된다(한림별곡 8-4 (1) 내 가논 디 참조).

(3) 졈그롤셰라 〉저물세라, 어두워질까 두렵구나

동사어간 '졈글(日沒)에 어간첨입모음 '오'와 의구형종결어미 'ㄹ셰라'가 연결된 형(정읍사 2-2 (2) 드디욜셰라 참조).

졈그ᄃ록 외라윈 비 ᄀᆞᆮᄒᆞ야〈남명 상 9〉
히 졈근 묏 곬 소기로다(日暮山谷裏)〈두초 25:26〉
暮曰 占捺 或曰占沒〈계림유사〉
※占捺은 占堀의 오기인 듯하다.

'沈潛'의 뜻으로는 '줌ᄀᆞᆯ다'형이 사용되었으나, '졈글다'와 동일 어원에서 의미분화한 것이다.

고기 낫는 비는 本來로 줌ᄀᆞ로몰 보디 아니ᄒᆞ니〈금강 5:34〉
줌ᄀᆞ롯는 고기는 므릐 健壯ᄒᆞ몰 슬코(潛鱗恨水壯)〈두초 25:4〉

'졈글다', '줌ᄀᆞᆯ다'는 ㄱ탈락형으로 '져므다', 'ᄌᆞᄆᆞ다'가 병용되었다.

나리 져므ᄃ록 밥 몯 머거슈믈 놀라노니(日曛驚未飱)〈두초 25:7〉

믈 잇논 논 가로맨 몬져 프를 즈무거눌(水耕先侵草) 〈두초 7:2〉

'졈글다~져므다/좀글다~즈무다'는 일찍이 병용된 사실을 알 수 있는데 그 선후관계는 '졈글다/좀글다'가 고형으로 생각된다. 이것은 람스테트도 지적한 것과 같이 알타이제어에서 모음간 'k(g)'음이 탈락하는 경향을 볼 수 있기 때문이다.

이 노래의 전개는 다음과 같다. 즉, 제 1연은 기구(起句)이다. '달아 높이높이 돋아 멀리멀리 비추이고 있으라'는 '달아'에 의탁한 불안의 청원이며, 사람의 힘이 미치지 못하는 비밀을 풀어 보려는 감정의 표출로 볼 수 있다.

제 2연은 승구(承句)이다. '저자에 가 있는가요? 어긔야 진 곳을 디디고 있을까 두렵구나'는 앞에 '님아'의 호격이 생략되면서 불안은 의구심으로 번져가고 있다. 즉, 암유적인 '저재'와 '즌 더'가 상응되면서 창부(娼婦)를 경계하는 불안과 초조는 마침내 의구심으로 번져 가고 있다. 이 제 2연은 앞서 기술한 '그 남편이 밤에 가다가 해를 입을 것을 두려워하여 진 흙물의 더러움에 비유해서 노래한 것이다(…恐其夫夜行犯害 托泥水之汚 以歌之)'라는 기록과 부합되는 것이다. 그러나, 단순한 범해(犯害)에 대한 불안, 의심, 의구가 아니라 주색에 탐닉하는 경계의 가사로 초점이 집중되고 있음을 알 수 있다.

제 3연은 제 2연의 전(轉)이며 결(結)이다. 즉, 제 2연의 점충적 심화로서 '어느 것이나 모두' 즉, '어느 것이나 다 놓고 있으라'는 것은 소중한 물건들마저도 다 놓아 두고 집으로 돌아오라는 염원이 담겨 있는 것이다. 그러나, 마침내 절망의 심연에서 헤어 나와 마치 자신의 요사스런 잡념과 소중한 것도 포기하는 심정이 '내 가논 더 졈그롤셰라'로 맺은 것이다. '나의 가는 곳' 즉, '나의 앞길, 나의 앞날에 제발 불행이 없게 해 주소서' 하는 달에의 마지막 바람이며 임에 대한 간절한 기대일 것이다.

〈현대어 옮김〉

달아, 높이 높이 돋아
어기야 멀리 멀리 비추고 있으라.
어기야 어강됴리
아으 다롱디리
져자에 가 있는가요?
어기야 진 곳을 디딜까 두렵습니다.
어기야 어강됴리
어느 것이나 다 놓고 있으라.
어기야 내 가는 곳 저물까 두렵습니다.
어기야 어강됴리
아으 다롱디리

2. 동 동

德으란 곰비예 받줍고
福으란 림비예 받줍고
德이여 福이라 호놀
나ᅀᆞ(ᅀ)라 오소이(이)다
아으 動動다리

正月ㅅ 나릿므른
아으 어져 녹져 ᄒᆞ논디
누릿 가온디 나곤
몸하 ᄒᆞ올로 녈셔
아으 動動다리

二月ㅅ 보로매
아으 노피 현
燈ㅅ블 다호라
萬人 비취실 즈이(ㅿ)샷다
아으 動動다리

三月 나며 開호
아으 滿春 돌욋고지여
ᄂᆞ미 브롤 즈ᅀᆞ(슬)
디녀 나샷다
아으 動動다리

四月 아니 니지(저)

아으 오실셔(서) 곳고리 새여
므슴다 錄事니믄
녯나롤 닛고 신뎌
아으 動動다리

五月 五日애
아으 수릿날 아춤 藥은
즈믄 힐 長存ᄒᆞ샬
藥이라 받줍노이(이)다
아으 動動다리

六月ㅅ 보로매
아으 별해 ᄇᆞ론 빗다호라
도라 보실 니믈
젹곰 좃니노이다
아으 動動다리

七月ㅅ 보로매
아으 百種 排ᄒᆞ야 두고
니믈 흔 ᄃᆡ 녀가져
願을 비옵(숩)노이(이)다
아으 動動다리

八月ㅅ 보로몬
아으 嘉排나리마ᄅᆞᆫ
니믈 뫼셔 녀곤
오놀낤 嘉排샷다
아으 動動다리

九月 九日에

아으 약이라 먹논
黃花고지 안해 드니
새셔 가만ᄒ얘라
아으 動動다리

十月애
아으 져미연 ᄇ룻다호라
것거 ᄇ리신 後에
디니실 ᄒ 부니 업스샷다
아으 動動다리

十一月ㅅ 봉당(봉당)자리예
아으 汗衫 두퍼 누워
슬홀ᄉ라온뎌
고우닐 스싀옴 녈셔
아으 動動다리

十二月ㅅ 분디남ᄀ로 갓곤
아으 나올(술) 盤잇 져다호라
니믜 알퓌 드러 얼이노니
소니 가재다 므ᄅ옵(숩)노이(이)다
아으 動動다리

※ ( ) 안은 봉좌문고본 「악학궤범」과 대교한 것임.

이 노래는 다음과 같은 「고려사」나 「악학궤범」의 해설과 같이 송도체(頌禱體)의 가요이며, 고려시대부터 조선시대까지 조정에서 '아박(牙拍)'과 함께 불린 고려가요의 하나이다.

動動
舞隊樂官及妓 衣冠行次如前儀○舞鼓 妓二人先出 向北分左右立 斂手足 蹈而拜 俛

伏與跪 奉牙拍 唱動動詞起句(或無執拍) 諸妓從而和之 鄕樂奏其曲 兩妓跪揷牙拍
於帶間 俟樂終一腔 起而立 樂奏二腔 斂手舞蹈 樂終三腔 抽出一進一退 一面一背
從樂節次 或左或右或膝或臂相拍舞蹈 俟樂徹 兩妓如前斂手足 蹈而拜 俛伏興退 動
動之戱 其歌詞 多有頌禱之詞 盖效仙語而爲之 然詞俚不載〈고려사 권71 악지〉

牙拍
鄕師由東楹入 置牙拍於殿中 左右舞妓二人 分左右而進 取牙拍跪擧而還置 起立斂
手 足蹈跪俛伏 樂奏動動慢機 兩妓小擧頭 唱起句訖跪取牙拍 掛揷於帶間 斂手起立
足蹈 諸妓唱詞 云云 兩妓舞 樂奏動動中機 諸妓仍唱詞擊拍 兩妓跪執牙拍 斂手起立
從擊拍之聲 北向舞對舞 又北向舞背舞 還北向而舞 隨每月詞變舞 進退而舞 樂師因
節次遲速 越一腔擊拍 兩妓斂手 斂置牙拍於本處 斂手起立 足蹈 跪俛伏興 足蹈而退
樂止 樂師由東楹入 取牙拍而出〈악학궤범 권5 향악정재〉

내용은 남녀간의 연정을 노래한 것이며, 중종대에 이르러 〈정읍사〉와 함께 음사라 하여 폐지되고 '신제악장(新制樂章)'으로 대치되었다(정읍사 해설 참조).

형식은 전편 13연으로 매 연은 4구로 되어 있다. 첫째 연은 서사로 시작되어 다음 12연은 정월부터 12월까지 월령체로 배열되어 있다. 이와 같은 월령체의 형식은 조선의 〈농가월령가〉와 같은 월령체가의 남상이 된다는 점에서 눈여겨 볼 만하다.

노래 명칭〈동동〉은 후렴구 '아으 動動다리'의 '動動'을 딴 것임이 확실하다. '동동'의 뜻에 대하여는 「성호사설」에 다음과 같은 기록이 보인다.

動動者 今唱優口作鼓聲 而爲舞節者也 動動猶鼕鼕也〈성호사설 권4〉

즉, '動動'은 북소리를 모방한 '鼕鼕', 즉 '둥둥'으로 볼 수도 있고, 남녀가 어울리어 둥실둥실 노니는 모습을 희화적으로 표현한 것이라고 볼 수도 있다.

1-1 德으란 곰빅예 받줍고

(1) 德으란 〉 덕일랑

명사어간 '德'에 목적어의 주제화접미사 '으란'이 연결된 형.

'으란'은 중기국어에서 목적어에 주제(topic)의 의미를 덧붙일 때 널리 사용되던 명사접미사(명사를 어기로 하는 접미사)이다. 이 형태는 이두의 '乙良'과 대응되며 향찰의 '肹良'으로 직접 소급될 수 있다. 고대국어 당시에는 속격의 '*kī)希'와 거격(擧格) 'lang(良)'의 결합형으로 쓰이다가, 대격접미사 '乙'의 생성과 더불어 특별히 목적어의 주제 표지로 전용된 듯하다. 또한 이 형태는 현대어에 '일랑'과 같은 형태로 남아 있으며, 목적어뿐만 아니라 주어에 대해서도 사용되는 특징을 보인다.

　　책가방일랑 두고 가거라 〈현대어〉
　　종철일랑 여기 남아라 〈현대어〉

향가의 거격 '良'은 명사에 연결되어 열거, 동반의 의미를 덧붙이며, 반드시 목적어에만 분포하는 것이 아니라 부사어에도 쓰였다. 그러나 동사구의 관할을 받는다는 점에서 부사어를 '넓은 의미의 목적어'라고 본다면, '良'을 넓은 의미의 목적어 표지로 볼 수도 있다.

　　乾達婆矣 游烏隱 城叱肹良 望良古 〈유사 혜성가〉
　　東京 明期 月良 〈유사 처용가〉
　　阿邪也 吾良 遺知賜尸等隱 〈유사 도천수대비가〉
　　一等隱 枝良 出古 〈유사 제망매가〉
　　阿也 彌陀利良 逢乎吾 〈유사 제망매가〉
　　緣起叱 理良 尋只 見根 〈균여 수희공덕가〉
　　道尸 迷反 群良 哀呂舌 〈균여 청불주세가〉

고대국어에는 목적어의 주제화를 위한 특별한 장치가 없었기 때문에, 대격형 '乙'이 그 역할을 대신하였다고 생각할 수 있다. 그러나 고대국어 이후에는 '乙'이 대격접미사로 굳어졌으므로, '乙'보다 그 의미 영역이 넓은 '良'이 목적어의 주제화를 위한 형태로 전용되었다고 추정된다.

중기국어에서는 '으란'의 이형태로 'ᄋ란, 란, ㄹ란'과 같은 표기가 보인다.

臣下란 忠貞을 勸ᄒᆞ시고 자식으란 효도를 勸ᄒᆞ시고 나라ᄒᆞ란 太平을 勸하시고 〈월석 8:29〉
제 ᄲᅮ란 ᄀᆞ초고 ᄂᆞ미 것 서르 일버수믈 훌쎠 〈월석 1:45〉
잉무든 장글란 가지고 〈악장 청산별곡〉

중기국어의 '으란'이 이러한 이형태를 갖게 된 것은 이 형태가 고대국어의 '良'을 직접 계승했기 때문이다. 이는 'ㄹ란'이라는 이형태가 모음 뒤에서 간헐적으로 나타난다는 점에서 확인될 수 있다. 'ㄹ란'의 형태가 가능한 것은 '으란'의 '란'이 기본적으로 'l'음을 보유했다고 보기 때문이다.

결론적으로 고대국어의 '胗良'은 어두의 'h'가 탈락되어 '*ĭlang〉*ĭlan〉 ɨlan'과 같은 변화를 겪어, 중기국어의 '으란'과 같이 표기되었다고 볼 수 있다. 그리고 중기국어의 '으란'은 당시의 모음조화 규칙에 의거하여 '으란, 란, ㄹ란'과 같은 이형태를 갖게 되었다고 보는 것이다.

또한 고대국어의 거격 '良'은 독자적으로 발달하여 공동의 의미를 나타내는 의미역 표지(theta-role marker)로 기능하게 되었다.

멀위랑 다래랑 먹고 〈악장 청산별곡〉
너랑 나랑 같이 가자 〈현대어〉

그러나 고려가요의 자료는 '랑'이 아직까지 고대국어의 용법을 그대로 유지하고 있음을 보여 주기도 한다.

ᄂᆞᄆᆞ자기 구조개랑 먹고 〈악장 청산별곡〉
천자대왕 오시논 나래ᄉ랑 〈시용 대국 2〉

'구조개랑'의 '랑'은 그대로 대격의 용법을 보여 주는 것이며, '나래ᄉ랑'은 속격을 취한 처격 '앳'에 '랑'이 결합된 모습을 보여 준다. 이와 같이 고려가요가 '속격+랑'의 옛 용법을 그대로 노출시키는 것은, 고려가요가 반영하는 언어의 성격을 짐작게 한다.

이제 져믄 저그란 안죽 ᄆᆞ슴ᄭᅡ장 노다가 〈석보 6:11〉
녯 뫼흐란 白閣을 迷失하고 〈두중 16:11〉

즉, '나래ᄉ랑'과 같은 용법이 중기국어의 대표적 자료에서는 위와 같이 '란'으로 표기되어 있다는 것은 고려가요가 중기국어 이전의 언어를 반영하고 있기 때문이라고 할 수 있다.

(2) 곰비예 〉 신령에

명사어간 '곰비'에 처격접미사 '에'가 연결된 형.

'곰비'의 '곰'은 '뒤' 또는 '신령'을 뜻하는 어근이며, '비'는 명사에 붙는 파생접미사이다. '곰비'는 다음 구절에 나오는 '림비'와 대응되는 말이다. 즉 '림비'는 '님비'의 속철(俗綴)로 '님'은 '앞' 또는 '임, 임금'을 뜻하는 명사이며, '비'는 '곰비'의 '비'와 같다.

  舳 빗고물 튝(船後持柁處)〈훈몽 중 26〉
  艫 빗니물 로(船頭刺櫂處)〈훈몽 중 26〉
  妾 고마 쳡〈훈몽 상 31〉
  額 니마 익〈훈몽 상 24〉

이 예에서 '고물, 니물'은 명사 '곰, 님'에 파생접미사 '울'을, '고마, 니마'는 '아'를 붙여 '뒤, 앞'의 뜻에서 의미분화한 것임을 알 수 있다. 현대어에도 '팔꿈치<팔곰치', '발꿈치<발곰치', '곰곰히(뒤에 차근차근)' 등 '곰'이 '뒤'를 나타내는 어휘들이 있다.

  鶴氅을 님의 혀고 江臯로 놀여간이〈고시조 해동〉

또한 위의 예에서 '님의 혀고'는 '앞에 두르고'이니 '님'은 '앞'을 뜻하는 말임을 알 수 있다. '곰비'와 '림비'는 명사로 쓰인 것이나 뒤에 이것이 결합되어 '곰비님비'로 사용되어 '자꾸자꾸, 계속하여'를 뜻하는 부사로 전용되었다.

  날은 느져가고 어서 내라 곰비님비 지촉ᄒ고〈계축 상 98〉
  곰부임부 먹었다〈현대어 방언〉

이 노래는 송도체의 가요이며, 첫 연은 서사이므로 원시시대의 종교의식과 관계가 있는 것으로 볼 수 있어 '곰'과 '님'을 '뒤, 앞'으로 해석하는 것보다 '신령, 임(主)/임금(王)'으로 해석하는 것이 좋을 것이다. '곰'은 '蓋馬, 金馬, 乾馬, 監, 儉, 今, 黑, 熊' 등으로 차자되어 'ᄀᆞᆷ, 검, 곰, 금' 등으로 읽힌다. 이는 '神'을 뜻하는 것으로 일본어의 '神〉kami'도 같은 어원으로 볼 수 있다.

   敬 고마 경 〈신증 하 1〉
   虔 고마 건 〈신증 하 3〉
   熊津 고마ᄂᆞᄅ 〈용비 3:15〉

'님'은 '主'의 뜻에서 'ᄀᆞᆷ, 검, 곰, 금' 등 '신성하다'의 뜻을 가진 말과의 복합으로 '님금'이 되었을 것이다.

   主 님 쥬 〈훈몽 중 1〉
   王 님굼 왕 〈훈몽 중 1〉

'예'는 처격접미사 '에'의 이형태이다. 중기국어에서 처격접미사는 '애, 이, 에, 의, 예' 등의 이형태를 갖고 있었다.

① 체언 말음절 모음이 양성모음일 때는 '애, 이'가 사용되었다.

   東都애 보내어시ᄂᆞᆯ 〈용비 26〉
   避仇홇 소닉 마리 〈용비 28〉

② 체언 말음절 모음이 음성모음일 때는 '에, 의'가 사용되었다.

   처ᅀᅥᆷ 佛法에 드러 〈석보 6:1〉
   員의 지븨 가샤 〈용비 28〉

③ 체언 말음절 모음이 'ㅣ' 또는 'ㅣ'를 가진 중모음일 때는 'ㅣ'모음과의 충돌을 피하기 위하여 '에'에 반모음 'j'를 첨입한 '예'가 사용되었다.

   狄人ㅅ서리예 가샤 〈용비 4〉

놀애예 일훔 미드니 〈용비 10〉
히예 뼈니이다 〈용비 50〉

그리고 체언말음에 'ㅎ'이 있을 때에는 '해, 히, 헤, 희'가 역시 모음연결법칙에 따라 사용되었다.

白帝 호 갈해 주그니 〈용비 22〉
ᄀᆞ술히 霜露ㅣ와 草木이 이울어든 〈월석 서 16〉
아바닚 뒤헤 셔샤 〈용비 28〉
열희 ᄆᆞᅀᆞᄆᆞᆯ 하놀히 달애시니 〈용비 18〉

이들 처격접미사는 'ᄋᆞ'모음의 소실과 모음연결법칙의 파괴에 따라 '이, 애'는 '에'에 통합되었고, '예'도 원형 '에'에 통합되어 현대어에서는 '에' 하나로 단일화되었다.

(3) 받ᄌᆞᆸ고 〉 바치옵고
 동사어간 '받(獻, 捧)'에 겸양선행어미 '줍'과 연결어미 '고'가 연결된 형.

菩薩올 받ᄌᆞᆸ니라 〈월석 2:36〉
獻 받ᄌᆞ올 헌 〈훈몽 하 15〉

'받, 받줍'은 '獻'과 '受'의 두 뜻이 있으나 여기서는 전자로 해석된다. '줍'은 '솝'의 이형태이며 어간말음과의 연결관계에서 '솝'과 함께 다음과 같이 사용되었다.

① 주로 어간말음이 자음이고, 뒤에 자음으로 시작되는 어미가 연결될 때는 '솝'.

能히 敎化롤 돕솝고 〈능엄 1:26〉
우리 옷 계우면 큰 罪롤 닙솝고 〈월석 2:72〉

② 주로 어간말음이 모음이고, 뒤에 자음으로 시작되는 어미가 연결될 때는 '솝'.

軍容이 녜와 다른샤 아숩고 믈러가니 〈용비 51〉
七寶塔 셰슨논 양도 보리러니 〈석보 13:14〉

'숩'은 '숩'의 'ㅅ' 약화형으로 어간말 모음의 영향으로 'ㅅ〉ㅿ'의 유성 음화를 겪은 것이며, 때로는 '솝'이 이 환경에 쓰이기도 하였다.

네 경으로 쳥졍 년화목 여리롤 넘ᄒ슙고 〈지장 상 26〉

③ 어간말음이 'ㄷ, ㅌ, ㅈ, ㅊ'의 자음이고, 뒤에 자음으로 시작되는 어미가 연결될 때는 '줍'.

부텻 마룰 머리로 받줍게 ᄒ쇼셔 〈월석 21:84〉
三賊이 좇줍거늘 길버서 쏘샤 〈용비 36〉

이들 '숩, 숩, 줍'에 모음으로 시작되는 접미사가 연결되면 다음과 같은 형태를 취하게 된다.

① 부사형 어미 '아'와 결합하여 '스바, 스바, 즈바'.

善彗ㅅ德 닙ᄉ바 〈월석 1:3〉
潛龍 未飛에 北人이 服事ᄒᄉ바 〈용비 55〉
님금 말 아니 듣ᄌ바 〈용비 98〉

② 조성모음 'ᄋ'와 결합하여 '스ᄫ, 스ᄫ, 즈ᄫ'.

仁義之兵을 遼左ㅣ 깃ᄉᄫ니 〈용비 41〉
濟世才롤 後人이 보ᄉᄫ니 〈용비 27〉
禮士溫言ᄒ샤 人心이 굳ᄌᄫ니 〈용비 66〉

③ 어간첨입모음 '오'와 결합하여 '스보, 스보, 즈보'.

ᄒ몰며 袞職 돕ᄉ보려 〈용비 121〉
置陣이 놈과 다른샤 아ᄉ보더 〈용비 51〉
져믄 아히 어느 듣ᄌ보리잇고 〈석보 6:11〉

위에서 설명한 '숩, 숩, 줍'의 형태는 현대어에 다음과 같이 남아 있다.

㉠ ┌ 숩〉옵 —— 하옵고, 가옵고
　 ├ 솝〉사옵 —— 입사옵고, 없사옵고
　 └ 좁〉자옵 —— 듣자옵고, 좇자옵고

㉡ ┌ 스바〉와 —— 하와, 가와
　 ├ 스바〉사와 —— 입사와, 없사와
　 └ 즈바〉자와 —— 듣자와, 좇자와

㉢ ┌ 스<noktu>, 스보〉오 —— 하오니, 가오니
　 ├ 스<noktu>, 스보〉사오 —— 입사오니, 없사오니
　 └ 즈<noktu>, 즈보〉자오 —— 듣자오니, 좇자오니

또한 현대어의 '여쭙'은 '엳줍〉엿줍'이 굳어진 것이라고 볼 수 있다.

1-2 福으란 림비예 받줍고

(1) 福으란 〉 복일랑 (동동 1-1 (1) 德으란 참조)
(2) 림비예 〉 임에게 (동동 1-1 (2) 곰비예 참조)
(3) 받줍고 〉 바치옵고 (동동 1-1 (3) 받줍고 참조)

1-3 德이여 福이라 호놀

(1) 德이여 〉 덕이며

　 명사어간 '德'에 나열의 의미를 가지는 명사접미사 '이여'가 연결된 형. '이여'는 '여' 형으로 축약되어 나타나는 일도 있으며, '야'형으로 나타나기도 한다.

　　　산히여 미히여 千里 外예 處容아비를 어여려거져 〈악학 처용가〉
　　　굴그니여 혀그니여 울디 아니ᄒ리 업더라 〈월석 10:12〉
　　　사문이 ᄃ외야 나지여 밤이여 수행ᄒ야 〈석보 23:30〉
　　　내 이제 나져 바며 시름ᄒ노니 〈두초 8:29〉
　　　나쟈 바먀 셔긔 나ᄂ니 과연 긔이ᄒ도다 〈박초 상 68〉

'이여'는 공동격접미사 '와/과'와는 달리 두번째 성분어에 격표지를 후행시키지 않는다. 이 접미사가 감탄종결어미 '이여'와 형태를 공유하고 있다는 것은 주목할 만하다. 감탄종결어미 '여'도 어간말음이 자음일 경우 '이여'로 나타나는데, 어떤 형태를 기본형으로 잡아야 하는지는 확실치 않다. 그러나 '이여'라는 형태가 '이'를 선행시키고 있음은 '이여, 여' 교체가 단순한 음운론적 이형태가 아니라는 것을 보여준다. 왜냐하면 단순한 음운론적 이형태라면 '이여, 여'의 교체가 아니라, 'ᄋ여/으여, 여'의 교체를 보여야 하기 때문이다.

'이여'의 '이'는 단순한 조성모음이 아니라 문법적 의미를 가진 요소라고 보아야 한다. 이 '이'는 이른바 서술격 조사로 불리는 것인데, 체언에 붙어 용언 어간을 구성하는 기능을 수행한다. 따라서 '이'는 용언화접미사라고 볼 수 있으며, 이는 최근 활발히 논의되고 있는 통사적 파생을 구성하는 접미사(구절단위에 접미되는 접미사)이다. 따라서 이 접미사가 부착된 성분어가 비논항적 성격을 가지는 것은 당연한 일이며, '이여'가 공동격접미사와는 달리 격표지를 후행시키지 않음도 이에 뒤따른 결과라고 할 수 있다.

한편, 감탄종결어미 '이여'는 중기국어에서는 호격접미사로 기능하기도 한다. 그러나 향가에서는 이 용법이 발견되지 않고 오직 감탄종결어미로만 나타난다(정읍사 1-1 (1) 둘하 참조). 따라서 중기국어의 호격접미사 '이여'는 감탄종결어미 '이여'에서 발달한 것이라고 볼 수 있다.

    臣隱 愛賜尸 母史也 〈유사 안민가〉
    塵塵馬洛 佛體叱 刹亦 〈균여 예경제불가〉
    아으 만춘 둘윗 고지여 〈악학 동동〉
    됴ᄒᆞ시며 됴ᄒᆞ실쎠 大雄世尊이여 〈법화 5:94〉
    보ᄆᆞᆯ 늦살도 몯 보거니 ᄒᆞ물며 아독호미여 〈법화 4:53〉

이와 같은 관점에서 보면 '이여'는 용언화접미사 '이'와 부사형어미(나열을 의미할 때), 혹은 종결어미(감탄종결을 의미할 때) '어'의 합성형이라고 볼 수 있다.

(2) 福이라 호놀 〉 복이라고 하는 것을

 명사어간 '福'에 용언화접미사 '이'와 종결어미 '라'를 연결하여 인용문을 구성한 형과 동사어간 'ᄒ'에 어간첨입모음 '오'와 관형사형어미 'ㄴ'이 연결된 형의 대격형.

 현대국어에서는 용언이 'ㄴ, ㄹ'을 취하면 관형사형으로 체언을 수식하게 되나, 중기국어나 고대국어에서는 이들이 직접 명사적 기능으로 곡용형을 취하기도 했다. 이는 'ㄴ, ㄹ'의 관형사형이 기원적으로 동명사 형성에 있음을 보여 주는 것이다.

> 眞實로 行ᄒ리 便宜롤 브를씨 〈영가 하 31〉
> 虞芮質成ᄒᄂ로 方國이 해 모ᄃ나 〈용비 11〉

 용언의 관형사형은 위의 예처럼 '홀－이, 호－ᄋ로' 등으로 직접 격형을 취하기도 하나, 때로는 곡용을 취하지 않고도 명사적 기능을 보이기도 한다.

> ᄉ랑하는 아이 글워를 傳호매 빗난 鵲 그륜 새롭도다(愛弟傳書綵鵲新)
> 〈두중 23:20〉
> 놀애롤 노외야 슬픐 업시 브르ᄂ니(歌莫哀) 〈두초 25:53〉

 이와 같은 용법은 다음과 같은 향가표기와 일치하는 것이다.

> 迷火隱乙 根中 沙音賜焉逸良 〈균여 항순중생가〉
> 修叱賜乙隱 頓部叱 吾衣 修叱孫丁 〈균여 수희공덕가〉

 이들은 관형사형 어미 'ㄴ, ㄹ' 아래 대격 또는 절대격을 취한 예이며,

> 來如 哀反 多羅 〈유사 풍요〉
> 哀反 多 矣徒良 〈유사 풍요〉

등은 관형사형 'ㄴ'이 직접 주어로 기능한 예이며,

> 祈以支 白屋尸 置內乎多 〈유사 도천수관음가〉
> 三花矣 岳音 見賜屋乙 聞古 〈유사 혜성가〉

등은 관형사형 'ㄹ'이 직접 목적어로 기능한 예이다.

1-4 나ᅀᆞ라 오소이다

(1) 나ᅀᆞ라 〉드리러, 진상하러

동사어간 '낫(進)'과 조성모음 'ᅀᆞ'와 의도형연결어미 '라'의 연결형. '나ᅀᆞ'는 '낫ᅀᆞ〉나ᅀᅮ〉나ᅀᆞ' 형. 봉좌문고본에는 '나ᅀᅮ'로 표기되어 있다. '나ᅀᆞ다'는 '나아가다, 드리다, 진상하다' 등의 뜻이 있었다.

> 나ᅀᅮ면 어루 큰 法 니르며(進可語大) 〈법화 2:216〉
> 進 나ᅀᆞᆯ 진 〈훈몽 하 26〉
> 아ᅀᆞ 나ᅀᆞᆯ 盤잇 져다호라 〈악학 동동(봉좌본)〉

당하관 존칭(堂下官尊稱)인 '나리'는 '나ᅀᅮ리' 즉 '진알(進謁)할 사람'의 뜻이다.

> 進賜 나ᅀᅮ리 堂下官尊稱也 〈이두편람〉

의도를 뜻하는 연결어미 '라'는 다음과 같은 용법을 보인다.

> 어마님이 毗藍園을 보라 가시니 〈월석 2:27〉
> 雙花店에 雙花 사라 가고 신된 〈악장 쌍화점〉

(2) 오소이다 〉오십시오

동사어간 '오'에 존칭청유형종결어미 '사이다〉소이다'가 연결된 형.

> 淨土애 ᄒᆞᆫ디 가 나사이다 ᄒᆞ야시ᄂᆞᆯ 〈월석 8:100〉
> 藥든 가ᄉᆞ믈 맛초ᅀᆞᆸ사이다 〈악장 만전춘〉

'소이다'는 '사이다'에 어간첨입모음 '오'가 첨입된 형으로 이의 의미론적 차이에 대해서는 앞에서 이미 서술한 바 있다(정읍사 2-2 (2) 드디욜셰라 참조). 청유형은 보통 화자와 청자가 모두 행위의 대상이 되는 용법이지만 이 노래에서는 명령형의 용법에 준한 것으로 해석되어야 한다. 왜냐하면 '오다'라는 동사는 이미 화자가 특정한 행위, 즉 일정한 장소로의 이동이 이루어진 다음에 쓰일 수 있는 것이기 때문이다. 따라서 이 구절은 '덕과 복을 드리러 오십시오'와 같이 해석되어야 자연스럽다.

존칭으로 쓰이는 종결어미는 다음과 같다.

① 서술형 — 이다

올ㅎ시이다 世尊하 〈석보 13:47〉
六百年 天下ㅣ 洛陽애 올ᄆ니이다 〈용비 14〉

② 의문형 — 잇가, 잇고

이 이리 엇뎨잇고 〈월석 21:138〉
問罪江都를 느츠리잇가 〈용비 17〉
三韓今日에 엇더ᄒ니잇고 〈용비 28〉
여슷 하ᄂ리 어늬사 됴ᄒ니잇가 〈석보 6:35〉

③ 청유형 — 사이다

어버싀 ᄀ자이신 저긔 일후믈 一定ᄒ사이다 〈월석 8:96〉

④ 명령형 — 쇼셔

이 ᄠᅳ들 닛디 마ᄅ쇼셔 〈용비 110〉
구쳐 니러 졀ᄒ시고 안ᄌ쇼셔 ᄒ시고 〈석보 6:3〉

'소이다'의 원형은 'ᄉ이다'로 이에 조성자음 'ㅇ'이 탈락한 형태이다. 임란 전판인 봉좌문고본에는 원형인 'ᄉ이다'로 표기되어 있다.

1-5 아으 動動다리

(1) 아으 〉 아아

'아으'는 옛노래에서 일반적으로 사용된 감탄사이다(정읍사 1-4 (1) 아으 참조).

(2) 動動다리 〉 동동다리

'動動'은 북소리를 묘사한 것이며, 아울러 남녀가 어울려 노는 모습을 상징적으로 표현한 것이라고 할 수 있다. 여기에 조율음인 '다리'를 첨가하여 북소리의 장단을 효과적으로 표현하고 있다(정읍사 1-4 (2) 다롱디리 참조).

이상 서사를 풀이하면, '덕은 신령께 바치옵고, 복은 임에게 바칩니다. 덕과 복을 진상하러 오십시오.'와 같이 된다. 이는 '송도지사(頌禱之詞)'로 자신의 복덕을 빌기보다는 그리운 임의 복덕을 축원하는 마음을 집단적 제의에 기대어 노래한 것이라고 볼 수 있다.

2-1 正月ㅅ 나릿므른

(1) 正月ㅅ〉 정월의

명사어간 '正月'에 속격접미사 'ㅅ'이 연결된 형.

속격접미사 'ㅅ'과 '이, 의'형과의 이형태 관계는 문법 전반적으로 명확히 밝혀지지는 않았다. '이, 의'는 유정체언에, 'ㅅ'은 무정체언 혹은 존칭의 유정체언에 붙는 것이 일반적이라고는 하나 예외가 많다. 또한 'ㅅ'은 복합어 어간의 내부경계를 의미하기도 하는데, 이 경우 'ㅅ'은 흔히 '사잇소리'로 지칭되기도 한다. 그러나 중기국어 당시 사잇소리가 개재하는 어휘들이(현대어에서 복합어로 인정되는 경우) 복합어를 구성한 것인지는 확실치 않다. 다만 'ㅅ'은 통사론적으로 속격접미사 '이/의'에 대해 어휘화로의 진행을 보여주는 것으로 파악될 수 있는데, 이러한 발전방향이 현대어에서 복합어의 내부경계로 기능하게 된 주요한 이유라고 생각한다. 'ㅅ'

이 어휘적 구성의 속격접미사임은 'ㅅ'이 '이/의'에 대해 구절단위로 확장 되지 않은 명사에 접미된다는 것에서 확인할 수 있다.

>   狄人ㅅ서리예 가샤 〈용비 4〉
>   즐거본 소리 凡夫ㅅ소리 〈석보 19:15〉
>   長者 須達이 祇陁太子ㅅ東山올 사아 〈석보 6:26〉

(2) 나릿 〉 냇

명사어간 '나리(川)'에 사잇소리 'ㅅ'이 연결된 형.

중기국어에는 '나리'형이 보이지 않지만, 향가에는 이 형태로 추정되는 표기가 보인다.

>   沙是 八陵隱 汀理也中 〈유사 찬기파랑가〉
>   逸烏川理叱 磧惡希 〈유사 찬기파랑가〉

또한 이 형태는 지명에도 남아 있다.

>   尺川洞(江原道 平昌郡 珍富面) 자나리
>   彦河洞(忠北 永川郡 阿川面) 어나리

그러므로 '나리'는 'ㄹ' 탈락과 음절축약으로 '나리〉내'로 변한 것이라고 볼 수 있으며, 다음과 같은 예도 같은 변화과정을 거친 어형이라고 할 수 있다.

>   누리〉뉘(世) ᄉᆞᅀᅵ〉시(間) 모로〉뫼(山)

이 '나리'는 'ᄂᆞᄅᆞ(津)'와 함께 동일 어근 '눌'에서 의미분화한 것이라고 생각할 수 있으나, '눌〉ᄂᆞᄅᆞ〉나루'의 변화과정에서 커다란 차이가 있다.

'ㅅ'은 사잇소리로 복합어의 내부경계를 표시한다. 이는 복합어 생성시 경음화와 같은 음운규칙을 표현하는 것으로 정서법 상의 자소(字素)라고 할 수 있다. 조선 초기 문헌인「용비어천가」,「훈민정음」등에서는 선행음과 후속음의 성질에 따라 여러가지 사잇소리가 음성학적으로 구별되어 사용되었다. 그러나 중기국어에서는 속격접미사로서의 'ㅅ'과 사잇소리로서의 'ㅅ'에 대한 특정한 문법적 구별은 없었던 듯하다. 따라서 이러한 구별은 전적으로 현대어의 직관에 의존한 것이며, 사잇소리 표기법에 대한 다음의 설명은 'ㅅ' 일반에 대한 것이다.

㉠ 선행음이 불청불탁음 'ㆁ, ㄴ, ㅁ, ㅱ, ㅸ, ㅇ'일 때 — 'ㄱ, ㄷ, ㅂ, ㅸ, ㆆ'
㉡ 후속음이 전청음 'ㄱ, ㄷ, ㅂ, ㅅ, ㅈ, ㆆ'이거나 모음 및 불청불탁음일 때 — 'ㅅ, ㅿ'

따라서 선행음이 전청음과 차청음(ㅋ, ㅌ, ㅍ, ㅊ, ㅎ) 및 전탁음(ㄲ, ㄸ, ㅃ, ㅆ, ㆅ)이거나, 후속음이 차청음과 전탁음일 때는 폐쇄관계로 사잇소리의 영향을 받지 않았다. 이와 같은 사잇소리의 용법을 보면 다음과 같다.

① 선행음에 따른 사잇소리 'ㄱ, ㄷ, ㅂ, ㅸ, ㆆ'의 용법.

이는 훈민정음에 규정된 자음의 오음 분류(五音分類)에 따라 각 음의 종류에서 선행음이 불청불탁음(不淸不濁音)일 때, 같은 계통의 음의 종류에서 전청자(全淸字)를 사잇소리로 사용한 것이다.

㉠ — ㆁ+(ㄱ)+전청음

兄ㄱ쁘디 〈용비 8〉   平生ㄱ뜯 〈용비 12〉
乃終ㄱ소리 〈훈언〉   穰ㄱ字 〈훈언〉

㉡ — ㄴ+(ㄷ)+전청음

몃間ㄷ지븨 〈용비 110〉 吞ㄷ字 〈훈언〉
本ㄷ字 〈능엄 10:9〉   눈ㅈᅀᆞ와 〈월석 21:215〉

㉢ — ㅁ+(ㅂ)+전청음

侵ㅂ字 〈훈언〉   覃ㅂ字 〈훈언〉

사룜뜨디 〈용비 15〉   人間은 사룸서리라 〈월석 1:10〉

ㄹ - 몽+(병)+전청음

斗(둠)병字 〈훈언〉   漂(퓸)병字 〈훈언〉

ㅁ - ㆁ+(ㆆ)+전청음, -ㄹ+(ㆆ)+전청음

先考(공)ㆆ뜯 〈용비 4〉   那ㆆ字 〈훈언〉
彆(볋)字 〈훈언〉   戌(슗)字 〈훈언〉

② 후속음에 따른 사잇소리 ㅅ, ㅿ의 용법

㉠ 후속음이 전청음일 때 - ㅅ

狄人ㅅ서리 〈용비 4〉   셔봀긔벼를 〈용비 35〉
어마닚山陵을 〈용비 63〉   모맷病 업스샤디 〈용비 102〉

㉡ 후속음이 모음 또는 유성음(불청불탁음)일 때 - ㅿ

오눐나래 〈용비 16〉   後ㅿ날 〈용비 26〉
님긊말쓰미 〈용비 39〉   우흿龍 〈용비 100〉

　이들 사잇소리는 위에서 보는 바와 같이 앞 말이 고유어일 때는 윗말 받침으로 붙여 썼으며(눈즈슨, 사룜뜨디 등), 앞 말이 한자어일 때는 독립적으로 사용되었다(兄ㄱ뜨디, 那ㆆ字 등). 또한 앞 말 받침이 'ㄹ'일 때는 원칙적으로 'ㅭ'형으로 받침에 붙여 썼다(戌(슗)字, 홄배 등). 그리고 「훈민정음」 해례에 보이는 '팔종성가족용'의 원칙에 의하여 사잇소리 'ㅿ'는 'ㅅ'으로 표기되기도 하였다.

나랏말쓰미 〈훈언〉

　이와 같은 사잇소리의 용법은 「훈민정음」이나 「용비어천가」 등에서 대체로 정확히 적용되었으나, 그 후 「월인석보」 등에서는 'ㄱ, ㄷ' 등의 사잇소리가 간혹 있기는 하지만 대체로 'ㅅ' 하나로 통일되어 오늘에 이르렀다. 이 노래의 '正月ㅅ 나릿므른'은 초기의 사잇소리 용법에 따르면 '正月

△ 나릸므른'이 되어야 하나, 'ㅅ'으로 통일된 표기이다. 이 사잇소리의 기능은 형태론적으로는 두 어사의 통합작용이며, 의미론적으로는 두 어사의 종속적 관계를 표시하는 것이 일반적이다.

(3) 므른 〉 물은
 명사어간 '믈(水)'의 절대격형.

    시미 기픈 므른 ᄀᆞᄆᆞ래 아니 그츨쎄 〈용비 2〉
    水 믈 슈 〈훈몽 하 35〉

'믈'과 같이 'ㅡ'모음이 순음 'ㅁ, ㅂ, ㅍ'과 연결된 음절 '므, 브, 프' 등은 순음의 영향으로 현대어에서는 모두 원순모음화되어 '무, 부, 푸'로 변하였다.

    명사에서-믈〉물(水), 므지게〉무지게(虹), 블〉불(火), 쁠〉뿔(角), 플〉풀(草)
    동사에서-므르다〉무르다(弱), 브리다〉부리다(使), 프르다〉푸르다(靑),
              쓰리다〉뿌리다(潑)

오늘날의 절대격접미사는 받침의 유무에 따라 '은, 는'이 사용되나, 중기국어에서는 모음조화의 법칙에 따라 선행체언의 모음이 양성일 때는 '온, 눈'이, 음성일 때는 '은, 는'을 사용하였으며, 중성모음 'ㅣ'일 때는 양자가 모두 결합될 수 있었다. 그러나 이들 이형태들의 원형은 'ㄴ'이라고 할 수 있는데, 음절 연결상 'ㄴ'에 조성모음 'ㆍ, ㅡ'가 합성되어 '온, 은'이 발달하였고, '온, 은'은 다시 개음절에서 문법적 인상강화의 수단으로 'ㄴ'이 첨입되어 '눈, 는'이 발달했다고 볼 수 있다. 이 절대격의 원형 'ㄴ'은 중기국어에서도 다음과 같은 사용례를 볼 수 있다.

    長生인 不肖홀쎄 〈월인 11〉
    절로 가며 절로 오ᄂᆞᆫ 집 우희 져비오 〈두초 7:3〉

절대격의 원형 'ㄴ'은 용언의 관형사형 'ㄴ'과 관계지워 설명되기도 한다. 이는 향가 표기에서 관형사형 'ㄴ, ㄹ'이 직접 대격이나 절대격의 기능을 겸유한 예에서 추정할 수 있는데, 이와 같은 관점에서 보면 절대격과 대격은 동일한 과정의 발달을 겪은 것이라고 할 수 있다(정읍사 2-2 (1) 즌 디룰 참조).

2-2 아으 어져 녹져 ᄒ논디

(1) 어져 〉 얼려, 얼고자
  동사어간 '얼(凍)'에 원망형어미 '겨'의 연결형.

> 물ᄀᆫ 서리예 큰 모시 어니(淸霜大澤凍)〈두초 21:36〉
> 凍 얼 동〈훈몽 하 2〉

'겨'는 가까운 미래나 바람을 나타내는 원망형어미이다.

> 妻眷이 ᄃᆞ외져 ᄒ거늘〈석보 6:8〉
> 七年을 믈리져 ᄒ야〈월인 176〉

'겨'는 향가에서 '齊'로 표기되었으며, 원래 원망을 나타내는 동사어간 '지'에 부사형어미 '어'가 합성되어 굳어진 것이다.

> 내 니거 지이다〈용비 58〉
> 말 드러 이르ᅀᆞ바 지이다〈석보 6:22〉

(2) 녹져 〉 녹으려, 녹고자
  동사어간 '녹(融)'에 원망형어미 '져'의 연결형.

(3) ᄒ논디 〉 하는데
  동사어간 'ᄒ(爲)'에 현재시상선행어미 'ᄂ'와 어간첨입모음 '오'와 접속형어미 'ㄴ디'가 연결된 형. 'ㄴ디'는〈정읍사〉의 '즌 디, 내 가논 디' 등의 장소를 뜻하는 명사 '디'가 어미로 전용된 것으로 여기서는 접속형으로 쓰이고 있다.

2-3 누릿 가온디 나곤

(1) 누릿 〉 세상의

명사어간 '누리'에 속격접미사 'ㅅ'이 연결된 형.

'누리'는 '세상'의 옛말이나 현대어에서도 일부 쓰이고 있는 어형이다. 그러나 조선 초기 문헌에서는 거의 '누리'의 축약형 '뉘'가 사용되었다(동동 2-1 (2) 나릿 참조).

  前世生온 아랫뉘옛 生이라 〈월석 1:6〉
  世논 뉘라 〈월석 2:12〉

다음과 같은 인명 표기를 보면, '누리'가 고대국어에서 일찍부터 사용된 형태임을 알 수 있다.

  儒禮尼叱今 一作 世里智王 〈유사 왕력〉
  琉璃明王立 諱類利 或云 孺留 〈사기 권13〉

(2) 가온디 〉 가운데

'가온디'는 '가븐디'의 'ㅸ' 탈락형으로 '中'의 뜻이다.

  깊 가븐디 쉬우믈 爲ᄒᆞ야 〈월석 14:80〉
  路中은 깊 가온디라 〈월석 1:4〉

'가온디'는 '半'을 뜻하는 '가봇〉 가옷'과 장소를 뜻하는 '디'의 합성으로 '가븓디〉 가옷디〉 가온디'로 굳어진 형이라고 볼 수 있다.

(3) 나곤 〉 나매, 나서는

동사어간 '나(出, 生)'에 접속형연결어미 '곤'이 연결된 형.

'곤'은 접속형연결어미 '고'와 절대격접미사 'ㄴ'의 연결형으로 '니, 매, 거든'의 뜻으로 굳어진 연결어미이다.

  功도 그러ᄒᆞ곤 圓持 功을 아랋 디로다 〈월석 17:54〉

그 福이 오히려 하곤 ᄒᆞ몰며 ᄯᅩ 能히 사ᄅᆞᆷ 爲ᄒᆞ야 〈금강 하 92〉

2-4 몸하 ᄒᆞ올로 녈셔

(1) 몸하 〉 몸이여
  명사어간 '몸(身, 體)'에 강조형호격접미사 '하'가 연결된 형(정읍사 1
-1 (1) 둘하 참조).

(2) ᄒᆞ올로 〉 홀로, 혼자
  'ᄒᆞ올로'의 고형은 'ᄒᆞᄫᆞᅀᅡ'로 '獨'을 뜻하는 부사이다. 고형 'ᄒᆞᄫᆞᅀᅡ'는
다음과 같은 두 개의 변천을 보인다.

  ᄒᆞᄫᆞᅀᅡ〉ᄒᆞ오ᅀᅡ〉ᄒᆞ오아〉ᄒᆞ올로〉홀로
  ᄒᆞᄫᆞᅀᅡ〉ᄒᆞ오ᅀᅡ〉호오야〉호온자〉혼자

    나라해 忠臣이 업고 ᄒᆞᄫᆞᅀᅡ 至誠이실씨 〈용비 37〉
    舍利弗이 ᄒᆞ오ᅀᅡ 아니 왯더니 〈석보 6:29〉
    ᄇᆞ룸올 臨ᄒᆞ야 ᄒᆞ오아 머리롤 돌아(臨風獨回首) 〈두중 1:29〉
    ᄒᆞ올로 惡趣예 니ᄅᆞ디 아니ᄒᆞ샤몬 〈법화 7:29〉
    ᄯᅩ 홀로 엇던 ᄆᆞ슴고 〈번소 9:100〉
    호오야 셔셔(獨立) 〈두중 16:50〉
    덕기 호온자 아니라(德不孤) 〈정속 13〉
    내 호온자 ᄡᅩ아도(我獨自箇射時也) 〈박초 상 55〉
    혼자 무러 안자(獨危坐) 〈번소 10:6〉

  위의 예에서 보는 바와 같이 'ᄒᆞᄫᆞᅀᅡ'는 먼저 순경음 'ᄫ'이 '오, 우'로
변하는 과정에서 모음조화에 따라 'ᄫ'는 '오'로 변하였고, 다음에는 반치
음 'ᅀ'가 탈락하여 'ᄒᆞ오아'로 되었다. 그러나 모음충돌을 회피하기 위하
여 'ㄹ' 또는 'ㄴ'이 개입하여 'ᄒᆞ올로' 또는 '호온자'로 되었고, 다시 모음
이 축약되어 '홀로' 혹은 '혼자'로 변하여 현재에 이르렀다.

(3) 녈셔 〉 살아가는구나, 지내가는구나

　동사어간 '녀(行)'에(정읍사 2-1 (2) 녀러 신고요 참조) 감탄형종결어미 'ㄹ셔'가 연결된 형. 'ㄹ셔'는 관형사형어미 'ㄹ'에 원시추상명사 'ㅅ'와 용언화접미사 '이'와 감탄형종결어미 '어'가 연결된 형이 어미로 굳어진 것이다(정읍사 2-2 (2) 드디욜셰라 참조).

　이상 정월의 노래를 풀이하면, '정월의 냇물은 아아 이제 막 녹아 들고 있는데, 세상 가운데 이 몸은 홀로 살아가는구나'와 같이 되며, 해가 바뀌어 자연은 해빙을 맞이하고 있지만 몸에 스며드는 고독과 연정은 한층 깊어만 감을 노래하고 있다. 이 노래에서 '어져 녹져'는 음양이 조화를 이루고 있는 형세를 뜻하기도 하지만, '얼다'가 '교합'의 뜻을 지닌 어사와 동음이의 관계에 있음을 상기시킨다는 점에서 중의법과 통사론적 기교가 어울어진 고도의 수사법에 의한 표현이라고 할 수 있다.

3-1 二月ㅅ 보로매

(1) 二月ㅅ 〉 이월의

　명사어간 '二月'에 속격접미사 'ㅅ'이 연결된 형.

(2) 보로매 〉 보름에, 보름날에

　명사어간 '보롬(望)'에 처격접미사 '애'가 연결된 형(동동 1-1 (2) 곰비예 참조).

3-2 아으 노피 현

(1) 노피 〉 높이
동사어간 '높(高)'의 부사형(정읍사 1-1 (2) 노피곰 참조).

(2) 현 〉 켠

　동사어간 '혀(點火)'의 관형사형.

燃은 블 혈 씨라 〈월석 1:8〉
燈을 혀 볼고물 닛스오며 〈능엄 5:41〉

'혀'의 고형은 '혀'이다.

蘇油燈을 혀디 또 幡數에 맞게 ᄒ고 〈월석 10:119〉
燈 혀 볼고물 닛스오며 〈법화 3:58〉

'혀〉혀'는 '引'의 뜻에서 '點火, 彈'의 뜻으로 분화되었다.

諺語 혀 爲舌 而혀 爲引 〈훈해 합자〉
혀고 發티 아니ᄒ샤(引而不發) 〈법화 4:93〉
奚琴을 혀거를 드로라 〈악장 청산별곡〉

이 '혀'는 '혀〉혀〉켜'로 변하였다. 그러나 일부 방언에서는 '써다'가 사용되는데, 이는 '힘〉심(力)', '혀〉세(舌)', '힝〉성(兄)' 등과 같은 구개음화 현상이다.

3-3 燈ㅅ블 다호라

(1) 燈ㅅ블 〉 등불
　복합명사어간 '등블'에 사잇소리 'ㅅ'이 개재된 형. 현대어에서는 '블〉불'로 변하였다(동동 2-1 (3) 므른 참조).

城 밧긔 브리 비취여 〈용비 69〉
火災는 븘 災禍ㅣ니 〈월석 1:49〉

(2) 다호라 〉 다워라, 답구나
　동사화접미사 '답'에 어간첨입모음 '오', 감탄형종결어미 '라'가 연결된 형. '다호라'의 'ㅎ'은 '답'의 말음 'ㅂ'이 모음 앞에서 'ㅎ'으로 약화된 것인데, 이는 다음과 같은 예들에서 확인된다.

제 ᄆ숨다비 몯ᄒ는 사룸둘해 〈월석 21:96〉
太子ㅅ 뜯다히 ᄒ리이다 〈석보 11:20〉

實다이 니ᄅ쇼셔(如實說)〈법화 1:165〉

'오라'는 감탄문에서 흔히 쓰이던 어형이다.

주거미 널오디 내 ᄒᆞ마 命終호라〈월석 9:36〉
가다가 가다가 드로라〈악장 청산별곡〉
설진 강수를 비조라〈악장 청산별곡〉

이 노래의 '燈ㅅ블'은 '燃燈'을 가리키며, 이 '燃燈'의 습속에 대해서는 다음의 기록을 참조할 수 있다.

顯宗庚戌元年 閏二月甲子 復燃燈會〈고려사 권4〉
顯宗元年 春閏二月 復燃燈會 國俗 自王宮國都 以及鄕邑 以正月望 燃燈二夜 自成宗以來 廢而不擧 至是復之〈동국통감 권15〉
按高麗史 國俗 本以正月望燃燈 成宗以煩擾罷之 顯宗元年閏二月 復燃燈會 是後例以二月望日行之 至恭愍王二十三年 正月壬午燃燈 有司以正月望日 公主忌日 諸復用正月〈해동역사 권28 잡속〉
按高麗史 王宮國都 以至鄕邑 正月望 燃燈二夜 崔怡 於四月八日燃燈 … 必以八日 肇自崔怡也〈동국세시기〉

위 기록을 보면, 연등의 풍속은 원래 정월 보름에 행해지던 것이 고려 현종 때에 이월 보름으로 바뀌었고, 다시 고려 중엽에 최이(崔怡)에 의해 석가탄신일인 사월 초파일에 행해지게 된 것이다. 또한 현종 이후에 행해지던 이월 보름의 연등회도 공민왕 때까지는 답습되었음을 알 수 있다. 따라서 이 노래의 발생을 고려 현종 이전으로 소급할 수는 없을 것이다.

3-4 萬人 비취실 즈이샷다

(1) 비취실 〉 비추실

동사어간 '비취(照)'에(정읍사 1-2 (3) 비취오시라 참조) 존칭선행어미 '시'와 관형사형어미 'ㄹ'이 연결된 형.

(2) 즈이샷다 〉 모습이로다

명사어간 '즛(貌)'에 용언화접미사 '이'가 연결된 후 존칭감탄형어미 '샷다'가 연결된 형. '즛'의 'ㅅ'은 '이'와의 연결에서 약화 탈락 되어 '즈이'가 되었는데, 임란 전판인 봉좌문고본에는 '즈싀'로 표기되어 있다.

種種 다룬 즈싀 즈믄 머리 므싀여보며 〈월석 10:97〉
어와 아븨 즈이여 處容 아븨 즈이여 〈악학 처용가〉
貌 즛 모 〈훈몽 상 24〉
容 즛 용 〈훈몽 상 24〉

이 '즛'은 '容貌, 姿態' 등의 뜻을 가진 데 반하여 '顔, 面'만을 뜻하는 말은 '눛'이었고, 오늘날 안면의 모양을 뜻하는 '얼굴'은 본래 '形, 形態'의 일반적인 뜻으로 사용되었다.

菩薩ㅅ ㄴ촌 金色이오 〈월석 8:35〉
十一面은 열훈 ㄴ치니 〈석보 6:44〉
얼구를 니저 버들 向ᄒ놋다(忘形向友朋) 〈두초 8:9〉
形 얼굴 형 〈훈몽 상 24〉

그러나 현대어의 '얼굴'은 안면의 모습에 한하여 '낯'과 함께 사용되며, '즛'은 '짓'으로 변하여 '행동'의 뜻으로 사용되고 있다.

'샷다'는 존칭감탄형종결어미이다. 이는 존칭선행어미 '시'와 어간첨입모음 '아'의 연결형 '샤'에 감탄형종결어미 'ㅅ다'가 연결된 형태이다. 이를 존칭선행어미 '시'에 감탄선행어미 '옷'이 연결된 형으로 분석하는 견해도 있지만, '닷다, 랏다'와 같은 형이 있음을 보면 수긍하기 어려운 점이 있다.

世尊이 世間에 나샤 甚히 奇特ᄒ샷다 〈월석 7:14〉
履尋聖言ᄒᆞ온댄 盖深有所發也ㅣ샷다 〈능엄 4:106〉
아으 熱病大神의 發願이샷다 〈악학 처용가〉
스승 계신 짜흘 모ᄅ더니 忉利天에 겨시닷다 〈석보 11:11〉
머리 셴 사ᄅᆞ물 시름케 ᄒ리랏다 〈두초 12:2〉
三乘을 니피시놋다(被三乘이샷다) 〈법화 4:162〉

이 'ㅅ다'형의 감탄법은 '도다, 로다'형보다 영탄적이라고 할 수 있다.
이는 '돗다, 롯다'와 같은 용법에서 확인할 수 있다.

> 겨요미 ᄃ외ᄂᆞᆫ 돌 알리로다 〈영가 하 114〉
> 반ᄃᆞ기 다 物을 보리로다 〈능엄 1:66〉
> 이제 正히 그 時節이로다 〈석보 13:60〉
> 乃信爲實道ᄒᆞ야 無復疑也ㅣ로다 〈법화 2:25〉
> 처엄 보돗다(初看) 〈두중 13:27〉
> 날조차 죽으려 ᄒᆞ돗다 〈내훈 2:23〉
> ᄆᆞ읜 한아비둘히 돈니롯다 〈두중 6:32〉

한편, 이 'ㅅ다' 사이에 다른 선행어미들이 개재된 용법도 보이는데, 이는 'ㅅ다'가 종결형으로 굳어진 것이 아님을 의미하는 것이다. 그러나 어떤 경우에도 'ㅅ'과 어말어미의 결합이 감탄의 의미를 보장해 주는 것임은 분명하다. 이는 앞의 분석 절차를 따를 때 'ㅅ' 단독체만을 감탄선행어미로 분석하기 어렵기 때문인데, 결과적으로 국어의 어떤 접사가 원거리 결합이 가능하다는 것은 주목할 만한 현상이라고 생각한다.

> 날마다 五萬僧齋 ᄒᆞ시돗더이다 〈월석 23:74〉
> 도망ᄒᆞ야 나온 이롯더라 〈노걸 상 45〉
> 西方애 聖人이 나시노소니 〈월석 2:49〉
> 내 ᄒᆞ던 이리 甚히 외다ᄉᆞ이다 〈석보 24:18〉
> 頻婆果ㅣ ᄀᆞᆮᄒᆞ샤시이다 〈법화 7:148〉

이상 이월의 노래를 풀이하면 '이월 보름에 아아 (임은) 높이 켠 등불 같구나. (그 모습은) 만인을 비추실 모습이구나'와 같다. 이는 임의 모습을 연등회의 등불에 견주어 못내 그리워하며 흠모하는 노래라고 할 수 있는데, 주어를 생략함으로써 평범한 수사법에 긴장감을 주고 있다.

4-1 三月 나며 開ᄒᆞᆫ

(1) 나며 〉 나며, 나면서

동사어간 '나(經過)'에 연결어미 '며'가 연결된 형. 어간 '나'는 현대어에서 '겨울나다, 여름나다'와 같은 말에 남아 있으며, '일년 내내, 내내 안녕하십시오'와 같은 말들의 '내'는 '나'의 부사형이 굳어진 것이라고 볼 수 있다.

英主△ 알픠 내내 븟그리리 〈용비 16〉
내내 기리ᄉᆞᆸ디 몯ᄒᆞᅀᆞᆸ논 배시니라 〈석보 서 2〉
三年을 내 우러 디내니라 〈속삼 열 10〉

(2) 開ᄒᆞ 〉 핀

동사어간 '開ᄒᆞ'에 관형사형어미 'ㄴ'이 연결된 형. '開ᄒᆞ다'는 현재 우리말에서 쓰이지 않는 말이다. 더구나 고려가요는 거의 순수한 우리말을 사용하였으므로 원래부터 이러한 한자어 표현을 사용했으리라고는 보이지 않는다. 따라서 이 표현과 아래와 같은 어사들은 궁중가요로 정착되면서 변개된 표현이라고 생각한다.

七月ㅅ 보로매 아으 百種 排ᄒᆞ야 두고 〈악학 동동〉
西窓을 여러ᄒᆞ니 桃花ㅣ 發ᄒᆞ두다 〈악장 만전춘〉

4-2 아으 滿春 돌욋고지여

(1) 滿春 〉 늦봄

음력 삼월을 가리키며, '滿春'은 '晩春'에 대한 항간의 표기인 듯하다.

(2) 돌욋고지여 〉 진달래꽃이여

명사어간 '달외(진달래)'에 사잇소리 'ㅅ'이 명사어간 '곶(花)에 연결되어 복합어간 '달욋곶'을 형성한 후 감탄형종결어미 '이여'가 연결된 형(동동 1-3 (1) 德이여 참조). 이 구절은 종래 여러 설이 있어 '滿春돌 욋고지여'로 끊어 '욋곶'을 '오얏곶(李花)'의 축약형 또는 '욋곶(瓜花)'으로 보는 견해, '滿春돌욋 고지여'와 같이 같이 보는 견해, 그리고 '滿春 돌욋 고지여'로 끊어 '달욋곶'을 '달래꽃' 혹은 '진달래꽃'으로 보는 견해가 있었다. 이 중에서 어떤 견해가 어법상 가장 옳은 것인가에 대해서는 속단할 수는 없지만 어형과 문맥을 두루 참작하면 '진달래꽃'으로 보는 견해가 합당할 듯싶다. 이 경우 '진달래'의 '진'이 이 어형에 나오지 않는다는 문제가 있기는 하지만, '달래꽃'이 보여주지 않는 '달의, 달위'와 같이 둘째음절이 모음으로 시작되는 표기를 '진달래'는 보여주는 장점이 있다. 더구나 사모하는 임을 봄산에 가득한 '진달래'에 비기는 쪽이 노래를 의미를 마음에 와 닿게 한다는 점도 간과해서는 안 될 것이다.

　　진돌리(杜鵑花)〈역어 하 39〉
　　진돌의(羊躑躅)〈훈몽 상 7〉
　　又謂 진돌위 曰 山躑躅〈훈몽 상 7〉

　명사어간 '곶'은 '곳'으로도 나타나는데, 이는 이른바 '팔종성가족용'의 표기원칙이 적용된 것이다(정읍사 1-1 (2) 노피곰 참조). 현대어의 '꽃'은 경음화라는 역사적 사실에 기인한 것으로 '불휘〉뿌리(根), 곳고리〉꾀꼬리, 둑〉뚝(堰)'과 같은 어사들이 이러한 변천을 겪은 것들이다.

　　곶 됴코 여름 하느니〈용비 2〉
　　이운 남기 고지 프며〈월석 2:31〉
　　時節 아닌 곳도 프며〈석보 11:2〉

4-3 ᄂᆞ미 브롤 즈을

(1) ᄂᆞ미 〉 남의
　명사어간 'ᄂᆞᆷ(他人)'의 속격형.

　　特은 ᄂᆞ미 므리예 ᄠᅩ로 다롤 씨라〈석보 6:7〉
　　ᄂᆞᆷ이 나아간돌 百姓돌히 ᄂᆞᆷ올 다 조초니〈월인 11〉

(2) 브롤 〉 부러워할
　동사어간 '블(羨)'에 어간첨입모음 '오'와 관형사형어미 'ㄹ'이 연결된 형.

秀發호문 내의 브논 배라(秀發吾所羨)〈두초 16:53〉
오래 사로몰 브디 아니ᄒ며〈법화 6:145〉

(3) 즈을 〉 모습을
　명사어간 '즛(容貌)'의 대격형(동동 3-4 (2) 즈이샷다 참조).

4-4 디녀 나샷다

(1) 디녀 〉 지니어
　동사어간 '디니(持)'에 부사형어미 '어'가 연결된 형.

　　바다 디니논 양도 보며〈석보 13:21〉
　　디니며 닐그며 외오디(受持讀誦)〈불정 상 3〉

(2) 나샷다 〉 나시도다
　동사어간 '나(生, 出)'에 존칭감탄형종결어미 '샷다'가 연결된 형(동동 3-4 (2) 즈이샷다 참조).
　이상 삼월의 노래를 풀이하면 '삼월을 지나면서 아아 늦봄에 진달래꽃이 가득하네.(우리 임도 진달래처럼) 남들이 부러워할 모습을 지니고 나셨다네'와 같이 된다. 이는 임의 모습을 봄산을 가득 수 놓은 진달래꽃에 비유하여, 생동하는 봄의 영상과 임의 이미지를 현재형으로 실감있게 표현한 것이라 할 수 있다.

5-1 四月 아니 니지

(1) 아니 〉 아니
　명사어간 '아니'가 어간 자체로 부사어로 기능한 것.

　　불휘 기픈 남ᄀᆞᆫ ᄇᆞᄅᆞ매 아니 뮐쎄〈용비 2〉
　　不은 아니 ᄒ논 ᄠᅳ디라〈훈언〉
　　不善飮曰 本道安里麻蛇(본디 아니 마사)〈계림유사〉

(2) 니지 〉 잊어

'니지'는 '니저'의 오각으로 '니저'는 동사어간 '닞(忘)'에 부사형어미 '어'가 연결된 형.

> 제 님금 아니 니저 〈용비 105〉
> 忘 니즐 망 〈석봉 8〉
> 이 뜨들 닛디 마ᄅ쇼셔 〈용비 110〉

위에서 '닛'은 '닞'의 실용적 표기이다. 종래에 이 구절은 원본에 '니지'라고 적혀 있어 이를 '닞'에 부사화접미사 '이'가 연결된 형이라고 보기도 했으나 어법상 이러한 분석은 무리가 따르는 것이었다. 그러나 일본에서 발견된 봉좌문고본 『악학궤범』에 '니저'라고 적혀 있기 때문에 이는 분명한 오각의 경우라고 결론지을 수 있었다.

5-2 아으 오실셔 곳고리새여

(1) 오실셔 〉 오시는구나

동사어간 '오(來)'에 존칭선행어미 '시'와 감탄형종결어미 'ㄹ셔'가 연결된 형('ㄹ셔'에 대해서는 정읍사 2-2 (2) 드더욜셰라 참조).

> ᄒ다가 ᄯ쳐 오거든 샬리 門을 열라 〈월석 10:25〉
> 法 爲ᄒ야 오거시눌 〈법화 4:136〉

(2) 곳고리새여 〉 꾀꼬리새여

복합명사어간 '곳고리새(鶯)'에 감탄형종결어미 '여'가 연결된 형. '여'를 감탄호격접미사로 볼 수도 있으나, 중기국어 당시에는 이 형태가 엄밀히 구분되어 사용된 것 같지는 않다. 다만 호격형은 일반적으로 명령문과 호응을 보이기 때문에, 이 경우 종결어미로 보는 편이 좋을 것이다(정읍사 1-1 (1) 돌하 참조).

> 巴州ㅅᄀ새 우는 곳고리 모닷는 더룰 말오(欲辭巴徼徭啼鶯合) 〈두초 21:7〉

곧 곳고리 말로 히여 (便敎鶯語) 〈두초 10:7〉

위 예에서 '곳고리'는 '곳고리'의 속격형이다. '곳고리'는 새의 울음을 상징화한 의성어 '곳골'에서 온 것으로, 이의 주격형 '곳골이'가 굳어진 것이라고 할 수 있다. 이와 같은 예를 보이는 조류나 곤충류를 들면 다음과 같다.

그력〉그려기(雁),　버국〉버구기(布穀),　부형〉부헝이(鵂),
귓돌〉귓도리(蟋蟀),　미얌〉미야미(蟬),　풀〉푸리(蠅)

명사어간 '새(鳥)'는 다음과 같은 용례를 보인다.

새옷 ᄇᆞᄅ매셔 우놋다(鳥呼風)〈두초 8:15〉
鷺曰 漢賽(한새)〈계림유사〉

5-3 므슴다 錄事니믄

(1) 므슴다 〉 무엇하다가, 무엇 때문에

명사어간 '므슴(何)'에 연결어미 '다'의 연결형. '므슴'은 명사, 부사, 관형사로 두루 사용되었다.

世間ㅅ 드틀을 므슴만 너기시리〈월인 125〉
나ᄆᆞ닐 다시 므슴 펴리오〈영가 하 28〉
므슴 믈로 ᄣᅥ 시스시ᄂᆞᆫ가〈월인 124〉

연결어미 '다'는 동작 진행의 중단을 의미하는 '다가'와 이형태를 이루는 것인데, 축약의 원인은 분명치 않은 것 같다. 이 '다가'는 이질적인 선행요소의 분포를 허용하는 특징이 있다. 즉 현대어에 있어서도 용언에 직결되기도 하고, 용언의 부사형에 연결되기도 하는 것이다.

空을 아라 잇다가〈금삼 2:13〉
초목 것거다가 ᄂᆞ출 거우ᅀᆞᄫᆞᆯ둘〈월인 62〉
철수가 오다가 보았다〈현대어〉

　　　　범인을 잡아다가 가두었다 〈현대어〉

　용언의 부사형은 명사접미사를 후행시킬 수 있다는 점에서 명사화의 관점에서 바라보려는 연구가 있다. 이 견해가 옳다면 '다가'는 체언과 용언을 모두 허용하는 접미사가 될 수 있으며, 명사 'ᄆᆞᆷ'에 연결어미 '다'가 직결된 위의 용법도 가능할 수 있다고 본다. 한편 'ᄆᆞᆷ다'는 'ᄆᆞᆷᄒᆞ'에서 'ᄒᆞ' 생략형에 '다'가 연결되었다고도 볼 수 있는데, '엇디ᄒᆞ다'가 '엇디다(타)'로 'ᄆᆞᆷᄒᆞ다'가 'ᄆᆞᆷ다(타)'로 축약되는 것은 유성음 사이에서 'ᄒᆞ'의 약화와 관련하여 추론할 수 있기 때문이다. 더구나 이 부분은 노래의 음률까지를 고려한다면 축약이 오히려 자연스러운 것이라고 볼 수 있다. 또한 'ᄆᆞᆷ다'처럼 부사의 기능을 수행하는 'ᄆᆞᆷᄒᆞ라'가 'ᄋᆞ라, 아라'와 같은 형태로도 나타나는 점을 볼 때, 이를 음운론적 축약형이라고 볼 수도 있다. 그러나 이는 'ᄆᆞᆷ' 자체가 품사 전성이 가능한 어사적 특성을 가진 데 기인하는 것인지도 모른다.

　　　아지못ᄒᆞᆯᄊᆡ ᄒᆞ여 ᄆᆞᆷᄒᆞ라 근심ᄒᆞ리오 〈첩몽 1:4〉
　　　ᄆᆞᆷᄒᆞ라 말한양ᄒᆞᄂᆞ뇨 〈노걸 하 25〉
　　　ᄆᆞᄉᆞ라 바미 나오나뇨ᄒᆞ야 〈석보 6:19〉
　　　ᄆᆞᆷ아라 예 와 혜아리리오 〈노걸 하 71〉

(2) 錄事니믄 〉 녹사님은
　명사어간 '錄事(관직이름)'에 존칭파생접미사 '님'과 절대격접미사 'ᄋᆞᆫ'이 연결된 형('ᄋᆞᆫ'에 대해서는 동동 1-3 (2) 福이라 호ᄂᆞᆯ 참조). '錄事'는 목종 이래 칠품관의 벼슬인 '문하녹사(門下錄事)'나 사헌부를 비롯한 각 사(司)에 있던 이속(吏屬)으로의 '녹사'를 다 생각할 수 있다.

　　　錄事 穆宗時有門下錄事 文宗定一人 秩宗七品 忠烈王二十四年 改都僉議錄事 陞正七品 恭愍王五年 復改門下錄事 十一年復改僉議錄事 爲階梯正七品 十八年復改門下錄事 司憲府 …… 吏屬 文宗置錄事三人 令史四人 書令史六人 計史一人 知班二人 記官六人 …… 〈고려사 권76 백관 1〉

　존칭파생접미사 '님'은 현대어에서도 '선생님, 사장님'과 같은 쓰임을 보이는 것이며, 이는 '主'를 의미하는 명사어간 '님'으로부터 온 것이다(동동 1-1 (2) 곰비예 참조).

> 아바닚긔와 아즈마닚긔와 〈석보 6:2〉
> 아드닚긔 袞服 니피ᄉ븡니 〈용비 25〉

5-4 녯나ᄅᆞᆯ 닛고신뎌

(1) 녯나ᄅᆞᆯ 〉 옛날을

  명사어간 '녜(舊, 昔)'에 사잇소리 'ㅅ'과 명사어간 '날(日)'이 연결된 복합어어간의 대격형.

> 녯날애 바리ᄅᆞᆯ 어더 〈월인 88〉
> 사오나온 바본 녯나ᄅᆞᆯ 브텃고(麤飯依他日) 〈두초 20:28〉

  '나ᄅᆞᆯ'을 명사어간 '나(我)'의 대격형으로 보아도 노래의 내용에 비출 때 무난하게 해석된다.

(2) 닛고 〉 잊고

  동사어간 '닛(忘)'에 접속형 연결어미 '고'의 연결형. '忘'을 뜻하는 동사어간은 '닞'이 일반적으로 쓰였으나, '닛' 혹은 '닞'이 쓰이기도 하였다.

> 忘은 니즐 씨오 〈월석 서 17〉
> 제 님금 아니 니저 〈용비 105〉
> 이 ᄠᅳ들 닛디 마ᄅᆞ쇼셔 〈용비 109〉
> 자며 니로ᄆᆞᆯ 닛놋다(忘寢興) 〈두초 8:8〉
> 理논 ᄠᅳ데 너교ᄆᆞᆯ 닛논 디라(理忘情謂) 〈능엄 2:123〉

(3) 신뎌 〉 계시는구나

  동사어간 '시(有)'(정읍사 1-2 (3) 비취오시라 참조)에 감탄형 종결어미 'ㄴ뎌'(정읍사 2-2 (2) 즌 디ᄅᆞᆯ 참조)의 연결형.

  이상 사월의 노래는 '사월을 아니 잊어, 아아 꾀꼬리도 찾아드는데. 무슨 일입니까? 녹사님은. 지난날을 잊고 계시는군요'와 같이 풀이된다. 따라서 이 연은 계절을 알고 찾아드는 꾀꼬리에 의지하여, 돌아오지 않는 임을 원망하며 그리워하는 여인의 심경을 진솔하게 그리고 있다고 하겠다.

6-1 五月 五日애

(1) 五日애 > 오일에

복합명사어간 '五日'에 처격접미사 '애'가 연결된 형(동동 1-2 (2) 곰비예 참조).

6-2 아으 수릿날 아춤 藥은

(1) 수릿날 > 단오날

명사어간 '수리'에 사잇소리 'ㅅ'과 명사어간 '날(日)'이 연결된 형. 오월 오일 단오를 '수리'라 함은 문헌상 신라시대까지 소급된다.

> 俗以端午 爲車衣(수리) 〈유사 2 문무왕조〉
> 端午 俗名戌衣 戌衣者 東語 車也 〈동국세시기 오월 단오조〉
> 수릿나래(端午日) 〈구방 하 74〉

'수리'의 기원에 대하여는 다음과 같은 기록이 있다.

> 端午 俗名戌衣 戌衣者 東語 車也 是日 採艾葉爛搗 入粳米粉 發綠色 打而作餻象車輪形食之 故謂之戌衣日 〈동국세시기 오월 단오조〉
> 國人 稱端午曰水瀨 謂投飯水瀨 享屈三閭也 〈열양세시기〉

그러나 이들 기록은 하나의 민간어원설에 지나지 않는 것으로 '수리'의 어원은 고유명사표기에 보이는 대로 '高, 峰'과 맥을 같이하는 '上'의 옛 훈에서 비롯된 것이라고 보아야 할 것이다.

> 峯城縣 本高句麗 述爾忽 〈사기 35 지리 2〉
> 上忽 一云 車忽 〈사기 35 지리 2〉

陰峯縣 本百濟 牙述縣 〈사기 36 지리 3〉

위에서 보이는 '수리, 술'은 만주어 'soro-moto(高木, 聳木)'의 'soro-'에 대응되는 것이며, 이는 고대 민간신앙인 소도숭배(蘇塗崇拜)에서 연유한 것이라고 할 수 있다. 소도에 대하여는 다음 기록을 참조할 수 있다.

常以五月下種訖 祭鬼神 群聚歌舞 飮酒晝夜無休 其舞數十人 俱起相隨 踏地低昂 手足相應 節奏有似鐸舞 十月農功畢 亦復如之 信鬼神 國邑各立一人 主祭天神名之天君 又諸國各有別邑 名之爲蘇塗 立大木 縣鈴鼓 事鬼神 〈삼국지 위지동이전 한조〉

즉, 소도숭배는 큰 나무(soro-moto)를 세우고 거기에 방울과 북을 달아 귀신을 섬기는 나라의 풍속으로 오월 수릿날과 시월 상달이 그 제천의식의 시기였음을 알 수 있다. 따라서 오월 단오는 '수릿날'이고 시월은 '수릿달'이라고 할 수 있는데, 이러한 소도의 풍속은 가면무나 농악에서 그 흔적을 찾을 수 있다. 현대어에서 '수리, 술'의 흔적은 '입술, 꽃술'에서 찾을 수 있으며, '산봉우리, 꽃봉오리'의 '우리, 오리'는 '수리'의 'ㅅ' 탈락형이라고 할 수 있다.

耆闍崛山은 예서 닐오매 수리머리 山이니 〈법화 1:20〉

(2) 아춤 〉아침

명사어간 '아춤(朝)'.

旦曰 阿慘 〈계림유사〉
아춤 뷔여든 또 나조히 닉고 〈월석 1:45〉

(3) 藥은 〉약은

명사어간 '藥'에 절대격접미사 '은'이 연결된 형. 모음연결법칙을 따르면 '약은'과 같이 되어야 할 것이다. 수릿날 아침에 먹는 약이 무엇인지는 확실치 않으나, 「동국세시기」의 다음 기록을 보면 '익모초액'이 아니었나 생각할 수 있다.

端午 …… 午時 採益母草 豨薟曬爲藥用 〈동국세시기〉

6-3 즈믄힐 長存ᄒ샬

(1) 즈믄힐 〉 천년을

명사어간 '즈믄(千)'과 '히(年)'의 복합어어간 '즈믄히'의 대격형. '즈믄'은 관형사나 명사로 두루 사용되었으며, '즈므'형은 명사로만 사용되었다.

> ᄃ리 즈믄 ᄀᄅ매 비취요미 ᄀᆮᄒ니라 〈월석 1:1〉
> 千葉은 곳동앳 니피 즈므니라 〈석보 11:2〉
> 즈므 혜아룜올(千慮) 〈두중 11:4〉

명사어간 '히'는 다음과 같은 용례를 보인다.

> 여슷찻 히 乙酉ㅣ라 〈석보 6:1〉
> 年 히 년 〈훈몽 상 2〉

(2) 長存ᄒ샬 〉 오래 사실

동사어간 '長存ᄒ'에 존칭선행어미 '시'의 어간첨입모음 개재형 '샤'가 연결된 후 관형사형어미 'ㄹ'이 연결된 형(정읍사 1-2 (3) 도ᄃ샤 참조).

6-4 藥이라 받줍노이다

(1) 藥이라 〉 약이라, 약이므로

명사어간 '藥'에 이유를 뜻하는 접미사 '이라'가 연결된 형. '이라'는 용언화접미사 '이'와 서술형종결어미 '다'가 결합하여 인용구문을 구성하는 용법이 이유를 나타내는 접미사로 굳어진 것이라고 볼 수 있다. 왜냐하면 '이라'는 항상 명사어간을 어기로 하며, 동사어간에 '라'가 붙어 이유를 의미하는 용법도 발견할 수 없기 때문이다. '이라'에 인용보문을 구성하는 '고'를 붙여도 마찬가지의 뜻을 나타낼 수 있는 것은 이러한 설명을 뒷받침해 준다. 이 경우 '이라고'에서도 실제적으로는 인용의 뜻을 발견하기 힘들다. 결국 '이라'는 통사부의 단어형성을 보여주는 전형적인 예라고 할 수 있으며, 따라서 어휘부에서는 이 접미사의 성격을 명시할 수 없다.

> 다 漏 업슨 法이라 바ᄅ 어루 道證홀 뚤 아도다 〈법화 2:22〉
> 나ᄂᆞᆫ 겨지비라 法을 모ᄅᆞᆯ쎄 〈석보 6:1〉

(2) 받ᄌᆞᆸ노이다 〉 바치옵니다

동사어간 '받(獻, 捧)'에 겸양선행어미 'ᄌᆞᆸ'(동동 1-1 (3) 받ᄌᆞᆸ고 참조), 현재시상선행어미 'ㄴ', 어간첨입모음 '오'(정읍사 2-2 (2) 드디욜셰라 참조), 그리고 존칭서술형종결어미 '이다'(동동 1-4 (2) 오소이다 참조, 봉좌문고본에는 '이다'로 표기되어 있음)가 연결된 형.

> 두리여 몯 오ᄂᆞ이다 〈석보 6:29〉
> 虛空ᄋᆞ로 ᄒᆞ마 오시ᄂᆞ이다 〈월석 10:8〉
> 내 ᄉᆞ랑호디 어느 藏ㅅ金이ᅀᅡ 마치 쓸이려뇨 ᄒᆞ노이다 〈석보 6:25〉
> 괴시란디 우러곰 좃니노이다 〈악장 서경별곡〉

이상 오월의 노래는 '오월 오일에, 아아 단오날 아침약은 천년을 길이 사실 약이기에, (이 약을 임에게) 바치옵니다'와 같이 된다. 따라서 이 노래는 '단오날 아침약'이라는 민간 습속을 통하여, 임을 향한 축원의 마음을 표현한 것이라고 하겠다. 여기서 '아침약은'과 같은 표현은 중기국어의 절대격 접미사의 일반적 용법에 비추어 볼 때, '바치다'의 목적어라기보다는 '약이라'의 주어로 해석되어야 한다. 이렇게 보면 생략된 부분을 통석과 같이 보충할 수 있는데, 이로써 시적 긴장감이 고조되고 있다고 할 수 있다.

7-1 六月ㅅ 보로매

(1) 보로매 〉 보름에

명사어간 '보롬(望)'에 처격접미사 '애'가 연결된 형(동동 3-1 (2) 보

로매 참조)

7-2 아으 별해 ᄇ론 빗 다호라

(1) 별해 〉 벼랑에

명사어간 '별ㅎ(厓)'에 처격접미사 '애'가 연결된 형. '별해'는 모음연결 법칙을 따른다면 '별헤'가 되어야 하나 여기서는 지켜지지 않았으며, 〈정석가〉에서는 '별헤'로 표기되어 있다. 어간 '별'은 그 이형태로 '벼ᄅ, 벼로, 벼리' 등이 있는데, '별'은 이 중에서 고형을 반영하는 것으로 보인다. '별'은 다시 명사화접미사 '앙'을 붙여 현대어로 이어지게 되었다.

  삭삭기 셰몰애 별헤 구은 밤 닷되를 심고이다 〈악장 정석가〉
  偏嶮縣 本高句麗 平珍峴縣 景德王改名 今雲巖縣 〈사기 35 지리2〉
  淵遷 쇠벼ᄅ 〈용비 3:13〉
  벼로 或云 빙애(地灘) 〈역어 상 4〉
  벼로(峭崖) 〈한청문감 1:39〉
  磧 쟉벼리 젹 〈훈몽 상 4〉

위 예에서 '平珍峴'의 '珍'은 그 훈이 '돌'이므로 '平珍'은 반절적 용법으로 '별'을 지시하는 차자라고 할 수 있다. 한편, '별'과 동의어로 '빙애, 빙에'형이 쓰이기도 하였다.

  그츤 빙애ᄂᆞᆫ 白鹽을 當ᄒᆞ얫도다(斷崖當白鹽) 〈두초 7:11〉
  忽然히 어드운 빙에 업더디ᄂᆞᆫ가 너교라(忽謂陰崖踏) 〈두중 13:7〉

(2) ᄇ론 〉 버린

동사어간 'ᄇ리(棄, 捨)'에 어간첨입모음 '오'와 관형사형어미 'ㄴ'이 연결된 형.

  捨ᄂᆞᆫ ᄇ릴 씨라 〈월석 서 14〉
  나히 늘구믈 뻐러 ᄇ리노라(撥年衰) 〈두초 3:2〉

(3) 빗 〉 빗(梳)

梳曰 苾 音必〈계림유사〉
　　　비세 비취옛더라(映梳)〈두초 20:45〉

(4) 다호라 〉다워라 (동동 3-3 (2) 다호라 참조)
　'별해 브론 빗'에 대하여는 다음과 같은 유월 보름 유두(流頭)의 기록을 참고할 수 있다.

　　　六月丙寅 有侍御史二人 與宦官崔東秀會于廣眞寺 爲流頭飮 國俗 以是月十五日 沐髮於東流水 祓除不淨 因會飮 號流頭飮〈고려사 권20 명종 15년〉
　　　六月 …… 十五日 東俗稱流頭日 按金克己集 東都舊俗 六月望日 浴髮於東流水 祓除不祥 因爲禊飮 爲之流頭宴 國俗因之爲俗節 慶州尙有此風焉〈동국세시기〉

　이 유두 속절(俗節)의 행사는 신라 때부터 시작되어 고려를 거쳐 내려온 것임을 알 수 있다. 당시 남녀들은 유두일에 '상서롭지 못함을 버린다'는 뜻으로, 동쪽에서 흐르는 냇물에 머리를 감고 그 때 쓴 빗을 벼랑 아래로 던져 버렸다. 따라서 '별해 브론 빗'이란, 이 풍속에 기대어 평소 아껴 쓰던 빗이 버려지듯이 임에게 버림받은 자신의 처지를 한탄하는 표현이라고 할 수 있다.

7-3 도라보실 니믈

(1) 도라보실 〉돌아보실
　복합동사어간 '도라보(回視, 顧眄)'에 존칭선행어미 '시'와 관형사형어미 'ㄹ'이 연결된 형.

　　　네 도라보샤매 조촐 주를 아노라(知汝隨顧眄)〈두초 16:54〉
　　　顧 도라볼 고〈훈몽 하 27〉

(2) 니믈 〉님을
　명사어간 '님'의 대격형(동동 5-3 (2) 錄事니믄 참조).

7-4 젹곰 좃니노이다

(1) 젹곰 〉 조금이라도, 잠깐이라도

동사어간 '젹(少)'이 직접 부사로 전성된 형에 강세접미사 '곰'이 연결된 형(정읍사 1-1 노피곰 참조). 동사어간은 부사화접미사에 의하여 부사로 전성됨이 일반이나, 이와 같이 직접 어간 자체가 부사로 전성되기도 하였다.

  하 貴ㅎ야 비디 업스니라 〈석보 13:22〉
  두 늘그늬 骨髓롤 스뭇 보닌댄 〈몽산 32〉
  바ᄅ 드러 묻ᄌ보디 〈석보 6:20〉
  일 門을 단놋다(早閉門) 〈두초 7:10〉

(2) 좃니노이다 〉 따릅니다

복합동사어간 '좃니(從行)'에 현재시상선행어미 'ᄂ', 어간첨입모음 '오', 그리고 존칭서술형종결어미 '이다'가 연결된 형(동동 6-4 (2) 받ᄌ노이다 참조). '좃'은 '좇'의 실용적 표기이다(정읍사 1-1 (2) 노피곰 참조).

  循 조출 슌 〈신증 하 4〉
  行陣을 조ᄎ샤 〈용비 112〉
  天樂을 奏커늘 諸天이 조ᄍ넣니 〈월인 14〉
  文德을 좃논 廟堂앳 혜아료미(循文廟算) 〈두초 6:53〉

어간 '좇'은 '從, 隨'의 뜻과 함께 '逐'의 뜻으로도 쓰였다.

  逐 조출 튝 〈훈몽 하 30〉
  三賊이 좇잡거늘(三賊逐之) 〈용비 36〉

동사어간 '니'는 선행어간의 현재진행상을 나타내기 위해 결합되는 것이 통례여서, '노니, 우니, ᄂ니, 사니, 돈니, 안니, ᄒ니' 등으로 널리 쓰였다.

  샹녜 諸佛ㅅ 조코 微妙ᄒ 國土애 노니리니 〈월석 8:41〉
  내 니믈 그리ᅀᆞ와 우니다니 〈악학 정과정〉

吉慶엣 새 나니며 〈월석 2:33〉
너를 여희여 눖믈로 사니ᄂ니라 〈월석 8:86〉
모몰 조개 이대 가져 돈니샤 〈월석 2:56〉
곳나모 가지마다 간ᄃᆡ족죡 안니다가 〈송강 사미인곡〉
生ᄋᆞᆫ 世界예 나아 사라 ᄒᆞ니ᄂᆞᆫ 것돌히라 〈석보 서 1〉

이상 유월의 노래는 '(내 신세는) 유월 보름에 아아 벼랑에 버려진 빗과 같구나. 돌아보실 임을 잠깐이나마 좇고 있네'와 같이 풀이된다. 따라서 이 노래는 자신의 처지를 유월 유두 풍속의 '버려진 빗'에 비유하여, 야멸차게 돌아선 임을 원망하면서도 끝내 잊지 못하는 마음을 상징적으로 묘사한 것이라고 하겠다.

8-1 七月ㅅ 보로매(동동 7-1 참조)

8-2 아ᄋᆞ 百種 排ᄒᆞ야 두고

(1) 百種 〉 백중

칠월 보름은 '빅종'이라 하여 한자로는 '百種' 외에 '百踵, 魄縱, 白衆' 등의 표기가 있다. '백중'에 대해서는 다음과 같은 기록을 참조할 수 있지만, 이를 전적으로 신뢰할 수는 없다.

> 七月 …… 中元 十五日 東俗稱百種日 僧徒設齊供佛 爲大名節 按荊楚歲時記 中元日 僧尼道俗 悉營盆供諸寺院 又按盂蘭盆經 目連比丘 具五味百果 以著盆中 供養十方大德 今所云百種日 似指百果也 高麗崇佛 是日每爲盂蘭盆會 今俗設齊是也 國俗 以中元爲亡魂日 盖以閭閻小民是夜月夕 備蔬果酒飮 招其亡親之魂 〈동국세시기〉
> 中元 俗稱百種日 都人盛設饌 登山歌舞爲樂 …… 今所云百種 卽百味之謂也 …… 或云 是日舊俗 陣列百穀之種 故曰百種 無稽之說也 〈경도잡지〉

이 기록에 의하면 백중은 일찍부터 행하여진 명절이며, 그 유래는 불교와 도교의 고사에 두고 있음을 알 수 있다. 즉 불교에서는 불제자 목련의 고사에 따라 조상의 혼령을 천도하는 '우란분공'이 있어 망친의 혼을 달랬다는 것이다. 도교에서는 천상선관이 일년에 세 차례 사람의 선악을 기록하는 시기를 '원(元)'이라 하였는데, 정월 보름(상원), 칠월 보름(중원), 시월 보름(하원)에 조상에 대한 제사를 지내는데 연유하여 중원에 해당하는 백중일을 지키는 일이 나라의 풍속이 되었다는 것이다.

(2) 排ᄒ야 〉 벌리어

동사어간 '排ᄒ'에 부사형어미 '아'가 연결된 형. '排'는 '브리, 버리'의 뜻을 지닌 한자어이다. '排ᄒ'는 현대어에서는 쓰이지 않는 말이며, 이 또한 원래의 가사이기보다는 궁중가요로 정착되는 과정에서 변개된 어사일 것이다(동동 4-1 (2) 開ᄒ 참조).

> 排ᄂᆞᆫ 브릴 씨라 〈영가 하 73〉
> 供養앳 거슬 버리고 〈월석 10:121〉

(3) 두고 〉 놓고

동사어간 '두(置)'에 연결어미 '고'가 연결된 형.

> 지블 두게 ᄒᆞ니 〈월인 168〉
> 기러 두고ᅀᅡ 가리라 〈월석 7:9〉

8-3 니믈 ᄒᆞᆫ 듸 녀가져

(1) 니믈 〉 임과

명사어간 '님'에 대격접미사 '을'이 연결된 형. 여기서 '을'은 공동격접미사 '와, 과'의 의미역으로 기능하고 있다. 향가에서는 공동격의 의미역이 거격 '良'에 의해 수행되었는데 앞에서도 언급하였듯이 대격 '을'은 거격 '良'에서 비롯되었다고 할 수 있으므로, 고려가요의 이러한 용법은 상당히 고답적인 것이라고 할 수 있다(동동 1-1 (1) 참조). 한편 공동격접미사가 발생한 시기는 고려 중엽 이전으로 추정되는데, 이는 조선 초기 문헌에서 이 형태가 이미 나타나 있기 때문이다.

> 나모와 곳과 果實와ᄂᆞᆫ 〈석보 6:40〉

　　　　ᄀ슜돌와 밟고지 〈금삼 2:6〉
　　　　天과 ᄒᆞ 디 잇ᄂᆞ니라 〈월석 1:34〉

(2) ᄒᆞ 디 〉 한 곳에

　관형사 'ᄒᆞᆫ(一)'과 장소를 의미하는 의존명사어간 '디'. 'ᄒᆞᆫ'은 명사어간 'ᄒᆞ나ᄒ'가 축약되어 관형사로 전용된 것이다.

　　　　弟子 ᄒᆞ나ᄒᆞᆯ 주어시든 말 드러 〈석보 6:22〉
　　　　ᄯᅩ ᄒᆞᆫ 모미 萬億身이 ᄃᆞ외야 〈석보 6:34〉

　'디'는 원시추상명사 'ᄃ'에 처격접미사 '이'가 연결되어 하나의 명사로 기능하게 된 것이다(정읍사 2-2 (1) 즌 디를 참조). 현대어 '가운데'의 '데'와 같은 형태는 바로 이 '디'가 굳어진 것이다. 현대어에서는 이 뒤에 처격접미사를 연결하는 것이 자연스럽지만 중기국어에서는 특별히 처격접미사를 후행시키지 않았다. '디'가 명사어간임은 이 뒤에 대격접미사를 후행시킨다는 것에서 알 수 있다.

　　　　王ㅅ ᄆᆞᅀᆞ매 아모 디나 가고져 ᄒᆞ시면 〈월석 1:26〉
　　　　法이 심기샨 디 이쇼몰 證ᄒᆞᆯ ᄯᆞᄅᆞ미라 〈능엄 1:23〉
　　　　뫼골 뷘 디ᄂᆞᆫ 〈두초 7:14〉
　　　　如來 겨신 디ᄅᆞᆯ 모ᄅᆞᅀᆞᄫᅡ이다 〈석보 11:10〉
　　　　도ᄌᆞ기 겨신 딜 무러 〈용비 62〉

　'ᄒᆞ 디'는 '한 곳에, 같은 곳에'의 뜻과 함께, '함께, 동행'의 뜻을 가지고 있었다.

　　　　兩分이 ᄒᆞ디 안ᄌᆞ시니 〈월인 42〉
　　　　同行ᄋᆞᆫ ᄒᆞ디 녀실 씨라 〈월석 2:26〉

　그러나 이 구절에서는 '한 디'를 내세에서도 함께 하고자 하는 기원의 마음에 맞추어 '한 곳에'와 같이 풀이하는 것이 좋을 듯싶다.

(3) 녀가져 〉 가고져

복합동사어간 '녀가(行住)'에 원망형연결어미 '겨'가 연결된 형.

> 길 녀가ᄂᆞ ᄆᆞ디라 〈몽산 38〉
> 東ᄋᆞ로 녀가물 깃노라(喜東行) 〈두초 17:31〉

'녀'는 동사어간 '니(行)'에 부사형어미 '어'가 연결되어 축약된 형이다. '니'와 '가'는 일찍부터 공존하다가 현대어에서는 '가'만이 단독어간으로 기능하고 있으며, '니'는 '다니다'와 같은 단어에서 그 흔적을 볼 수 있을 뿐이다. '다니'는 'ᄃᆞᆮ(走)'과 '니'의 복합에서 'ᄃᆞᆮ니〉ᄃᆞ니〉ᄃᅠ니〉다니'로 굳어진 것이다.

> 攻戰에 ᄃᆞ니샤 〈용비 113〉
> 虛空애 ᄂᆞ라 ᄃᆞ니ᄂᆞ니라 〈월석 1:14〉

원망형어미 '겨'는 원래 원망을 나타내는 동사어간 '지'에 부사형어미 '어'가 연결되어 굳어진 것이다(동동 2-2 (1) 참조).

'니믈 한 ᄃᆡ 녀가겨'는 '어디라도 임과 한 곳에 있고 싶구나'의 뜻으로, 남녀간의 사랑을 읊은 옛노래에서 흔히 쓰이던 표현이다.

> 넉시라도 님은 ᄒᆞᆫ ᄃᆡ 녀져라 〈악학 정과정〉
> 넉시라도 님은 ᄒᆞᆫ ᄃᆡ 녀닛景 너기다니 〈악장 만전춘〉
> 아소 님하 ᄒᆞᆫ ᄃᆡ 녀젓 期約이이다 〈악장 이상곡〉
> 니믈 뫼셔 녀곤 〈악학 동동〉
> 平生애 願ᄒᆞ요디 한 ᄃᆡ 녜쟈 ᄒᆞ얏더니 〈송강 사미인곡〉

8-4 願을 비옵노이다

(1) 願을 〉 소원을
    명사어간 '願'의 대격형.

(2) 비옵노이다 〉 비옵나이다
    동사어간 '빌(祈)'(ㄹ변칙동사)에 겸양선행어미 '옵'(숩〉옵), 현재시상선행어미 'ᄂᆞ', 어간첨입모음 '오', 그리고 존칭서술형종결어미 '이다'가 연결된 형.

福을 비러 목숨 길오져 ᄒᆞ다가 〈석보 9:36〉
降服ᄒᆞ야 업더디여 사ᄅᆞ쇼셔 비니 〈석보 6:33〉

이상 칠월의 노래는 '칠월 보름에 아아 백중 (제물을) 차려 놓고, (저 승까지라도) 임과 함께 가고 싶구나, (이와 같이) 원을 비옵나이다'와 같이 풀이된다. 따라서 이 노래는 죽은 넋을 천도하는 백중일에, 죽어서도 임과 함께 살고 싶은 마음을 애소하는 것이라고 하겠다.

9-1 八月ㅅ 보로몬

(1) 보로몬 〉 보름은
　명사어간 '보롬'에 절대격접미사 '온'이 연결된 형(동동 2-1 (3) 므른 참조).

9-2 아으 嘉俳나리마론

(1) 嘉俳나리마론 〉 가윗날이지만은
　복합명사어간 '嘉俳날'에 용언화접미사 '이'와 연결어미 '마론'이 연결된 형. '나리'는 원문에는 '니리'로 되어 있지만 이는 오각의 결과로 보인다. 봉좌문고본에도 '니리'로 표기되어 있음은 유감이다. 또한 복합명사어간 '嘉俳날'에는 이를 구성하기 위한 사잇소리 'ㅅ'이 개재되는 것이 원칙이지만, 이 구절에서는 쓰이지 않은 점도 눈여겨 볼 필요가 있다.
　'嘉俳' 즉 '가비'는 추석을 말하며, '갑+이〉가비〉가ᄫᅵ〉가위'로 변천되었다. '가비'는 일찍이 신라시대부터 지켜지던 명절이다.

王旣定六部 中分爲二 使王女二人各率部內女子 分朋造黨 自秋七月旣望 每日早進 大部之庭績麻 乙夜而罷 至八月十五日 考其功之多少 負者置酒食 以謝勝者 於是歌 舞百戱皆作 謂之嘉俳 是時負家一女子 起舞歎曰 會蘇會蘇 其音哀雅 後人因其聲而 作歌 名會蘇曲 〈삼국사기 권1 유리왕 9년조〉

新羅以八月望日 謂之嘉俳 今俗謂之嘉優者 嘉俳之轉變也 〈동환록(東寰錄)〉

'가비'의 어원은 확실치 않으나, '中, 半'을 뜻하는 어근 '갑'에 처격접미사 '이'가 연결되어 굳어진 것으로 보인다. 이는 장소를 의미하는 추상명사 '디'의 발달과 같은 경로를 겪은 것으로 추측되는데, 어쩌면 처격접미사 '이'는 원시국어에서는 실사였는지도 모른다. 현대어에서도 '에'는 격어미를 후행시킬 수 있으므로 격어미라기보다는 처소의 의미역을 담당하는 후치사로 보여지는데, 대부분의 후치사가 실사에서 연유했다는 점과 선행어근에 붙어 일정한 뜻을 나타내는 명사어간을 구성하는 점을 보면 이러한 주장이 가능할지도 모른다. 현재도 쓰이는 '가옷(半)'은 '갑'에 명사화접미사 '읍'이 연결되어 굳어진 것이며, '가운데'는 여기에 '디'가 연결되어 '가봇디〉가볼디〉가온디〉가운데'의 변천을 겪은 것이라고 할 수 있다 (동동 2-3 (2) 가온디 참조).

연결어미 '마룬'은 '마는'의 고형으로, '마룬〉마논〉마는'으로 변하였다. 현대어에서 '마는'은 종결어미나 연결어미 '지' 다음에 붙게 되는데, 중기국어에서는 '지' 다음에 붙지 않고 종결어미나 용언화접미사 '이' 혹은 동명사형 'ㄴ' 다음에 붙는 것이 보통이었다. 즉 '마룬'은 통사구조상 비논항에 부착되는 통사적 접미사로 이해하여야 하며, 동사어간에 직접 붙지 못하는 까닭은 이 형태가 어떤 명사적 실사에서 기원한 것이기 때문이라고 보아야 한다. 지금으로서는 그 원형을 밝히기 어렵지만 '마논'의 고형 '마룬'이 주로 동명사형 'ㄴ'을 어기로 했다는 점을 보면 '마룬'은 혹 명사어간 '말(言)'에 절대격접미사가 연결된 형이 굳어진 것이 아닌가 한다. 이는 비논항을 어기로 하기 때문에 명사어간이 선행하면 이에 접미사 '이'를 붙여 용언형으로 바꾼 다음 연결될 수 있었다고 보는 것이다.

ᄀᆞᄅᆞ미 비 업건마룬 〈용비 34〉
일후믈 므슴미라 ᄒᆞ련마룬 〈능엄 3:33〉

위의 예문은 조선 초기 문헌으로 '마룬'이 동명사형에 후행하고 있음을

동동 99

보인다. 이 경우에도 이미 '마룬'이 '말+온'의 의미로 해석될 수 없음은 유감이지만, '~라는 말은 ~이 아니다'와 같은 어떤 투식적인 용법이 어미화한 것이라고 생각할 수 있는 것이다. '마룬'을 정도접미사 '만'에 절대격접미사가 연결된 형이라고 본다면 의미를 분석하기가 쉽겠지만, 이 경우 '만온〉마룬〉마논'과 같은 변천을 상정해야 한다는 점이 문제로 지적된다.

　　엇뎨 成都에 수리 업스리마ᄂᆞᆫ(초간본에는 마ᄅᆞᆫ)〈두중 24:21〉
　　므어슬 ᄒᆞ고쟈 ᄒᆞ여 일오디 몯ᄒᆞ리오마ᄂᆞᆫ〈소학 5:99〉
　　님 괴얌즉 ᄒᆞ냐마ᄂᆞᆫ〈송강 1:15〉
　　하기는 한다마는 제대로 될지 모르겠다〈현대어〉
　　작은 정성이지마는 보탬이 되었으면 합니다〈현대어〉

위의 예를 보면 후기 문헌에서는 '마룬'이 동명사형을 어기로 하기보다는 용언화접미사 혹은 종결어미가 붙은 형을 어기로 한다는 점이 주목된다. 이는 '마룬'이 완전히 어미화되었음을 의미하는 것이며, 전술한 바대로 비논항을 어기로 하는 통사적 접미사임을 보여 주는 것이다.

한편,「악장가사」소재 가사에는 '마ᄅᆞᆫ, 마르는, 마ᄂᆞᆫ'과 같은 형이 보이는데, 이는 노래의 율격에 맞추기 위한 음절배가에서 기인한 것이라고 보여진다.

　　아바님도 어이어신마ᄅᆞᆫ〈악장 사모곡〉
　　호미도 ᄂᆞᆯ히언마ᄅᆞᆫ〈악장 사모곡〉
　　泰山이 높다컨마ᄅᆞᆫ〈악장 감군은〉
　　西京이 셔울히마르는〈악장 서경별곡〉
　　잡ᄉᆞ와 두어리마ᄂᆞᆫ〈악장 가시리〉

9-3 니믈 뫼셔 녀곤

(1) 니믈 〉임을

　명사어간 '님(主)'의 대격형(동동 5-3 (2) 錄事니ᄆᆞᆫ 참조).

(2) 뫼셔 〉모시어

동사어간 '뫼(陪, 侍)'에 존칭선행어미 '시'와 부사형어미 '어'가 연결된 형.

> 뫼수본 사라믄 阿難陁ㅣ러니 〈월석 2:9〉
> 뫼습던 이롤 기리 스랑ᄒ노라 〈두초 24:25〉
> 夫人씌 뫼셔 오니 〈월석 2:43〉
> 브즈러니 供給ᄒ야 뫼셔 〈법화 4:155〉
> 大神들히 뫼시ᅀᆞᆸ니 〈월인 23〉
> 比丘와 王괘 夫人을 뫼샤 長者ㅣ 지븨 가샤 〈월석 8:94〉

동사어간 '뫼'는 자체가 존대어이나 여기에 다시 겸양선행어미 'ᅀᆞᆸ'이나 존칭선행어미 '시'를 연결하는 것이 보통이었으며, 현대어의 '모시'는 이것이 굳어진 형태라고 볼 수 있다. 이는 동사어간 '겨(在)'가 '계시'로 굳어진 것과 마찬가지의 경로를 겪은 것이라고 할 수 있다.

(3) 녀곤 〉 다니거든, 다녀야지만

동사어간 '녀(行)'(정읍사 2-1 (2) 녀러신고요 참조)에 연결어미 '곤'이 연결된 형(동동 2-3 (3) 나곤 참조).

9-4 오놀낤 嘉俳샷다.

(1) 오놀낤 〉 오늘이

명사어간 '오놀(今日)'과 '날(日)'의 복합어간에 속격접미사 'ㅅ'이 연결된 형.

> 오놀 모댓ᄂᆞᆫ 한 사ᄅᆞ미 〈석보 6:28〉
> 오ᄂᆞᆳ날 뜨들 몯 일워 〈월인 88〉
> 오ᄂᆞᆳ날 南湖애셔 고사리롤 키노니 〈두초 15:20〉

위와 같이 '오놀낤'은 두 단어의 연결에서 '오ᄂᆞᆳ날'과 같이 사잇소리가 개재하는 것이 보통이나, 이 노래에서는 다음 속격접미사와의 관계를 고려하여 생략된 듯하다.

중기국어 이전에서 명사의 속격형은 내면적으로는 후행하는 용언의 주어, 혹은 목적어로 해석되기도 한다. 이는 현대어의 '나의 살던 고향'과 같은 표현에서도 확인되는 것으로, 표면적으로는 두 체언의 통사적 결합을 표시하는 것이다. 따라서 명사의 속격형이 용언에 선행하는 경우는 그 용언이 체언에 용언화접미사가 연결된(즉 이 구절의 후행성분을 '嘉俳+이+샷다'로 분석하여) 형태이거나, 용언에 체언화접미사(동명사형, 부사형 접미사를 포괄하여)가 연결된 형태이다.

諸子ㅣ 아비 주구믈 듣고 〈법화 5:158〉
衆生이 慾心 업슨 둘 阿難이드려 니르시니 〈월인 상 40〉
慧命이 다옰 업게 홀디니(使慧命無窮) 〈금삼 5:49〉
感애 브트샤미 두루 아니홈 아니ᄒ시나(赴感이 靡不周ᄒ나) 〈금삼 5:10〉
巫山과 楚水ㅅ보몰 두 번 보과라 〈두초 7:13〉
이쇼몰 아쳐로미 眞實ㅅ 여희요미 아니며 〈능엄 6:61〉
眞實ㅅ 닷고몬 欲 여희요므로 本 사모몰 爲ᄒ시니 〈능엄 6:88〉

(2) 嘉俳샷다 〉가윗날이로다

명사어간 '嘉俳'에 용언화접미사 '이'와 존칭감탄형종결어미 '샷다'가 연결된 형(동동 3-4 (2) 즈이샷다 참조). 여기서 '이'가 생략된 것은 어간 말음이 'ㅣ'이기 때문이며, 따라서 '俳'의 당시 한자음은 '비'였음을 추정케 한다.

이상 팔월의 노래는 '팔월 보름은 아아 가윗날이지만, 임을 모시고 다니거든 오늘이 (비로소) 가위로구나'와 같이 풀이된다. 따라서 이 노래는 추석의 풍성함도 임과 함께 해야만 누릴 수 있다는 것으로, 세속의 즐거움과 임의 부재가 양립할 수 없음을 절조있게 표현하는 것이라고 하겠다.

10-1 九月 九日애

(1) 九日애 〉구일에

명사어간 '九日'에 처격접미사 '애'가 연결된 형(동동 1-1 (2) 곰비예 참조).

102 악학궤범

10-2 아으 藥이라 먹논

(1) 藥이라 〉 약이라고, 약이기에

  명사어간 '藥'에 이유를 뜻하는 접미사 '이라'가 연결된 형(동동 6-4 (1) 藥이라 참조).

  구월 구일은 '중구(重九), 중양(重陽)'이라고 하기도 하는데, 이는 중국의 음양철학에서 구를 양수의 극이라 하기 때문이다. 따라서 중양절은 양기를 존중하는 뜻에서 생겨난 명절이라고 할 수 있다. 이 날 일반 민속에서는 국화전(菊花煎)과 화채(花菜)를 시식(時食)으로 하여 조상에게 차례를 지낸다. 이 풍속으로 보아 국화로 화전을 만들어 먹으면 양기를 돋우는 약이 된다는 믿음이 있었던 것으로 보인다.

  九月九日 採黃菊花 爲糯米餻 與三日鵑花餻同 亦曰花煎 〈동국세시기〉

(2) 먹논 〉 먹는

  동사어간 '먹(食)'에 선행어미 'ㄴ', 어간첨입모음 '오', 그리고 관형사형어미 'ㄴ'이 연결된 형(어간첨입모음의 개재에 대해서는 정읍사 2-2 (2) 드디욜셰라 참조).

10-3 黃花고지 안해 드니

(1) 黃花고지 〉 누런 국화꽃이

  복합명사어간 '黃花(黃菊花)곶'의 주격형(곶에 대해서는 동동 4-2 (2) 둘 욋고지여 참조).

(2) 안해 〉 안에

  명사어간 '안ㅎ(內)'에 처격접미사 '애'가 연결된 형.

  위의 예에서 '안(內)'이 곡용할 때, '안해(처격형), 안홀(대격형), 안흔(절대격형), 안ㅎ로(조격형), 안콰(공동격형), 안히(주격형)' 등으로 'ㅎ'이 격어미에 나타난다. 이와 같은 ㅎ에 대하여는 두 가지 학설이 있다.

하나는 곡용할 때 ㅎ이 개입하는 것으로 보고 이를 일러 'ㅎ조사가 붙는 특수명사' 또는 'ㅎ곡용어'라 부르는 설이며, 다른 하나는 ㅎ이 선행체언에 붙은 것이 격어미에 나타나는 것으로 보고 'ㅎ종성체언'이라 부르는 설이다. 이 두 설 중에서 후자의 견해를 취하겠다. 왜냐하면 곡용시에 나타나는 ㅎ은, 격어미에서 기식음화가 모음형뿐만 아니라 자음형(콰-공동격)에서도 나타나는 것을 보면 어떤 특수한 음과의 연결에서 일어나는 음운론적 현상이라고는 볼 수 없기 때문이다. 이는 고대국어가 중기국어에서는 ㅎ을 가지지 않은 단어들이 말음에 ㅎ을 보유한 예들을 보이는 것에서도 확인된다. 다만 이 ㅎ은 종성이라기보다는 선행명사의 끝음이라는 점에서 'ㅎ말음명사'라는 용어를 사용하겠다. ㅎ말음명사는 고대국어가 개음절어에서 폐음절어로 이행되는 과정에서 발생된 듯하며, 이는 고대의 언어에서 일반적으로 나타나는 이른바 기후풍토설과 유관한 현상이라고도 할 수 있다. 중기국어 문헌에 보이는 ㅎ말음명사는 다음과 같이 80여개가 있다.

ᄀᆞ놀(陰), ᄀᆞ술(秋), ᄀᆞ올(州), 갈(刀), 겨슬(冬), 고(鼻), 고(庫), 그르(株), 긴(纓), 길(道), ᄂᆞ믈(蔬), 놀(刃), 놀(經), 나(年), 나라(國), 나조(夕), 내(川), 네(四), 노(繩), 니마(額), 님자(主), 돌(等), 쇌(源), 따(地), 뎌(笛), 돌(梁), 돌(石), 둘(二), 뒤(後), 뒤안(園), 드르(野), 드르(簷), 뜰(庭), ᄆᆞ술(村), 마(霖雨), 마(薯), 말(楔), 미(野), 모(山), 모(隅), 밀(小麥), 바(索), 바다(海), 볼(臂), 비술(內臟), 별(崖), 보(棟), 보(裸), 솔(肌), 샹(常), 세(三), 셔울(京), 소(沼), 소(範), 쇼(白衣), 수(藪), 수(雄), 뭇돌(礪), 스굴(鄕), 스믈(二十), 시내(溪), 신고(履頭), 쇼(褥), 안(內), 알(卵), 암(雌), 언(堤), 여러(諸), 열(麻), 열(十), 올(鴨), 올(今年), 우(上), 울(籬), 움(穴), 위안(園), 이(此), 자(尺), 조(粟), 출(源), 초(醋), 터(基), ᄒᆞ나(一), 하놀(天)

또한 '안ㅎ'은 '內'의 뜻에서 '心'의 뜻으로도 전의되어 사용되었다.

그 안들이 엇더ᄒ리오 〈계축 64〉
어늬 안흐로 계집되랴 ᄒ는다 〈청구 15〉

(3) 드니 〉 드니

동사어간 '들(入)'에 연결어미 '니'가 연결된 형.

神通올 일워 뷔유메 드니 〈석보 13:10〉
도ᄌ기 드러(賊入) 〈용비 33〉

10-4 새셔 가만ᄒ얘라

(1) 새셔 〉 처음보다

명사어간 '새(新)'에 비교를 뜻하는 명사접미사 '셔'가 연결된 형.

一定히 아히 나힌 제셔 샳지거니와(必定皴於童年) 〈능엄 2:9〉
그 苦 이에셔 倍ᄒ며 〈월석 21:26〉

(2) 가만ᄒ얘라 〉 아득하구나

동사어간 '가만ᄒ'에 감탄형종결어미 '얘라'가 연결된 형.
'가만ᄒ'는 '아득하다'는 뜻으로, '沖, 漠'의 뜻을 지닌 명사로부터 파생된 형이라고 생각된다. 그러나 명사 자체로 쓰인 용례는 없고, '가마니'와 같은 부사형이나 '가마어듭다'와 같은 복합어어간에서 용법을 확인할 수 있을 뿐이다.

가마니 통(沖), 가마니 막(漠) 〈신증 하 55〉
누니 가마어듭거든(眼前暗黑) 〈구방 하 75〉

'얘라'는 부사형어미 '아〉야'에 용언화접미사 '이'를 연결하고, 여기에 다시 종결어미 '다〉라'를 연결한 형이다(사모곡 5 (3) 업세라 참조).

이상 구월의 노래는 '구월 구일에 아아 약으로 먹는 누런 국화꽃이 집 안(마음 안)에 피니, (임을 기다리는 이 마음은) 처음보다(헤어질 그 때보다) 아득하구나'와 같이 풀이된다. 따라서 이 노래는 가을이 깊어지는 가운데 임을 위해 심어 놓은 노란 국화꽃이 집 안에 만발한 모습을 보면

서, 세월의 무상함과 더불어 오지 않는 임을 기다리는 심정이 더욱 공허해지고 있음을 표현한 것이라 하겠다. 더불어 '안'은 마음 속을 상징할 수도 있는데, 즉 '황화꽃이 안에 드니'는 임을 기다리는 마음이 가을빛처럼 누렇게 물들어 가고 있음을 비유한 것이라고 할 수 있다.

11-1 十月애

11-2 아으 져미연 ᄇᆞᄅᆞᆺ 다호라

(1) 져미연 〉 저며 놓은

동사어간 '져미'에 선행어미 '어'와 관형사형어미 'ㄴ'이 연결된 형.

'져미'는 현대어의 '저미(여러 개의 작은 조각으로 얇게 베다)'와 대응시키는 것이 일반적 견해이다. 이를 입증할 충분한 용례가 중기국어에서는 발견되지 않지만 '命엣 福을 져미쇼셔 (〈시용 대국〉)'의 예가 보이는데, 여기서 '져미'가 현대어의 '저미'를 의미하는지는 의문이다. 그러나 현재로서는 이 이상의 해석을 기대하기는 어려울 것 같다.

> 구루미 비취여늘 日官을 從ᄒᆞ시니 〈용비 42〉
> 아ᄎᆞᆷ 뷔여든 ᄯᅩ 나조히 닉고 〈월석 1:45〉
> 올 적의 비슨 머리 얼킈연디 三年이라 〈송강 1:11〉

한편 '어, 여'를 부사형어미로 보거나, 어간첨입모음 '오, 우'와 같은 아어형(雅語形)의 '어'라는 견해도 있다. 그러나 이 경우에는 부사형과 관형사형의 동시분포를 설명해야 하며, 또한 무리하게 '오, 우'의 이형태를 설정해야 하는 문제가 있으므로 받아들이기가 어렵다. 선행어미 '거/어'는 서법의 일종인 확인법을 표시하는 형태소로 알려져 있다. 이 때 확인법은 일방적 통보 기능이 강한 독백이나 이에 준한 말씨에 사용되며, 동사와 결합되면 동작이 발화시 직전에 완료되어 있음을 나타내게 된다. 그런데 '거'가 후자의 기능을 갖고 있다고 한다면, 이는 서법보다는 상(Aspect)적인 특성을 보여 주는 형태소로 인지되는 것이 옳을 듯싶다.

(2) ᄇᆞᄐᆞᆺ 〉 고로쇠나무

'ᄇᆞᄐᆞᆺ'은 자체의 형태를 지지해 주는 문헌적 증거가 없기 때문에 현재로서는 어떠한 해석도 추측에 지나지 않는 것이나, 문맥과 어형을 두루 참작하면 '고로쇠나무'의 '고로쇠'와 가장 잘 대응된다고 생각한다. 이 경우 'ᄇᆞᄐᆞᆺ〉고로쇠'에서 'ㅂ〉ㄱ'의 변화와 'ㅚ'의 생성을 설명하기 어려운 약점이 있지만, '져며지는 신세'에 비근하기는 약즙을 제공하기 위해 줄기에 상처를 내야 하는 '고로쇠나무'가 적격인 듯하다. 「이조어사전」(유창균)에도 특별한 문증은 없지만 'ᄇᆞᄐᆞᆺ'을 '고로쇠나무'로 해석해 놓았다. 한편 'ᄇᆞᄐᆞᆺ'을 '보리수나무'로 보는 견해도 있으나 이 경우 'ᄇᆞᄐᆞᆺ 〉 보리'의 변화를 설명하기가 쉽지 않다. 또한 '보리'는 범어 차용어로, 이전에 이미 '菩提'와 같은 차자표기가 존재한다는 점에서 위와 같은 변화를 상정하기는 어려울 것 같다.

(3) 다호라 〉 다워라(동동 3-3 (2) 다호라 참조)

11-3 것거 ᄇᆞ리신 後에

(1) 것거 〉 꺾어

동사어간 '겄ㄱ(折)'에 부사형어미 '어'가 연결된 형.

> 다 것거 滅ᄒᆞ도다 〈월석 8:56〉
> 허리 것구메 쁠 器具ㅣ 아니로다(非供折腰見)〈두초 21:39〉
> 헐머 것ᄂᆞᆫ ᄉᆞᅀᅵ예 〈법화 3:139〉

'것ㄱ'과 같이 어간말음에 'ㄱ'을 보유하는 어사로는 '갔ㄱ(削), 닷ㄱ(修), 뭇ㄱ(束), 봇ㄱ(炒), 섯ㄱ(混), 엿ㄱ(編)' 등이 있으며, 이들은 모두 '깎, 닦, 묶, 볶, 섞, 엮' 등으로 변하였다. 명사 '밧ㄱ(外)〉밖'도 동일한 변화를 겪은 것이다. 그런데 이들 중 동사 '뭇ㄱ(束)'은 명사로 전성되는 가운데 'ㄱ'을 탈락시켰으며, 현재 단독형으로는 사용되지 않지만 '돗자리'의 '돗ㄱ'도 같은 변화를 겪은 것이다. 따라서 이들은 활용이나 곡용시에 'ㄱ'이 첨입되는 것이 아니라 원래부터 어간말음으로 'ㄱ'을 보유한 어사라고 보아야 한다.

(2) ᄇ리신 〉 버리신
동사어간 'ᄇ리'에 존칭선행어미 '시'와 관형사형어미 'ㄴ'이 연결된 형(동동 7-2 (2) ᄇ론 참조).

11-4 디니실 혼 부니 업스샷다

(1) 디니실 〉 지니실
동사어간 '디니(持)'에 존칭선행어미 '시'와 관형사형어미 'ㄹ'이 연결된 형(동동 4-4 (1) 디녀 참조).

(2) 혼 부니 〉 한 분이
관형사 '혼'(동동 8-3 (2) 혼 디 참조)과 명사어간 '분(사람을 가리키는 존칭)'의 주격형.

　　혼 부니 天命이실ᄊᆡ(一人有命)〈용비 37〉
　　濟渡ᄒ시논 분 내러시니〈석보 13:4〉

(3) 업스샷다 〉 없으시도다
동사어간 '없(無)'에 조성모음 '으'와 존칭감탄형종결어미 '샷다'가 연결된 형(동동 3-4 (2) 즈이샷다 참조).

　　一間 茅屋도 업사옴 무더 사ᄅ시니이다〈용비 111〉
　　無ㆆ字애서 너므니 잇ᄂ니아 업스니아〈몽산 11〉
　　ᄆᆞ겸 머근 ᄆᆞ슴은 혼 福도 업ᄂ니〈월인 133〉

이상 시월의 노래는 '시월에 저며 놓은 고로쇠나무와 같구나. 꺾어버리신 후에 지니실 한 분이 없네'와 같이 풀이된다. 자신의 처지를 쓸모없이 버려진 고로쇠나무에 비유하여, 지난날의 강건한 사랑과 대비되는 비참한 신세를 한탄하는 노래라고 하겠다.

12-1 十一月ㅅ 봉당자리예

(1) 봉당 〉 봉당(封堂), 즉 안방과 건넌방 사이에 마루가 아닌 흙바닥 그대로 있는 곳.

(2) 자리예 〉 잠자리에
  명사어간 '자리(寢所)'에 처격접미사 '예'가 연결된 형.

> 누버 자리예 겨샤〈월석 10:5〉
> 내 자리를 보니 가르리 네히로새라〈악학 처용가〉
> 烏雀은 바미 제여곰 자리에 가거놀(烏雀은 夜各歸)〈두중 1:38〉

'자리'는 동사어간 '자'의 관형사형 '잘'에 의존명사 '이'가 결합되어 명사로 굳어진 것으로, 향가에서는 '잘'이 직접 명사로 사용된 예를 보인다.

> 入良沙 寢矣 見昆(드러사 잘이 보곤)〈유사 처용가〉

현대어에서 '자리'는 침소의 뜻만이 아니라 '座席'의 뜻으로도 두루 사용된다. 그러나 중기국어에서는 좌석의 뜻으로 '돗ㄱ'을 사용하였다.

> 筵은 돗기라〈능엄 1:29〉
> 벼개와 돗기 몬져 오놋다(先枕席)〈두초 12:13〉
> 席 돗 셕〈석봉 19, 신증 상 24〉

12-2 아으 汗衫 두퍼 누워

(1) 두퍼 〉 덮어
  동사어간 '둪(覆, 盖)'에 부사형어미 '어'가 연결된 형.

> 初禪三天은 네 天下룰 두퍼 잇고〈월석 1:35〉
> 盖 두플 개〈신증 상 29〉
> 두들글 두펏는 녯 남기 서리엿고(護堤盤古今)〈불정 중 7〉

(2) 누워 〉 누워
  동사어간 '눕(臥)'에 부사형어미 '어'가 연결된 형. '눕'의 'ㅂ'은 모음과 연결되면 'ㅂ〉ᄫ〉우'로 약화탈락하는 통시적 변화를 보인다.

> 수리 씨어놀 사틱 눕고져 스랑ᄒ고(酒醒思臥簟) 〈두초 15:9〉
> 안ᄌ며 누보며 호미라 〈몽산 15〉
> 노피 벼여 누우니 〈두초 15:11〉
> 누븐 자리예 겨샤 〈월석 20:9〉
> 醉ᄒ야 누움 ᄀᆮᄒ니라(如醉臥也) 〈법화 4:41〉
> 轎子애 누버 采石 걷나가아(臥轎中渡采石) 〈삼강 방득여소(枋得茹蔬)〉
> 베 므레 누워(粳稻臥) 〈두초 16:4〉

12-3 슬흘 ᄉᆞ라온뎌

(1) 슬흘 〉 슬픔을

동사어간 '슬ㅎ'에 조성모음 'ᆞ'와 동명사형 'ㄹ'이 연결된 형. 대격은 영형태로 실현되었다.

> 悲ᄂᆞᆫ 슬흘 씨오 〈월석 2:22-1〉
> ᄆᆞᅀᆞᆷ 슬턴 짜흘(傷心處) 〈두초 21:13〉
> 다봇 옮ᄃᆞᆺ 호ᄆᆞᆯ 슬노니(傷蓬轉) 〈두초 7:16〉

현대어의 '슬프다, 기쁘다' 등은 원래 동사어간인 '슬ㅎ, 깃ㄱ' 등에 파생접미사 '브'를 연결하여 형용사로 된 것이다. 현재 동사로는 다시 통사적으로 '하다'를 붙인 형이 사용되고 있으나, 중기국어에서는 동사와 형용사의 구별이 없었다.

> 眞實로 슬프도다 〈금강 서 14〉
> 感 슬플 쳑 〈석봉 32〉
> ᄯᅩ 깃븐 ᄆᆞᅀᆞᆷ 내디 마로ᇙ디어다(亦莫生喜心) 〈몽산 18〉

(2) ᄉᆞ라온뎌 〉 사라 왔구나

동사어간 '솔(燒)'에 부사형어미 '아'가 연결되어 복합어어간 'ᄉᆞ라오'가 형성된 후 감탄형어미 'ㄴ뎌'가 연결된 형.

> 七聖財ᄅᆞᆯ ᄉᆞᄂᆞ니라 〈석보 11:43〉

브리 스디 몯ᄒᆞ며 ᄆᆞ리 줌디 몯ᄒᆞ며 〈월석 10:70〉
다 ᄉᆞ라 지 디오 〈월석 2:75〉
業火ㅣ ᄉᆞ라 ᄆᆞᄅᆞ거늘(燒乾) 〈능엄 8:118〉

12-4 고우닐 스싀옴 널셔

(1) 고우닐 〉 고운 이를

동사어간 '곱(姸)'에 관형사형어미 'ㄴ'이 연결된 형에 추상명사 '이'를 연결하여 복합어를 구성한 명사어간의 대격형.

아기 아ᄃᆞ리 양지 곱거늘 〈석보 6:13〉
妙華는 곱고 빗날 씨라 〈월석 8:11〉

'곱'은 ㅂ변칙동사로, 활용시에 '곱〉고ᄫ〉고오(우)'로 어간말음 'ㅂ'이 약화 탈락하는 통시적 변천을 보인다.

졈고 고ᄫᆞ니로 여듧 각시ᄅᆞᆯ ᄀᆞᆯ히샤 〈월석 8:91〉
그 말 듣고 고ᄫᆞᆯ 쏠 언니노라 ᄒᆞ야 〈석보 6:14〉
고온 곳부리ᄂᆞᆫ 븕도다(娟娟花蕊紅) 〈두초 21:15〉

추상명사 '이'는 '사람, 사물'을 의미하는 의존명사로 범용되던 것이다.

말ᄊᆞ몰 술ᄫᆞ리 ᄒᆞ디 〈용비 13〉
절로 가며 절로 오ᄂᆞ닌 집우흿 져비오(自去自來堂上燕) 〈두초 7:3〉

(2) 스싀옴 〉 갈라서 한 사람씩

명사어간 '스싀(自)'에 '씩'을 의미하는 접미사 '곰'이 연결된 형. '곰'은 선행모음이 'ㅣ'인 경우 'ㄱ'이 탈락되는 것이 보통이었다. 여기서 '스싀옴'은 부사로 사용된 것이며, '곰'은 단순한 강세접미사라기보다는 일반적으로 명사에 붙어 '씩'이라는 의미를 나타내는 의의소라고 보아야 한다(곰에 대해서는 정읍사 1-1 (2) 노피곰 참조).

'自'를 의미하는 부사로는 '스싀, 스싀로, 스스로, 스스로, 스스리' 등이 쓰이기도 했다.

스싀 奉養호며(自奉)〈내훈 3:57〉
　　　스싀로 가 밥 어더 스싀로 먹고〈석보 11:40〉
　　　스스로 皇天ㅅ恩慈롤 니벳노라(自荷皇天慈)〈두초 15:2〉
　　　환공을 죽이고 스스로 셔니(弒桓公而立)〈오륜 2:5〉
　　　自 스스리 즈〈석봉 18, 주천 18〉

(3) 녈셔 > 살아가는구나 (동동 2-4 (3) 녈셔 참조)
　이상 십일월의 노래는 '십일월 봉당자리에 한삼을 덮고 누워 슬픔을 사르고 있네. 어여쁜 임과 헤어져 이렇듯 홀로 살아가는구나'와 같이 된다. 이 노래는 춥고 긴 겨울밤을 전전반측하는 여인의 심회를 표현한 것이다.

13-1 十二月ㅅ 분디남ᄀ로 갓곤

(1) 분디남ᄀ로 > 분지나무로, 산초나무로
　명사어간 '분디남ㄱ'에 조성모음 'ㆍ'와 재료를 나타내는 조격접미사 '로'가 연결된 형. '분디'는 산초과(山椒科)에 딸린 낙엽관목으로 산이나 들에 자생하며, 여름에 담록색 꽃이 피고 둥근 열매는 겨울에 익는다.

　　　분디曰 山椒〈훈몽 상 12〉

　'남ㄱ'의 단독형은 '나모'이다. 단독형은 공동격 '와'나 태격 '도' 등에서도 선행한다. 반면에 '남ㄱ'은 모음으로 시작되는 일반적인 곡용에 선행하던 형태이다.

　　　숲바올 닐굽과 이본 나모와〈용비 29〉
　　　나모 아래 안ᄌ샤〈월인 117〉
　　　木 나모 목〈훈몽 하 3〉
　　　나모도 오히려 사롬 ᄉ랑ᄒ요미 ᄃ외얫도다(樹木猶爲人愛惜)〈두초 18:12〉
　　　이본 남기〈용비 84〉
　　　이본 남기〈용비 84〉
　　　빗근 남ᄀᆯ〈용비 86〉
　　　불휘 기픈 남ᄀᆞᆫ〈용비 2〉
　　　남ᄀ로 본 밍ᄀᆞᆯ 씨라〈월석 17:55〉

이와 같은 곡용을 보이는 것으로 다음과 같은 단어들이 있다.

구무-굼ㄱ(穴)

    구무 이실 ᄯᆞᄅᆞ미라(有竅而已)〈능엄 2:43〉
    버믜 구무 우희 가 머믈오(徘徊虎穴上)〈두초 9:16〉
    穴 구무 혈〈훈몽 하 18〉
    굼기 아니 뵈시며〈월석 2:56〉
    굼긔 드러 이셔〈석보 13:10〉
    댓 굼그로 보몰〈남명 하 74〉

불무-붊ㄱ(冶爐)

    微妙혼 불무로 한 像올 노기며(以之爐陶於群像)〈원상 1:217〉
    冶 불무 야〈훈몽 하 16〉
    爐ᄂᆞᆫ 붊기라〈금삼 2:28〉
    큰 붊글 여희니라(辭大爐)〈두중 2:47〉
    造化ㅅ 붊긔 功名을 호리라 하더니라(功名造化爐)〈두초 24:59〉

이들 '나모, 구무, 불무' 등이 축약될 때 'ㄱ'이 첨입되는 현상은 이들이 ㄱ보유어사임을 의미한다기보다는 어간말음의 자음 'ㅁ'에 대한 관습적인 특수한 음운현상이라고 할 수 있다. 이와 같은 현상은 현대어에서 어간말음이 'ㅁ'인 동사가 피동사, 혹은 사동사가 될 때 접미사로 예외없이 '기'를 취하는 현상과 같은 궤에서 설명이 될 수 있을 것이다.

    담다〉담기다, 옮다〉옮기다, 굶다〉굶기다,
    남다〉남기다, 감다〉감기다

(2) 갓곤 〉 깎은

동사어간 '갓ㄱ(削)'에 어간첨입모음 '오'와 관형사형어미 'ㄴ'이 연결된 형(동동 11-3 (1) 것거 참조).

    손소 머리 갓고〈석보 6:12〉
    거프를 갓ᄀᆞ니(削皮)〈두초 16:57〉
    剃師ᄂᆞᆫ ᄂᆞ미 머리 갓ᄂᆞᆫ 사ᄅᆞ미라〈월석 7:8〉

'갓ㄱ'은 '갓ㄱ〉싹〉깎'으로 변천하였으며, '것ㄱ(折)'과 더불어 초성이 경음화하였다.

  또 머리 싹고 〈두중 상 51〉
  머리 싹난 이 〈역어 상 30〉

13-2 아으 나올 盤잇 져다호라

(1) 나올 〉 진상할, 차려올릴

 동사어간 '낫'에 조성모음 'ㆍ'와 관형사형어미 'ㄴ'이 연결된 형(동동 1-4 (1) 나ᄋ라 참조). 이 '나올'을 '나술'로도 읽고 있으나 'ㅿ'와 'ㅇ'의 구별이 어려우며 'ㅇ'을 정확히 그리기가 어려워 흔히 삼각형에 가까운 자형으로 쓰는 일이 많았기 때문에, '나올'로 읽는 것이 좋으리라 생각한다. 특히 이 노래의 첫 연에 나오는 '나ᄋ라 오소이다'를 비롯한 칠월연의 '비ᄋ노이다'와 이 연의 '므ᄅᄋ노이다' 등을 'ㅇ'으로 읽어 왔으므로, 이 경우에도 '나올'로 읽는 것이 온당하리라고 본다. 봉좌문고본에는 이 부분이 '나술'로 표기되어 있다.

(2) 盤잇 〉 소반에 있는

 명사어간 '盤'에 처격접미사 '이'와 속격접미사 'ㅅ'이 연결된 형. 조선 초기 문헌에는 처격접미사의 이형태로 '애, 이, 에, 의, 예' 등이 쓰였는데 (동동 1-1 (2) 곰비예 참조) 여기에 속격접미사 'ㅅ'이 연결되면 모음연결법칙에 따라 '앳, 잇, 엣, 읫, 옛'이 사용되었다.

  긼ᄀᆞᆺ 百姓이 〈용비 57〉
  ᄀᆞᆺ 사ᄅᆞ미 외오(旁人錯) 〈두초 7:1〉
  君命엣 바오리어늘 몰 겨틔 엇마ᄀᆞ시니 〈용비 44〉
  그듸 이 굼긧 개야미 보라 〈석보 6:36〉
  三世옛 이롤 아ᄅᆞ실 쎠 〈석보 6:18〉

 '이, 의' 처격은 특정한 종류의 명사에 한하여 사용된 것으로 보고 이를 특수명사라고 부르는 설도 있지만, 조선 초기 문헌에서 이를 입증할 자료는 없다고 본다. 이 '잇, 읫'형의 접미사는 향가의 '阿叱'과 대응되는 것이다.

> 行尸 浪阿叱 沙矣 以支如支〈유사 원가〉
> 法性叱 宅阿叱 寶良〈균여 보개회향가〉

(3) 져다호라 〉 저다워라, 젓가락과 같구나

명사어간 '져(箸)〉저'에 '다호라'가 연결된 형(동동 3-3 (2) 다호라 참조).

> 箸曰 折〈계림유사〉
> 술 자브며 져 놓ᄂ니(拉匙放筯)〈금삼 4:55〉
> 筯 져 뎌〈훈몽 중 11〉

'져'는 중국어 '筯'의 중고한음(광운:遲倨切)이 굳어져 국어화한 것으로 볼 수 있다. '젓가락'은 '져'에 고유어 '가락'을 붙여 새롭게 형성시킨 어형이다.

13-3 니믜 알픠 드러 얼이노니

(1) 니믜 〉 님의

명사어간 '님'의 속격형(정읍사 3-2 (1) 내 참조).

(2) 알픠 〉 앞에

명사어간 '앒(前)'에 처격접미사 '의'가 연결된 형(동동 1-1 (2) 곰비예 참조).

> 墓애 가싫 제 부텨 앒셔시니〈월석 10:3〉
> 네 와 눈 알픠셔 慰勞ᄒᆞᄂ다(君來慰眼前)〈두초 8:51〉

(3) 드러 〉 들어

동사어간 '들(擧)'에 부사형어미 '어'가 연결된 형.

白毫롤 드러 견지샤〈월인 73〉
　　　舉 들 거〈신증 하 20〉

(4) 얼이노니 〉 얼게 하니, 가지런히 놓으니

　동사어간 '얼(交, 合, 倂)'에 사동접미사 '이'와 현재시상선행어미 'ᄂ', 어간첨입모음 '오', 그리고 연결어미 '니'의 연결형.

　　　뎌 나괴 어러 나흔 노미(那驢養下來)〈두초 상 34〉
　　　놀애 브르며 춤츠며 롱담ᄒᆞ야 남진 어르기롤 ᄒᆞ며〈월석 1:44〉

　'얼다'는 '교합하다, 교배하다'를 뜻하며, 이의 사동사 '얼이, 얼우'는 '娶, 嫁'의 뜻으로 '시집보내다, 장가들이다'의 의미를 지닌다.

　　　여슷 아ᄃᆞᆯ란 ᄒᆞ마 갓 얼이고〈석보 6:13〉
　　　父母ㅣ 굿 얼우려커늘(父母欲嫁強之)〈삼강 이씨감연(李氏感燕)〉
　　　嫁 얼일 가, 娶 어를 취〈훈몽 상 33〉

　그리고 '얼우'의 관형사형 '얼운'은 직접 명사로 기능하여 굳어져, '旣合者, 有配偶者'의 원뜻으로부터 '長者'의 뜻으로 사용되게 되었다.

　　　이 지븨 사는 얼우니며 아히며〈월석 21:99〉
　　　얼우니 술윗 자최롤 도로 ᄉᆞ랑ᄒᆞ간마론(還思長者轍)〈두초 21:6〉

　그리고 현대어의 '어르신, 어르신네'는 '얼우신, 얼우신네'이며, 어간에 존칭선행어미 '시'를 덧붙인 형이 파생된 것이다. 이와 같은 의미분화 외에, '交, 合, 倂, 精, 核, 凝' 등의 뜻을 지닌 어근 '얼'에 접미사를 연결하여 파생시킨 어휘들은 다음과 같다. 즉 '얼믜다(疎, 교합의 도가 성기다), 어울다(合, 倂), 어우리다(倂作, 合作), 어르ᄆᆞ지다(撫), 얼의다(凝), 얼미다(拘束), 어루/어로(가히, 얼추, 가깝게의 뜻)' 등을 들 수 있다.

　이 구절의 '얼이노니'는 '교합하게 하듯이 두 개의 젓가락을 가지런히 놓으니'와 같은 뜻으로 풀 수 있다.

13-4 소니 가재다 므르옵노이다

(1) 소니 > 손님이
　명사어간 '손(客)'의 주격형.

　　赴京호 소니 마리(赴京客辭) 〈용비 28〉
　　客은 손이라 〈월석 13:25〉

　현대어의 주격접미사 '가'는 조선시대에 구어에서 발달하여 임란 후 점차 문어로 나타나게 된 것으로, 주격 '이'가 영형태로 실현되는 환경에서 발생한 것이라고 할 수 있다.

　　外分 비가 올 거시니 遠見의 무러 보옵소 〈첩신 1:8〉
　　東萊가 요소이 편티 아냐 ᄒ시더니 〈첩신 1:36〉
　　못ᄒᄂ 니가 만ᄒ니 〈두창 9〉
　　더러온 저가 다 처디고(穢滓盡沈) 〈신전 9〉
　　밍녈키롤 해ᄒᄂ 터가 다 소사 올라(害烈之物 皆上浮) 〈신전 12〉

　이상의 예문은 주격접미사 '가'가 서사언어에 나타나기 시작한 문헌에서 가린 것이다. 이들이 모두 17세기 이상을 소급하지 않음은 주격 '가'의 발생이 중기국어 후반에 이루어진 것임을 짐작게 한다. 물론 서간문과 같이 보다 구어적인 표현에서는 주격 '가'가 임란전에 이미 사용되었다.

　　츤 구드레 자니 비가 세니러셔 즈로 돈니
　　〈정철 자당 안씨 서간 서간 선조 5년 1572〉

　임란 후의 서간문에서도 다음과 같은 예를 볼 수 있다.

　　종이 미련ᄒ여 츤 ᄇ롬을 뽀여 두드러기가 블의예 도다 브어오르니
　　〈인선왕후 언간〉

　이와 같이 서간문에서 주격 '가'가 나타나는 것은 이 형태가 구어에서 일찍이 사용되었음을 보여주는 것이지만, 문헌에 근거해 판단해 본다면 주격 '가'의 발생은 16세기 이상을 소급하기는 힘들 것으로 보인다. 원래 원

시국어에서는 알타이 제어와 마찬가지로 어간자체가 주격으로 사용되었을 것이다. 그러나 향가로 재구할 수 있는 고대국어 시기에 이미 주격 '이'가 발달하여 영형태의 주격과 공존하였다. 그런데 박병채(1965)에 의하면 '이'주격형으로 드러난 어사는 모두 12개임에 비해 영형태의 주격형으로 실현된 어사는 수 배에 이른다. 이를 미루어 보면, '이' 주격의 발생은 고대국어 이상을 소급하기 어려울 것 같다(물론 향찰이 가진 문헌적 속성, 즉 가요에 반영된 어사라는 점에서 이를 속단하기는 어렵다). 한편, 중기 국어의 '이'는 다음과 같은 환경의 제약을 받았다.

① 어간말음이 자음, 혹은 'ㅏ, ㅓ, ㅗ, ㅡ, ·, ㅘ, ㅝ'이면 — '이'
② 어간말음이 'ㅣ', 혹은 'ㅣ'의 합성모음인 'ㅐ, ㅔ, ㅚ, ㅟ, ㅢ, ㅣ, ㅙ, ㅞ'이면 — 영형태

이와 같은 주격의 사용원칙과 관련하여, 어떤 환경에서 '가'가 발달했는 가는 앞에 든 예문에서 암시를 얻을 수 있다. '비가, 지가, 東萊가, 니가, 두드러기가, 틱가' 등의 예문에서 '가'에 선행하는 어간말음이 모두 환경 (2)에 속한다는 점이 주목된다. 즉, 주격 '가'의 외현적 발달은 영형태의 주격을 대치하는 입장에서 발달했다고 보는 것이다. 이는 언어심리적 현상 의 하나로, 영형태의 주격을 외현적으로 실현시키고자 하는 심리적 욕구가 주격 '가'를 발달시킨 동인이 되었다고 보는 것이다. 즉 한동안은 영형태 주격과 '가' 주격이 공존하다가 결국 '가' 주격이 우세하게 되고, 이에 모음충돌회피 작용의 결과로 오늘날과 같이 '가'는 어간말음이 모음일 때 전적으로 사용하게 된 것이라고 할 수 있다.

(2) 가재다 〉 가져다가
동사어간 '가지'에 부사형어미 '아', 용언화접미사 '이', 그리고 접속형연결어미 '다가'의 '가' 생략형 '다'의 연결형. 부사형어미와 용언화접미사를 연결하는 방식은 특이한 것이지만 '다가'의 '가' 생략형 '다'는 다른 예문

에서도 이러한 연결에 후행하고 있음을 보인다.

　　부녀를 수탐히여 내여다 더러이거늘 〈신속 열삼 28〉

　이는 '다'가 체언에 연결될 때, 용언화접미사 '이'를 매개한 경우에서 유추된 것으로 보인다(정읍사 3-1 (1) 어느이다 참조).

(3) 므르웁노이다 〉 뭅니다, 무웁니다
　동사어간 '믈(咬)'에 조성모음 'ㅇ', 겸양선행어미 '숩〉웁'(봉좌문고본에는 '므르숩'으로 표기되어 있음), 현재시상선행어미 'ᄂ', 어간첨입모음 '오', 그리고 존칭서술형종결어미 '이다'가 연결된 형(동동 6-4 (2) 받줍노이다 참조).

　　치마에 다마 이베 믈오 〈월석 10:24〉
　　블근 새 그를 므러(赤爵銜書) 〈용비 7〉

　이상 십이월의 노래는 '십이월의 분디나무로 깎은 소반의 젓가락과 같구나. 임의 앞에 가지런히 놓으니, 손이 가져다 무는구나'와 같이 풀이된다. 이 노래는 사랑하는 임만을 위해 헌신하려 해도 그럴 수 없는 덧없는 유녀의 신세를 한탄하는 것이라고 할 수 있다.
　〈동동〉을 전체적으로 살펴 보면, 첫연은 서사로「고려사」악지의 내용대로 '송도의 사(頌禱之辭)'로 시작되었으며, 1월부터 12월까지 월령체로 배열하여 이에 따른 민속과 계절에서 오는 정감을 바탕으로 남녀간의 여러 가지 연정을 노래하고 있다. 즉 '임'에 대한 그리움과 가슴을 저미는 고독이 있고(1, 9, 12월), 이루지 못할 덧없는 사랑이 있고(12월), 임의 아름다움에 대한 찬미가 있고(2, 3, 4월), 그리움을 넘어선 원망과 한탄이 있다(4, 6월). 그런가 하면 헌신과 사랑의 절대가치에 대한 토로가 있으며(5, 8월), 죽음을 넘어서는 사랑과 버림받은 신세에 대한 자조가 있다(7, 10월). 실로 〈동동〉은 한국적 함축미를 담은 사랑의 일대 서사시라고 할 수 있는 것이다.

〈현대어 옮김〉

덕일랑 신령님께 바치옵고
복일랑 임에게 바칩니다.
덕이며 복이며 하는 것을
바치러 오십시오.

정월의 냇물은
아아 얼고 녹고 하는데,
세상 가운데 이 몸은
홀로 살아가네.

이월 보름에
아아 높이 켠
등불 같구나.
만 사람 비추실 모습이시네.

삼월 지나며 핀
아아 봄 산 가득 진달래꽃.
남들이 부러워할 모습을
지녀 나셨네.

사월 아니 잊어
아아 오시는구나 꾀꼬리새여.
어이타 녹사님은
옛날을 잊고 계신지요.

오월 오일에
아아 단오날 아침약은

천년을 길이 사실
약이라 바치옵니다.

유월 보름에
아아 벼랑에 버린 빗과 같구나.
돌아보실 임을
잠깐 좇아갑니다.

칠월 보름에
아아 백중제물 차려놓고
임과 함께 가고 싶네
원을 비옵니다.

팔월 보름은
아아 가윗날이지만
임을 모시고 다니거든
오늘이 가위로구나.

구월 구일에
아아 약이라고 먹는
누런 국화꽃 안에 피니
갈수록 아득하구나.

시월에
아아 저며놓은 고로쇠 같구나.
꺾어버리신 후에
지니실 한 분이 없네.

십일월 봉당자리에
아아 한삼 덮어 누워

슬픔을 사르고 있네.
고운 임 떨어져 살아가네.

십이월 분디나무로 깎은
아아 소반의 저와 같네.
임의 앞에 가지런히 놓으니
손이 가져다 무옵니다.

3. 처 용 가

(前腔)　新羅聖代 昭聖代
　　　　天下大平 羅侯德
　　　　處容아바
　　　　以是人生애 相(常)不語ㅎ시란더
　　　　以是人生애 相(常)不語ㅎ시란더
(附葉)　三災八難이 一時消滅ㅎ샷다

(中葉)　어와 아븨 즈ㅣ[시]여 處容아븨 즈ㅣ[시]여
(附葉)　滿頭揷花 계오(우)샤 기울어신 머리예
(小葉)　아으 壽命長願(遠)ㅎ샤 넙거신 니마해
(後腔)　山象 이슷 깅[깃]어신 눈닙(섭)에
　　　　愛人相見ㅎ샤 오올[술]어신 누네
(附葉)　風入盈庭ㅎ샤 우글어신 귀예
(中葉)　紅桃花ㄱ티 븕거신 모야해
(附葉)　五香 마트샤 웅긔어신 고해
(小葉)　아으 千金 머그샤 어위어신 이베
(大葉)　白玉琉璃ㄱ티 히여(어)신 닛바래
　　　　人讚福盛ㅎ샤 미나거신 툭애(ㄴ개)
　　　　七寶 계우샤 숙거신 엇게예
　　　　吉慶 계우샤 늘의어신 스맷길헤
(附葉)　설믜(믜) 모도와 有德ㅎ신 가스매
(中葉)　福智俱(具)足ㅎ샤 브르거신 비예
　　　　紅鞓 계우샤 굽거신 히(허)리예

(附葉)　同樂大平ᄒ샤 길이(어)신 허튀예
(小葉)　아으 界面 도ᄅ샤 넙거신 바래

(前腔)　누고 지어(이)[셔] 셰니오 누고 지어[셔] 셰니오
　　　　바늘(롤)도 실도 어뼈(업시) 바늘(롤)도 실도 어뼈(업시)
(附葉)　處容아비롤(를) 누고 지어[셔] 셰니오
(中葉)　마아만마아만ᄒ니여
(附葉)　十二諸國이 모다 지어[셔] 셰온(욘)
(小葉)　아으 處容아비롤(를) 마아만ᄒ니여

(後腔)　머자 외야자 綠李야(여)
　　　　샐(샬)리 나 내 신(싳)고홀(홀) 미야(여)라
(附葉)　아니옷 미 시면 나리어다 머즌 말
(中葉)　東京 ᄇᆞᆯ근(ᄀᆞᆫ) ᄃᆞ래 새도록 노니다가
(附葉)　드러 내 자리롤(를) 보니 가ᄅ리 네히로새라
(小葉)　아으 둘흔 내 해어니와 둘흔 뉘 해어니오
(大葉)　이런 저긔 處容아비옷 보시면
　　　　熱病神(大神)이아[사] 膾ㅅ가시로다
　　　　千金을 주리여 處容아바
　　　　七寶를 주리여 處容아바
(附葉)　千金 七寶도 말(마)오
　　　　熱病神를(을) 날 자바 주쇼셔
(中葉)　山이여 미히여 千里外예
(附葉)　處容아비롤(를) 어여려(녀)거져
(小葉)　아으 熱病大神의 發願이샷다

※ ( ) 안은 「악장가사」와의 대교, [ ] 안은 봉좌문고본 「악학궤범」과의 대교.

　이 노래는 「삼국유사」를 비롯한 다음과 같은 기록으로 보아, 신라 헌강왕대 처용에 관한 설화에서 비롯된 것이다.

處容郞

　　第四十九憲康大王之代 自京師至於海內 比屋連墻無一草屋 笙歌不絶道路 風雨調
於四時. 於是大王遊開雲浦 王將還駕 晝歇於汀邊 忽雲霧冥瞖迷失道路 怪問左右 日
官奏云 此東海龍所變也 宣行勝事以解之. 於是勅有司 爲龍創佛寺近境 施令己出 雲
開霧散 因名開雲浦. 東海龍喜 乃率七子現於駕前 讚德獻舞奏樂 其一子隨駕入京 輔
佐王政 名曰處容 王以美女妻之 欲留其意 又賜級干職 其妻甚美 疫神欽慕之 變爲人
夜至其家竊與之宿 處容自外至其家 見寢有二人 乃唱歌作舞而退 歌曰

　　東京 明期 月郞 夜入伊 遊行如可
　　入良沙 寢矣 見昆 脚烏伊 四是良羅
　　二肹隱 吾下於叱古 二肹隱 唯支下焉古
　　本矣 吾下是如馬於隱 奪叱良乙 何如爲理古
　　時神現形 跪於前曰 吾羨公之妻 今犯之矣 公不見怒 感而美之 誓今己後 見畵公之
形容 不入其門矣. 因此國人門帖處容之形 以僻邪進慶.〈유사 권2 처용랑〉

　　處容
　　新羅憲康王遊鶴城 還至開雲浦 忽有一人奇形詭服 詣王前歌舞讚德 從王入京 自
號處容 每月夜歌舞於市 竟不知其所在 時以爲神人 後人異之 作是歌 李齊賢作詩解
之曰
　　新羅昔日處容翁 見說來從碧海中
　　見齒頹唇歌夜月 鳶肩紫袖舞春風〈고려사 권71 악2〉

　「삼국유사」에 나오는 처용설화에는 처용이 용의 아들로 되어 있으나, 처용은 불가에서 말하는 일식신(日蝕神) 라후(羅睺)의 화신으로서, 그의 인욕행을 구현하는 불교적인 배경에서 처용설화가 나온 듯하다. 즉 처용이 동해 용왕의 아들로 왕을 따라 입경하여 왕정을 돕자 왕은 미녀로서 처용의 아내를 삼게 하였다. 그런데 그 미모를 탐낸 역신이 사람으로 화신하여 동침하자 밖에서 놀고 돌아온 처용이 그 광경을 보고 성을 내기는 커녕 초연하게 노래(향가-처용가)를 부르며 물러섰다. 그러자 역신이 감복하여 무릎을 꿇고 앞으로는 공의 화상이 보이기만 하면 다시는 그 문 안에 들지 않겠다고 맹세했다. 그래서 그 후 사람들이 이것을 믿어 처용의 화상을 그려 역신을 피하는 방법으로 썼다는 것이다. 이 습속이 고려대에 와서는 궁중의 구나(驅儺)의 의식과 결부되어 이른바 '처용희(處容戲), 처용무(處

容舞)' 등으로 발전되었으며, 조선에 들어서는 십이월 제야에 '구나의(驅儺儀)'를 행한 뒤 '학연화대처용무합설(鶴蓮花臺處容舞合設)'로 두 번 처용무를 연주하여 그 가무와 노래가 질병을 쫓는 극적 형식으로 변화하였음을 알 수 있다. 이에 대하여는 다음과 같은 기록을 참고할 것이다.

春二月……曲宴于內殿 承宣蔡松年奏 僕射宋景仁善處容戲 景仁乘酣作戲 略無愧色〈동국통감 권32 고종 23년〉

鶴蓮花臺處容舞合設

十二月晦前一日 五更初 樂師女妓樂工等詣闕. 是日儺禮時 樂師率妓工奏樂 至驅儺後設池塘具於內庭 樂師率兩童女以入 坐於蓮花中而出 以待節次. 凡驅儺後 處容舞二度 前度則無鶴蓮花臺回舞等事 樂師執銅鈸導靑紅黃黑白五方處容及女妓執拍 樂師鄕樂工奏處容慢機 女妓唱處容歌云云 以次入 如圖排立 樂至中葉 杖鼓擊鞭 處容五者 皆俯腰而並擧兩袖 下置膝上 靑紅者回顧相面 黃者回顧而東 黑白者回顧相面訖 還北向擊杖鼓敍面 並擧兩袖而落 擊鞭靑紅者回顧相背 黃者回顧向西 黑白者回顧相背 訖擊鞭 如相儀 舞訖 擊鞭 靑紅黑白者 並舞手而內挾 黃者舞手而右挾 並舞手而換挾 訖擊鞭 五者 舞進於殿庭正中 齊行北向而立 訖擊鞭 黃者東向而舞 靑紅黑白者 並西向而舞 訖擊鞭 黃者西向而舞 靑紅黃白者 並東向而舞 訖擊鞭 紅者舞退立於南方 黑者舞退立於北方 靑黃白者舞立於其位 訖擊鞭 黃者北向而舞 靑紅黑白者舞向中央對 舞靑紅黑白者背中央 各向其方而舞 訖擊鞭 黃者北向而舞 黑者向中央對舞 樂漸數則奏鳳凰吟中機 妓唱其歌 …… 連奏三眞勻 妓唱其歌 …… 五者齊行而舞 樂奏井邑急機 妓唱其歌 五者變舞 仍奏北殿急機 妓唱其歌 五者舞出 女妓樂師工以次而出 樂止

又至後度 備陳鶴蓮花臺儀物等具 執銅鈸 樂師先導 靑白鶴次之 靑紅黃黑白處容次之 引人仗旌節盖奉花舞童次之 女妓次之 執拍樂師鄕唐樂工 各以次隨之 樂奏靈山會相慢妓工齊聲唱詞以入回旋 …… 樂漸數 五方處容足蹈歡舞 …… 訖樂止 樂奏步虛子擊拍 靑白鶴如譜進退而舞啄蓮花 兩童女乃出 兩鶴驚躍而退 樂止 …… 兩童女下池塘 齊行而呈才如儀 訖又奏處容慢機 五方處容 後立前位舞作一如上儀 訖樂止 奏彌陀讚 …… 至本師讚 觀音讚 並如上導唱和之 至觀音讚 諸妓齊聲唱歌 各以次而出 樂止乃訖〈악학 권5〉

驅儺行

新羅處容帶七寶 花枝壓頭香露零 低回長袖舞大平 醉臉爛赤猶未醒〈목은집〉

이 노래는 다음과 같은 「삼국유사」 소재의 8구체로 된 원래의 향가에서 최종 2구를 제외하고 처용희와 처용무로 발전시키는 과정에서 생긴 새로운 부분을 원래의 노래 전후에 부연한 것으로 극시적 형식을 갖춘 것이라고 볼 수 있다.

> 東京 明期 月郞 夜入伊 遊行如可(셔블 발기 달랑 밤들이 노니다가)
> 入良沙 寢矣 見昆 脚烏伊 四是良羅(드러사 자리 보곤 갈오이 너이라라)
> 二肹隱 吾下於叱古 二肹隱 誰支下焉古(두흘은 나 하얏고 두흘은 뉘 하얀고)
> 本矣 吾下是如馬於隱 奪叱良乙 何如爲理古(믿이 나하이다말언 밧랑을 엇다ᄒ리고)〈필자해독〉

원가에 부연한 본가의 구성 형식은 대체로 4연으로 나눌 수 있는데, 제 1연은 전강(前腔) '新羅聖代'부터 부엽(附葉) '三災八難이 一時消滅ᄒ샷다'까지로 전편의 서시라 할 수 있고, 제 2연은 중엽(中葉) '어와 아븨 즈이여'부터 소엽(小葉) '아으 界面 도ᄅ샤 넙거신 바래'까지로, 이는 처용의 화상을 그린 대목이다. 제 3연은 전강 '누고 지어 셰니오'부터 소엽 '아으 處容 아비를 마아만마아만ᄒ니여'까지로 처용의 제작에 대한 내용이며, 끝으로 제 4연은 후강(後腔) '머자 외야자 녹리야'부터 끝까지로, 처용이 역신을 쫓는 위력에 관한 내용이다.

처용은 또한 이와 같은 '가무'로뿐 아니라 하나의 민속으로 정착되었는데, 정월대보름 전야에 액을 없애기 위하여 짚으로 허수아비를 만들어 버리는 일도 처용에서 유래된 것이었다. 즉,

> 男女年值羅睺直星者 造蒭靈 方言謂之處容……上元前夜初昏 棄于塗以消厄……處容之稱 出於新羅憲康王時 東海龍子之名 今掌樂院鄕部有處容舞是也 以蒭靈謂處容 盖假此也〈동국세시기〉

1-1 **新羅聖代 昭聖代** 〉신라의 성스러운 시대여

1-2 **天下大平 羅侯德** 〉천하가 크게 평안한 것은 라후의 덕이구나

(1) 羅侯

라후는 범어 'Ráhu'의 음역으로, 원래는 별이름이다. 구요성(九曜星) 가운데 제 8성으로, 일월을 가리는 식신(蝕神)을 의미한다.

> 羅睺는 닐오매 ᄀ릴 씨니 日月을 能히 ᄀ리오ᄂ니라(羅睺云障敵 能障日月)
> 〈법화 1:51〉

처용을 라후에 비유한 것은 「삼국유사」의

> 大王遊開雲浦 王將還駕 晝歇於汀邊 忽霧霧冥噎 迷失道路 怪問左右 日官奏云 此東海所變也(대왕이 개운포에서 놀다 돌아가려 하는데 물가에 이르러 갑자기 안개가 끼고 어두워져 길을 잃었다. 놀라 좌우에 물으니 일관이 이는 동해의 변고라 아뢰었다.)

라 한 기록에서 알 수 있다. 또한 처용의 역신에 대한 인욕설화는 태중에 있은 지 6년만에 출생한 석가모니의 적자 라후라아수라왕(羅睺羅阿修羅王)과도 관계가 있다. 석가모니가 태자 시절 출가하여 수도하려던 무렵 아들을 낳으니, 아들이 수도에 장애가 됨을 한탄하고 아들을 라후 식신에 비유하여 라후라라고 명하였다. 석가모니가 도를 이룬 뒤 라후라는 출가하여 그 제자가 되었는데, 아라한과(阿羅漢果)를 이룬 제자 중에 밀행(密行)이 제일 뛰어났으며 특히 인욕(忍辱)을 잘하였다. 그러므로 처용의 역신에 대한 인욕설화는 이런 불가의 라후, 라후라 등에서 연유한 것이라고도 할 수 있다.

1-3 處容아바

(1) 아바 〉 아비야

명사어간 '압(父)'에 호격 접미사 '아'가 연결된 형.

> 父曰 子了秘 〈계림유사〉
> 父는 아비오 〈월석 서 14〉
> 아비 ᄆ샹 아ᄃᆞᆯ 念호ᄃᆡ(父每念子) 〈법화 2:189〉

15세기 국어에서 아버지의 통칭으로 '아비'가 사용되었는데, 이는 '압'

의 주격형 '압+이〉아비'가 굳어져 명사화한 형이다. 속격형으로 '아븨, 아비'가 사용된 것으로도 알 수 있다.

  엇디 아븨 명을 져보리고(負父命)〈오륜 2:75〉
  제 아비 잇논 城에 다드ㄹ니(逐到其父所止之城)〈법화 2:188〉

 따라서 '아비, 아븨, 아비, 아바' 등의 어근은 '압'이며, '압'은 원래 '아버지, 수컷, 위엄, 두려움, 남성' 등의 의의소를 가진 말이다. 현재 사용되는 다음과 같은 어사들은 어근 '압'에 조어의 필요상 여러 가지 접사가 붙어 의미분화를 가져온 것이다.

  아버지(父) ·························· 압 + 어지
  할아버지(祖父) ··············· 할(〈한) + 압 + 어지
  지아비(夫) ······················· 짓 + 압 + 이
  오라비(兄) ······················· 올 + 압 + 이
  홀아비(鰥) ······················· 홀 + 압 + 이

 이밖에도 '중신아비, 허수아비' 등이 있는데, '아버지'의 '어지'는 어간형성접미사이다. '아비'는 '압'의 주격형이고, '한, 짓, 올, 홀' 등은 접두사이다.
 또한 '압'의 모음교체형으로 '업'과 '옵'이 있다. '어비'는 '업'의 주격형이며, '어버싀, 어버이'의 '업'도 '압'의 모음교체형이다(사모곡 3 (1) 어이어신마ㄹ논 참조).

  어비 아ㄷ리 사ㄹ시리잇가(父子其生)〈용비 52〉
  어비 아돌 제 물 열 여슷 大龍이〈월석 7:35〉
  時節이 골어든 이버싀롤 일혼 돗ㅎ니라〈월석 서 16〉

 현재 사용되는 '오빠'는 '압'의 모음교체형 '옵'의 호격형으로 '옵+아〉오바〉오빠'로 굳어진 형이며, '아버지'의 호격 애칭 '아빠'와 동일한 음운변화형이나 모음교체로 인하여 의미분화를 가져온 예이다.
 이 '압'과 대립되는 어근은 '엄'이다. '엄'은 '어머니, 암컷, 싹, 창조, 여

성' 등의 의의소를 가진 말로 '압'과 동일한 격형을 취한다. 즉 '어미(주격), 어믜(속격), 엄마(호격)' 등으로 접미사와 밀착되었다.

   母는 어미라 〈월석 서 13〉
   아ᄃᆞᆯ 어믜 일후믈 니스리라(子連母號) 〈심경 25〉

 현재 우리는 '엄(母), 암(雌) 움(芽)' 등을 개별 어사로 인식하나, '압'의 모음 교체형인 '업, 옵'이 동일어근이듯이 '암, 움'도 '엄'의 모음교체형에 지나지 않는다. 이와 같이 분화된 '엄, 암, 움'이 현재와 같은 의미분화를 언제 수행하였는가에 대하여는 더 살펴 보아야 하나 어음의 상징적 발달과정에서 분화된 어형들임은 틀림없는 것이다. 조선 초기만 하더라도 '엄'과 '움'은 어감의 차이만을 느끼는 단일어사로 사용되었다.

   어믜 恩慈를 울워렛ᄂᆞ니라(仰母慈) 〈두초 8:47〉
   봄 어미 이르고(春苗早) 〈두초 18:10〉
   픐 어미 ᄒᆞ마 퍼러히 나고(草芽旣靑出) 〈두초 22:2〉

 또한 '암'과 '엄'의 분화를 보면 근대국어에서 '엄'이 '어머니'의 뜻으로 고정된 뒤에도 그 모음교체형 '암'은 자신의 의미를 고정시키지 못하였다. 동물의 암컷과 여자를 아울러 지칭하고 있어 '암'과 '엄'의 분화과정을 보여 준다.

   암히 수흘 좃놋다(雌隨雄) 〈두초 17:5〉
   제 겨지비 죽거늘 다ᄅᆞᆫ 암홀 어론대 〈월석 7:16〉

 즉 '암'에서 '엄'이 의미분화를 수행한 뒤에도 '암'이 여자까지를 통칭하고 있었다는 것은 어음의 상징성에 대한 심리적 잔재라고 볼 수 있다.

1-4, 1-5 以是人生애 相不語ᄒᆞ시란ᄃᆡ

(1) 以是人生애 〉 이로써 인생에
 '以是人生'에 처격접미사 '애'가 연결된 형.

(2) 相不語ᄒᆞ시란디 〉 늘 말씀 안 하실 것 같으면
  '相不語'에 어간 'ᄒᆞ', 존칭선행어미 '시', 조건을 나타내는 연결어미 '란디'가 연결된 형. '相'은 악장가사에는 '常'으로 표기되어 있는데, '常'이 옳은 표기이다.

> 精舍 지스란디 일후믈 …… 孤獨園이라 ᄒᆞ라〈석보 6:40〉
> 厓山ㅅ글 넑던 짜해 머리 셰란디 됴히 도라올디니라〈두초 21:42〉
> 여희므론 질삼뵈 ᄇᆞ리시고 괴시란디 우러곰 좃니노이다〈악장 서경별곡〉

1-6 三災八難이 一時消滅ᄒᆞ샷다

(1) 三災八難이 〉 三災와 八難이
  명사어간 '三災八難'에 주격접미사 '이'가 연결된 형.
  '삼재'와 '팔난'은 불교용어이다. 삼재는 겁말(劫末)에 생긴다는 세 종류의 재해인데, 여기에는 화재(火災), 수재(水災), 풍재(風災)의 대삼재와 도병재(刀兵災), 질역재(疾疫災), 기근재(飢饉災)의 소삼재가 있다. 팔난은 지옥(地獄), 기아(飢餓), 축생(畜生), 울단월(鬱單越), 장수천(長壽天), 농맹음아(聾盲瘖瘂), 세지변총(世智辨聰), 불전불후(佛前佛後)를 말하기도 하며, 역시 불교용어로 팔고, 즉 생고(生苦), 노고(老苦), 병고(病苦), 사고(死苦), 애별리고(哀別離苦), 원증회고(怨憎會苦), 구부득고(求不得苦), 오음성고(五陰盛苦)를 말하기도 한다. 그러나 삼재팔난은 속칭이고 삼도팔난(三途八難)이 불가에서 흔히 쓰이는 말이다. 삼도는 화도(火途), 혈도(血途), 도도(刀途)를 이른다.

> 三途八難 以女人爲本〈정심계관(淨心誡觀)〉
> 三途 一火途 地獄趣猛火所燒之處 二血途 畜生趣互相食之處 三刀途 餓鬼趣以刀劍杖逼迫之處. 八難 一地獄 二餓鬼 三畜鬼 四鬱單越 以樂報殊勝而總無苦故也. 五長壽天 色界無色界長壽安隱之處 六聾盲瘖瘂 七世智辨聰 八佛前佛後 二佛中間無佛法處 又名八無暇 謂見佛聞法有障難處〈사원(辭源)〉

(2) 一時消滅ᄒᆞ샷다 〉 한꺼번에 소멸하시리로다

'一時消滅'에 동사어간 'ᄒᆞ'에 존칭감탄서술형 종결어미 '샷다'가 연결된 형(동동 3-4 (2) 즈이샷다 참조).

이상 제 1연은 신라 성대의 천하대평을 라후에 비유된 처용의 덕으로 돌리고 삼재팔난이 일시에 소멸함을 노래한 내용으로, 처용가의 서시라 할 수 있다.

2-1 어와 어븨 즈ᅀᅵ여 處容아븨 즈ᅀᅵ여

(1) 어와 〉 아

'어와'는 감탄사인데, 조선조에 사용된 감탄사로는 '아으, 어와, 애, 이, 위, 어긔야' 등이 있다.

> 어와 聖恩이야 가디록 罔極ᄒᆞ다 〈송강 관동별곡〉
> 어와 져므러 간다 宴食이 맛당토다 〈고산 어부사〉
> 德이여 福이라 호늘 나ᅀᆞ라 오소이다 아으 動動다리 〈악학 동동〉
> 애 장부ㅣ여(咄哉丈夫) 〈선가귀감언해 상 5〉
> 위 날조차 몃 부니잇고 〈악장 한림별곡〉
> 어긔야 머리곰 비취오시라 〈악학 정읍사〉

(2) 어븨 〉 아비의

명사어간 '압(父)'의 속격형(처용가 1-3 (1) 아바 참조).

(3) 즈ᅀᅵ여 〉 모양이여

명사어간 '즛(貌)'에 감탄호격접미사 '이여'가 연결된 형. '즈ᅀᅵ여〉즈이여'로 '즛'의 'ㅅ'이 약화·탈락되었다(동동 3-4 (2) 즈이샷다 참조).

즉 이 구절은 '아, 아비의 모습이여, 처용 아비의 모습이여'로 풀이되어 처용을 그린 가면의 모양을 칭송한 것이며, 다음에서는 그 하나하나의 모습을 노래하고 있다.

2-2 滿頭揷花 계오샤 기울어신 머리예

(1) 滿頭揷花 계오샤 > 머리에 가득 꽂은 꽃이 겨우시어

'계오샤'는 동사어간 '계오(不勝)'에 존칭선행어미 '시'와 부사형어미 '아'가 연결된 형. '계오'는 '계우'의 혼란된 표기로, 「악장가사」에는 '계우'로 바로 쓰였다. 「악학궤범」 소재 〈처용가〉의 다른 곳에도 '계우'로 표기되었다.

> 이긔며 계우논 ᄆᅀᆞ미 업스며(無勝負心)〈금강 151〉
> 우리옷 계우면 큰 罪ᄅᆞᆯ 닙ᄉᆞᆸ고〈월석 2:72〉
> 貪欲 계워 목숨 催促ᄒᆞ고〈월석 10:2〉

'계우'는 어근 '겹'에서 '겹)계보)계우'를 거쳐 어간으로 고정된 형이다. 어간 '계우'는 그대로 부사로 전성되어 사용되었다.

> 대텽 알픽 계우 몰 도라셜만ᄒᆞ더니〈번소 10:29〉
> 계우 이루다(剛濟)〈어록 30〉

(2) 기울어신 > 기울어지신

동사어간 '기울(傾, 仄)'에 선행어미 '거'의 'ㄱ' 탈락형 '어'와 존칭선행어미 '시', 관형사형 어미 'ㄴ'이 연결된 형.

> 비와 이슬왜 기우도다〈두초 20:14〉
> 傾 기울 경〈훈몽 하 17〉

'어신'은 '거신'의 '거〉어'로 'ㄱ'이 탈락된 형('ㄱ' 탈락 현상에 대해서는 정읍사 1-2 (3) 비취오시라 참조). '거'는 행동, 사실의 지속이나 미래의 전망 등의 의미를 가진 선행어미로, 과거회상을 나타내는 선행어미 '더'와 마찬가지로 존칭의 선행어미 '시'와 연결되어 사용될 때는 '거시, 더시'형으로 존칭의 선행어미에 선행하였다.

太子△位 다ᄅ거시늘(儲位則異) 〈용비 101〉
受苦를 아니ᄒ거시니와 〈월석 1:12〉
遮陽ㄱ 세 쥐 녜도 잇더신가 〈용비 88〉
龍과 鬼神과 위ᄒ야 說法ᄒ더시다 〈석보 6:1〉

　선행어미 '거'와 존칭의 '시'가 연결되어 활용될 때는 '거시니〉어시니, 거시늘〉어시늘, 거시든〉어시든, 거신마ᄅᆞᆫ〉어신마ᄅᆞᆫ, 거신마ᄅᆞᆫ〉어신마ᄅᆞᆫ, 거시니와〉어시니와' 등으로 활용되었다. 처용가에서 빈번하게 사용된 '거신〉어신'형은 다른 문헌에서는 찾아볼 수 없다. 그러나 처용의 모습을 수식한 본 연에서 빈번히 사용된 다음과 같은 형을 보아 '거신〉어신'이 'ㄱ' 탈락형임이 확실하다.

① '거신' 형

　넙거신 니마해, 븕거신 모양해
　미나거신 톡애, 숙거신 엇게예
　브르거신 비예, 굽거신 허리예

② '거신〉어신'의 'ㄱ' 탈락형

　가. 'ㄹ' 아래 탈락
　　오올어신 귀예, 우글어신 귀예, 길어신 허튀예
　나. 'ㅣ' 모음 아래 탈락
　　웅긔어신 고해, 어위어신 이베, 히어신 닛바래, 늘의어신 ᄉᆞ맷길헤
　다. 기타음에서 탈락
　　깅어신 눈섭에

(3) 머리예 〉 머리와

　명사어간 '머리(頭)'에 첨가를 나타내는 나열형 어미 '예'의 연결형.

　　열헤 열이 다 살오 〈구간 3:47〉

　종전에는 본 연에 나오는 '예, 에, 애'를 처격접미사로 보았으나, 이를 처격접미사로 볼 경우 앞뒤의 문맥이 자연스럽게 연결되지 못한다. 처용의

이러저러한 모습을 나타내기 위하여 사용된 나열형어미로 보는 것이 자연스럽다.

첨가를 나타내는 나열형어미 '에'는 현대어에서도 다음과 같이 사용된다.

> 어제 그 잔치집에 갔더니 술에 떡에 먹을 것이 잔뜩 있더라.〈현대어〉
> 그 집에는 수영장에 에스컬레이터에 없는 것이 없다.〈현대어〉

2-3 아으 壽命長願ᄒ샤 넙거신 니마해

(1) 壽命長願ᄒ샤 〉 수명이 길고 오래시어

'願'은 '遠'의 잘못된 표기로, 「악장가사」에는 '遠'으로 되어 있다. 이 '壽命長遠'이나 '風入盈庭' 등의 숙어는 관상학의 용어이다.

(2) 넙거신 〉 넓으신

동사어간 '넙(廣)'에 선행어미 '거', '시'와 관형사형 어미 'ㄴ'의 연결형(이하의 '거시' 형은 처용가 2-2 (2) 기울어신 참조).

> 精ᄒ며 너부미 ᄃ외리니〈석보 19:37〉
> 大洞江 너븐디 몰라셔〈악장 서경별곡〉

(3) 니마해 〉 이마와

명사어간 '니마ㅎ(額)'와 나열형어미 '에'의 연결형.

> 王ㅅ 니마해 연ᄌ시고〈월석 10:3〉
> 부텻 니마희 겨신 白毫光明이라〈금삼 2:51〉

2-4 山象 이슷 깅어신 눈닙에

(1) 山象 이슷 〉 산의 모습과 비슷한

'이슷(相似)'은 어두자음 'p-' 음형인 '비슷'에 대한 어두모음형이다.

> 山 접동새 난 이슷ᄒ요이다〈악학 정과정〉

爲 古溫 貌 我隱 伊西爲乎伊多 (위 고온 양지 난 이슷ᄒ요이다)
〈근재집 관동별곡〉

  '이슷'과 '비슷'의 양형태는 동일한 어사가 하나는 어두자음형으로, 다른 하나는 어두모음형으로의 변형을 유지한 것인데, 이와 같은 현상은 신라시대에 이미 발달하였다. 즉「삼국사기」에 보이는

朔頭 — 衣頭 〈권 35〉
自伐支 — 伊伐支 〈권 35〉
河瑟羅(何瑟羅) — 阿瑟羅 〈권 35〉
伊伐(伊罰, 于伐) — 舒發(舒弗) 〈권 38〉

등은 's—, č—, h—, s—'의 자음형과 모음형이 공존한 사실을 보여 주는 것이며, 어두 'p—'음형과 어두모음형에서는 다음과 같은 대응례를 볼 수 있다.

바스러지다 — 아스러지다(崩, 壞)
벗나가다 — 엇나가다
불군다 — 울군다(潤)……다소 의미의 차이가 있다.
화가 불컥 치밀다 — 화가 울컥 치밀다
울근불근, 울긋불긋, 울퉁불퉁

(2) 깅어신 〉 무성하신, 많이 나신

  동사어간 '깃(鬱密, 莽)'과 '어신'의 연결형. '깅(깅)'은 '깃'의 'ㅅ' 약화형 '긹'의 오기로 볼 수 있다. 봉좌문고본「악학궤범」에는 '깄어신'으로 바로 표기된 점에서 확실하다. '어신'은 선행어미 '거시'의 'ㄱ' 탈락형 '어시'에 관형사형 어미 'ㄴ'이 연결된 형이다.

莽ᄂᆞᆫ 기슬 쩌라 〈능엄 2: 22〉
鬱密은 기슨 양지오 〈남명 하 35〉
남기 盛히 기스니 〈석보 11: 37〉
門앎 길헤 플 기ᅀᅥ쇼믈 므던히 너기노니(門逕從榛草) 〈두초 10: 16〉

  '깅(깅)어신'을 '길어신'이 'ㄹ' 탈락 후 모음 사이에 'ㆁ'음이 개입된

것으로 보는 견해는 취할 수 없다. 어간말음 'ㄹ'이 선행어미 '거〉어'와의 연결에서 탈락되는 일이 없기 때문이다. 또한 처용가에 '길어신 허튀예'의 예가 있음에 비추어 '깅(깋)어신'이 '길어신'의 이형태로 쓰였다고는 볼 수 없다. 따라서 '깅(깋)어신'은 '깃어신〉긔어신'의 오기로 보아야 한다. 그리고 'ㄱ' 탈락 현상은 'ㅣ' 모음이나 'ㄹ' 아래서 일어나는데, 'ㅅ'의 약화형 'ㅿ'도 모음과 같은 효력을 나타내는 경우가 있어 '거〉어' 탈락 현상이 일어날 수 있다.

　　　오눉나래 내내 우보리 〈용비 16〉
　　　跋提 말이 긔 아니 우보니 〈월석 7:1〉
　　　世尊ㅅ 말온 우비 너기니 〈월석 7:5〉

그리고 '깅(깋)어신'을 '기ᅀᅥ신'의 오기로 봄은 'ㅿ'와 'ㆁ'을 비슷하게 써서 혼동을 일으키고 있는 예가 많기 때문이다. 〈동동〉의 '나ᅀᆞᆯ〉나올' 등도 이런 예의 하나이다(동동 13-2 (1) 나올 참조).

한편 '깅(깋)어신'이 '기어신'으로 표기되지 않는 것은 어간과 어미를 분별한 것뿐이다. 이는 고려가요의 표기법에서 흔히 볼 수 있는 형태의식으로, '깅(깋)어신'의 수식을 받는 '눈섭'을 보아도 알 수 있다.

(3) 눈닙에 〉 눈섭과

명사어간 '눈섭'에 나열형어미 '에'가 연결된 형. '눈닙'은 '눈섭'의 오기이며 「악장가사」에는 '눈섭'으로 바로 쓰였다.

　　　눈서비 놉고 길며 〈석보 19:7〉
　　　ᄆᆞᆫ兄 눈섭 히니둘(長兄白眉) 〈두초 8:17〉

'눈섭'은 '눈(眼)'과 '섭(側, 邊, 傍)'의 복합으로 굳어진 말로, '브섭(火傍-竈)'과 동일한 예다.

2-5 愛人相見ᄒᆞ샤 오울어신 누네

(1) 愛人相見ᄒ샤 〉 사랑하는 사람을 보시어

(2) 오올어신 〉 온전하신, 원만하신
　동사어간 '오올(完, 全)'에 '거신〉어신'이 연결된 형.

　　善心이 오올면 〈월석 8:1〉
　　이 ᄀ올히 ᄒ오ᅀᅡ 오ᄋ라 이쇼믈 보니라(此州獨見全) 〈두초 25:39〉
　　둘흘 오올에 호믈 븟그리노다 〈두중 9:37〉

　'완전하다'의 뜻으로 '오올'과 '오올' 형이 병존하였으며, 부사형으로는 접미사 '오'를 붙여 '오ᄋ로, 오오로'를 사용하였다.

　　ᄒ오아 오오라 이시리오 〈두중 4:9〉
　　오ᄋ로 섯근 거시 업서 淸白하고 〈석보 13:28〉
　　당당이 오오로 몯ᄒ가(應全未) 〈두초 21:22〉

　현재 사용되는 '오로지(專, 全)'는 '오ᄋ로, 오오로〉오로'의 음절축약형에 '지'가 접미된 형이다.
　'오올, 오올'을 '어울, 아울(倂, 合)'이나 '얼, 알(嫁, 娶, 凝)' 등의 어근에서 파생된 것으로 보고, '오올, 아울' 등의 원음을 '오ᄫᆞᆯ, 아ᄫᆞᆯ'로 추정하며 현대어의 '오븟(完滿)'을 그 흔적으로 보는 견해도 있으나, 이 원음 추정은 음운론적 사실에서 무리가 있다. 만일 '오ᄫᆞᆯ, 아ᄫᆞᆯ'의 어원을 추정한다면 이는 '얼'계 어근에서 파생된 것이 아니라 '父, 雄, 威, 畏' 등의 의의소를 갖는 어근 '압, 업, 옵'에서 파생되어 의미분화한 것으로 보는 것이 좋을 것이다('얼'에 대하여는 동동 13-3 (4) 얼이노니 참조, '압'에 대하여는 처용가 1-3 (1) 處容아바 참조).

(3) 누네 〉 눈과
　명사어간 '눈(眼)'과 나열형어미 '에'의 연결형.

　　眼曰 嫩 〈계림유사〉
　　프른 눈ᄋ로 노푼 놀애 블러(靑眼高歌) 〈두초 25:53〉

2-6 風入盈庭ㅎ샤 우글어신 귀예

(1) 風入盈庭ㅎ샤 〉 바람이 불어 뜰에 가득차

(2) 우글어신 〉 우글어지신
　동사어간 '우글'과 '거신〉어신'의 연결형. 현대어에서는 '우글어지다, 주글어지다' 등으로 사용된다.

(2) 귀예 〉 귀와
　명사어간 '귀(耳)'와 접속나열형어미 '에'의 연결형.

　　　耳曰 愧〈계림유사〉
　　　귀예 듣ᄂᆞᆫ가 너기ᅀᆞᄫᆞ쇼셔〈월인 2〉

2-7 紅桃花ᄀᆞ티 븕거신 모야해

(1) 紅桃花ᄀᆞ티 〉 붉은 복숭아꽃같이
　명사어간 '紅桃花'와 동사어간 'ᄀᆞᆮᄒᆞ(如)'의 부사형 'ᄀᆞ티'의 연결형. 관형사형은 'ᄀᆞᆮᄒᆞᆫ〉ᄀᆞᄐᆞᆫ'이 된다. 오늘날 '틑(같)'은 'ᄀᆞᆮᄒᆞ'가 음절축약으로 굳어진 형이다.

　　　사ᄅᆞᆷ과 ᄀᆞ티 너기시니〈석보 6:5〉
　　　氏ᄂᆞᆫ 姓ᄀᆞᄐᆞᆫ 마리라〈월석 1:8〉
　　　道 ᄀᆞᆮᄒᆞ니ᅀᅡ 비르서 아ᄂᆞ니라〈금삼 2:3〉

　그러나 'ᄀᆞᆮᄒᆞ'의 음절축약 원형 'ᄀᆞᆮ'이 직접 부사로 전용되어 사용되기도 하였는데, 이는 용언어간이 부사로 전성되는 다른 예와 동일한 것이다(동동 7-4 격곰 참조).

　　　妻眷이 ᄃᆞ외ᅀᆞᄫᅡ 하ᄂᆞᆯᄀᆞᆮ 셤기ᅀᆞᆸ다니〈월인 140〉
　　　塵沙ᄂᆞᆫ 할시니 塵ᄀᆞᆮ 沙ᄀᆞᆮ닷 마리라〈금삼 2:15〉

(2) 븕거신 〉 붉으신

　동사어간 '븕(赤)'에 선행어미 '거신'이 연결된 형.

　　블근 새 그를 므러 〈용비 7〉
　　손과 발왜 븕고 희샤미 蓮고지 ᄀᆞ트시며 〈월석 2:57〉

'븕〉붉'은 'ㅡ' 모음이 순음 아래서 'ㅜ' 모음화한 것이다(동동 2-1 (3) 므른 참조).

(3) 모야해 〉 얼굴과

　명사어간 '모양ㅎ'에 접속나열형어미 '애'가 연결된 형. 이는 '모양해'의 변형으로, '모양'이 어미와 연결되면서 원음 'ㅇ'이 탈락된 것으로 볼 수 있다. 즉 '모양해〉모야해'의 표기는 'ㅎ' 말음체언 중 '짜(土), 우(上)' 등이 'ㅇ'을 취하여 '땅, 집웅(屋上)' 등으로 변한 점에 비추어 이들이 격접미사와 결합할 때 '짜해, 짜히, 우헤, 우히' 등으로 변하는 데서 유추된 현상이라고 볼 것이다.

　　金色 모야히 ᄃᆞ녔 光이러시니 〈월석 2:51〉

2-8 五香 마ᄐᆞ샤 웅긔어신 고해

(1) 五香 〉 五香나무

　　五香者一株五根 一莖五枝 一枝五葉 一葉間五節 五節相對 故名五香之木 燒之十日
　　上徹九天 卽靑木香也 〈향보(香譜)〉

(2) 마ᄐᆞ샤 〉 맡으시어

　동사어간 '맏(嗅)'에 조성모음 'ᄋᆞ'와 존칭선행어미 '시', 부사형어미 '아'가 연결된 형.

　　고해 無色界옛 좁을 마ᄐᆞ시다 혼 말도 이시며 〈월석 1:36〉
　　諸天 모맷 좁을 마토더 〈석보 19:18〉

(3) 웅긔어신 〉 우멍하신

　동사어간 '웅긔'에 '거신〉어신'이 연결된 형. 다른 문헌에서 예를 찾아보기 어려우나 '웅긔다'는 현대어에서 '바닥이 쑥 들어가 우묵한 것'을 뜻하는 '우멍하다'와 대응되는 어사로 보인다.

(4) 고해 〉 코와

　명사어간 '고ㅎ(鼻)'에 접속나열형어미 '애'가 연결된 형.

　　　鼻는 고히라 〈석보 19:9〉
　　　고햇 수미 히에 드외어늘(鼻息成白) 〈능엄 5:56〉

　'고〉코'는 뒤에 격음화한 것으로, 현재 사용되는 격음 'ㅋ, ㅌ, ㅍ'는 고대에 올라갈수록 사용된 예가 드물었다. 즉 '갈〉칼(刀), 듣글〉티끌(塵), 볼〉팔(臂)' 등의 격음화는 '긋〉끝(終), 불휘〉뿌리(根), 삭〉싹(芽)' 등의 경음화와 함께 평음이었던 것이 격음이나 경음으로 변한 것이다. 이와 같은 현상은 복잡해지는 사회상의 영향과 상징적 강의성(強意性)이 작용하여 음에 변화를 일으킨 것이라 볼 수 있다.

　　　白帝 혼 갈해 주그니(白帝劍戮) 〈용비 22〉
　　　듣글 떠 아솜 곧ᄒ야(如去塵垢) 〈능엄 9:86〉
　　　몸 술며 볼 ᄉᆞ르시니(燒身燃臂) 〈법화 4:70〉

2-9 아으 千金 머그샤 어위어신 이베

(1) 머그샤 〉 머금으시어, 품으시어

　동사이간 '먹'에 조성모음 '으', 존칭선행어미 '시', 부사형어미 '아'가 연결된 형. '먹'은 원래 '食, 抱, 含'의 뜻인데, 여기서는 '抱, 含'의 뜻으로 사용되었다.

　　　셟고 애왈븐 ᄠᅳ들 머거 갓가스로 사니노니 〈석보 6:5〉
　　　님그미 우수믈 머그샤 金을 주라 뵈아시니 〈두초 16:27〉

(2) 어위어신 〉 넓으신

  동사어간 '어위'는 '넓다(潤), 두텁다(寬)'의 뜻인데, 여기서는 '넓다'의 뜻으로 사용되었다. '어신'은 '거신'의 'ㄱ' 탈락형이다.

    東山에 祥瑞 나니 좁던 東山이 어위며 〈월석 2:28〉
    프른 바룻므리 어위오(碧海潤) 〈두초 20:21〉

(3) 이베 〉 입(口)과

  명사어간 '입(口)'과 접속나열형어미 '에'의 연결형.

    口曰 邑 〈계림유사〉
    이베 블 吐ᄒ며 드라오거늘 〈석보 6:33〉

  '戶, 門, 窓'을 나타내던 '입, 잎'도 '입(口)'과 동일어이던 것이 의미가 분화되어 구별된 것이다. 그러나 이들은 '입(口)'과의 혼동에서 소멸되어 한자어가 대신하였다.

    블근 새 그를 므러 寢室 이페 안즈니 〈용비 7〉
    講堂이 입과 窓쾌 여러 횟홀쎄 〈능엄 1:49〉

2-10 白玉琉璃ᄀ티 희여신 닛바래

(1) 白玉琉璃ᄀ티 〉 白玉琉璃같이

(2) 희여신 〉 희신

  동사어간 '희(白)'와 '거신〉어신'의 연결형. '희거신〉히어신'의 'ㄱ' 탈락형이므로 '희여신'으로 쓸 수 없는데, 잘못 쓰였다. 「악장가사」에는 '히어신'으로 바로 표기되었다.

    白曰 漢 〈계림유사〉
    힌 므지게 히예 뻬니이다 〈용비 50〉
    비치 히오 볼구미 눖 頭腦ㅣ ᄀ트니라 〈월석 1:23〉

(3) 닛바래 〉 이빨과

　명사어간 '닛발(齒)'에 접속나열형어미 '애'가 연결된 형. '닛'의 'ㅅ'은 사잇소리이다. '닛발'은 '니(齒)'와 '발'과의 합성이다. '발'의 원래의 의미는 '足'으로 '빗발, 山ㅅ발'에도 사용되었다.

　　　齒曰 你 〈계림유사〉
　　　齒눈 니라 〈훈언〉

　현재 사용되는 '니〉이'는 국어의 두음법칙에 의한 음운변화이다. 어두에 오는 'ㄹ'은 조선초부터 원칙적으로 발음되지 않았으나, 현재 '냐, 녀, 뇨, 뉴, 니 〉 야, 여, 요, 유, 이'로 변한 어두 'ㄴ'은 그대로 발음되었으며, 두음법칙에 의한 'ㄴ'의 탈락은 최근의 일이다.

2-11 人讚福盛ᄒ샤 미나거신 특애

(1) 人讚福盛ᄒ샤 〉 남들이 칭찬하고 복이 성하여

(2) 미나거신 〉 밀어나오신, 앞으로 나온

　동사어간 '미나'와 '거신'의 연결형. '미나'는 '밀(推)'과 '나(出)'의 복합어간이다. '밀〉미'는 후행어간 '나'와의 연결로 'ㄹ'이 탈락된 형이다. 고어법에서는 두 어간이 합성되는 경우 선행어간이 부사형 '아/어'를 취하지 않고 후행어간과 직결되는 것이 보통이었다.

　　　드리예 뼈딜 ᄆᆞᄅᆞᆯ 〈용비 87〉
　　　塔이 짜해서 솟나아 虛空애 머무니 〈석보 11:16〉
　　　도라보실 니믈 젹곰 좃니노이다 〈악학 동동〉

　그리고 현재 사용되는 '내밀'은 '미나'의 전도형이다.

(3) 특애 〉 턱과

　명사어간 '특(頤)'에 접속나열형어미 '애'가 연결된 형. 「악장가사」에는 'ᄐᆞ개'로 표기되어 있다.

툭 爲頤〈훈해〉
如意는 튼개 구스리 잇ᄂ니라〈법화 1:52〉

2-12 七寶 계우샤 숙거신 엇게예

(1) 七寶 〉 칠보

> 釋迦七寶之說有四
> 甲 金 銀 瑠璃 硨磲 瑪瑙 琥珀 珊瑚 見般若經
> 乙 金 銀 瑠璃 玻璃 硨磲 赤珠 瑪瑙 見阿彌陀經
> 丙 金 銀 瑠璃 硨磲 瑪瑙 眞珠 玫瑰 見法華經
> 丁 金 銀 瑠璃 頗梨 珊瑚 瑪瑙 車渠 見無量壽經〈사원(辭源)〉

(2) 계우샤 〉 겨우시어, 이기지 못하시어

(3) 숙거신 〉 숙이신

  동사어간 '숙'과 '거신'의 연결형. '숙다(下垂)'는 현대어의 '숙이다'에 해당하는 어사이다.

> 오려 고개 숙고〈청구 p.75〉
> 고개 숙다(穗子下垂)〈한청문감 224d〉

(4) 엇게예 〉 어깨와

  명사어간 '엇게(肩)'와 접속나열형어미 '예'의 연결형.

> 엇게와 목과 손과 발왜 두루 염그러〈월석 2:41〉
> 肩 엇게 견〈훈몽 상 25〉

2-13 吉慶 계우샤 늘의어신 ᄉ맷길헤

(1) 늘의어신 〉 늘이신

  동사어간 '늘의'와 '거신〉어신'의 연결형. '늘의'는 어간 '늘(垂)'의 사동형으로, '늘이〉늘의'로 변하였다. '늘'의 사동형에는 '늘의'와 '늘우'가 있다.

> 비예 늘윗논 줄(攤繩) 〈역어 하 21〉

(2) ᄉᆞ맷길헤 〉 소매길과

명사어간 'ᄉᆞ매(袖)'와 사이소리 'ㅅ', 명사 '길ㅎ', 접속나열형어미 '에'의 연결형.

> 옷 ᄉᆞ매 일즉 ᄆᆞᄅᆞ디 아니ᄒᆞᄂᆞ다(衣袖不曾乾) 〈두초 8:45〉
> 袖 ᄉᆞ매 슈 〈훈몽 중 23〉

'ᆞ' 음은 첫 음절에서는 대부분 'ㅏ' 모음으로 변하였으나(ᄀᆞ술〉가을, ᄆᆞ숨〉마음 등), 'ᄉᆞ매'의 'ᄉᆞ'는 'ᆞ' 음이 'ㅗ' 모음으로 변하였다.
'길(長, 幅)ㅎ'은 '길(路)'과 동일어원에서 의미분화한 형이다.

2-14 셜믜 모도와 有德ᄒᆞ신 가ᄉᆞ매

(1) 셜믜 〉 설미, 知見

「악장가사」에는 '셜미'로 되어 있다. '셜믜'는 다른 문헌에서는 용례가 발견되지 않으나 현재 '눈설미' 등에 흔적이 남아 있는 것으로 보아 슬기와 비슷한 '지혜, 지견(知見)'의 뜻으로 쓰인 듯하다.

(2) 모도와 〉 모아

동사어간 '모도(集)'와 부사형어미 '아' 사이에 모음 충돌을 회피하기 위하여 반자음 'w'를 삽입한 형.

> 모도고 여디 아니ᄒᆞ면(合而不開) 〈금삼 5:33〉
> ᄒᆞ 디 모도고져 ᄒᆞᄂᆞ니 〈박초 상 39〉
> 부텨끠 사ᄅᆞᆷ 모도몰 法會라 ᄒᆞᄂᆞ니라 〈월석 2:16〉
> 東과 西와를 모도아 혜언댄 〈능엄 2:84〉

(3) 가ᄉᆞ매 〉 가슴(胸)과

가스미며 허리 우히 거여벼 〈월석 2:41〉
胸 가슴 흉 〈신증 하 32〉

'가솜'의 '솜'은 'ㆍ' 모음이 'ㅡ' 모음으로 변한 형으로, 'ㆍ'는 예외는 있으나 제 2음절에서는 대부분 'ㅡ' 모음으로 변하였다(ᄆᆞ솜〉마음, 가ᄅᆞ치다〉가르치다 등).

2-15 福智俱足ᄒᆞ샤 브르거신 비예

(1) 福智俱足ᄒᆞ샤 〉 복과 지혜가 다 족하시어

(2) 브르거신 〉 부르신
   동사어간 '브르(飽滿)'와 '거신'의 연결형.

  됴ᄒᆞᆫ 차바ᄂᆞ로 비 브르긔 ᄒᆞ고ᅀᅡ 〈석보 9:9〉
  수울도 취ᄒᆞ며 차반도 비 브르다 〈박초 상 7〉

'브르〉부르'는 순음 아래서의 'ㅡ〉ㅜ'의 모음변이형이다.

(3) 비예 〉 배(腹)와
   명사어간 '비'와 접속나열형어미 '에'의 연결형.

  腹曰 擺 〈계림유사〉
  비 골하 ᄒᆞ거든 〈석보 11:41〉

2-16 紅鞓 계우샤 굽거신 히리예

(1) 紅鞓

  李昉等奏請 從三品以上服玉帶 四品以上服金帶 以下升朝官 雖未升朝已賜紫緋 內職諸軍將校 並紅鞓金塗銀排方 〈송사(宋史) 여복지(輿服志)〉

(2) 굽거신 〉 굽으신
   동사어간 '굽(屈, 曲)'과 '거신'의 연결형.

無憂樹ㅅ 가지 굽거늘 〈월인 19〉
귀 먹고 등 구버 〈법화 2:167〉

(3) 히리예 〉 허리와
'히리'는 '허리(膂)'의 오기로, 「악장가사」에는 올바로 표기되었다.

허리 우희 거여벼 師子 곧ㅎ시며 〈월석 2:41〉
膂 허리 려 〈훈몽 상 27〉

2-17 同樂大平ㅎ샤 길이신 허튀예

(1) 同樂大平ㅎ샤 〉 함께 즐기고 크게 편안하시어

(2) 길이신 〉 기신
동사어간 '길(長)'과 '거신〉어신'의 연결형. '길어신'의 오기이다. 「악장가사」에는 '길어신'으로 되어 있다.

(3) 허튀예 〉 다리와, 정강이와
명사어간 '허튀(脚, 腓)'와 접속나열형어미 '에'의 연결형.

두 허튀롤 안아 우르시니 〈월석 8:85〉
玉 곧흔 허튀러라(玉脚) 〈두초 9:1〉
腓 허튀 비 〈훈몽 상 26〉

2-18 아으 界面 도ᄅ샤 넙거신 바래

(1) 界面 〉 계면조, 악조의 이름

樂調 有宮商角徵羽五調 又有樂時調 羽調 平調 界面 河臨 嚾子 啄木等調 五調之內 徵調卽俗所用平調也 羽調卽俗所用界面調也 〈악학 권1 악조총의(樂調總義)〉

'계면'은 시조창의 계면조로, 시조제본 각조체격(時調諸本 各調體格)에 '애원처장(哀怨悽悵)' 또는 '청이원(淸而遠)'이라 했듯이 슬픈 가락이다.

(2) 도ᄅ샤 〉 도시어

동사어간 '돌(廻)'과 조성모음 'ᄋ', 존칭선행어미 '시', 부사형어미 '아'의 연결형.

> 조개 다스리시ᄂ 짜흘 다 도ᄅ샤〈월석 2:25〉
> 廻 돌 회〈신증 상 3〉

(3) 넙거신 〉 넓으신

처용가 2-3 (3) 넙거신 참조

(4) 바래 〉 발(足)과

이상 제 2연은 처용의 화상을 노래한 것으로, 머리에서 발까지 전신의 모습을 하나하나 들어가면서 칭송하였다. 노래는 발을 끝으로 제 3연으로 넘어가는데, 사실 제 2연 마지막 소엽 '아으 界面 도ᄅ샤 넙거신 바래'에 이어 제 2연 초의 중엽 '어와 아븨 즈이여 處容 아븨 즈이여'의 탄사가 반복되어야 하나, 생략된 채 제 3연으로 넘어갔다.

3-1 누고 지어 셰니오 누고 지어 셰니오

(1) 누고 〉 누가

명사어간 '누(誰)'와 의문형종결어미 '고'의 연결형. 주격형의 기능으로 사용되었다.

> 이 벗은 누고고(這火伴是誰)〈노걸 하 5〉
> 닐으디 누고오 ᄒ대 張禹라 ᄒ야놀〈왕랑 1〉

'누구'의 원형은 '누'뿐이며 주격과 속격, 용언형으로 '뉘'가, 대격형으로는 '눌'이 사용되었다.

> 어느 누를 더브르시려뇨〈월인 52〉
> 어느 뉘 請ᄒ니〈용비 18〉

대 버히ᄂ닌 뉘 아ᄃᆞ오(伐竹者誰子)〈두초 1:23〉
ᄂᆞ믄 뉘어뇨 ᄒᆞ야〈몽산 22〉
討賊之功ᄋᆞᆯ 눌 미르시리〈용비 99〉

'누고'는 어간 '누'와 의문형 종결어미 '고'의 연결형이 명사 자체로 고정된 것이며, 현재 사용되는 '누구'는 모음연결법칙에 의하여 '고'가 '구'로 바뀌어 고정된 것이다. 즉 '누〉누고〉누구'의 변천을 거친 것이다.

問你誰何曰 縷箇(누고)〈계림유사〉
이 사ᄅᆞ미 누고〈월석 17:39〉
ᄆᆞᅀᆞ매 심히 ᄉᆞ랑ᄒᆞᄂ닌 누고(苦心愛者誰)〈두초 16:39〉

의문형종결어미 '고'는 근래에는 용언이나 체언의 용언형 아래에서 관형사형 어미 'ㄴ, ㄹ'과 연결되어 사용되나 고어법에서는 위의 예와 같이 체언 아래 직접 연결되는 일이 많았다.

니르샤ᄃᆡ 이 엇던 光明고〈월석 10:7〉
그 닐온 거슨 므스고(其所詮者何也)〈원각 서 12〉
이 엇던 ᄂᆞ고(是何顏고)〈남명 상 2〉

(2) 지어 〉 지어

동사어간 '짓(作, 造)'과 부사형 어미 '어'의 연결형. '짓어〉지ᅀᅥ〉지어'로 'ㅅ'이 약화·탈락되었다. 봉좌문고본 「악학궤범」에는 '지ᅀᅥ'로 표기되어, '지어'의 고형을 보여 준다. 이는 'ㅂ' 불규칙 용언이나 겸양선행어미 'ᅀᆞᆸ' 등에서 'ㅂ'이나 'ㅅ'이 약화·탈락하는 것과 동일한 현상이다(동동 1-1 (3) 받ᄌᆞᆸ고 및 동동 12-2 (2) 누워 참조).

지블 지ᅀᅥ 龍ᄋᆞᆯ 치더니〈월석 98〉
이 迷妄ᄋᆞ로 지ᅀᅩᆫ 거시라〈용비 8:110〉
作 지을 작〈석봉 9〉

(3) 셰니오 〉 세우느냐, 세우는가

동사어간 '셰'와 선행어미 '니', 의문형종결어미 '오'의 연결형. '셰'는

'셔(立)'의 타동형이며 사동형이다. 자동사일 때는 '셔'이나 타동사일 때는
'ㅣ' 모음을 더하여 '셰'가 된다.

  아바님 뒤헤 셔샤〈용비 28〉
  門 밧긔 셔어 이셔〈월석 10:17〉
  塔 셰숩논 양도 보리러니〈석보 13:14〉
  우흘브터 셰ᄂ니〈월석 18:82〉

 '니오'는 선행어미 '니'와 의문형종결어미 '오'의 연결형이며, '뇨'로 축약되어 사용되기도 한다.

  므슴 道理룰 보고 곧 希有타 니ᄅ니오〈금삼 2:1〉
  다시 줄 쓰디 엇더ᄒ니오〈두초 7:40〉
  比丘 어드러셔 오뇨〈석보 19:30〉
  趙州ㅅ 쓰든 엇더ᄒ뇨〈몽산 56〉

3-2 바늘도 실도 어뻐 바늘도 실도 어뻐

(1) 바늘도 〉바늘도
 명사어간 '바늘(針)'과 태격접미사 '도'의 연결형. '바놀'이 올바른 표기이며 「악장가사」의 '바룰'은 '바놀'의 잘못된 표기이다. '바늘'은 '바놀'의 '·' 모음이 'ㅡ' 모음으로 변한 형이다.

  針曰 板捺(바놀)〈계림유사〉
  바놀 아니 마치시면(若不中針)〈용비 52〉
  鍼 바놀 침〈훈몽 중 14〉

(2) 실도 〉실도
 명사어간 '실(絲)'과 태격접미사 '도'의 연결형.

  絲曰 實〈계림유사〉
  보빗 실 그롤 ᄃ거시늘〈능엄 6:47〉

(3) 어뻐 〉없이

동사어간 '없(無)'과 부사화접미사 '이'의 연결형. '어뻐'는 '업시'의 변형이다. 「악장가사」에는 '업시'로 표기되었다.

　　　시름 ᄆᆞ슴 업스샤뎌 〈용비 102〉
　　　버릇 업습던 일올 魔王이 뉘으츠니이다 〈월인 75〉

'어뻐'와 같은 변형은 「시용향악보」 소재의 〈사모곡〉 중

　　　낟ᄀᆞ티 들 리도 어쁘새라
　　　아소 님하 어마님ᄀᆞ티 괴시리 어뻬라

등의 표기로 미루어 어두자음군을 가진 어사 즉, 'ᄡᆞᆯ(米), ᄡᅵ(種), ᄡᅳ(用)' 등의 초성 'ᄡ'의 유추에 의한 변형일 것이다. 그러므로 '어뻐'의 표기는 어두자음군을 가진 단어의 실제발음을 확증하는 자료와는 관계없는 것이며, 오직 이들 자음군의 유추적 표기일 뿐이다.

3-3 處容아비롤 누고 지어 셰니오

(1) 아비롤 〉 아비를

　명사어간 '아비'와 대격접미사 '롤'의 연결형. '아비'는 어근 '압'(父)의 주격형 '압+이〉아비'가 굳어진 것이다(처용가 1-3 (1) 아바 참조). '압'의 주격형 '아비'와 처격, 속격형 '아븨, 아비', 호격형 '아바' 등으로 미루어 대격형은 '아ᄇᆞᆯ'이 되어야 하나, 이미 주격형 '아비'가 명사로 굳어져 대격 '롤'을 취하였다. 그리고 점차 '아비'가 원형 '압'에 대체되었다(처용가 1-3 (1) 아바 참조).

3-4 마아만마아만ᄒ니여 〉 많고 많은 사람들이여

　'마아만ᄒ다'는 다른 문헌에서 용례를 찾아볼 수 없어 정확한 의미는 알 수 없으나, 문맥상 '많다'는 의미를 가진 '만ᄒ다'를 강조하기 위해 '마아만마아만ᄒ다'로 표기한 것으로 이해된다.

3-5 十二諸國이 모다 지어 셰온

(1) 十二諸國이 〉 열두 나라들이

「위지(魏志)」 변진조(弁辰條)에 변한이 십이국, 진한이 십이국의 작은 부족국가로 형성되었다는 기록이 있으며, 「후한서(後漢書)」에도 변한에 십이국, 진한에 십이국이 있다고 기록되어 있다. 그러므로 십이는 변·진의 부족국가 형성의 전통적 숫자가 그대로 제국의 뜻으로 사용된 것으로 볼 수 있다.

(2) 모다 〉 모아, 모이어

동사어간 '몯(集)'과 부사형어미 '아'의 연결형.

> 九龍이 모다 싯기ᄉᆞᄫᆞ니 〈월석 2:34〉
> 우리 모다 지조를 겻고아 〈석보 6:26〉
> 우리 모다 ᄒᆞ의 가새이다(會同着一時行) 〈두초 상 9〉

'모다'는 후에 점차 부사로 고정되었고, 현재 사용되는 '모두'는 '모다'의 변형이다.

> 모다 우스며(共啑) 〈번소 8:29〉

(3) 셰온 〉 세운

동사어간 '셔(立)'의 사동형 '셰'(처용가 3-1 (3) 셰니오 참조)와 접속형어미 '곤'의 'ㄱ' 탈락형 '온'의 연결형.

'셰온'의 '온'이 어간첨입모음 '오'에 관형사형 어미 'ㄴ'의 연결형이 아닌 점에 유의하여야 한다. '오'가 어간첨입모음이라면 선행모음 'ㅣ' 때문에 '오'는 '요'로 변했을 것이다(정읍사 2-2 (2) 드디욜셰라 참조). 즉

> 셰+오+ㄴ〉 셰+j+오+ㄴ〉 셰욘('오' 모음 첨입)
> 셰+고+ㄴ〉 셰+오+ㄴ〉 셰온(접속형어미 '고'의 연결형)

으로 다른 형태를 나타내게 된다.

여기서 사용된 '셰곤〉셰온'의 '곤'은 현재의 상태나 조건 등을 표시하는 접속형어미로 사용되었다.

누릿 가온디 나곤 몸하 ᄒᆞ올로 녈셔 니믈 뫼셔 너곤 오늘낤 嘉俳샷다
〈악학 동동〉

한편 '곤'은 'ᄒᆞ물며(況)'와 연결되어 양보의 뜻으로도 사용되었다.

功德도 이러ᄒᆞ곤 ᄒᆞ물며 …… 이ᄯᅡ녀 〈월석 17:54〉
오히려 업디 아니콘 엇뎨 ᄒᆞ물며 諸子ᄯᅡ녀 〈법화 2:77〉
數업곤 ᄒᆞ물며 그 몰애ᄯᅡ니잇가 〈금강 62〉

3-6 아으 處容아비를 마아만ᄒᆞ니여

(1) 아비롤 〉 아비를

「악장가사」에는 '아비를'로 표기되었다.

이상 제 3연은 처용의 화상을 제작한 천의무봉의 수법과 모든 사람의 합력으로 이루어진 위용에 대한 탄사이다. 이를 풀이하면 다음과 같다.

처용아비를 누가 지어 세우는가
바늘도 실도 없이 바늘도 실도 없이
처용아비를 누가 지어 세우는가
많고 많은 사람들이여
십이제국이 모두 모여 세운
아! 처용아비를, 많고 많은 사람들이여

4-1 머자 외야자 綠李야

(1) 머자 〉 버찌야

명사어간 '멎(捺)'과 호격접미사 '아'의 연결형.

니근 머지 곳답도다(熟搽香) 〈두초 15:23〉
搽 멋 내 〈훈몽 상 11〉

현재는 '벚'으로 사용되나 원형은 '멎'이며, '멎〉벚'은 비음성을 상실한 형으로 볼 수 있다.

(2) 외야자 〉 오얏아

명사어간 '외얏(李)'과 호격접미사 '아'의 연결형.

복성화와 외야지 니구메 後ᄒᆞ더(後於桃李熟)〈두초 15:20〉
외얏 ᄀᆞᆮᄒᆞ더 외얏 아닌 거시라 〈남명 상 26〉

(3) 綠李야 〉 녹리야

명사어간 '녹리(綠李)'와 호격접미사 '아'의 연결형. '야'는 호격접미사 '아'의 모음충돌회피형이다(정읍사 1-1 (1) 돌하 참조).

4-2 ᄲᆞ리 나 내 신고훌 미야라

(1) ᄲᆞ리 〉 빨리

동사어간 'ᄲᆞᄅᆞ(速)'의 부사형. 「악장가사」에는 'ᄲᆞ리'로 올바로 표기되었다. 여기에는 'ㆍ'가 탈각되어 나타나지 않았다.

현재 '르'변칙 활용을 하는 '빠르다, 다르다, 오르다, 모르다, 흐르다' 등은 원래 'ᄲᆞᆯ, 달, 올, 몰, 홀' 등의 어근이 모음연결규칙에 따라 조성모음 'ᄋᆞ, 으'를 취하여 'ᄲᆞᄅᆞ, 다ᄅᆞ, 오ᄅᆞ, 모ᄅᆞ, 흐르' 등으로 어간화하여 굳어진 것이다.

點 더우믄 ᄒᆞ가지로더 ᄲᆞᄅᆞ니라 〈훈언〉
나랏 말ᄊᆞ미 中國에 달아 〈훈언〉
樓 우희 ᄂᆞ라올아 〈석보 6:3〉
혜ᄂᆞ다 모ᄅᆞᄂᆞ다 〈석보 6:8〉
눖므를 여러 가로로 흐르게 우노라 〈두초 8:37〉

154 악학궤범

그러나 이들이 부사형어미 '아/어, 이'를 취할 때는 원어간과 연결되면서 다시 'ㄹ'이 개입하여 'ㄹ-ㄹ' 형을 취하여 '섈라(섈리), 달라(달리), 올라, 몰라, 흘러' 등과 같이 'ㄹ'변칙 용언이 되었다. 이와 같은 'ㄹ' 개입 현상은 일찍이 수행된 음운론적 현상이었으나 'ㄹ' 개입이 없는 '아/어, 이' 등이 직접 연결되는 예도 조선초기에는 흔히 사용되었다.

　　　　섈리 도라오시는 전추로 〈능엄 1:38〉
　　　　나혼 어미나 달리 아니ᄒᆞ고 〈신속 효 8:32〉
　　　　열가짓 달이 나는 거시(十種異生) 〈능엄 1:47〉
　　　　台鼎의 올라시되 〈소학 6:70〉
　　　　石壁에 ᄆᆞᄅᆞᆯ 올이샤 〈용비 48〉
　　　　大法을 몰라 드를쎄 〈월인 84〉
　　　　如來ᄅᆞᆯ 흘려 내ᄂᆞ니(流出如來) 〈능엄 5:82〉

(2) 나 〉 나와

　동사어간 '나(出)'와 부사형 어미 '아'의 연결형. 여기서는 부사형어미 '아'가 생략되어 나타나지 않지만, 조선초기에는 문법 의식이 강해 어간 끝 모음이 'ㅏ, ㅓ'인 경우에도 '아, 어'를 취하는 경우가 많았다.

　　　　聖武ㅣ 어시니 나아오리잇가 〈용비 62〉
　　　　自然히 蓮花 나아 바ᄅᆞᆯ 받즙더라 〈월인 2:37〉
　　　　처섬 펴아 나는 소리 ᄀᆞᆮᄂᆞ니라 〈훈언〉
　　　　도즈기 자최 바다 가아 그 菩薩ᄋᆞᆯ 자바 〈월석 1:6〉
　　　　天命이 다아 갈쎄 이본 남기 새닢 나니이다 〈용비 83〉

(3) 내 〉 나의

　명사어간 '나(我)'의 속격형.

(4) 신고홀 〉 신코를

　명사어간 '신고ㅎ(鞋鼻)'와 대격조사 '올'의 연결형.

　　　　鞋曰 盛(신) 〈계림유사〉
　　　　신爲 履 〈훈해〉

'신고'는 '신'과 '고'의 복합명사이며, '고'는 'ㅎ' 말음명사로 현재는 '고〉코'로 격음화되었다. '신고(신코)'는 벗어지지 않도록 주려매는 짚신의 앞뿌리이다.

「악장가사」에는 '싥고'로 표기되어 있는데, 'ㅅ'은 사잇소리이다.

(5) 미야라 〉 매어라

동사어간 '미(繫, 結)'에 명령형어미 '야라'가 연결된 형. '야라'는 명령형어미 '어라'가 모음충돌 회피를 위한 'j'삽입으로 '여라'로 되었다가 '여라〉야라'로 된 형이다(청산별곡 2-1 (1) 우러라 참조).

神通力으로 모골 구디 미니 〈월인 76〉
繫논 밀 씨라 〈월석 서 3〉

4-3 아니옷 미 시면 나리어다 머즌 말

(1) 아니옷 〉 아니 곧

동사어간 '안(不)'에 부사형어미 '이'와 강세첨미사 '곳'의 'ㄱ' 탈락형 '옷'이 연결된 형. '곳〉옷'은 '곰〉옴'과 같이 명사나 동사의 부사형 아래 첨미되어 강세의 뜻으로 사용되었으며, 예외가 있으나 주로 'ㅣ' 모음이나 'ㄹ' 아래서 'ㄱ'이 탈락되었다.

魔王곳 제 座애 便安히 몯 안자 〈월석 2:42〉
이 고대 ㅎ다가 아논 ㅁ숨곳 내면 〈몽법 42〉
지조롤 겻고아 뎌옷 이긔면 짓게 ㅎ고 〈석보 6:26〉
어미옷 보디 몯ㅎ면(不見母) 〈소학 6:31〉
블옷 언고져 ㅎ거든 〈석보 11:26〉
일옷 니르면 一切天人이 다 놀라아 疑心ㅎ리라 〈석보 13:44〉

'곳'과 동일의소로 사용된 강세첨미사로 '븟, 봇'이 있었다.

王븟 너를 ᄉ랑티 아니ㅎ시런댄 〈석보 11:30〉
꿈봇 아니면 어느 길헤 다시 보ᅀᆞ븅리 〈월석 8:82〉

ᄒᆞ다가 므스맷 벌봇 아니면 〈영가 하 128〉

(2) 미 시면 〉 매어 있으면

동사어간 '미(繫)'와 부사형어미 '어'가 연결된 형에 동사어간 '시(有)'와 조건을 나타내는 어미 '면'이 연결된 형. 여기에서는 '어'가 생략된 형.

(3) 나리어다 〉 나올 것이다

동사어간 '나(出)'와 미래시상선행어미 '리', 서상선행어미 '거〉어', 종결어미 '다'의 연결형. '나리'는 '날이', 즉 '나'의 관형형 '날'과 추상명사 '이'의 연결로 보는 견해도 있으나, 선행어미 '거'는 원칙적으로 용언에만 붙는 것이므로 '리'를 미래시상의 선행어미로 보는 것이 좋을 것이다.

功德이 그지 업스리어늘 ᄒᆞ물며 〈월석 17:49〉
ᄒᆞᆫ 劫이 남ᄃᆞ록 닐어도 몯다 니르리어니와 〈석보 9:10〉
내 모미 正覺 나래 마조 보리어다 〈월석 8:87〉

(4) 머즌 〉 궂은, 흉한

동사어간 '멎(惡, 凶)'과 관형사형어미 '은'의 연결형.

災禍ᄂᆞᆫ 머즐 씨라 〈월석 1:49〉
머즌 일 지ᅀᅮᆫ 因緣으로 後生애 머즌 몸 ᄃᆞ외야 〈월석 2:16〉

'멎'과 동의어로 '궂, 모딜' 등이 사용되었다.

ᄆᆞᅀᆞ미 궂게 ᄒᆞᄂᆞ다(惡懷抱) 〈두초 22:31〉
됴ᄒᆞ며 구주믈 예서 다 보며 〈법화 1:69〉
惡 모딜 악 〈신증 하 2〉

'나리어다 머즌 말'은 역신을 쫓는 의미를 강조하기 위하여 주어 '머즌 말'과 서술어 '나리어다'를 도치해 놓은 것이다.

4-4 東京 ᄇᆞᆯᄀᆞᆫ ᄃᆞ래 새도록 노니다가

(1) 東京 〉 경주의 별칭

고려시대에는 개성을 중경, 경주를 동경, 평양을 소경이라고 하였다. 다음과 같은 기록으로 보아 동경의 명칭은 성종 6년에 정식으로 정하여졌으나 더 일찍부터 동경으로 속칭(俗稱)되었을 것이다.

> 成宗六年十二月 改慶州 爲東京留守 〈고려사절요 권3〉
> 禪師 俗姓金氏 東京御里人也 級干常勒之子
> 〈단속사 신행선사비(斷俗寺 神行禪師碑)〉

(2) 불근 〉밝은
 동사어간 '붉(明)'과 관형사형 어미 '은'의 연결형.

> 珠는 불근 둘ᄀ톤 구스리라 〈월석 2:33〉
> 히와 둘와 별왜 다 붉디 아니ᄒ며 〈월석 2:15〉

「악장가사」에는 모음연결 법칙의 혼란으로 '불근'으로 표기되었다.

(3) ᄃ래 〉달과
 명사어간 '둘(月)'과 공동격접미사 '애'의 연결형. '애'는 형태적으로는 처격이나, 공동격의 기능으로 사용되었다. 처격, 대격, 절대격을 취한 체언이 공동격의 기능으로 사용된 예를 들면 다음과 같다.

> 나랏 말ᄊᆞ미 中國에 달아 〈훈언〉
> 니믈 ᄒᆞ 디 녀가져 〈악학 동동〉
> 넉시라도 님을 ᄒᆞ 디 녀닛景 너기다니 〈악장 만전춘〉
> 넉시라도 님은 ᄒᆞ 디 녀져라 〈악학 정과정〉

이 구절은 「삼국유사」 소재 향가에 '東京明期月良'으로 되어 있다. 즉 '月良'을 'ᄃ래'로 표기한 것인데, 이 '月良'을 필자는 '돌랑'으로 해석하여 거격(擧格)으로 보고 현용하는 '너랑 나랑 같이 가자'의 '랑'의 원형으로 보고자 한다. 이 거격 '랑'이 사용되던 향가시대는 아직 공동격접미사 '와, 과'가 발달하기 이전이었으며, 거격이 공동격을 비롯하여 처격과 대격 등 중격적 기능으로 사용되었다. 따라서 이 'ᄃ래'는 향가시대의 거격 '良〉

랑'의 중격적 용법의 흔적으로, 처격형을 취하여 기능면에서 공동격의 구실을 갖는 것이라고 보아야 할 것이다.

(4) 새도록 〉 새도록, 밤새도록
　동사어간 '새(曙)'와 도급형어미 '도록'의 연결형.

　　언제 새어든 부텨를 가 보ᅀᆞ보려뇨 〈석보 6:19〉
　　더듸 새오시라 〈악장 만전춘〉

'도록'은 'ᄃᆞ록'의 이형태다.

　　ᄒᆞᆫ 劫이 남ᄃᆞ록 닐어도 〈석보 9:10〉
　　生年이 다ᄋᆞᄃᆞ록 害티 몯ᄒᆞᆯ 고디라 〈능엄 7:46〉
　　ᄒᆞᆫ빼 계도록 걷다가 〈월석 7:9〉

(5) 노니다가 〉 놀다가
　동사복합어간 '노니'와 진행중지형어미 '다가'의 연결형. '노니'는 선행어간 '놀(遊)'의 'ㄹ' 탈락형 '노'와 후행어간 '니(行)'의 결합형이다. 후행어간 '니'와 결합되는 복합어간은 선행어간의 현재진행으로 사용된다.

　　東山ᄋᆞᆫ 남기 됴ᄒᆞᆯ쎄 노니논 짜히라 〈석보 9:24〉
　　先王聖代예 노니ᄋᆞ와지이다 〈악장 정석가〉

　이 구절은 원가의 '夜入伊遊行如可'에 해당하는데, '夜入伊―밤들이'가 '새도록'으로 바뀌었다.

4-5 드러 내 자리롤 보니 가ᄅᆞ리 네히로새라

(1) 드러 〉 들어, 들어와
　동사어간 '들(入)'과 부사형어미 '어'의 연결형.

(2) 내 〉 나의
　명사어간 '나(我)'의 속격형.

(3) 자리롤 〉 잠자리를, 침소를

명사어간 '자리(寢所)'와 대격접미사 '롤'의 연결형.

(4) 가르리 〉 다리가, 가랭이가

명사어간 '가롤(分派)'과 주격접미사 '이'의 연결형. '가롤'의 원의는 '分, 派'나 여기서는 '다리(脚)'의 뜻으로 사용되었다.

　　므리 몰리 이셔 가르롤 모도돗ᄒ니 〈능엄 1:16〉
　　다솟 가롤로 흐롤시 五湖라 ᄒ니라 〈금삼 2:18〉

'가롤'은 원가에 '脚烏'로 표기된 점에 비추어 어근은 '갈'이며, '脚烏〉갈오-가로'가 된 것이다. 현재 사용하는 '갈래'는 '갈'의 처격형 '갈애-가래'에 'ㄹ'이 첨입되어 된 것이다.

(5) 네히로새라 〉 넷이로구나

명사어간 '네ㅎ(四)'와 서술격접미사 '이', 선행어미 '도)로', 원시추상명사 'ㅅ', 감탄종결형어미 'ㅣ애라'의 연결형.

　　四曰 酒 〈계림유사〉
　　能히 前엣 네흘 그칠시(能止前四) 〈영가 상 93〉

'로새라'는 선행어미 '도)로'와 원시적 추상명사 'ㅅ'에 'ㅣ애라'를 합성한 '새라'를 연결한 형으로, 감탄형으로 사용되었다. 〈한림별곡〉의 '두셰라'의 '두'는 '도'의 모음교체형이다.

　　낟ᄀ티 들리도 어쁘새라 〈시용 사모곡〉
　　어마님ᄀ티 괴시리 어뻬라 〈시용 사모곡〉
　　열세 남종 주쇠 ᄯ란 바회예 ㄴㄹ새라 〈시용 내당〉
　　뭇ᄌᆞ가ᄉ리 쟝화새라 〈시용 대왕반〉

이 구절의 원가는 '入良沙 寢矣 見昆 脚烏伊 四是良羅(드라사 잘애 보곤 갈오이 너이라라)'로, 비교적 원가대로 반영되었다.

4-6 아으 둘흔 내 해어니와 둘흔 뉘 해어니오

(1) 둘흔 > 둘은

명사어간 '둘ㅎ(二)'과 절대격접미사 '은'의 연결형.

> 二日 途孛 〈계림유사〉
> 이 두흟사 더브르시니 〈월인 52〉

'둘'은 원가에 '二肹', 「계림유사」에는 '途孛'로 표기된 점에 비추어 원래는 '두흘, 두블'의 이음절어였음을 알 수 있다. 음운변천과정에서 보면 「계림유사」의 '두블'이 더 고형일 것이며, 'ㅂ'이 약화과정에서 기음화된 것으로 '두블〉두볼(두흘)〉두울〉둘'의 변천과정을 거쳤다. 이 '둘'과 동일한 변화과정을 거친 어형으로 '술(酒)'이 있다.

> 酒 - 主 - 數本 〈조선관역어〉
> 酒飯 - 主半 - 數本把 〈조선관역어〉

즉 '술'은 원형이 '수블'이며 '수블〉수볼·수흘〉수울〉술'로 변했다.

(2) 내 해어니와 > 내 것이거니와

명사어간 '나'의 속격형 '내'와 소유물 '것'을 뜻하는 명사 '하', 용언화접미사 '이', 연결어미 '거니와〉어니와'의 연결형.

> 내 하는 新羅蔘이라(我的是新羅蔘) 〈노걸 하 2〉
> 네 하를 사리라(買稱的) 〈박초 상 32〉

원가의 '吾下於叱古(나하엇고)'에 사용된 '下'는 '하'의 원형을 밝혀 주는 것으로 일찍이 사용된 어사이다. 현재 사용되는 '내 해, 네 해, 뉘 해' 등의 '해'는 이 '하'의 주격 '해'가 그대로 명사로 굳어진 형이다.

(3) 뉘 해어니오 > 뉘 것인가

명사어간 '누(誰)'와 속격접미사 '이', 명사 '하', 용언화접미사 '이', 선행어미 '거니〉어니', 의문형종결어미 '오'의 연결형.

다시 줄 쁘디 엇더ᄒ니오 〈두초 7:40〉
趙州ㅅ 쁘든 엇더ᄒ뇨 〈몽산 59〉

이 구절의 원가는 '二肹隱 吾下於叱古 二肹隱 誰支下焉古(두흘은 나하 엇고 두흘은 뉘하언고)'로 '엇고'가 '어니와'로, '안고'가 '어니오'로 표기 되었다.

4-7 이런 저긔 處容아비옷 보시면

(1) 이런 〉 이런

　형용사 어간 '이러ᄒ〉이렇'과 관형사형 어미 'ㄴ'의 연결형.

　　이런 젼ᄎ로 어린 百姓이 니르고져 홂 배 이셔도 〈훈언〉
　　이런 變化를 뵈오ᅀᅡ 〈석보 6:36〉

(2) 저긔 〉 때에

　명사어간 '적(時)'과 처격접미사 '의'의 연결형. '적'은 '때, 즈음'을 뜻 하는 어사로 지금도 '옛적, 올 적, 갈 적' 등으로 사용된다.

　　時節 아닌 저긔 밥 먹디 마롬과 〈석보 6:19〉
　　거믄고 노던 저근 보디 몯거니와(不見鼓琴時) 〈두초 16:30〉

'적'의 변형으로 '쩍'도 사용되었다.

　　錠光佛ᄭᅴ 받ᄌᆞ볼 쩌긔 네 發願을 호디 〈석보 6:7〉
　　부텨를 想홀 쩌긘 이 ᄆᆞᅀᆞ미 곧 〈월석 8:21〉

(3) 處容아비옷 〉 처용아비

　'옷'은 강세첨미사 '곳'의 'ㄱ'탈락형(처용가 4-3 (1) 아니옷 참조).

4-8 熱病神이아 膾ㅅ가시로다

(1) 熱病神이아 〉 열병신이야

명사어간 '熱病神'과 용언화접미사 '이', 강세접미사 '야'의 연결형. 봉좌
문고본 「악학궤범」에는 '이사'로 표기되어 고형을 보여 준다. '아'의 원형
은 '사'로, '사〉사)아'의 'ㅅ' 약화탈락형이다.

> 毛冬 居叱沙 哭屋尸 以 憂音 〈유사 모죽지랑가〉
> 此 兵物叱沙 過乎 〈유사 우적가〉
> 於內 人衣 善陵等沙 不冬 喜好尸 置乎理叱過 〈균여 수희공덕가〉

여기서 향가의 '沙〉사'는 그 원형을 보여 주는 것으로, 모든 체언 아래
직결되어 사용되었다. 지금도 경상방언에서는 '내사 모르겠다' 등으로 그
원형이 남아 있다.

> 후에사 가니라 〈삼강 열 3〉
> 臣이 능히 그 臣을 艱ᄒᆞ야사 〈서전 1:22〉

그러나 고형 '사'는 위와 같이 오히려 임란 후의 문헌에 자주 나타나는
반면 조선 초기나 임란 후까지 주로 '사'의 약화형 'ᅀᅡ'가 일반적으로 사용
되었으며, 명사를 비롯하여 주격, 대격, 처격 및 동사의 부사형 등에 연결
되어 광범위하게 사용되었다.

① 명사 밑에서

> 깃거이 각시ᅀᅡ 내 얻니논 ᄆᆞᅀᆞ매 맞도다 ᄒᆞ야 〈석보 6:14〉
> 부톄ᅀᅡ 諸法의 實相ᄋᆞᆯ ᄉᆞᄆᆞᆺ 아ᄂᆞ니라 〈석보 13:40〉
> 妄量앳 授記ᅀᅡ 쓰디 아니호리라 ᄒᆞ더니 〈석보 19:31〉

② 주격 밑에서

> 가온디 네찻하ᄂᆞ리ᅀᅡ 샹녜 一生補處菩薩이그에 와 나샤 〈석보 6:36〉
> 이 법은 오직 諸佛이ᅀᅡ 아ᄅᆞ시리라 〈석보 13:58〉
> 뭇 져근 목수미ᅀᅡ 一百스믈다ᄉᆞᆺ 大劫이오 〈월석 2:38〉

③ 대격 밑에서

> ᄒᆞᆫ날애 나ᅀᅡ볼쎠 이 둘흘ᅀᅡ 더브르시니 〈월인 52〉

漸敎롤사 다 아라 듣ᄌᆞᄫᆞ니 〈월인 97〉
珍羞盛饌올사 맛내 좌시며 〈월인 118〉

④ 처격 밑에서

내 몸 外예사 므스글 앗기료 〈월석 7:29〉
그 모미 千二百歲롤 브튼 後에사 다ᄋᆞ니라 〈월석 18:34〉
닐굽 山 바씌사 鹹水 바다히 잇거든 〈월석 1:23〉

⑤ 동사의 부사형 밑에서

춘믈 쓰리여사 씨시니라 〈용비 20〉
이ᄀᆞ티 恭敬ᄆᆞ숨 내야사 ᄒᆞ리라 〈월석 18:60〉
사ᄅᆞᆷ 브려 닐어사 ᄒᆞ리로다 〈석보 6:40〉

이와 같은 '사'의 'ㅿ' 탈락형 '아'는 모음 아래에서도 그대로 사용되다가, 다시 모음충돌을 회피하기 위하여 반자음 'j'가 첨입되어 '야'로 변하였다.

一枝紅의 빗근 笛吹 위 듣고아 줌드러지라 〈악장 한림별곡〉
이제아 門ᄭᅥ지 왓ᄉᆞ니 〈첩신 1:1〉
늙거야 므ᄉᆞ 일로 외오두고 그리눈고 〈송강 사미인곡〉
ᄀᆞᄅᆞ치몰 기드린 後에야 行ᄒᆞ리오 〈내훈 서 5〉

(2) 膾ㅅ가시로다 〉 회거리로다

명사어간 '膾ㅅ갓'과 용언화접미사 '이', 감탄종결어미 '도다〉로다'의 연결형. '횟갓'은 회를 만드는 감이다. '갓'에는 '것(물건)'의 뜻과 '갗(껍질)'의 뜻이 있으나, 여기서는 '껍질'을 뜻하는 '갗'의 실용적 표기로 쓰였다. 현재 사용되는 '회깟'이 어물이 아니라 육물을 가리키는 말이므로 그렇게 보는 것이 좋을 것이다.

鹿皮ᄂᆞᆫ 사ᄉᆞ미 가치라 〈월석 1:16〉
皮 갓 피 〈훈몽 하 9〉

4-9 千金을 주리여 處容아바

(1) 주리여 〉 주겠느냐
　동사어간 '주(與)'와 미래시상선행어미 '리', 의문형어미 '여'의 연결형.

　　사해롤 년글 주리여 〈용비 20〉
　　맛드논 거슬 다 주디 〈석보 19:3〉

4-10 七寶를 주리여 處容아바 〉 칠보를 주겠느냐, 처용아비여

4-11 千金七寶도 말오

(1) 七寶도 〉 칠보도
　명사어간 '七寶'와 태격접미사 '도'의 연결형.
　태격 '도'는 향가표기의 '置, 都, 刀'와 대응되며, 자격, 상태 등을 드러내는 공통적인 의의소를 지니고 주격, 대격, 여격 등을 지배하는 중격이다.

　　倭理叱 軍置 來叱多 〈유사 혜성가〉
　　世理都 之叱 逸烏隱 第也 〈유사 원가〉
　　禮爲白孫 佛體刀 吾衣 身 伊波 〈균여 보개회향가〉

　태격 '置〉도(두)'는 향가시대에 일찍이 발달한 격형이나 조선초기 문헌에서는 별로 사용되지 않았으며, 임란 후의 문헌에 나타나기 시작한다.

(2) 말오 〉 말고
　동사어간 '말(止)'과 연결어미 '고'의 'ㄱ' 탈락형 '오'의 연결형. 「악장가사」에는 'ㄹ' 변칙으로 'ㄹ'이 탈락되어 '마오'로 표기되어 있다.

　　橫邪애 즐어 디디 마오져 브르미오 〈법화 5:155〉
　　암흐란 사디 말오 〈박초 상 2〉

4-12 熱病神를 날 자바 주쇼셔

(1) 熱病神를 〉 열병신을

　명사어간 '熱病神'과 대격접미사 '를'의 연결형. 「악장가사」에는 '을'로 바로 표기되었다.

(2) 자바 〉 잡아

　동사어간 '잡(捕, 執)'과 부사형어미 '아'의 연결형.

　　　精卒을 자바시니 〈용비 24〉
　　　捕 자블 보 〈훈몽 하 9〉

(3) 주쇼셔 〉 주소서, 주십시오

　동사어간 '주(與)'와 존칭청원형어미 '쇼셔'의 연결형(동동 1-4 (2) 오소이다 참조).

4-13 山이여 미히여 千里外예

(1) 山이여 〉 산이나

　명사어간 '山'과 접속어미 '이여'의 연결형. '이여'는 감탄적으로 사용되었다(동동 1-3 (1) 德이여 참조).

(2) 미히여 〉 들이나

　명사어간 '미ㅎ(野)'와 접속어미 '이여'의 연결형.
　'들'의 뜻으로는 '미'와 '드르'가 있었는데 이들은 모두 'ㅎ' 말음명사이었다. 그러나 현재는 '드르'가 축약되어 '들'이 되었고, '미'는 소실되었다.

　　　몰곤 ᄀᆞᆳ 미햇 ᄆᆞ리 물ᄀᆞ며 〈몽산 27〉
　　　楚ㅅ미히 퍼러호믈 보리로다 〈두초 8:20〉
　　　野 미 야 〈훈몽 상 4〉
　　　드르헤 龍이 싸호아(龍鬪野中) 〈용비 69〉
　　　먼 드르흘 悶尺만호가 ᄉᆞ랑ᄒᆞ노라(曠野懷悶尺) 〈두초 7:23〉

4-14 處容아비룰 어여려거져

(1) 아비룰 〉 아비를

　명사어간 '아비(父)'의 대격형.

(2) 어여려거져 〉 피하여 갈지어다

　동사어간 '어이(避)'의 부사형 '어여'와 동사어간 '녀'(行), 선행어미 '거', 원망형종결어미 '져'의 연결형. '어이'는 축약되어 '에'로도 사용되었으며 부사형으로는 '어여, 에어'의 양형이 쓰이었다.

> 더브러 에라 ᄒ야놀(麈슴去) 〈삼강 충 20〉
> 여르멧 벌어지 어여가고(夏蟲避) 〈두초 18:11〉
> 어려운 싸홀 에어 돈니고 〈두중 2:26〉

　'려'는 '녀'의 오기이며 「악장가사」에는 '녀'로 바르게 표기되었다. 「악학궤범」 소재의 이 노래에서만도 '바놀〉바룰, 熱病神을〉熱病神를'로 표기하였듯이, 때때로 문헌에 'ㄹ, ㄴ'과 'ㄹ, ㅇ'의 혼란이 보인다. 그 예를 몇 들면 다음과 같다.

① 'ㄹ'과 'ㄴ'의 혼란

> 驚 롤랄 경 〈신증 하 1〉
> 釣 랏셜 됴 〈석봉 39〉
> 兩 두 냥 〈훈몽 하 34〉
> 李 외엿 니 〈훈몽 상 11〉

② 'ㄹ'과 'ㅇ'의 혼란

> 心 렴통 심 〈신증 하 1〉
> 隸 거러치 예 〈훈몽 중 1〉

　이와 같은 'ㄹ→ㄴ', 'ㄴ→ㄹ', 'ㄹ→ㅇ', 'ㅇ→ㄹ' 등의 혼란은 국어의 두음법칙에서 오는 현상이라고 할 것이다.

4-15 아으 熱病大神의 發願이샷다

(1) 發願이샷다 〉 발원이시로다

　명사어간 '發願'과 용언화접미사 '이', 존칭감탄형어미 '샷다'의 연결형 (動動 3-4 (2) 즈이샷다 참조).

　이상 제 4연은 처용의 위용과 인욕으로 역신을 쫓는 위력을 노래한 것이다.

〈현대어 옮김〉

　　신라의 성스러운 시대여
　　천하가 편안한 것은 라후의 덕이로다
　　처용 아비여
　　이로써 인생에 항상 말하지 않으면
　　이로써 인생에 항상 말하지 않으면
　　삼재와 팔난이 한꺼번에 소멸하리로다

　　아, 아비의 모습이여, 처용 아비의 모습이여
　　머리에 가득 꽂은 꽃이 힘들어 기울어지신 머리와
　　아, 수명이 오래고 길어 넓으신 이마와
　　산의 모습과 비슷한 무성한 눈썹과
　　사랑하는 사람을 보아 원만하신 눈과
　　바람이 불어 뜰에 가득차 우글어지신 귀와
　　붉은 복숭아꽃처럼 붉으신 얼굴과
　　오향을 맡으시어 우묵하신 코와
　　아, 천금 머금으시어 넓으신 입과

백옥유리같이 희신 이빨과
남들이 칭찬하고 복이 성하여 밀어나오신 턱과
칠보를 이기지 못하여 숙이신 어깨와
기쁨과 경사를 이기지 못하여 늘이신 소매와
지혜를 모아 유덕하신 가슴과
복과 지혜를 다 갖추어 부르신 배와
흥정이 겨워 굽으신 허리와
함께 즐기고 크게 편안하여 기신 다리와
아, 계면(조에 맞추어) 도시어 넓으신 발과

처용아비를 누가 지어 세우는가
바늘도 실도 없이 바늘도 실도 없이
처용 아비를 누가 지어 세우는가
많고 많은 사람들이여
십이제국이 모두 모여 세운
아, 처용 아비를, 많고 많은 사람들이여

버찌야, 오얏아, 녹리야
빨리 나와 내 신코를 매어라
안 매어 있으면 나올 것이다, 나쁜 말
동경 밝은 달과 밤 늦도록 노니다가
들어와 자리를 보니 다리가 넷이로구나
아, 둘은 내 것이거니와 둘은 누구의 것인가
이런 때 처용아비가 보시면
열병신이야 회거리로다
천금을 주겠습니까 처용아비여
칠보를 주겠습니까 처용아비여

천금칠보도 그만두오
열병신을 날 잡아 주소서
산이나 들이나 천리 외에
처용아비를 피하여 가고져
아, 열병대신의 발원이시로다

4. 정 과 정

전강(前腔)	내 님믈(을) 그리ᅀᆞ와 우니다니
중강(中腔)	山 졉동새 난 이슷ᄒᆞ요이다
후강(後腔)	아니시며 거츠르신 둘 아으
부엽(附葉)	殘月曉星이 아ᄅᆞ시리이(이)다
대엽(大葉)	넉시라도 님은 ᄒᆞᆫ 더 녀져라 아으
부엽(附葉)	벼기더시니 뉘러시니잇(잇)가
이엽(二葉)	過도 허믈도 千萬 업소이(이)다
삼엽(三葉)	물힛 마러(리)신뎌
사엽(四葉)	슬읏브(븐)뎌 아으
부엽(附葉)	니미 나ᄅᆞᆯ ᄒᆞ마 니ᄌᆞ시니잇(잇)가
오엽(五葉)	아소 님하 도람 드르샤 괴오쇼셔

※ ( ) 안은 봉좌문고본 「악학궤범」과의 대교

이 노래는 국문으로 정착된 고려가요 중 작자와 연대가 소상한 유일한 노래로 '충신연군지사(忠臣戀君之詞)'이다. 이에 대하여는 다음과 같은 기록을 참고할 수 있다.

鄭瓜亭 內侍郎中鄭敍所作也 敍自號瓜亭 聯昏外戚 有寵於仁宗 及毅宗即位 放歸其鄕東萊曰 今日之行 迫於朝議也 不久當召還 敍在東萊日久 召命不至 乃撫琴而歌之 詞極悽婉 李齊賢作詩解之曰 憶君無日不霑衣 政似春山蜀子規 爲是爲非人莫問 只應殘月曉星知〈고려사 권71 악지2〉
毅宗五年五月 …… 左諫議 王軾等上疏論鄭敍等罪 …… 二十四年十月 召還金貽永李綽升鄭敍等皆復職〈고려사 권17-19 의종〉
李世佐啓 鄭瓜亭曲 …. 忠臣戀君之詞〈성종실록 19년 8월조〉

작자 정서(鄭敍)는 호가 과정(瓜亭)으로 인종의 총애를 받은 외척의 한 사람이었다. 그러나 의종이 즉위하자 권신들의 의견대립으로 인한 조의 (朝議)에 몰리어 고향 동래로 돌아가 다시 부름을 기다리게 되었는데, 임금이 다시 불러주지 않았다. 이러한 상황에서 정서는 자신의 결백함을 호소하는 한편, 임금이 다시 불러주기를 간절히 바라면서 이 노래를 지었다. 그러므로 이 노래는 그가 조정을 물러나 동래에 은거한 뒤인 의종 24년 (1170) 9월부터 정중부 난으로 의종이 추방되고 왕제 익양공(명종)이 옹립되어 다시 부름을 받기까지의 사이에 지은 것이니, 그 확실한 연대는 알 수 없으나 의종 10년 전후로 추정된다. 그 후 이 노래는 충신연군지사로 널리 알려져 익재 소악부에 한시로 번역되었고, 궁정에서는 이를 전악(典樂)으로 보존하여 공기(工妓)는 물론 사대부 사이에서도 모두 학습하도록 하였다. 그 이유는 이 노래가 「고려사」의 기록처럼 '너무 슬픈 가사로(詞極悽婉)' 연군의 정을 노래함에서 기인하는 것이라 생각되며, 송강의 〈사미인곡〉이나 〈속미인곡〉 등의 연군지사도 이 〈정과정〉에 그 기원을 두고 있는 것이라 할 수 있다.

　　　今之瓜亭界面調 亦哀傷流湎與桑間一套士大夫莫不學習〈성호사설 권4 예악〉

「악학궤범」에는 이 노래를 삼진작(三眞勺)이라 하였으나 이것은 사(詞)를 말함이 아니라 악조명 '眞勺'에 진작조(眞勺調) 중 소리의 완급에 따른 순위인 '三'자를 붙인 것이다.

　　　上王 語孟思誠 卞季良 許稠等曰 後殿眞勺 其音節雖好 其歌詞不欲聞也 思誠等曰
　　　上旨允當 今樂府用其調 不用其詞 眞勺 有慢調 有平調 有數調 高麗忠惠王 頗好淫
　　　聲與嬖幸在後殿 作新聲淫詞以自娛 時人 謂之後殿眞勺 非獨其詞 調亦不可用
　　　〈세종실록 권3 원년 정월조〉
　　　孟判書 素知音律 其選曲調之合於眞勺者 眞勺 俗樂調名〈세종실록 권3 원년8월
　　　조〉
　　　樂府眞勺 有一二三四 乃聲音緩急之節也 一眞勺最緩 二三四次之〈대동운부군옥
　　　권19 작(勺)〉

1. 내 님믈 그리ᄉᆞ와 우니다니

(1) 내 〉 나의

　명사어간 '나(我)'의 속격형.

　'내'는 주격형과 속격형으로 볼 수 있다. 즉 '나'에 주격접미사 '이'가 합성된 형과 원시국어의 속격접미사 '*ㅣ'가 합성(정읍사 3-2 (1) 내 참조)된 형이 있다.

〈주격형〉

　　우리 始祖ㅣ 慶興에 사ᄅᆞ샤〈용비 3〉
　　내 太子ᄅᆞᆯ 셤기ᅀᆞ보디〈석보 6:4〉

〈속격형〉

　　내 마ᄅᆞᆯ 다 드를ᄯᅡ〈석보 6:8〉
　　牛頭는 쇠 머리라〈월인 1:27〉

　여기서는 속격형으로 보고자 한다. 현대국어에서도 '내 나라, 내 겨레' 등으로 속격형이 사용되고 있다.

(2) 님믈 〉 임을

　명사어간 '님(主)'의 대격형. '님믈'은 '님을'이나 '니믈'로 표기되어야 할 것이 표음적으로 표기하는 음운론적 표기방식에 형태의식이 작용하여, 체언과 격을 분리하여 표기하려는 방식과의 과도적 혼합상태를 보여주는 것이다(정읍사 1-1 (2) 노피곰 참조). 이런 예는 「악장가사」〈정석가〉에도 보인다.

　　有德ᄒᆞ신 님믈 여희ᅀᆞ와지이다

(3) 그리ᄉᆞ와 〉 그리워하여

　동사어간 '그리(戀, 慕)'에 겸양선행어미 '숩'의 부사형 'ᄉᆞ와'가 연결된 형.

長常 그리ᅀᆞᄫᅡ 셜버ᄒᆞ더니 〈석보 6:44〉
須達이 그리습더니 〈월인 174〉
戀 그릴 련 〈신증 하 11〉

'그리다'는 '戀'과 '畵'의 두 가지 뜻이 있다. 이 둘은 동일어원 '그리다'에서 나온 것이다. '연모(戀慕)'의 뜻은 '그립다'가 되어 ㅂ변칙용언으로 형용사화 하였고, 현대어의 동사는 '하다'를 붙여 사용한다.

그리ᄫᅳᆫ 뜨들 머거 〈월석 17:15〉
가시 그리ᄫᅩᆯ쎄 …… 녯지븨 가리라 ᄒᆞ니 〈월인 177〉

'ᅀᆞᆸ'의 부사형 'ᅀᆞᆸ아'는 'ᅀᆞᄫᅡ〉ᅀᆞ와〉ᄋᆞ와〉와'의 변천을 거치는데, 'ᅀᆞ와'는 광해군 때에 나온 「악학궤범」 중간본에는 마땅히 'ᄋᆞ와'로 표기되어야 하나 'ᅀᆞ와'로 'ᅀᆞ'음이 유지되어 있다. 이러한 까닭으로 중간본은 성종 때에 나온 초간본을 모방한 것으로 추정된다.

(4) 우니다니 〉 울더니, 울고 있더니

동사어간 '울(泣)'과 '니(行)'의 복합어에 1인칭 과거회상접미사 '다'와 어미 '니'가 연결된 형.

복합어 '우니'는 중기국어에서는 생산적이었던 것으로 보인다.

고ᄫᅵ님 몯 보ᅀᆞᄫᅡ 술읏 우니다니 〈월석 8:87〉
이제 ᅀᅩ 너를 여희오 더욱 우니ᄂᆞ니 〈월석 8:20〉

후행어간 '니'는 선행어간의 현재진행으로 결합되어 '노니, ᄂᆞ니, 사니, ᄃᆞ니, 안니, ᄒᆞ니' 등으로 복합어간을 형성하였다(동동 7-4 (2) 좃니노이다 참조).

1인칭 과거회상접미사 '다'는 2·3인칭에 쓰이는 '더'와는 그 분포가 다르다.

〈'다'의 용례〉

이런 사ᄅᆞᆷ돌ᄒᆞᆯ 濟度ᄒᆞ려뇨 ᄒᆞ다니 〈석보 13:57〉

저는 ᄠᅳ디 업다니 엇뎨어뇨 ᄒᆞ란디 〈월석 13:35〉
나는 渡頭 몰애예 자다라 〈금삼 4:5〉

〈'더'의 용례〉

사ᄅᆞᆷ과 六師왜 自然히 니러 禮數ᄒᆞ더라 〈석보 6:30〉
奉天討罪실ᄊᆡ 四方諸侯가 몯더니 〈용비 9〉
님그미 나갯더시니 〈용비 49〉

위에서 '다'의 예는 1인칭과 호응하고 있으나, '더'의 예는 3인칭과 호응하고 있음을 알 수 있다.

2. 山 졉동새 난 이슷ᄒᆞ요이다

(1) 졉동새 〉 두견새

졉동새 오디 아니ᄒᆞ고(杜鵑不來) 〈두초 25:44〉
鵑 졉동새 견 〈훈몽 상 17〉

이 '졉동새'는 이 외에 우리말로 '두견새, 소쩍새, 꾸꾸기'라고도 하며 한편 한자어 별칭으로는 '자규(子規), 곽공(郭公), 시조(時鳥), 불여귀(不如歸), 귀촉도(歸蜀道), 망제혼(望帝魂), 촉혼(蜀魂), 촉백(蜀魄), 촉조(蜀鳥), 두백(杜魄), 두우(杜宇)' 등 칭호가 있다. '졉동새'의 이런 칭호는 '촉국의 망제가 나라를 빼앗기고 죽어 그 혼이 변하여 이 새가 되었다고 하며, 이를 한탄하여 피눈물을 뿌려가며 밤새도록 운다'고 하는 전설에서 나온 것이다. 그래서 옛부터 '졉동새'를 충신들이 나라와 임금을 그리는 데 비유히여 많은 시인묵객들의 붓에 오르내렸던 것이다.

蜀之後主 杜宇號望帝 讓位鼈靈 望帝自逃 後欲復位不得 死化爲杜鵑 每春月間 晝夜悲鳴 蜀人聞之曰 我望帝魂也 〈환우기(寰宇記)〉

(2) 난 〉 나와
명사어간 '나(我)'에 절대격접미사 '는'이 연결된 형.

'난'은 표현상의 기교로 동사 '이슷ᄒ'의 보어이다. 이와 같은 표현은 안축의 〈관동별곡〉에서도 찾아 볼 수 있다.

　　　古溫 貌　我隱 伊西爲乎伊多〈근재집〉
　　（고온 양지　난　이슷ᄒ요이다）

그리고 어세겸(魚世謙)의 '효익재가사(效益齋歌詞)'에서 이 노래의 한역은 다음과 같다.

　　苦憶吾君泣涕時 山中蜀魂我依俙
　　果爲非與還爲是 殘月曉星應急知〈함종세고(咸從世稿) 권8〉

따라서 '山中蜀魂我依晞'는 이 구절의 직역임을 알 수 있다.

(3) 이슷ᄒ요이다 〉비슷합니다

동사어간 '이슷ᄒ(相似)'에 어간첨입모음 '오'와 존칭서술형어미 '이다'가 연결된 형. 명사어간 '이슷'은 '비슷(相似)'의 어두자음 'ㅂ'음형에 대한 어두모음형이다(처용가 2-4 (1) 山象이슷 참조).

어간모음 '오'가 첨입되어 '요'가 될 때는 선행 어간모음이 'ㅣ'모음을 갖는 경우 'ㅣ'모음동화를 일으키는 결과이나, 여기 'ᄒ'아래 '요'가 된 것은 'ㆍ'모음이 원래 'ㅣ'모음의 요소가 있었던 듯하여 'ᄒ'와 '오'가 연결될 때는 원칙적으로 'ㅣ'모음동화로 'ᄒ요'가 되거나, 그렇지 않으면 'ㆍ'모음이 축약되어 '호'가 되는 두 형태를 취하였다(정읍사 2-2 (2) 드디욜셰라 참조).

　　부텻모매 피 내어나 ᄒ욘 業이라〈월석 9:6〉
　　어마님 爲ᄒᅀᆞᄫᅡ 이 돈올 布施ᄒ요리〈월석 23:65〉
　　賢君을 내요리라 하ᄂᆞ리 駙馬 달애샤〈용비 46〉
　　제 ᄠᅳ데 맏드논 야올 조차 ᄒ오니〈석보 19:3〉
　　어린 百姓이 니르고져 홀배 이셔도〈훈언〉
　　德이여 福이라 호ᄂᆞᆯ 나ᄋᆞ라 오소이다〈악학 동동〉

3. 아니시며 거츠르신 둘 아으

(1) 아니시며 〉 아니시며

명사어간 '아니(非)'가 용언화접미사 '이'와 존칭선행어미 '시', 연결어미 '며'와 연결된 형. 중기국어에 '아니'는 대부분 명사로 사용되었다.

> 아로미 아니가 무르시니라(非知라) 〈능엄 3:33〉
> 모든 사룸 아니는 얼굴 잇ᄂ니와 (非人온) 〈능엄 6:22〉
> 生이며 生 아니롤 골히ᄂ니 〈법화 5:30〉

또한 주체존대를 나타내는 '시'가 쓰였으므로 주어는 '님' 또는 '님의 말씀'으로 해석된다.

(2) 거츠르신 둘 〉 거짓인 줄을, 허망한 줄을

동사어간 '거츨(僞, 妄)'에 존칭선행어미 '시'와 관형사형어미 'ㄴ'이 연결된 형.

'거츨다'는 '거짓이다, 허망하다'의 뜻이다.

> 내 말옷 거츨린댄 地獄애 ᄣ러디리라 〈월석 23:66〉
> 부텻 마롤 고디 드르라 거츠디 아니ᄒ니라 〈석보 13:47〉
> ᄆᅀᆞ미 工巧ᄒ며 거츠로미 이ᄂ니(心成巧僞) 〈남명 상 79〉

한편 '거츨다'가 '荒'의 뜻으로도 사용되었다.

> 淤膿올 거츤 드르헤 누이며 〈월석 18:39〉
> ᄠᅳ디 나날 거츠레라(意緖日荒蕪) 〈두초 23:20〉
> 荒 거츨 황 〈신증 하 55〉

현재는 '거츨다〉거칠다'로 주로 '荒'의 뜻으로 사용된다.

원시추상명사 'ᄃ'는 '것, 줄, 바' 등을 뜻하는 명사로 각 격형을 취하여 '디, 더, 둔, 둘, 뎌' 등으로 사용되는 것이며(정읍사 2-2 (1) 즌 디롤 참조), 대격형 '둘'은 원뜻인 '것을, 줄을' 등 외에 조건반사 등을 표시하는 어미로 의미가 달라져 사용되기도 하였다. 즉 '간둘, 온둘, ᄒ둘' 등의

'들'이 곧 이것이다(서경별곡 2-1 (3) 디신돌 참조).

使者를 보내신들 七代之王을 뉘 마ᄀ리잇가 〈용비 15〉
ᄒ믈며 무덤우희 진납이 포람 불제야 뉘우촌들 엇디리
〈송강 장진주사〉

(3) 아으 〉 감탄사 (정읍사 1-4 (1) 아으 참조)

'아니시며 거츠르신 둘'은 주어와 보어가 생략된 것이다. 생략된 주어와 보어를 추정할 수 있는 근거는 대등연결어미 '며'인데, 이 어미는 선행문과 후행문이 서로 대등할 때 자연스럽게 사용된다.

어미도 아ᄃ를 모ᄅ며 아들도 어미를 모ᄅ리니 〈석보 6:3〉
逃亡애 命을 미드며 놀애예 일훔 미드니 〈용비 16〉

따라서 '아니시며'와 '거츠르신 둘'에서 '시'는 '이시(有)'와 '시(존칭선행어미)' 두 형태 중 하나인데, 여기서는 모두 존칭선행어미로 보고자 한다. 따라서 주어는 존칭의 대상인 '님' 또는 '님의 말씀'이라 생각된다. '님의 말씀'을 주어로 할 경우는 「고려사」(권71 악지2)의 '不久當召還'의 내용이 이에 해당한다고 볼 수 있다. 따라서 그 구절의 뜻은 '(님께서 머지 않아 다시 불러 주겠다고 한 말씀이 사실이) 아니며 거짓인 줄을'로 풀이할 수 있어, 다음 구절 '殘月曉星이 아ᄅ시리이다'로 이어가 자신의 결백함과 님에 대한 원망을 호소한 것으로 되어 자연스럽다. 한편 이 구절을 '거짓으로 꾸며 말한 사람의 말이 (사실이) 아니요 거짓인 줄을'로도 풀이할 수도 있으나, 이렇게 되면 참소자의 말을 높일 이유를 찾기 힘들게 된다.

4. 殘月曉星이 아ᄅ시리이다

(1) 殘月曉星이 〉 새벽달 새벽별이
　殘月 — 새벽달
　　此夜斷腸人不見 起行殘月景徘徊 〈고황 시〉

曉星 — 새벽별.
　　曉星正寥落〈사조 시〉

(2) 아ᄅ시리이다 〉알 것입니다.

동사어간 '알(知)'에 존칭선행어미 '시'와 미래시상선행어미 '리', 존칭서술형어미 '이다'가 연결된 형.

'이다'의 고형은 '이다'이며 봉좌문고본 「악학궤범」에는 고형으로 표기되어 있다.

　　버서날 이를 알와이다.〈석보 11:3〉
　　出家成佛을 아ᄉᆞᄫᆞ니〈월인 30〉

이 구절은 익재의 번역시에서 '只應殘月曉星知'로 한역된 바, 자기 자신의 결백함을 '殘月曉星'에 의지하여 처절하게 호소하였다.

5. 넉시라도 님은 ᄒᆞᆫ ᄃᆡ 녀져라 아으

(1) 넉시라도 〉혼백이라도

명사어간 '넋(魂魄)'에 용언화접미사 '이'와 연결어미 '라도'가 연결된 형.

　　시혹 病ᄒᆞ니 넉시 도로 뵈ᇙ 저긔〈석보 9:31〉
　　精氣ᄂᆞᆫ 넉시라 ᄒᆞ둣ᄒᆞᆫ ᄠᅳ디라〈석보 9:22〉
　　魂 넉 혼〈훈몽 중 35〉

(2) 님은 〉임과

명사어간 '님(主)'에 절대격접미사 '은'이 연결된 형. 여기서는 공동격 '과'의 기능으로 사용된 예이다. '님은'이나 대격형 '니믈' 등이 공동격적 기능으로 사용된 예들은 공동격 접미사 '와/과'의 발달 이전의 용법이라고 볼 수 있을 것이다(동동 8–3 (1) 니믈 참조).

'님은'은 '니믄'이나 '니ᄆᆞᆫ'으로 표기될 것이 형태적으로 분리되어 표기된 형이다.

(3) ᄒᆞᆫ 디 〉 한 곳에, 같은 곳에 (동동 8-3 (2) ᄒᆞᆫ 디 참조)

(4) 녀져라 〉 가고 싶어라, 가고지라
  동사어간 '녀(行)'에 원망형어미 '져라'가 연결된 형(동동 8-3 (3) 녀가져 참조).

6. 벼기더시니 뉘러시니잇가

(1) 벼기더시니 〉 어기시던 이, 어기시던 사람이
  동사어간 '버기'에 회상선행어미 '더'와 존칭선행어미 '시'와 관형사형어미 'ㄴ'이 연결된 형과 의존명사 '이'가 결합된 형. '벼기'는 '버기'의 이중모음화된 형이다. 이런 이중모음화 경향은 다음 같은 예에서 찾아볼 수 있다.

>   (너기〉녀기)
>   눈에 보논가 너기ᅀᆞᄫᆞ쇼셔 〈월인 2〉
>   ᄆᆞ숨 됴히 너기는 형뎨 둥에 〈박초 상 71〉
>   (쌤〉뺨)
>   째몰 티디 말며 〈두초 25:14〉
>   뺨과 입시우리 〈두창 상 10〉

  이 외에 '쏘롯ᄒᆞ다〉쑈쪽ᄒᆞ다' 등도 있다. 한편 '벼기다'는 똑같은 형이 〈만전춘〉에도 보인다.

>   넉시라도 님을 ᄒᆞᆫ 디 녀닛 景 너기다니 벼기더시니 뉘러시니잇가 〈만전춘〉
>   盟誓를 벼기나이다 〈월석 23:66〉

  '벼기다'는 '우기다, 고집하다, 주장하다' 등으로 풀이할 수도 있으나 노래의 내용으로 볼 때 '어기다'로 풀이하는 것이 좋으리라 생각한다.
  '더시니'에서 '이'는 사람을 뜻하는 영형태의 주격형이다. '더'나 '거'는 중기국어에서는 존칭선행어미 '시'에 선행하여 '더시, 거시'로 사용되는 것이 통례였다. 현재는 '시더, 시거'로 사용된다(처용가 2-2 (2) 기울어신 참조).

(2) 뉘러시니잇가 〉 누구였습니까

　명사어간 '누(誰)'에 용언화접미사 '이'와 과거시상선행어미 '더', 존칭선행어미 '시', 현재시상선행어미 '니', 존칭의문형종결어미 '잇가'가 연결된 형. '뉘'는 '누이'가 어간으로 굳어진 형이다. '러'는 '더'가 '이' 아래에서 'ㄷ〉ㄹ'로 유음화된 형이다(정과정 6 (1) 벼기더시니 참조).

　　　　님금 臣下ㅅ 疑心이러시니 〈월인 60〉
　　　　成佛ᄒ신 일후미 燃燈이러시다 〈석보 13:35〉

　존칭의문형종결어미는 '잇가'와 '잇고'의 두 가지 형이 사용되었다(동동 1-4 (2) 오소이다 참조).

　본 구절을 '(임금의 뜻을) 어기던 사람이 나 자신이었습니까? 그렇지 않으면 간신배였습니까?'로 해석하면, 존칭선행어미와 호응하지 못한다. 따라서 '벼기더시니'에서 '이'는 '님'으로 보아야 하며, 생략된 목적어는 '님의 말씀', 즉 「고려사」(권71 악지2)의 '不久當召還'의 내용이라고 볼 수 있다. 따라서 그 구절의 뜻은 '(머지 않아 다시 불러 주겠다는 말씀을) 어기시던 사람이 누구였습니까?'로 풀이하는 것이 좋을 듯싶다.

7. 過도 허믈도 千萬 업소이다

(1) 過도 〉 과실도

　'도'는 태격접미사. 즉 절대격형 '는'에 대응하여 '역시'의 의미를 나타내는 명사접미사이다.

(2) 허믈도 〉 허물도, 잘못도

　명사어간 '허믈(過)'에 태격형접미사 '도'가 연결된 형.

안팟기 스믓 허므리 업고 〈석보 9:4〉
허믈 업스니 어드리 내티료 〈월석 2:6〉
罪 허믈 죄 〈훈몽 하 29〉

(3) 업소이다 〉 없습니다

　동사어간 '없(無)'에 어간첨입모음 '오'와 존칭서술형어미 '이다'가 연결된 형.

　'업소이다'는 '업스이다'로 어간이 조성모음 '으'와 연결될 것이 '으' 대신 어간모음 '오'를 취한 형이다. 그러므로 '소이다'는 〈동동〉(1-4 (2))의 '나ᅀᆞ라 오소이다'에서 '오소이다'의 '소이다'와는 구별된다. 즉 〈동동〉의 '소이다' 형은 어간에 존칭권유형 '사이다〉소이다'가 직결된 형이다.

내 쳐ᅀᅥ메 아로이다 술와놀 〈능엄 5:33〉
十方애 能히 스므츠실쎄 머리셔 드로이다 ᄒᆞ시니라 〈법화 7:163〉
鐵絲로 주롬 바고이다 〈악장 정석가〉

8. 몰힛 마러신뎌 아으

(1) 몰힛 〉 맑게 하는, 편안케 하는

　'몰힛'에 대하여는 이를 해석함에 있어 설이 구구하다. 이에 대하여는 다음과 같은 세가지 설이 있었다.

　㉠ '물핫'의 오각으로 보고 '물'은 '群, 衆', '핫'은 '할(譏)'의 대격으로 보는 설
　㉡ '몰힛'을 '몰힟'으로 보고 '몰힟〉몰휫〉믈읫〉믈웃〉무릇'의 변화과정을 상정하고 '凡, 大低'로 보는 설
　㉢ '몰힛'을 정철로 보고 '몰기'의 'k〉h'의 변형으로 보아 '말끔, 말짱'으로 보는 설.

　이 설들에서 ㉠, ㉡의 '물핫'이나 '몰힛'의 오각으로 보는 설은 봉좌문

고본 「악학궤범」에 의하면 그 타당성이 의심스러워진다. 이 본은 초간본이거나 적어도 임란 전 판본으로 추정되는데, 여기에는 '물 힛 마리신뎌'로 표기되어 있고, 노래 내용으로 보아 이것이 옳은 표기라 할 수 있어 오각의 흔적은 찾아 볼 수 없다. 그러므로 '물힛'은 정철로 보아야 한다. ⓒ의 설에서는 '물힛'을 부사형으로 보고 있다. 즉 '물힛'을 동사어간 '몱(淸)'의 부사형 '물기'의 변형 '물히'에 촉음 'ㅅ'이 결합된 형으로 보고 있다.

性 하ᄂ리 물기 개며 (性天澄霽) 〈능엄 2:107〉
엇뎨 져기 물기 가난호미 귿ᄒ리오 〈금삼 4:31〉

그러나 위에서 보듯이 '물기'는 부사형으로 서술어를 수식하고 있다. '물힛 마리신뎌'를 옳은 표기라 하였을 때, '물힛'을 부사로 처리하면 다음에 오는 명사 '말'을 수식할 수 없게 된다. 따라서 필자는 '물힛 말'을 한데 묶어 처리하고자 한다.

'물힛'에 대한 새로운 해석으로 두 가지 가능성을 생각해 볼 수 있다. 첫째, '물힛'은 '몱(淸)'의 사동사형 '물기'에 동명사형어미 'ㄹ'과 속격접미사 'ㅅ'의 결합형으로, 즉 '물긻'에서 변화된 것으로 볼 수 있다. 둘째, '물힛'은 동사어간 'ᄆᆞᄅ(裁)'에 사동접미사 '히'와 동명사형어미 'ㅅ'이 연결된 것으로도 볼 수 있다.

먼저 첫째 가능성을 따른다면, '물힛 말'은 '맑게 하는 말' 즉 '마음을 편안케 하는 말'로 해석될 수 있다. '몱(淸)'의 사동사형 '물기'는 중기국어에서 다음과 같이 사용되었다.

ᄆᆞᅀᆞᄆᆞᆯ 물겨서 〈두초 9:20〉
흐린 므를 물교더 ᄀᆞᄆᆞ니 잇ᄂ 그르세 담돗ᄒ니 〈능엄 4:89〉
ᄆᆞᅀᆞᄆᆞᆯ 물기샤 혼 것도 업시 뷔샤 〈두초 12:26〉

'물힛'은 '물긻〉물깃〉물힛'과 같은 변화를 거쳤다고 생각할 수 있는데, 동명사형어미 'ㄹ'이 명사형어미와 같은 용법으로 사용되어 속격접미사 'ㅅ'이 결합한 것이다. 이러한 예는 많지는 않지만 중기국어에서도 찾아 볼 수 있다.

> 놀애를 ᄂ외야 슬픐 업시 브르ᄂ니 〈두초 25:53〉
> 너펴 돕ᄉ오미 다ᅀᆞ 업서 〈법화 서 18〉
> ᄆᆞᅀᆞ매 서늘히 너기디 아니홇 아니ᄒᆞ노라 〈내훈 서 77〉

한편, 중기국어에서는 동명사형어미 'ㄴ'도 'ㄹ'처럼 명사형어미와 같은 용법을 보인다.

> 虞芮質成ᄒᆞᄂ로 方國이 해 모ᄃ나 威化振旅ᄒᆞ시ᄂ로 興望이 다 몯ᄌᄫᆞ나 〈용비 11〉
> 알퍼 許ᄒᆞ샨다이 ᄒᆞ쇼셔 〈법화 2:138〉

또한 '믈긿〉믈깃'에서 'ㄹ' 탈락은 다음과 같은 중기국어 자료에서 그 근거를 찾을 수 있다.

> 믓거굼도 아니머거 〈삼강 불해〉 ←(믌)
> 하ᄂᆞ ᄠᅳ디 〈두초 19:17〉 ←(닔)

이와 같은 '믈깃'의 변형 '믈힛'은 'k'의 약화과정에서 'h'화하는 중부방언의 음운현상으로 다음과 같은 '흙(土)'의 표기는 이런 현상을 뒷받침해 주는 것이다.

> 土曰 轄希 〈계림유사〉

이 '轄希'에서 '*훌히'를 재구할 수 있고 그 고형으로 '*홀기'를 다시 재구할 수 있어 '홀기〉홀히'의 표기라고 할 수 있는데, '흙'은 중부방언에서는 받침에서 'ㄹ'보다 'ㄱ'을 우세하게 발음함에 비추어 표기자의 방언적 특성에 의해 'k〉h'의 음운론적 사실을 반영한 것이라 할 수 있다.

그러나 이러한 첫째 가능성에서는 다음과 같은 의문들이 더 고찰되어야 한다. 먼저 '믈긿〉믈깃'에서 'ㄹ' 탈락의 문제이다. 이것은 동명사형어미가 속격접미사 'ㅅ' 앞에서 탈락하는 경우이다. 이러한 분포는 중기국어에서 발견되지 않으며 다만 명사어간의 말음 'ㄹ'이 속격접미사 'ㅅ' 앞에서 탈락되는 예를 찾아 볼 수 있을 뿐이다. 그리고 '몰깃〉몰힛'으로의 변화가 공시적으로 가능했겠는가 하는 점도 의문이다.
한편 두번째 가능성은 'ᄆᆞᆯ+히+ㅅ'에서 '몰힛'이 되었다는 것이다.

   옷 ᄆᆞᆯ기 됴흐니(好裁衣)〈두중 중 54〉
   ᄆᆞᆯ 지(裁)〈훈몽 하 19〉
   므쇠로 텰릭을 몰아〈악장 정석가〉

이때도 '몰힛'은 '마름질 하는, 재단하는'의 의미를 가지므로 '마음을 편안케 하는'으로 해석될 수 있다. 그러나 이러한 가능성에서도 의문점은 있다. 먼저 '몰히'가 'ᄆᆞᆯ'의 사동형으로 사용된 예를 찾을 수 없다는 점이다. 그리고 무엇보다도 동명사형어미 'ㅅ'을 설정하는 문제가 남아 있다. 즉 'ㅅ'을 두 가지 기능을 가진 형태로 파악하고자 하는 것이다. 'ㅅ'이 명사와 결합하면 속격접미사의 기능을 하고, 동사와 결합하면 동명사형어미의 기능을 갖는 형태이다. 우리는 중기국어의 의문형 어미 'ㅅ가'에서 동명사형어미로 기능하는 'ㅅ'의 흔적을 발견할 수 있다. 그러나 이러한 양면성에 대해서는 고대국어와 중기국어의 자료에서 보다 세밀히 검토되어야 한다.
앞에서 우리는 '몰힛'에 대해 기존 견해와 더불어 새로운 두 가지 가능성을 검토해 보았다. 그러나 이는 명쾌한 해석이라기보다는 가능성과 문제점을 제시하는 정도였다. 이에 대해서는 앞으로 보다 많은 연구가 요망된다.

(2) 마러신뎌 〉 말이었구나, 말씀이었구나

명사어간 '말(言)'에 용언화접미사 '이'와 존칭선행어미 '시'와 감탄형 종결어미 'ㄴ뎌'가 연결된 형(정읍사 2-2 (1) 즌 ᄃᆡ롤 참조). '마러신뎌'는 봉좌문고본「악학궤범」에 '마리신뎌'로 표기되어 있어 이제까지의 구구한 의문은 자연 풀리게 되었다. 즉 '마러신뎌'는 '마리신뎌'의 오각이다.

   世尊ㅅ 말올 듣줍고 도라보아 ᄒᆞ니〈월인 39〉

一乘엣 至極훈 마리샤(一乘極談) 〈법화 1:149〉

이 구절 '몰 힛 마리신뎌'는 '님(의종)이 머지 않아 다시 부르겠다(不久當召還)라고 한 것은 단지 나의 마음을 편안케 하기 위해서(위로하기 위해서) 하신 말씀이었구나'로 해석된다. 이는 소명을 기다리다 못해 지친 심정이 노출된 곳으로 임금에 대한 원한의 말이며 탄성이라고 볼 수 있다.

9. 술웃브뎌 아으

(1) 술웃브뎌 〉 가슴이 미어지는구나

동사어간 '술(燒)'에 부사화접미사 '웃'과 형용사화접미사 '브'와 감탄형종결어미 'ㄴ뎌'가 연결된 형.

봉좌문고본 「악학궤범」의 '술웃븐뎌'가 정철이며, '술웃'은 부사로 '가슴이 미어져'의 의미를 갖는다.

고볼 님 몯 보수봐 술웃 우니다니 〈월석 8:87〉

한편 '술웃브뎌'의 '술'을 '술(銷)'로 보아 '사라지다, 죽고 싶다'로 해석하려는 견해도 있다.

江漢앳 客의 넉스로 ᄒᆞ여 술에 ᄒᆞᄂᆞ다(江漢客魂銷) 〈두중 5:22〉
말 다 ᄒᆞ시고 술하디여 우러 여희시니 〈월석 8:97〉

또한 '술'을 '슳(悲)'의 이형으로 보는 견해도 있다. 그러한 견해에서는 '슬프도다'나 '숣(白)'으로 보아, '사뢰고 싶구나' 또는 경상방언의 '숩도다'에 대응시켜 '답답하도다' 등으로 해석하기도 하였다. 그러나 앞의 '술웃 우니다니'를 고려해 볼 때, '술'은 '술(銷), 슳(悲)'보다는 '술(燒)'로 해석하는 것이 노래의 내용에 가장 적합한 것으로 생각되어 이를 취하였다.

'술웃브뎌'의 '웃'은 어감을 돕는 어간첨사로 현대어의 '감웃감웃, 붉웃붉웃' 등의 '웃'과 동일한 형이다.

시름ᄒᆞ며 애와텨 ᄆᆞᅀᆞ미 놀웃ᄂᆞ다(憂憤心飛揚) 〈두초 2:43〉
손에 쟝기 업슴을 보고 ᄆᆞ옴이 누긋ᄒᆞ다 〈삼역 2:11〉

'브'는 형용사화접미사로 '깃브, 믿브, 슳브'등의 '브'로 동사를 형용사로 만들 때 접미되는 것이다. 그러나 '숦읏브뎌'에서는 '숦읏'이 부사이므로 부사에 '브'가 연결된다고 보아야 하는 설명의 어려움이 있다. 이에 대해서는 좀더 고찰이 필요하다. '뎌'는 'ㄴ뎌'에서 'ㄴ'이 생략된 형이다. 「악학궤범」의 '숦읏븐뎌'의 'ㄴ뎌'는 그 원형을 보인다.

따라서 본 구절 '숦읏브뎌'는 '가슴이 미어지는구나'로 풀이되며, 앞 구절 '몰힛 마리신뎌'의 뜻('님이 머지 않아 다시 부르겠다고 한 것은 단지 나의 마음을 편안케 하기 위해서(위로하기 위해서) 하신 말씀이었구나')과 연결되어 소명을 기다리다 지쳐 애타는 작자의 심정을 토로한 것이라고 할 수 있다.

10. 니미 나를 ᄒᆞ마 니즈시니잇가

(1) 니미 〉 님이, 임금이

명사어간 '님(主)'의 주격형.

(2) 나를 〉 나를

명사어간 '나'의 대격형으로 '룰'과 '를'의 혼란형.

(3) ᄒᆞ마 〉 벌써, 이미

'벌써, 이미'의 뜻으로 사용된 것으로는 다음과 같은 용례가 보인다.

西行이 ᄒᆞ마 오라샤(西行旣久) 〈용비 42〉
欲火를 ᄒᆞ마 ᄢᅴ샤 〈월인 101〉
旣는 ᄒᆞ마 ᄒᆞ논 ᄠᅳ디라 〈석보 서 5〉

'ᄒᆞ마'는 위의 '旣, 己'의 뜻 외에 '將次'의 뜻으로도 사용되었다.

ᄒᆞ마 비 오려다 ᄒᆞᇙ 저긔 〈월석 10:85〉

ᄒᆞ마 주글 내어니 子孫을 議論ᄒᆞ리여 〈월석 1:7〉
아니 오라 ᄒᆞ마 주그리니 〈월석 17:47〉

이 '將次'의 뜻을 가진 'ᄒᆞ마'는 뒤에 다소 의미분화하여 '하마터면'으로 변하여 현재에 이르렀다.

(4) 니ᄌᆞ시니잇가 〉 잊으셨습니까
  동사어간 '닞(忘)'에 존칭선행어미 '시'와 현재시상선행어미 '니'와 존칭의문형종결어미 '잇가'가 연결된 형.
  이 구절은 앞 구절의 님에 대한 원망과 작자의 애타는 마음이 연결되어 '님이 벌써 나를 잊으셨습니까?'라고 반문하고 있다. 이는 다시 불러 줄 것을 간곡히 바라는 다음 구절의 내용과 자연스럽게 이어진다.

11. 아소 님하 도람 드르샤 괴오쇼셔

(1) 아소 〉 아서라, 맙소서
  동사어간 '앗(奪, 祛)'에 명령형종결어미 '소'가 연결된 형.
  '아소'는 'ㅅ'의 중복으로 '앗'의 'ㅅ'이 탈락되어 '앗소〉아소'가 된 형이다. '그만 두어라, 치워라' 등의 뜻으로 변하여 금지사로 고정된 것으로 볼 수 있다.

네 내 利益을 앗ᄂᆞ니 내 네 나라ᄒᆞᆯ 배요리라 〈월석 7:46〉
므레 드러 디샛 지벽을 아ᅀᆞ라 ᄒᆞ니 〈능엄 5:72〉
奪 아ᅀᆞᆯ 탈 〈훈몽 하 25〉

  그러나 〈사모곡〉이나 〈만전춘〉에 나오는 '아소'는 이와 같은 금지사와는 다른 뜻으로 사용되었다.

(2) 님하 〉 님이시어
  명사어간 '님'에 강조형호격접미사 '하'가 연결된 형(정읍사 1-1 (1) 둘하 참조).

(3) 도람 〉 돌리어, 돌려

동사어간 '돌(廻)'에 부사화접미사 '암'이 연결된 형.

어간에 접미사 '암/엄'이 접미되면 명사 또는 부사로 전성되는데 여기서는 부사로 전성된 형으로 보는 것이 풀이하는 데 자연스러울 것이다.

  顯現은 나담날씨오〈월석 10:49〉
  더 나삼드러(示增進)〈능엄 1:21〉
  겨집종 두어흘 서르 ᄀ람내야 뵈니〈태평 1:39〉
  다ᇝ 업슨 긴 ᄀᄅᄆᆫ 니섬니서 오놋다(不盡長江 袞袞來)〈두초 10:35〉
  남기 드리염 프ᄂᆺ니(樹垂垂發)〈두초 18:4〉

따라서 '도람'은 '마음을 돌리어'로 풀이된다.

(4) 드르샤 〉 들으시어

동사어간 '듣(聞)'에 존칭선행어미 '시'와 부사형어미 '아'가 연결된 형. '들(入)'로 해석하여 '들이시어'로 풀이할 수도 있으나, 이때는 '들이시어〉들으시어'의 변화를 설명하기가 어렵게 된다. 따라서 여기서는 '(나의 간절한 소원)을 들으시어'로 풀이하는 것이 합리적이라고 생각한다.

(5) 괴오쇼셔 〉 사랑하소서

동사어간 '괴(寵)'에 선행어미 '고'와 존칭명령형종결어미 '쇼셔'(동동 1-4 (2) 쇼셔 참조)가 연결된 형.

'고〉오'는 'ㅣ'모음 뒤에 'ㄱ'이 탈락한 것이다(정읍사 1-2 (3) 비취오시라 참조).

  괴여 爲我愛人而 괴ᅇᅧ 爲人愛我〈훈해〉
  믜리도 괴리도 업시 마자셔 우니노라〈악가 청산별곡〉
  어마님ᄀᆞ티 괴시리 업세라〈악가 사모곡〉
  寵 괼 툥〈석봉 30〉

'寵, 愛'를 뜻하는 '괴'와 동의어로 '닷'이 사용되었다. '괴'는 조선 말까지 꾸준히 사용되었음에 반하여 '닷'은 주로 임란 전에 보편적으로 사용된 듯하다.

  션비를 ᄃᆞᆺ실쎄(且愛儒士)〈용비 80〉
  모다 닷고 恭敬ᄒᆞ야〈월석 10:60〉
  神變 ᄃᆞᆺ는 젼ᄎᆞ로(以愛神變故)〈능엄 9:109〉
  너희 무리 믜며 ᄃᆞᆺ논 ᄆᆞᄉᆞ미 重ᄒᆞ야〈남명 하 5〉
  愛 ᄃᆞᆺ울 이〈훈몽 하 35〉

 그러나 이들 '괴, ᄃᆞᆺ' 등은 '사랑'이란 말이 대신함으로써 점차 그 자취를 감추어 현재에 이르렀다. '사랑'이란 말은 원래 '思, 憶' 등을 뜻하는 말이었으나 일찍이 '愛'의 뜻까지 확대하여 사용되었으니 조선 초기의 문헌에서 그 예를 찾아 볼 수 있다.

  어버ᅀᅵ 子息 ᄉᆞ랑호ᄆᆞᆫ 아니홀 ᄉᆞᅀᅵ어니와〈석보 6:3〉
  ᄉᆞ랑ᄒᆞ며 恭敬ᄒᆞᆫ 相 잇ᄂᆞᆫ ᄯᆞ롤(愛敬有相之女)〈능엄 6:33〉
  愛 ᄉᆞ랑 이〈석봉 5〉

 이 'ᄉᆞ랑'이란 말이 점차 '괴, ᄃᆞᆺ'의 '愛'의 뜻으로 바뀌어지자 본래의 뜻인 '思, 憶'으로는 '생각'이란 말이 'ᄉᆞ랑'과 병존하다가 점차 '생각'이란 말만이 남아 현재에 이르렀다.

  長常 이 이를 ᄉᆡᆼ각ᄒᆞ라〈월석 8:8〉
  ᄆᆞᅀᆞᆷ 어두워 能히 외와 ᄉᆡᆼ각디 몯거든〈능엄 7:46〉
  思 ᄉᆡᆼ각 ᄉᆞ〈석봉 12〉

〈현대어 옮김〉

내 임을 그리워하여 울고 있더니
산 접동새도 나와 비슷합니다.
아니며 거짓인 줄을

새벽달 새벽별만은 알 것입니다.
혼백이라도 임과 가고 싶어라.
어기시던 사람이 누구였습니까?
과실도 허물도 없습니다.
나를 위로하기 위한 말씀이었네.
가슴이 미어집니다. 아아
임이 나를 벌써 잊으셨습니까?
아소 임이시여, 돌리어 들으시어 사랑하소서.

■ 악장가사

5. 서 경 별 곡

西京이 아즐가
西京이 셔울히마르는
위 두어렁셩 두어렁셩 다링디리

닷곤 디 아즐가
닷곤 디 쇼셩경 고외마른
위 두어렁셩 두어렁셩 다링디리

여히므론 아즐가
여히므논 질삼뵈 브리시고
위 두어렁셩 두어렁셩 다링디리

괴시란디 아즐가
괴시란디 우러곰 좃니노이다
위 두어렁셩 두어렁셩 다링디리

구스리 아즐가
구스리 바회예 디신돌
위 두어렁셩 두어렁셩 다링디리

긴히뚠 아즐가
긴힛뚠 그츠리잇가 나는

위 두어렁셩 두어렁셩 다링디리

즈믄히를 아즐가
즈믄히를 외오곰 녀신돌
위 두어렁셩 두어렁셩 다링디리

信잇돈 아즐가
信잇돈 그츠리잇가 나논
위 두어렁셩 두어렁셩 다링디리

大同江 아즐가
大同江 너븐 디 몰라셔
위 두어렁셩 두어렁셩 다링디리

빈 내여 아즐가
빈 내여 노혼다 샤공아
위 두어렁셩 두어렁셩 다링디리

네 가시 아즐가
네 가시 럼난 디 몰라셔
위 두어렁셩 두어렁셩 다링디리

녈 비예 아즐가
녈 비예 연즌다 샤공아
위 두어렁셩 두어렁셩 다링디리

大同江 아즐가

大同江 건넌 편 고즐여
위 두어렁셩 두어렁셩 다링디리

비 타들면 아즐가
비 타들면 것고리이다 나는
위 두어렁셩 두어렁셩 다링디리

 이 노래의 작자와 연대는 알 수 없으나, 다음과 같은 기록으로 보아 일찍이 고려시대부터 속요로서 민간에 널리 가창되었음을 추측할 수 있다.

<blockquote>
縱然岩石落珠璣 纓縷固應無斷時 與郞千載相離別 一點丹心何改移 〈익재난고 4 소악부〉
傳曰 宗廟樂 如保太平 定大業則善矣 其餘俗樂 如西京別曲 男女相悅之詞 甚不可樂 譜則不可卒改 依曲調別製詞何如 〈성종실록 215 19년 4월〉
</blockquote>

 즉, 익재의 소악부에 제 2연이 한문으로 번역되었으며, 또한 조선시대에 와서는 성종 때에 종묘악 중 이 노래를 비롯하여 〈쌍화점〉, 〈이상곡〉 등이 이른바 '남녀상열지사(男女相悅之詞)'로 문제에 올랐던 점으로 보아 고려의 속요이었음이 분명하다.
 이 노래를 비롯한 〈청산별곡〉 등은 〈한림별곡〉과 같은 형식으로 고려시대에 일반 민간에 불리어진 별곡체의 노래이며, 기타 고려가요와 함께 고려 역대에 있어서의 내우외환의 시대적 고민을 노래한 점에서 궤를 같이하는 것이다. 따라서, 이 노래와 〈청산별곡〉은 귀족계급의 한림별곡체의 가요에 대등한 하층 서민계급에서 불린 별곡체의 가요로서 민요적 성격을 띠고 있어 그 용어, 시상(詩想), 정조(情調) 등 조선시대의 작품에서는 찾아 볼 수 없는 빼어난 작품들이다.
 이 노래의 특징은 매 연 매 구절의 첫 구절이 그 사설의 첫 구절을 취하고 있는 점이다. 즉, '西京이 아즐가'의 사설 다음에 '西京이 셔울히마르는'으로, 또한 '닷곤 디 아즐가'를 받아 '닷곤 디 쇼셩경 고외마른'과 같은 식으로 노래 전체에 일관되고 있다. 따라서, 이 노래는 음률에 맞추기 위한 사설인 '아즐가', '위 두어렁셩 두어렁셩 다링디리' 등을 빼면 다음과 같은 3연으로 된다.

西京이 셔울히마르는
닷곤 디 쇼셩경 괴외마른
여히므론 질삼뵈 브리시고
괴시란 디 우러곰 좃니노이다

구스리 바회예 디신돌
긴힛쫀 그츠리잇가 (나는)
즈믄히롤 외오곰 녀신돌
信잇든 그츠리잇가 (나는)

大同江 너븐 디 몰라셔
비 내여 노흔다 샤공아
네 가시 럼난 디 몰라셔
녈 비예 연즌다 샤공아
大同江 건넌 편 고즐여
비 타들면 것고리이다 (나는)

1-1 西京이 아즐가 西京이 셔울히마르는 위 두어렁셩 두어렁셩 다링디리

(1) 西京이 〉 평양이

　　平壤府……高麗太祖元年 爲大都護府 尋爲西京 光宗十一年 改稱西都 成宗十四年 稱西京留守……忠烈王十六年 遂復爲西京留守 恭愍王十八年 設萬戶府 後改爲平壤府〈여지승람 권51 평양〉

(2) 아즐가 〉 악보율에 맞추기 위한 조율음.

(3) 셔울히마르는 〉 서울이지마는
　명사어간 '셔울ㅎ(京)'에 용언화접미사 '이'와 연결어미 '마르는'의 연결형.

셔볼 使者롤 쩌리샤(憚京使者)〈용비 18〉
또 이힛 자히사 셔울 드러오니라〈월석 2:66〉
슬피 셔울홀 ᄉᆞ랑ᄒᆞ노라(悄悄憶京華)〈두초 15:52〉

'셔울'의 어원은 '소로벌(수리벌)'일 것이며, 그 변천은 '소로벌(수리벌))셔라벌〉셔벌〉셔볼〉셔울〉서울'을 상정할 수 있다. '소로벌, 수리벌'의 '소로, 수리'는 '上, 高, 峰'을 뜻하는 말이며, 그 어원은 만주어 'soro-moto(高竿, 聳木)'의 'soro'와 동계어로 '高, 聳'과 상통하는 것이다(동동 6-2 (1) 수릿날 참조). 따라서, 신라의 지명이나 국호인 '斯盧, 尸羅, 斯羅, 新羅'나 '徐羅伐, 徐那伐, 徐伐' 등의 '徐羅, 徐那, 徐' 등은 모두 'soro'의 음역이라 할 수 있다. 국어에서 '소로, 수리'가 '上, 高, 峰' 등의 뜻임은 다음과 같은 기록을 보면 알 수 있다.

峰城縣 本高句麗 述爾忽〈사기 35 지리2〉
上忽一云 車忽〈사기 35 지리2〉
陰峰縣 本百濟 牙述縣〈사기 36 지리3〉

또한, 소도제천의식에서 연유한 수릿날(단오)과 수릿달(시월 상달) 등이 있으며, 이들 '소로·수리'는 원래 천신과 부락수호신을 제사지내는 민간신앙과 결부된 말로 앞에서 기술한 신라 국호의 원형은 모두 이 민간신앙인 소도숭배에서 기원하였으며, 신라의 발상지인 '斯盧國'은 '蘇塗國'에 지나지 않는 것이다. 즉,

常以五月下種訖 祭鬼神 群聚歌舞 飮酒晝夜無休 其舞數十人 俱起相隨 踏地低昂 手足相應 節奏有似鐸舞 十月農功畢 亦後如之 信鬼神 國邑各立一人 主祭天神名之天君 又諸國各有別邑 名之爲蘇塗 立大木 懸鈴鼓 事鬼神〈삼국지 위지동이전 한조〉

소도숭배는 큰 나무('soro-moto')를 세우고 방울과 북을 달아 귀신을 섬기는 것으로 오월 수릿날과 시월 상달이 그 제천의식의 시기였던 것이다. 그러므로, 이 '蘇塗'는 '소로(soro)'의 음역이며, '소도〉소로'는 'ㄷ〉ㄹ'의 전이에 지나지 않는다.

'소로벌, 수리벌'에서 '벌'의 원래 뜻은 '광명(붉)'의 뜻을 가진 말로서 '평원, 도읍, 국토' 등으로 뜻이 바뀌어 '發, 伐, 不, 弗, 沸, 夫里' 등으로 음차되었으며, 훈차로는 '火' 등으로 표기된 것이다. 그러므로 '徐羅伐, 徐伐, 所夫里' 등은 '소로벌〉셔라벌〉셔벌' 등의 음역으로 '上國, 高國'의 뜻임을 알 수 있다.

'소로벌(수리벌)'이 '셔벌'로 되는 '소로(수리)〉셔'는

    나리〉내(川)   누리〉뉘(世)
    모로〉뫼(山)   서리〉시(間)

등과 같이 ㄹ탈락과 음절축약과정을 밟은 형이며, '벌〉볼〉울'은 'ㅂ〉ㅸ〉ㅇ(zero)'의 /ㅂ/음의 약화·탈락과정을 밟은 것이다. 따라서, 종전에 '셔울'의 원형을 '시볼'로 보고, '시'를 '東, 曙, 新'의 동일어로 보아 '東野, 東土, 東都' 등으로 보는 설에는 동조할 수 없다. 그러므로, '소로벌(수리벌)〉셔라벌〉셔벌〉셔볼〉셔울〉서울'은 '上國, 高國'에서 대도시인 수도에 쓰임에 따라 '京'의 뜻으로 굳어진 것이라고 할 것이다.

연결어미 '마는'의 고형은 '마ᄅᆞᆫ'이며 '마ᄅᆞᆫ〉마논〉마는'으로 변한 것이다(동동 9-2 (1) 嘉俳나리마ᄅᆞᆫ 참조). 그러나, 이 노래의 '마르는'은 '마ᄅᆞᆫ(마른)'의 변이형으로 노래의 음률에 맞추기 위한 음절의 첨가이다. 이 노래 중 '닷곤 뎌 쇼셩경 고외마ᄅᆞᆫ'은 그대로 원형 '마ᄅᆞᆫ'을 사용한 점에서도 알 수 있다. 고려가요 중 음률에 맞추기 위하여 이 음절첨가형이 흔히 사용되었다.

    아바님도 어이어신 마ᄅᆞ는 〈악장 사모곡〉
    호미도 놀히언 마ᄅᆞ는 〈악장 사모곡〉
    잡ᄉᆞ와 두어리 마ᄂᆞ는 〈악장 가시리〉

(4) 위 〉 감탄사

(5) 두어렁셩 두어렁셩 다링디리
  조율음 즉, 북소리에 맞추기 위한 의성적 장단.

1-2 닷곤 디 쇼셩경 고외마른

(1) 닷곤 디 〉 닦은 데

　동사어간 '닷ㄱ(修)'에 어간첨입모음 '오'와 관형사형어미 'ㄴ'의 연결형(어간말음 'ㄱ'을 취하는 어휘에 대하여는 동동 11-3 (1) 깃거 참조)에 처소를 뜻하는 원시적 추상명사 'ᄃ'의 처격형 '디'(정읍사 2-2 (1) 즌 디롤 참조)가 명사로 굳어져서 연결된 형.

　　　福을 닷ᄀ면 제 목숨ㅅ장 사라 〈석보 9:35〉
　　　前生애 닷곤 因緣으로 〈석보 6:34〉
　　　조호 힝뎍 닷ᄀ리 잇거든 〈월석 9:16〉

(2) 쇼셩경 〉 小城京(?)이

　'경'은 '京'이나 '쇼셩'은 '小城'의 음사인지 '小西'의 음사인지 분명하지 않다. 그러나 '小城京'의 음사가 아닌가 생각된다. 그것은 고려 때에 이곳에 천도하려고 평양내에 성을 여러 번 고쳐 지은 일이 있음에 비추어 '닷곤 디 쇼셩경'은 이와 같은 역사적 기록과 관계가 있는 것으로 생각되기 때문이다.

(3) 고외마른 〉 조용합니다마는

　명사어간 '고요(靜)'에 용언화접미사 '이'와 연결어미 '마른'의 연결형.
　종전의 주석서에서는 이 구절을 모두 동사어간 '괴(寵, 愛)'와 관련지어 해독하였으나, 그럴만한 어학적 가능성은 쉽게 찾을 수 없다.

1-3 여히므논 질삼뵈 부리시고

(1) 여히므논 〉 여의기보다는(차라리)

　동사어간 '여희(離, 別)'의 이형인 '여히'에 연결어미 '므론'의 연결형.

　　　어마님 여희신 눖므를 左右ㅣ 슬ᄊᆞ바 〈용비 91〉
　　　사로미 어러커늘사 아둘 올 여희리잇가 〈월인 143〉

여러 法緣을 여희약 分別이 업슳딘댄〈능엄 2:26〉

 '므논'의 원형 '므론'은 '여흴으론'형으로 'ㅁ'은 명사형어미이며 조격접미사 '으로'에 절대격 'ㄴ'이 연결되어 이유에 대한 강세적 반의를 나타낸다.

 '여희, 여히'가 명사형으로 어간모음 '오/우'를 취하여 '여희윰, 여히욤'으로 될 수도 있으나, 여기에서는 음률 때문에 직접 'ㅁ'을 취한 형으로 볼 수 있다.

나조히 婚娶ᄒ고 새배 여희유믈 니ᄅ시니(暮婚晨告別)〈두초 8:67〉
여희욤 것 업수믈 得ᄒ면〈능엄 6:5〉

(2) 질삼뵈 〉 길삼베
 질삼 — 방적(紡績).

질삼ᄒ며 고리 혀며〈삼강 열 2〉
紡 질삼 방〈석봉 35〉

 뵈 — 포(布).

옷과 뵈와로 佛像을 ᄭᅮ미ᄉᆞᄫᅡ〈석보 13:52〉
伊布 잇뵈〈용비 3:13〉

(3) ᄇᆞ리시고 〉 버리고
 동사어간 'ᄇᆞ리(棄, 捨)'에 '시고'의 연결형(동동 7-2 (2) ᄇᆞ론 참조). 여기에 '시'도 비존칭으로 사용된 예이다.

1-4 괴시란ᄃᆡ 우러곰 좃니노이다

(1) 괴시란ᄃᆡ 〉 사랑하신다면
 동사어간 '괴(寵, 愛)'에 존칭선행어미 '시'와 접속형연결어미 '란ᄃᆡ'의 연결형(정과정 11 (5) 괴오쇼셔, 처용가 1-4 (2) 相不語ᄒ시란ᄃᆡ 참조).

(2) 우러곰 〉 울면서

동사어간 '울(泣)'의 부사형 '우러'에 강세접미사 '곰'의 연결형(정읍사 1-1 (2) 노피곰 참조).

(3) 좃니노이다 〉 따릅니다, 따르겠습니다

'좃니'는 기본 형태 '좇(從, 隨)'의 실용형 '좃'과 '니(行)'의 복합어간. '좃니'는 선행어간 '좃'의 현재진행형이다(동동 7-4 (2) 좃니노이다 참조).

이상은 다음과 같이 풀이된다.

'西京이 서울이지마는 (그리고) 닭은 곳(重修한 곳)인 小城京이 (혼란스럽다가 이제는) 조용합니다마는 (고운 임을) 여월 양이면 차라리 (내 고장 서울과) 길쌈하던 베를 버리고서라도 사랑만 해 주신다면 울며울며 (임의 뒤를) 따르겠습니다.'와 같이 되어 이별의 한을 노래한 연모의 정이 표현된 작품이다.

2-1 구스리 바회예 디신돌

(1) 구스리 〉 구슬이

명사어간 '구슬(珠)'의 주격형.

    珠曰 區戌 〈계림유사〉
    珠는 구스리오 〈월석 1:15〉
    구슬이 오새 이슘과 〈법화 1:202〉

(2) 바회예 〉 바위에

명사어간 '바회(巖)'에 처격접미사 '예'의 연결형.

    巖은 바회라 〈석보 6:44〉
    모미 바회 아래셔 사놋다(身岩居) 〈두초 7:31〉

(3) 디신돌 〉 진들, 떨어진들, 떨어지더라도

동사어간 '디(落)'에 비존칭선행어미 '시'와 조건반사형어미 'ㄴ둘'의 연결형.

>   雙鵲이 호사래 디니 曠世奇事를 北人이 稱頌ㅎㅅ녛니 〈용비 23〉
>   곳 디거든 蓮ㅅ밤 나미 곧ㅎ니라 〈능엄 1:19〉
>   藤草애 뎌셔 하 슷그리놋다(訴落藤) 〈두초 20:24〉

'디'는 '뻘(振, 拂)'과의 복합어간 '뻐디(振落)'형으로도 사용되었다.

>   드리예 뻐딜 ᄆᆞᄅᆞᆯ 넌즈시 치혀시니 〈용비 87〉
>   닐굽차힌 묏언헤 뻐디여 橫死홀 씨오 〈석보 9:37〉
>   諸趣에 뻐듀메 니르ᄂᆞ니(至墮諸趣) 〈금강 서 11〉

현대국어 '떨어지'는 이 복합어간 '뻐디'가 '落'의 뜻으로 굳어진 형이다. '신둘'의 '시'는 다른 예와 같이 비존칭으로 사용된 것이며, 'ㄴ둘'은 원래 관형사형어미 'ㄴ'에 원시추상명사 'ᄃᆞ'의 대격형 '둘'이 연결된 형으로 '줄을, 바를, 것을' 등으로 명사로 사용되었으나(정읍사 2-2 (1) 즌ᄃᆡᄅᆞᆯ 참조), 뜻이 바뀌어 조건반사의 뜻인 'ㄴ들, 은들'로 어미화되었는데, 본 형태는 이것이 어미화한 것이다.

>   赤脚仙人이 아닌둘 天下蒼生ᄋᆞᆯ 니즈시리잇가 〈용비 21〉
>   ᄲᅮ길 노핀둘 년기 디나리잇가 〈용비 48〉
>   오라ᄒᆞ둘 오시리잇가 〈용비 69〉
>   爛漫히 픈둘 므스기 有益ᄒᆞ리오 〈두초 18:1〉

2-2 긴힛ᄯᅩᆫ 그츠리잇가 나ᄂᆞᆫ

(1) 긴힛ᄯᅩᆫ 〉 끈이야

명사어간 '긴ㅎ(纓)'에 용언화접미사 '이'와 사잇소리 'ㅅ'과 강조형접미사 'ᄯᅩᆫ'의 연결형.

>   블근 긴히 프른 보미 비취옛도다(紫綬照靑春) 〈두초 21:12〉
>   긴과 안 홀 거시오(做帶子和裏兒) 〈박초 上 48〉

櫻 긴 영 〈훈몽 중 23〉

'긴'은 '씬〉끈'으로 경음화하였다.

신 씬홀 미융디니라 〈소학 2:2〉
櫻 씬 영 〈왜어 상 46 〉

'쏜'은 '돈'의 변이형이며 '돈'은 원래 원시추상명사 '드'의 절대격형 '돈'으로(정읍사 2-2 (1) 즌 디 참조) '잇쏜(잇돈)'은 '이란 것이야'에서 '이야'로 강조의 뜻을 나타낸 것이다.

雜草木 것거다가 ㄴ출 거우ᄉ볼들 므슴잇돈 뮈우시리여 〈월인 62〉
人事이 變호들 山川잇쏜 가실가 〈농암집 농암가〉

(2) 그츠리잇가 〉 끊길 것입니까?

동사어간 '긏(斷, 絶)'에 조성모음 '으'와 관형사형어미 'ㄹ'을 취하여 '그츨', '이잇가'는 '것'을 뜻하는 명사 '이'와 존칭의문형종결어미 '잇가'의 연결형(동동 1-4 (2) 오소이다 참조).

出家ᄒ시면 子孫이 그츠리이다 〈월인 36〉
내 命 그추미사 므더니 너기가니와 〈월인 10:4〉
애룰 그첨직 ᄒ니(腸堪斷) 〈두초 20:18〉

(3) 나는 〉 악보율에 맞추기 위한 무의미한 조흥구.

'나는'은 '아으, 어와, 위' 등 감탄사(정읍사 1-4 (1) 아으 참조)와 더불어 고려가요에 흔히 나오는 탄성으로 악보율에 맞추기 위한 소리이다.

삭삭기 셰몰애 별헤 나는 〈악장 정석가〉
므쇠로 텰릭을 몰아 나는 〈악장 정석가〉
가시리 가시리 잇고 나는 〈악장 가시리〉
ᄇ리고 가시리 잇고 나는 〈악장 가시리〉

2-3 즈믄히를 외오곰 녀신둘

(1) 즈믄히를 〉 천년을

명사어간 '즈믄'과 명사어간 '히'의 복합어간 '즈믄히(천년)'에 대격 원형 'ㄹ'의 연결형인 '즈믄힐'에서 대격이 분리 표기된 형. 모음연결법칙에 따르면, '즈믄히롤'로 되어야 하나 이의 혼란형이다. 〈동동〉에서는 '즈믄힐'로 표기되었다(동동 6-3 (1), 정읍사 2-2 (1) 즌 더롤 참조).

(2) 외오곰 〉 외따로, 홀로

동사어간 '외(孤)'에 부사화접미사 '오'의 연결로 된 전성부사 '외오'와 강세접미사 '곰'(정읍사 1-1 (2) 노피곰 참조)의 연결형.

　　　늙거야 므스일로 외오 두고 그리는고 〈송강 사미인곡〉
　　　님 외오 살라면 그는 그리 못ᄒ리 〈고시조 청구〉

한편, '외'는 '孤'의 뜻 외에 '誤, 非'의 뜻이 있기 때문에 그 전성부사 '외오'는 '그릇, 잘못'의 뜻으로 사용되었다.

　　　忠臣을 외오 주겨늘(擅殺忠臣) 〈용비 100〉
　　　悔는 뉘으츨 씨니 아랫 이룰 외오 호라 홀 씨라 〈석보 6:9〉
　　　외오 제 기리ᄂ다(謬自褒揚) 〈영가 하 75〉

본 구절 '외오곰'은 익재가 한역한 시의 '與郞千載相離別'의 구절로 보아 '孤'의 뜻인 '외따로, 홀로'로 해독하는 것이다.

이 노래의 '외오'와 같이 용언이 부사로 전성되는 경우는 다음과 같다.

① 어간이 원형 그대로 전성되는 경우.

　　　하(하다 — 多,大)　　바ᄅ(바ᄅ다 — 直)
　　　ᄉᄆᆽ(ᄉᄆᆽ다 — 通)　　일(일다 — 早)

　　　하 갓가ᄫ면 乞食ᄒ디 어렵고 〈석보 6:23〉
　　　使君灘애 바ᄅ 가리라(直到使君灘) 〈두초 22:13〉
　　　光明이 世界롤 ᄉᄆᆽ 비취샤 〈석보 6:18〉
　　　내 조쳐 일 두위이저(放逐早聯翩) 〈두초 24:29〉

② 어간 원형에 접미사를 부가하는 경우.

　　　㉠ 이(ㅣ) 모음부가

해(하(多,大) + ㅣ) 머리(멀(遠) + ㅣ)
天龍도 해 모두며 人鬼도 하나〈월인 26〉
恩愛롤 머리 여희여 어즐코 아독ᄒ야〈석보 6:3〉

ⓛ 오 모음부가
  조초(좇(隨) + 오)   마조(맞(對) + 오)

구룺 氣運이 ᄂᆞᆫ 龍ᄋᆞᆯ 조초 잇도다(有雲氣隨飛龍)〈두초 16:31〉
마조 줄을 자바 精舍 터흘 되더니〈월인 168〉

ⓒ 애 모음부가
  고대(곧(直) + 애)   이대(읻(善) + 애)

化人이 숄바ᄂᆞᆯ 고대 아ᄅᆞ샤〈월인 145〉
調御는 이대 다스릴 씨오〈석보 9:3〉

(3) 녀신ᄃᆞᆯ 〉 살아간들, 살아가더라도
  동사어간 '녀(行)'에 '시'와 조건반사형어미 'ㄴ돌'의 연결형(서경별곡 2-1 (3) 디신돌 참조).

2-4 信잇ᄃᆞᆫ 그츠리잇가 나ᄂᆞᆫ

(1) 信잇ᄃᆞᆫ 〉 믿음이야
  '信'은 '신의(信義)' 또는 '신심(信心)', '信잇ᄃᆞᆫ'은 앞에 나온 '긴힛ᄯᆞᆫ'과의 대구로 두운(頭韻)에 맞춘 형.

(2) 그츠리잇가 〉 끊길 것입니까?(서경별곡 2-2 (2) 참조)
  이상 제 2연은 다음과 같이 풀이된다. 즉,
  '구슬이 바위 위에 떨어진들 (구슬 꿴) 끈이야 끊길 리 있사오리까. (임과 헤어져) 천년을 홀로 살아간들 (상처는 크다 해도) (임을) 사랑하고 믿는 마음이야 끊기고 변할 리가 있사오리까'와 같이 되어 마치 요조숙녀의 정절을 보는 듯이 임에 대한 끊임없는 사랑과 믿음을 맹서하고 있다.
  이 제 2연은 일찍이 익재가 한시로 번역한 것이 있는데, 참고로 다시 적어 둔다.

縱然岩石落珠璣 纓縷固應無斷時
與郞千載相離別 一點丹心何改移

그리고 본 연은 〈정석가〉 마지막 연에 그대로 실려 있어 원래 어느 쪽이 원작인지는 불명확하나, 〈정석가〉의 노래 내용으로 보아 〈서경별곡〉이 원작인 듯하며 〈정석가〉의 마지막 연은 이를 의식적으로 첨가한 듯하다(정석가 해설 참조).

3-1 大同江 너븐 디 몰라셔

(1) 너븐 디 〉 넓은지, 넓은 줄을

동사어간 '넙(廣)'의 관형사형 '너븐'(처용가 2-3 (2) 넙거신 참조)에 원시추상명사 'ᄃ'의 주격형 '디'의 연결형(정읍사 2-2 (1) 즌 디룰 참조). 주격형 '디'는 관형사형어미 'ㄴ, ㄹ'아래 주격형으로 사용되는 것이 보통이었다.

이 구절에서는 '줄, 것, 바' 등 명사어간으로 굳어진 형이며 '디'의 대격형 '딜'이 '딜〉디'로 사용된 형이다.

거므니 믈 드려 밍ᄀ론 디 아니며 〈능엄 10:9〉
覺이 거스논 디 아니며(非覺違拒) 〈원각 서 61〉

이에 대하여 'ᄃ'의 대격형 '둘'은 관형사형 'ㄴ, ㄹ'과 연결되지 않고 직접 어간이나 선행어미와 연결되어 사용된 바, 이 형은 명사어간인 '디'의 대격형 '딜〉니와 동일한 기능을 가지고 있다.

업시오돌 아니ᄒ노니 엇뎨뇨 ᄒ란디 〈석보 19:29〉
ᄃ토돌 아니ᄒ노이다 〈석보 11:34〉
法 돈돌 아니ᄒ리라 〈월석 2:36〉
오히려 볼기돌 몯ᄒ야 〈능엄 2:67〉
좃돌 아니ᄒ고(不逐) 〈금삼 2:21〉

위의 예문에서 다음의

　　업시오둘 — 업시오디
　　ᄃ토둘 — ᄃ토디
　　듣둘 — 듣디
　　볼기둘 — 볼기디
　　좃둘 — 좃디

등으로 대치될 수 있는 어형들이다.

다음에 '디'가 관형사형 'ㄴ, ㄹ'과 연결되지 않고 직접 어간과 연결되어 '둘'과 동일한 기능으로 사용된 예를 들어 비교해 본다.

　　ᄂᆞ미 ᄠᅳᆮ 거스디 아니ᄒᆞ거든 〈석보 6:7〉
　　쇠비ᄂᆞᆫ ᄆᆞ리 젓디 아니ᄒᆞᄂᆞᆫ 거시니 〈금삼 2:2〉
　　文字와로 서르 ᄉᆞᄆᆞᆺ디 아니ᄒᆞᆯᄊᆡ 〈훈언〉
　　앉디 몯ᄒᆞ야 시름ᄒᆞ더니 〈월인 22〉
　　알외디 몯ᄒᆞ야시니 〈두초 7:3〉

앞의 예문에서

　　거스디 — 거스둘
　　젓디 — 젓둘
　　ᄉᆞᄆᆞᆺ디 — ᄉᆞᄆᆞᆺ둘
　　앉디 — 앉둘
　　알외디 — 알외둘

등으로 대치될 수 있는데, 이 '디'의 앞 세 예는 '둘'의 용례의 앞 네 예와 동일한 용법이며, '디'의 뒤 두 예는 '둘'의 뒤 한 예와 상통하는 용법임을 알 수 있다.

현재는 '디'가 구개음화하여 '디〉지'로 명사적 기능을 상실하고 어미화한 것이다. 본 구절 '너븐 디'는 '너븐 둘' 또는 '너븐 딜' 등 대격적 기능으로 사용된 것이다.

(2) 몰라셔 〉 몰라서

동사어간 '모ᄅ(不知)'에 부사형어미 '아'를 취하면서 'ㄹㄹ'로 'ㄹ'이 첨입된 형에 이유, 조건을 나타내는 접미사 '셔'의 연결형.

> 하ᄂᆞᆳ 뜨들 뉘 모ᄅᆞᄫᆞ리〈용비 86〉
> ᄉᆞ랑ᄒᆞ여도 져고마도 모ᄅᆞ리어며〈석보 13:42〉
> 讖文을 몰라 보거늘〈용비 85〉
> 大法을 몰라 드를ᄊᆡ〈월인 84〉
> 한 相好ᄅᆞᆯ 明白히 몰랫다가〈월석 8:54〉

이 어간 '모ᄅ'는 원형 '몯(不能)'에서 의미분화한 것으로 '몯〉몰'로 ㄷ변칙이 조성모음 'ᄋᆞ'와 연결되어 어간으로 굳어진 형이다. 이와 같은 사실은 ㄷ변칙용언인 '드르(聞), 무르(問), 거르(步)' 등이 원형 '듣, 묻, 걷' 등임과 상통하는 것이다. '몰라'와 동일한 의미분화의 어형은 '흘러(流)'에서 찾아 볼 수 있다. 즉, '흐르+어〉흐르+ㄹ어〉흘러'의 어간 '흐르'는 '흗(散)'에서 의미분화한 것으로 '흗〉홀'의 ㄷ변칙이 조성모음 '으'를 취하여 어간으로 굳어진 형이며 '모ᄅ'와 동일하다.

> 亂雜ᄒᆞᆫ 저긔 ᄯᅩ 모ᄃᆞ라 흗노라(亂離又聚散)〈두초 8:57〉
> 소니 흗거늘(客散)〈두초 15:17〉

'셔'는 동사의 부사형이나 처격접미사 '애, 에' 등에 첨용되어 이유 조건 등을 나타내는 접미사이며 '이시'의 이형태 '시'의 부사형 '시어'가 '셔'로 어미화한 형이다.

> 제 어미 사라셔 因果 信티 아니턴돌 알시〈월석 21:10〉
> 네의 어미 그려ᄒᆞ미 衆애셔 倍홀ᄊᆡ〈월석 21:22〉

3-2 ᄇᆡ 내여 노ᄒᆞ다 샤공아

(1) ᄇᆡ 내여 〉 배를 내어

명사어간 '배(舟)'와 동사어간 '나(出, 生)'의 사동형 '나이'가 축약되어 '나이〉내'로 굳어져서 연결된 형.

船曰 擺 〈계림유사〉
ᄀᆞᄅᆞ매 ᄇᆡ 업거늘(河無舟矣) 〈용비 20〉
舟 ᄇᆡ 쥬 〈훈몽 중 25〉

ᄠᅳᆮ 몰라 몯 나니(莫測不出) 〈용비 60〉
말 내요미 醉ᄒᆞᆫ 사ᄅᆞ미 ᄀᆞᆮᄒᆞ며 〈몽산 47〉
金剛眼ᄋᆞᆯ 點ᄒᆞ야 내욜 디니라 〈금삼 3:15〉

 '내여'는 '내'의 부사형, '여'는 부사형어미 '어'가 반자음 'j'의 개입으로 '여'가 된 형.

(2) 노ᄒᆞ다 〉 놓느냐?
 동사어간 '놓(置, 放)'과 조성모음 'ᄋᆞ'와 의문형종결어미 'ㄴ다'의 연결형.

고ᄌᆞᆯ 노ᄒᆞ시며 白疊을 노ᄒᆞ샤 〈월인 42〉
盤ᄋᆞᆫ 本來 사ᄅᆞ미 노ᄒᆞᆫ 거시니 〈능엄 3:80〉

 오늘날 동사어간에 'ㄴ다, 는다'가 붙으면 현재형이 되나, 중기국어에서는 의문형으로 사용되었고 현재형은 'ᄂᆞ다'였다.
 '노ᄒᆞ'으로 끊어 관형사형 아래 '다'가 의문형으로 사용되는 것으로 보는 견해도 있으나, '다' 자체가 의문형으로 사용되는 것이 아니라 반드시 관형사형어미 'ㄴ'을 취하거나 선행어미 'ᄂᆞ(느)'에 관형사형어미 'ㄴ'을 취할 수 있다. 따라서, 이 구절의 'ㄴ다'는 의문형으로 보아야 할 것이다.

그듸 엇던 사ᄅᆞ민다 〈월석 10:29〉
네 어듸 이셔 趙州 본다 〈몽산 53〉
허튀를 안아 우는다 〈월석 8:85〉
發願혼 이를 혜는다 모ᄅᆞ는다 〈석보 6:7〉
ᄂᆞᆷ 죠ᇰ ᄠᅳ디 이실쎠 가져가니 엇뎨 잡는다 〈월석 2:13〉

(3) 샤고ᇰ아 〉 沙工아
 명사어간 '사공(篙工)'에 호격접미사 '아'의 연결형, '샤고ᇰ'은 즉, '뱃사공'.

  샤공이 비 녜요디(篙師行船)〈금삼 5:38〉
  샤공이 幸여 돔디 아니ᄒ야(篙工幸不溺)〈두초 15:33〉

 '샤공'의 어원에 대하여는 정약용의 「아언각비(雅言覺非)」에 다음과 같은 설이 있으며 현용 '沙工'은 '艄工'의 잘못된 번역임을 말하였다.

  艄工誤飜爲沙工 華音本샨궁

3-3 네 가시 럼난 디 몰라셔

 이 구절은 '가' 주격접미사와도 관계가 있어 어떻게 끊어서 읽느냐 하는 문제가 일찍이 논란이 되어 왔다. 종전의 주석서에서는 대부분 '네가 시럼난 디 몰라서'로 끊어 '가'주격을 인정하였다. 그러나, 이 구절은 '네 가시 럼난 디 몰라셔'로 끊어야 하리라 생각하며 따라서 '가'주격의 조선 초의 용례로 볼 수 없는 것이다(동동 10-3 새셔 참조).

(1) 네 가시〉너의 아내가
 네 - 명사어간 '너'의 속격형.
 가시 - 명사어간 '갓(妻)'의 주격형.

  妻는 가시라〈월석 1:12〉
  臣下이 갓돌히 다 모다〈월석 2:28〉
  내 生生애 그딋 가시 ᄃ외아지라〈월석 1:11〉

(2) 럼난 디〉욕정이 많은 줄을
 동사어간 '넘나(過慾, 潛越)'의 관형사형 '넘난'에 '디'의 연결형.
 '럼난디'는 '넘난디'의 'ㄹ-ㄴ'혼란형이다. 이런 'ㄹ-ㄴ'혼란형은 「악학궤범」 소재 고려가요 중〈처용가〉에서 '어여려거져'가 있으며, 이는 「악장가사」에서는 '어여녀거져'로 바로 표기되어 있다. 그 외에 '바놀〉바룰', '熱病神을〉熱病神를' 등이 보인다. 'ㄹ-ㄴ' 또는 'ㄹ-ㅇ' 등의 혼란

표기는 다른 문헌에도 흔히 찾아 볼 수 있다(처용가 4-14 (2) 어여려거 져 참조).

'넘나'는 '넘(過)'과 '나(出)'의 복합어간으로 '넘나다'는 '과욕(過慾) 하다, 잠월(潛越)하다, 흥(興)겹다' 등의 뜻을 가지고 있다.

> 情慾앳 이런 ᄆᆞᅀᆞ미 즐거ᄫᅥᅀᅡ ᄒᆞᄂᆞ니 나는 이제 시르미 그퍼 넘난 ᄆᆞᅀᆞ미 업수니 〈월석 2:5〉

'디'는 명사어간으로 굳어진 '디'의 대격형 '딜'이 '딜〉디'로 사용된 형으로 이 노래의 '너븐 디'의 '디'와 같은 형이다(서경별곡 3-1 (1) 참조).

(3) 몰라셔 〉 몰라서

서경별곡 3-1 (2) 참조.

3-4 녈 비예 연즌다 샤공아

(1) 녈 비예 〉 갈 배에, 떠나는 배에

녈 — 동사어간 '녀(行)'에 관형사형어미 'ㄹ'의 연결형.

비예 — 명사어간 '배(舟)'에 처격 '에'의 이형태 '예'의 연결형.

(2) 연즌다 〉 얹느냐?, 태우느냐?

동사어간 '옅(揚, 置)'에 조성모음 'ㅇ'에 의문형종결어미 'ㄴ다'의 연결형.

> ᄇᆡ야미 가칠 므러 즘겟 가재 연ᄌᆞ니 〈용비 7〉
> 노푼 座 밍글오 便安히 연즈면 〈석보 9:21〉
> 왼녁 밠등을 올ᄒᆞ녁 무루페 엱고 〈법화 1:55〉

ㄴ다 — 서경별곡 3-2 (2) '노ᄒᆞ다' 참조.

3-5 大同江 건넌 편 고즐여

(1) 건넌 편 〉 건너편

동사어간 '건나'의 이형태 '건너(濟, 越)'의 관형사형. '건나'는 '걷(步)'과 '나(出)'의 복합어간이며 '걷나'가 자음동화로 '건나〉건나'로 변하였고 다시 '건나'는 모음연결법칙에 따라 '건나〉건너'로 변한 것이다. 그러므로 '걷나, 건나, 건너'형이 두루 사용되었다.

  度ᄂᆞᆫ 뎌 ᄀᆞ새 걷나다 혼 ᄠᅳ디라 〈월석 2:25〉
  믈 걷나노라 비타 가다가 〈남명 상 36〉
  可히 건나 가리로다(可超越) 〈두초 16:37〉
  보미 色애 건나디 몯거니와 〈영가 하 85〉
  몰톤 자히 건너시니이다 〈용비 34〉

'건넌'은 '건너'의 관형사형이며 '건넌 편'은 '越便'의 뜻이다.

(2) 고즐여 〉 꽃을

명사어간 '곶(花)'의 대격형 '고즐'에 감탄호격 '여'의 연결형. '곶'의 대격형은 모음연결법칙상 '고즐'이 되어야 하나 이의 혼란형이다. 감탄호격은 원래 체언에 직접 연결되거나 서술격을 취하여 '이여'로 사용되는 것이 원칙이나 여기서는 대격 아래 연결되어 단순한 감탄을 나타내면서 음률에 맞추었다(정읍사 1-1 (1) 돌하 참조).

3-6 ᄇᆡ 타들면 것고리이다

(1) ᄇᆡ 타들면 〉 배를 타면, 배를 타기만 하면

명사어간 '배(舟)'와 동사어간 'ᄐᆞ(乘)'의 부사형 '타'와 '들(入)'의 복합어간에 연결어미 '면'의 연결형.

  고래와 거부블 타 가고져 ᄒᆞ논 ᄠᅳ디 잇노라(有志乘鯨鼇) 〈두초 8:58〉
  鶗鴂이 時節을 타 가ᄂᆞᆺ 호ᄆᆡ(鶗鴂乘時去) 〈두초 23:1〉
  乘은 툴 씨라 〈월석 서 8〉

'乘'의 원형은 'ᄐᆞ'이며 '타'는 부사형 'ᄐᆞ아'가 축약된 형이다.

(2) 것고리이다 〉꺾을 것입니다, 꺾겠습니다 그려

　동사어간 '겄ㄱ(折)'에 첨입모음 '오'와 관형사형어미 'ㄹ'을 취하여 '것골', '이이다'는 '것'을 뜻하는 명사 '이'와 존칭서술형어미 '이다'의 연결형(서경별곡 2-2 (2) 그츠리잇가 참조), '겄ㄱ'은 어간말음 'ㄱ'보유어이며 현재는 경음화되었다. 즉, '겄〉꺾'이다(동동 11-3 (1) 겄거 참조).

이상 제 3연은 다음과 같이 풀이된다.

　'대동강이 넓은 줄을 몰라서 (한번 헤어지면 지척도 천리임을 몰라서) 배를 내어 놓느냐 사공아. 네 아내의 욕정이 과한 줄을 몰라서 (남의 사정도 모르고 내 사랑하는 임을 떠나보내려고) 갈 배에 얹느냐(태우느냐) 사공아. (떠나는 임은) 배를 타기만 하면, 내가 대동강 건너편 꽃을(여인을) 꺾겠습니다 그려' 이 노래는 서경의 이별을 노래하는 데 있어 첫 연은 헤어지기를 못내 아쉬어 하여 울며 따르려는 연모의 정을 노래하였고, 제2연에서는 이별이 불가피함에 이르러 이별 후의 굳은 맹서에 이어 마지막 연에서 정작 떠나는 임에 대한 애절한 원망은 치정(癡情)에까지 내고 있다.

〈현대어 옮김〉

서경이 아즐가
서경이 서울이지마는
위 두어렁셩 두어렁셩 다링디리

닦은 데 아즐가
닦은 데인 소성경이 고요하지만
위 두어렁셩 두어렁셩 다링디리

여의기보다는 아즐가
여의기보다는 차라리 길삼베 버리고
위 두어렁셩 두어렁셩 다링디리

사랑하신다면 아즐가
사랑하신다면 울면서 따르겠습니다.
위 두어렁셩 두어렁셩 다링디리

구슬이 아즐가
구슬이 바위에 떨어진들
위 두어렁셩 두어렁셩 다링디리

끈이야 아즐가
끈이야 끊어지겠습니까?
위 두어렁셩 두어렁셩 다링디리

천년을 아즐가
천년을 홀로 살아간들
위 두어렁셩 두어렁셩 다링디리

믿음이야 아즐가
믿음이야 끊어지겠습니까?
위 두어렁셩 두어렁셩 다링디리

대동강 아즐가
대동강이 넓은 줄 몰라서
위 두어렁셩 두어렁셩 다링디리

배 내여 아즐가
배를 내여 놓느냐, 사공아

위 두어렁셩 두어렁셩 다링디리

네 아내 아즐가
네 아내가 욕정이 많은 줄 몰라서
위 두어렁셩 두어렁셩 다링디리

가는 배에 아즐가
가는 배에 태우느냐, 사공아
위 두어렁셩 두어렁셩 다링디리

대동강 아즐가
대동강 건너 편 꽃을
위 두어렁셩 두어렁셩 다링디리

배를 타면 아즐가
배를 타면 꺾겠습니다 그려.
위 두어렁셩 두어렁셩 다링디리

6. 청산별곡

살어리 살어리랏다
쳥산애 살어리랏다
멀위랑 드래랑 먹고
쳥산애 살어리랏다
얄리얄리 얄랑셩 얄라리 얄라

우러라 우러라 새여
자고 니러 우러라 새여
널라와 시름 한 나도
자고 니러 우니로라
얄리얄리 얄라셩 얄라리 얄라

가던 새 가던 새 본다
믈 아래 가던 새 본다
잉 무든 장글란 가지고
믈 아래 가던 새 본다
얄리얄리 얄라셩 얄라리 얄라

이링공 뎌링공 ᄒᆞ야
나즈란 디내와손뎌
오리도 가리도 업슨
바므란 쏘 엇디 호리라
얄리얄리 얄라셩 얄라리 얄라

어듸라 더디던 돌코

누리라 마치던 돌코
뮈리도 괴리도 업시
마자셔 우니노라
얄리얄리 얄라셩 얄라리 얄라

살어리 살어리랏다
바ᄅ래 살어리랏다
ᄂᆞ자기 구조개랑 먹고
바ᄅ래 살어리랏다
얄리얄리 얄라셩 얄라리 얄라

가다가 가다가 드로라
에졍지 가다가 드로라
사ᄉ미 짒대예 올아 셔
히금을 혀거를 드로라
얄리얄리 얄라셩 얄라리 얄라

가다니 비브른 도긔
설진 강수를 비조라
조롱곳 누로기 미와 잡ᄉ와니
내 엇디 ᄒ리잇고
얄리얄리 얄라셩 얄라리 얄라

   이 노래는 「악장가사」 소재로 작자와 연대가 미상일 뿐 아니라, 「고려사」를 비롯한 문헌에 그 명칭이나 내용에 대한 기록이 없다. 따라서 고려시대의 노래로 단정할 수는 없다. 그러나 그 형식과 내용이 조선시대의 것과는 다르고 별곡체의 〈서경별곡〉과 용어나 시상, 정조 면에서 많이 일치하는 점에서 볼 때, 〈한림별곡〉이나 〈서경별곡〉과 같은 별곡체의 형식으로 고려시대에 일반 민간에서 불리어진 노래로 보아도 좋을 것이다.

　형식은 전편 8연이고, 매연 4구절, 매구 '3·3·2'의 정형을 이루고 있다. 따라서 〈한림별곡〉의 3·3·4 기조와 〈서경별곡〉의 3·3·3 기조에 대하여, 이 노래는 3·3·2 기조로 각기 특색 있는 별곡체를 구성하고 있음을 알 수 있다. 내용은 〈서경별곡〉이 남녀간의 헤어짐과 만남의 연정을 노래하고 있는데 대하여, 이 노래는 생의 고뇌를 노래하였다. 고려 일대의 다난한 시대에 처한 일반 서민계급의 생활감정은 생활의 인고에서 비롯하는 체념적 애조와 자위적 해학이거나 그렇지 않으면 순간의 열락을 취하여 남녀의 정사에 탐닉하는 애정지상의 인생관이었으리라 생각된다. 이러한 서민계급의 생활감정을 별곡체에 붙여 노래한 것이 〈서경별곡〉과 〈청산별곡〉으로, 이들 두 편은 고려속요 중에서도 쌍벽을 이루는 것이라 할 것이다. 이런 점에서 이 노래는 생의 고뇌를 노래하되 체념적 애조 속에 자위적 해학이 있으며, 낙천적인 생활의 일면이 있고 유원한 정조가 넘쳐 흐르고 있다고 하겠다.

1-1 살어리 살어리랏다

(1) 살어리 〉 살리로다, 살아갈 것이로다
　동사어간 '살(生, 居)'에 선행어미 '거'의 'ㄱ'탈락형 '어'(처용가 2-2
(2) 기울어신 참조)와 '리랏다'에서 '랏다'가 생략된 '리'를 연결한 형.

　　몇 間ㄷ지븨 사ᄅ시리잇고 〈용비 110〉
　　長常 주그락 살락ᄒ야 〈월석 1:12〉

　'살어리'를 '사러리'의 오철로 보아 '살'의 부사형으로 보거나 '살어리'의 '어'를 어간첨입모음으로 보는 견해가 있으나, 여기서는 선행어미 '거'가 'ㄹ' 아래에서 'ㄱ'이 탈락된 것으로 보아야 할 것이다. '거리〉어리' 형이 다른 문헌에 용례를 찾기 어려우나 선행어미 '거'가 행동사실의 지속

미래의 전망 등 의미를 갖고 있음에 비추어 '거〉어'로 봄이 마땅하며, 아래 예문은 '거〉어'형임을 밑받침해 주는 것이다.

> 죽다가 살언 百姓이 〈용비 25〉
> 萬性이 비르수 便安히 살어눌 〈두초 8:19〉
> 다믓 살어나 죽거나 코져 스랑ᄒ노라 〈두초 8:35〉

'리'는 미래시상선행어미, '리'는 다음 구 '리랏다'의 '랏다'가 3·3·2의 기조상 생략된 것이다. 이는 제 2연 이하에서 '우러라 우러라', '가던 새 가던 새' 등 첫 구의 반복법을 사용하고 있기 때문이다.

(2) 살어리랏다 〉 살리로다, 살아갈 것이로다

> 德山ㅅ 喝을 몯 알리랏다 ᄒ야눌 〈몽산 32〉
> 쇽졀업시 허비ᄒ리랏다 〈박초 상 54〉

감탄형종결어미 '랏다'는 '닷다'의 이형태로 '다'가 어간말음 '이' 아래에서 '라'로 변한 형이며, '다'는 과거회상선행어미 '더'의 고형이다. 'ㅅ다'는 '샷다, 놋다, 롯다' 등의 'ㅅ다'와 동계의 어미로 감탄적 요소가 내포된 종결어미이다(동동 3-4 (2) 즈이샷다 참조). 이들 'ㅅ다'계의 감탄형종결어미는 '로다, 이로다'와 통하는 서법이며 보다 영탄적인 용법이다.

> 父母孝養ᄒ시닷다 ᄒ고 〈월석 21:208〉
> 쟝초 나비 희다 너기다니 쏘 나비 거므니 잇닷다(將有猴白이라니 更有猴黑이랏다) 〈금삼 4:22〉

위 예에서 '너기다니-이라니'와 '잇닷다-이랏다'의 대응은 'ㄷ〉ㄹ'의 변형을 보이는 것이다.

1-2 쳥산애 살어리랏다

1-3 멀위랑 ᄃ래랑 먹고

(1) 멀위랑 〉 머루랑

 명사어간 '멀위(산포도)'에 거격접미사 '랑'이 연결된 형(동동 1-1 (1) 덕으란 참조). '멀위' 외에 '멀애, 멀외' 등이 사용되었다.

　　葡 멀위 포　　葡 멀위 도 〈훈몽 상 12〉
　　藟 멀애　　　藟 멀외 〈시경 물명〉

 이들 '멀위, 멀애, 멀외' 등이 '머뤼, 머래, 머뢰'로 표기되지 않은 것은 이들의 어형이 원래 'ㄱ'을 가진 '멀귀, 멀개, 멀괴' 등이었음을 보이는 것이며, 'ㄹ' 아래서 'ㄱ'이 탈락되었기 때문에 위와 같은 어형을 보이는 것이다. '놀애, 몰애' 등도 이와 동일한 어사로 '개〉애'의 'ㄱ' 탈락형이다 (정석가 2-1 (2) 셰몰애 참조).

(2) ᄃ래랑 〉 다래랑

　　櫻 ᄃ래 연 〈훈몽 상 12〉
　　櫻棗 -ᄃ래 〈사성 하 12〉

1-4 쳥산애 살어리랏다

1-5 얄리얄리 얄랑셩 얄라리 얄라

 조율음, 즉 악기소리에 맞추기 위한 의성적 장단.

2-1 우러라 우러라 새여

(1) 우러라 〉 울어라

 동사어간 '울(鳴, 啼)'에 선행어미 '어'와 명령형어미 '라'가 연결된 형.

　　새 우러 제 모몰 ᄀ초ᄂᆞ니(鳥呼藏其身) 〈두초 7:24〉
　　啼 울 뎨 〈훈몽 하 7〉

 명령형은 어간에 '라'가 직결되나, 때로는 선행어미 '아/어'에 '라'를 연결하여 사용하기도 한다.

```
    네 이제 能히 受ᄒᆞᄂᆞ니 다 如來ㅅ威力이론 고둘 아라라 〈석보 9:28〉
    그 뼈 부톄 得大勢菩薩摩詞薩끠 니ᄅᆞ샤딘 네 아라라 〈석보 19:26〉
    섈리 나 내 신고훌 미야라 〈악학 처용가〉
    머리 혜혀 얼에 비로소 비서라 〈두초 상:44〉
```

(2) 새여 〉 새여

명사어간 '새'에 감탄호격접미사 '여'가 연결된 형(정읍사 1-1 (1) 둘 하 참조).

2-2 자고 니러 우러라 새여

(1) 니러 〉 일어나

동사어간 '닐(起)'에 부사형어미 '어'가 연결된 형.

```
    起ᄂᆞᆫ 닐 씨니 〈석보 6:42〉
    구쳐 니러 절ᄒᆞ시고 〈석보 6:3〉
    ᄌᆞ물 처섬 니니(睡初起)〈금삼 3:37〉
```

2-3 널라와 시름 한 나도

(1) 널라와 〉 너보다

명사어간 '너'와 비교격접미사 '라와'의 연결형. '널'은 '너'의 대격형이 아니라 '라와'와의 연결에서 'ㄹㄹ'형의 유추로 'ㄹ'이 첨입된 형으로 보아 야 할 것이다.

```
    너와 ᄀᆞᆯ붛리 업스니다 〈월석 18:57〉
    汝 너 ᅀᅧ 〈훈몽 하 24〉
```

'라와'는 주격형 '이' 아래에 연결되는 것이 원칙이나 어간과 직결되기도 하였다.

```
    복셨고지 블고미 錦이라와 더오물 (桃花紅勝錦)〈두초 23:23〉
    비듥개야지 소오미라와 히요믈 ᄀᆞ장 믜노라 (生憎柳絮白於緜)〈두초 23:23〉
```

네라와 괴쇼셔 〈시용 삼셩대왕〉

(2) 시름 한 〉 시름 많은, 시름이 많은
  명사어간 '시름(愁, 憂)'의 영형태 주격형.

  시름ᄆ숨 업스샤디 〈용비 102〉
  쩌무든 옷 닙고 시름ᄒ야 잇더니 〈셕보 6:27〉

동사어간 '하(多, 大)'에 관형사형어미 'ㄴ'이 연결된 형.

  놀애롤 부르리 하디 〈용비 13〉
  功德이 하녀 져그녀 〈셕보 19:4〉
  고지 하거니라(花多) 〈두초 15:31〉

'하'는 '多'와 '大'의 두 뜻을 가졌으나, 위의 예와 같이 형용사로 쓰일 때는 모두 '多'의 뜻으로 사용되었고 '大'의 뜻으로는 '크'가 사용되었다. 그러나 관형사나 관형사형으로 사용될 때는 '多'와 '大'의 두 뜻으로 아울러 사용되었다. 옛 지명 등의 고유명사에서 '한밭(大田), 한내(大川)' 등은 모두 '大'의 뜻으로 사용된 예들이다. 그리고 '한'은 삼한의 '한'이나 고대의 관명 위호(官名位號)의 '간'과 공통된다는 것은 주지의 사실이다.

  干한 三國史亦作翰○李齊賢曰新羅時其君稱麻立干 其臣稱阿干 至於鄕里之人 例以干連名呼之盖相尊之辭○李晬光曰 我國方言 謂種蔬者爲園頭干 漁採者爲漁夫干 造泡者爲豆腐干 大低方言 以大者干故也○今通稱賤人爲干 皆名分僭亂之致 故俗用則大以漢字〈이두편람〉

(3) 나도 〉 나도
  명사어간 '나(我)'에 배격섭미사 '도'가 연결된 형(쌍화점 1-5 (2) 나도 참조).

2-4 자고 니러 우니로라

(1) 우니로라 〉 울고 있노라

동사어간 '울(泣)'과 '니(行)'의 복합어간 '울니〉우니'에 감탄형어미 '노라'의 이형태 '로라'가 연결된 형.

> 蒼海예 가고져 ㅎ논 뜨디 기로라(悠悠蒼海情) 〈두초 9:11〉
> 다토리 업슬 손 다문인가 너기로라 〈노계 누항사〉

이와 같은 '노라〉로라'의 형은 '놋다〉롯다'의 형과 동일한 'ㄴ〉ㄹ'의 이형태 관계를 보여준다.

> 歲時 三伏과 臘日앤 모슨 한아비돌히 돈니롯다(歲時伏臘走村翁) 〈두초 6:32〉
> 우리는 하놇 驕慢혼 아드리로라 〈두중 4:22〉

3-1 가던 새 가던 새 본다

(1) 가던 새 〉 가던 새, 믈 아래 가던 새

동사어간 '가(行, 去)'에 과거회상선행어미 '더'와 관형사형어미 'ㄴ'이 연결된 형(더는 정과정 1 (4) 우니다니 참조).

> 洛水예 山行 가 이셔 〈용비 125〉
> 내 孫子 조차 가게 ㅎ라 〈석보 6:9〉

명사어간 '새(鳥)'의 영형태 대격형.

> 블근 새 그를 므러(赤爵銜書) 〈용비 7〉
> 妖怪ㄹ왼 새 오거나 〈석보 9:24〉
> 籠 소갯 새오 〈두초 8:15〉

(2) 본다 〉 보느냐, 보는가

동사어간 '보(見)'에 의문형종결어미 'ㄴ다'의 연결형. '본다'를 '보ᄂ다'의 축약으로 또는 오늘날의 'ㄴ다, 는다'의 옛 용법으로 보고 현재형으로 보려는 견해도 있다. 그러나 '본다'의 형태 그대로 의문형으로 보아도 노래의 내용상 무리가 없다. 오늘날 동사어간에 'ㄴ다, 는다'가 붙으면 현재형이 되나 중기국어에서는 반드시 의문형으로 사용되었으며, 현재형으로는 'ᄂ다'가 사용되었다(처용가 3-2 (2) 노흐다 참조).

> 네 어듸 이셔 趙州 본다 〈몽산 53〉
> 大同江 너븐디 몰라셔 비 내여 노흐다 샤공아 〈악학 서경별곡〉

3-2 믈 아래 가던 새 본다

(1) 믈 〉 물

명사어간 '믈(水)'. 현대어의 '물'은 '믈〉물'로 원순음 아래에서 'ㅡ〉ㅜ'로 변한 것이다(동동 2-1 (3) 므른 참조).

(2) 아래 〉 아래

명사어간 '아래'는 '아라(下)'의 주격형이 명사로 굳어진 것이다. '아라'의 주격형 '아래'는 일찌기 명사로 굳어진 듯하며, 조선 초기 문헌에서는 '아라'와 '아래'가 함께 쓰였다.

> 뫼골 아라 우히 쁘디 아니ᄒᆞ샤 〈월석 2:41〉
> 從ᄋᆞᆫ 아라우히오 〈남명 하 6〉
> 城 아래 닐흔 살 쏘샤 〈용비 40〉
> 나모 아래 안조샤 諸天이 오ᅀᆞᆸ며 〈월인 117〉
> 下 아래 하 〈훈몽 하 34〉

3-3 잉 무든 장글란 가지고

(1) 잉 무든 〉 이끼 묻은

'잉 무든'은 '읻 무든'의 서사상의 오기로 볼 수 있다(처용가 2-4 (2) 깅어신 참조). '잉〉읻'의 오기는 특히 「악학궤범」이나 「악장가사」의 가요 표기에서 많이 나타나는 현상이다. 즉, ㅇ자와 ㅿ자를 정확히 구별하기가 어려워 때로는 원에 가깝게 때로는 삼각형에 가깝게 쓰는 버릇이 있어, 'ㅇ'과 'ㅿ'을 정확히 구별하기가 매우 어려운 것이다(동동 13-2 (1) 나올 참조). 그러므로 '잉 무든'은 '읻 무든'의 오기라고 볼 수 있다. '읻 무든'의 '읻'은 '읻'의 말음 'ㅅ'이 유성자음 'ㅁ'과의 연결에서 'ㅿ'로 약화된 형이다. 음절말음 'ㅅ'이 모음과 연결될 때는 물론 'ㅅ〉ㅿ'으로 약화되는 것이 통상적인 음운규칙이지만 때로는 유성자음과의 연결에서도 이러한 약화를 볼 수 있다.

　　믈읫 經에 衆次序호미 다 緣ᄒᆞ야 니로몰 좋ᄂᆞ니〈능엄 1:26〉
　　滅올 닣ᄂᆞ니〈금강 상 69〉

위 예의 '좋ᄂᆞ니, 닣ᄂᆞ니'의 '좋, 닣'은 '좇'의 실용적 표기형 '좃'과 '닛'이 유성자음 'ㄴ'과의 연결에서 'ㅅ〉ㅿ'화한 형태이다. 이러한 예에 미루어 볼 때 '엻'은 '잇'의 이형태라고 볼 수 있다.

　　잇 무든 대ᄂᆞᆫ 본더로 즐기논 거시언마ᄅᆞᆫ(苔竹素所好)〈두초 15:15〉
　　黃金殿 우희 파란 잇기 나도다〈남명 상 28〉

위 예의 '잇기'는 '잇'의 주격형이다. '잇'은 원래 어간말음 ㄱ보유어로 '잇ㄱ'이며 주격접미사가 연결되면 '잇기'가 된다. 오늘날의 '잇기〉이끼'는 주격형이 굳어진 형이다.

'무든'은 동사어간 '묻(染)'에 조성모음 'ㅡ'와 관형사형어미 'ㄴ'이 연결된 형.

　　ᄠᅥ 무든 옷 닙고〈석보 6:27〉
　　피 무든 홀ᄀᆞᆯ 파가져〈월석 1:7〉

(2) 잠글란 〉 쟁기일랑

명사어간 '잠기(쟁기, 兵器)'에 목적어의 주제화접미사 '올란'이 연결된 형(동동 1-1 (1) 덕으란 참조). 어간말모음 'ㅣ'는 모음충돌로 인하여 탈락되었다. 따라서 '잠글란'은 '잠글란'의 'ㅁ〉ㅇ'의 이형태이며, 다른 이형태로 '잠개'가 있다.

　　鬼兵 모딘 잠개 나ᅀᅡ 드디 몯게 ᄃᆞ외니〈월인 69〉
　　兵은 잠개 자본 사ᄅᆞ미오〈월석 서 6〉
　　갈잠개로 믈 버히며〈법화 7:54〉

　　　　마히 매양이랴 잠기 연장 다스려라〈고산 시조〉
　　　　잠기로 가라(鐵犁耕之)〈운중 26〉

(3) 가지고 〉 가지고
　동사어간 '가지'에 연결어미 '고'를 연결한 형(동동 13-4 (2) 가재다 참조).

　　　　몸 우희 차 가지거나〈능엄 7:55〉
　　　　뿔 가져 나오나놀〈석보 6:14〉

　이상 제 3연에서 '가던'의 시제와 '본다'의 시제가 일치하지 않음을 들어 '새'를 '鳥'의 뜻으로 볼 수 없다는 견해가 있다. 그러나 여기서 '가던'은 막연한 과거의 사실을 회상하는 것이 아니라, '물 아래 가던 새'를 직접 지시하기 위한 것이라고 볼 수 있다. 그렇다면 '물 아래 가던 새'는 하나의 특별한 상징이 되는 것이다. 이는 바로 앞 연에서 화자의 감정이 이입된 새이며, 화자는 지금 망연히 '이끼 묻은 쟁기'를 들고 물 속을 물끄러미 바라보는 자신을 그리고 있는 것이다. 여기서 화자는 자신의 감정을 토로해 주는 '새'를 회상하면서도 그러한 처지의 자신에게 자조적으로 되묻는 것이다. '이끼 묻은 쟁기'란 바로 암울한 현실을 즉물적으로 묘사한 것이라고 보면, 이를 들고 있는 자신은 암울한 현실에 무기력할 수밖에 없는 존재인 것이다. 여기서 화자가 할 수 있는 일이라곤 그저 '물 아래 가던 새'를 회상하는 것 뿐이다. 제 2연에서 새는 자신의 심정을 알아주기도 하는 유일한 벗이기도 하였다. 그러나 그 새는 이미 '청산'에 속한 존재이지만, 자신은 아직 현실에 얽매인 존재라는 것을 자각하는 것이다.

4-1 이링공 뎌링공 ᄒ야

(1) 이링공 뎌링공 〉 이러하고 저러하고
　부사 '이리, 뎌리'에 연결어미 '고'가 연결된 형. 여기에 'ㅇ'이 첨가되어 운율적 성조를 고르는 구실을 한다(쌍화점 1-3(3) 나명들명 참조). 부사 '이리, 뎌리'는 현대어에서도 '이리저리, 이러저러, 이러쿵저러쿵' 등으로 사용된다. 연결어미 '고'가 부사에 직결하는 양상은 특이한 것이기는 하지만, 율조를 고르는 'ㅇ'의 영향으로 'ㅎ'가 생략된 듯하다.

> 神力이 이리 세실쎠 〈월인 40〉
> 前生애 지손 罪로 이리 受苦ㅎ시니라 〈월석 1:6〉
> 제 간올 뎌리 모롤쎠 〈월인 40〉

이와 같은 'ㅇ'을 첨가하여 말하는 어투는 세종 때의 명신 맹사성의 이른바 '공당문답(公堂問答)'의 일화에서 짐작할 수 있다.

> 公自溫陽還朝 中路遇雨 入龍仁旅院 有一人騎從甚盛 …… 是嶺南人欲爲錄事取才上來者也 見公招與談笑博戱 且約以公字堂字爲問答之言終 公問曰何以上京乎公 其人曰求官上去堂 公曰何官公 其人曰錄事取才堂 公曰我當差除公 其人曰嚇 不堂 後日政府之坐 其人以取才入謁 公曰何如公 其人始覺之 遽曰死去之堂 一坐驚怪 公以其實語之諸宰大笑 公遂以爲陪錄事 後人稱之爲公堂問答 〈연려실기술 권3 맹사성〉

4-2 나즈란 디내와손뎌

(1) 나즈란 〉 낮일랑

명사어간 '낮(晝)'에 목적어의 주제화접미사 '으란'이 연결된 형(동동 1-1 (1) 덕으란 참조).

> 새벼리 나지 도드니 〈용비 101〉
> 밤과 낮과 法을 니르시니 〈월인 16〉

(2) 디내와손뎌 〉 지내왔구나, 지내온 것이구나

동사어간 '디내(經過)'와 '오(來)'의 복합어간 '디내오'에 부사형어미 '아'가 연결되고, 여기에 추상명사 'ㅅ'와 어간첨입모음 '오'의 첨입형 '소'에 감탄형종결어미 'ㄴ뎌'가 연결된 형.

> 半劫을 디내야아 비르서 업스며 〈능엄 9:1〉

마순 아흐래어나 디내오 〈석보 9:31〉
훈적 귀예 디내면 〈불정 상:2〉

'디내'는 원형 '디나'의 부사형 즉 '디나 + ㅣ' 형이 어간으로 굳어진 형이다.

다나거신 無量諸佛씌 ᄒᆞ마 親近히 〈석보 13:15〉
四禪天이 보고 디나건 일로 혜야 〈월인 9〉
性 업논디 디낧 客이 곧고 〈능엄 2:24〉

'소'는 현대어의 '할소냐, 할손가' 등의 '소'이며, 관형사형어미 'ㄹ' 아래 오는 것이 통칙이나 용언의 어간이나 부사형 아래 연결되어 사용되기도 하였다.

모딘 즁성이 므싀엽도소니 므스므라 바ᄆᆡ 나오나뇨 〈석보 6:19〉
므ᄎᆞ매 엇더ᄒᆞ도소뇨 〈몽산 52〉
患難하매 便安히 사디 몯ᄒᆞ소라 〈두초 8:43〉

이 구절의 '디내와소'는 이와 같은 용법이며, '손뎌'는 '소'에 감탄형 'ㄴ뎌'가 연결된 것이다. 그러므로 '디내와손뎌'는 '디내온뎌'로 표기될 것이 음수율에 맞추기 위하여 '디내오'가 부사형 '디내와'를 취하여 '소'가 첨입된 형이라고 할 수 있다. 'ㄴ뎌'는 관형사형어미 'ㄴ'과 추상명사 'ᄃ'에 감탄형종결어미 '여'가 연결되어 어미로 굳어진 것이다. '손뎌'의 'ㄴ뎌'를 'ㄴ뎡'과 동형으로 보고 '마는, 라도'의 뜻으로 풀이하여 양보의 어사로 보는 견해도 있으나, 'ㄴ뎡'의 'ㅇ'은 단순한 첨미소로만 볼 수는 없으며 전의적인 기능을 간과할 수 없다. 이 노래의 전편이 영탄적 수법에 흐르고 있는 점을 볼 때, 이 구절이 여기서 중단된 것으로 보면 'ㄴ뎌'는 감탄형종결어미로서 자연적인 영탄법이라고 할 것이다.

4-3 오리도 가리도 업슨

(1) 오리도 〉올 사람도

동사어간 '오(來)'에 관형사형어미 'ㄹ'이 연결된 형과 '사람'을 뜻하는 추상명사 '이'에 태격접미사 '도'가 연결된 형(태격에 대해서는 쌍화점 1-5 (2) 나도 참조).

(2) 가리도 〉 갈 사람도
 동사어간 '가(行, 去)'에 관형사형어미 'ㄹ'이 연결된 형과 추상명사 '이'에 태격접미사 '도'가 연결된 형.

(3) 없슨 〉 없는
 동사어간 '없(無)'에 관형사형어미 'ㄴ'이 연결된 형(처용가 3-2 (3) 어쩨 참조).

4-4 바므란 또 엇디호리라

(1) 바므란 〉 밤일랑
 명사어간 '밤(夜)'에 '으란'이 연결된 형('으란'은 청산별곡 3-3 (2) 장글란 참조).

(2) 엇디호리라 〉 어찌하리오, 어찌하리까
 복합동사어간 '엇디ᄒ'에 어간첨입모음 '오'가 연결된 형(정읍사 2-2 (2) 드디욜셰라 참조)에 미래시상선행어미 '리'와 의문형종결어미 '라'가 연결된 형.
 '엇디, 엇뎨(豈)'는 부사, '엇디ᄒ, 엇뎨ᄒ(奈何)'는 동사, '엇더ᄒ, 엇다ᄒ(何如)'는 형용사이다.

　　　서르 볼 주롤 엇디 알리오〈두초 15:47〉
　　　누비옷 니브샤 붓그료미 엇뎨 업스신가〈월인 120〉
　　　현령이 或 좃디 아니커든 엇디ᄒ료〈소학 5:57〉
　　　供養ᄒᆞᆸ보몰 엇뎨ᄒ며〈월석 9:52〉
　　　避仇홈 소니 마리 兩漢故事애 엇더ᄒ니잇고〈용비 28〉
　　　이런들 엇다ᄒ며 뎌런들 엇다ᄒ료〈퇴계 고시조〉

5-1 어듸라 더디던 돌코

(1) 어듸라 〉 어디라고

　명사어간 '어듸'에 용언화접미사 '이'와 인용형어미 '라'가 연결된 형.

> 어듸 머러 威不及ᄒ리잇고〈용비 47〉
> 天宮에 몯 보니 이재 어듸 잇ᄂ니잇고〈월석 23:78〉
> 어듸롤 因ᄒ야 업다 니ᄅ뇨〈몽산 13〉

　'어듸'는 '어ᄃ(何處)'의 주격형이 굳어진 것이라고 볼 수 있다.

> 내 어디 가리오〈삼강 열:3〉
> 어디 인ᄂ뇨〈맹언 13:27〉
> 南山뫼 어ᄃ메만 高學士 草堂 지어 곳두고 돌두고〈송강 2:12〉

　또한, '어듸'의 이형태로 '어드러, 어드메, 어드리' 등이 사용되었다.

> 다시 묻노라 네 어드러 가ᄂ니오〈두초 8:6〉
> 이 짜히 어드메잇고〈월석 8:94〉
> 그에 精舍 업거니 어드리 가료〈석보 6:22〉

　'라'는 원래 '다'형이나 'ㅣ' 아래에서 'ㄷ〉ㄹ'의 변화를 겪은 것이다.

(2) 더디던 〉 던지던

　동사어간 '더디(投, 擲)'에 과거회상선행어미 '더'와 관형사형어미 'ㄴ'이 연결된 형.

> 큰 사리 常例 아니샤 보시고 더디시니〈용비 27〉
> 粥을 좌시과 바리롤 더뎌시놀〈월인 64〉
> 投獻은 더뎌 받ᄌ올 씨라〈법화 3:110〉
> 擲 더딜 텩〈훈몽 하 22〉

　현대어의 '더디〉던지'와 같이 어간 중간에 자음이 끼는 현상은 '머추〉멈추, 마도〉만도' 등 어사에서도 찾아 볼 수 있는 자음 첨가현상이다.

(3) 돌코 〉 돌인가

명사어간 '돌ㅎ(石)'에 의문접미사 '고'가 연결된 형. 현대어에서는 용언화접미사 '이' 아래에 'ㄴ고'가 연결되어 의문형이 되나 중기국어에서는 명사 아래 '고'가 직결되어 사용되었다. '돌'은 ㅎ말음명사이기 때문에 '고'가 유기음화하여 '코'가 된 형이다. ㅎ말음명사가 파열음계의 자음 격형과 연결될 때는 모두 격음화하는 것이 통칙이다(동동 10-3 (2) 안해 참조).

돌콰 홀ᄀᆞᆯ 보디 몯ᄒᆞ리로다(不見石與土) 〈두초 25:12〉
東山이 ᄯᅡ토 平ᄒᆞ며 나모도 盛ᄒᆞ더니 〈석보 6:23〉
안팟 根과 塵괘(內外根塵) 〈원각 상 2:234〉

5-2 누리라 마치던 돌코

(1) 누리라 〉 누구라고
 '누'의 대격형 '눌'과 'ㅣ라'의 연결형, 'ㅣ라'는 앞 연의 '어듸라'의 'ㅣ라'와 똑같은 기능으로 사용된 예다.

(2) 마치던 〉 마치던
 동사어간 '맞(中)'에 사동접미사 '히'를 연결하여 파생된 어간에 과거회상선행어미 '더'와 관형사형어미 'ㄴ'을 연결한 형.

藪中 담뵈롤 스믈살 마치시니 〈용비 32〉
玄武門 두도티 ᄒᆞ사래 마즈니 〈용비 43〉
的 마줄 뎍 〈석봉 32〉

5-3 믜리도 괴리도 업시

(1) 믜리도 〉 미워할 사람도
 동사어간 '믜(憎)'의 관형사형 '믤'에 '사람'을 뜻하는 추상명사 '이'를 연결한 후, 여기에 태격접미사 '도'를 연결한 형.

ᄂᆞᆷ 믜며 새오ᄆᆞ로 됴치 몯ᄒᆞᆯ 根源을 일울ᄊᆞ 〈석보 13:56〉

구지람과 뮈유믈 避티 아니ᄒᆞ리라 〈능엄 9:109〉
憎 믤 증 (신증 하 3)

현대어에서는 '믜'에 'ㅂ'을 붙여 형용사어간 '밉'을 사용하며, 동사로는 'ᄒᆞ'를 붙여 사용한다. 즉 '밉어ᄒᆞ〉미버ᄒᆞ〉미워ᄒᆞ〉미워하'와 같은 변화를 겪은 것이다. 그러나 중기국어에서는 '믜' 하나가 동사, 형용사의 양 어간이 되었다. 이와 같이 동사어간에 'ㅂ'을 더하여 형용사가 된 어사는 '븟그리〉부끄럽, 그리〉그립' 등이 있으며 이들도 동사화할 때는 'ᄒᆞ'를 붙여 '부끄러워ᄒᆞ, 그리워ᄒᆞ' 등이 되었다.

(2) 괴리도 〉사랑할 사람도

동사어간 '괴(寵)'의 관형사형 '굘'과 추상명사 '이'에 태격접미사 '도'를 연결한 형(정과정 11 (5) 괴오쇼셔 참조).

5-4 마자셔 우니노라

(1) 마자셔 〉맞아서

동사어간 '맞(被杖)'에 접속형어미 '아셔'를 연결한 형('셔'는 서경별곡 3-1 (2) 몰라셔 참조).

나랏 法에 지픠여 미여 매마자 獄애 가도아 〈석보 9:8〉
다른 나래 쇠막다히른 마즈리라 〈몽산 51〉

'中'의 '맞', '適合'의 '맞', '迎'의 '맞', '被雨'의 '맞', '被事'의 '맞' 등은 모두 동일어원에서 조금씩 의미분화한 것이다.

(2) 우니노라 〉울고 있노라

이 노래 제 2연 '우니로라'의 원형.

6-1 살어리 살어리랏다

6-2 바ᄅᆞ래 살어리랏다

(1) 바ㄹ래 〉 바다에

명사어간 '바롤(海)'에 처격접미사 '애'가 연결된 형.

　　내히 이러 바ㄹ래 가ᄂ니 〈용비 2〉
　　모시 바ㄹ리 아니며 〈월석 2:76〉
　　ᄀᄅ롬과 바롤와ᄂ 녜로브터 오매 〈두초 20:53〉

'海'의 현대어는 '바다'이나 조선 초기 문헌에는 '바다, 바롤, 바ㄹ' 등의 어형이 병용되었다. 이 외에 '바라, 바리, 바롤' 등의 어형이 사용되었는데, 이들은 전자의 이형에 지나지 않는다. 이들 중 고형은 '바돌, 바다' 형으로 생각된다. 그것은 향가표기에

　　無盡辯才叱 海等 一念惡中 涌出去良 〈균여 칭찬여래가〉
　　佛體叱 海等 成留焉 日尸恨 〈균여 보개회향가〉

등에서 '海等'은 '바돌, 바다'의 흔적을 보여 주기 때문이다. 따라서 '바ㄹ, 바롤'은 '바다, 바돌'의 'ㄷ〉ㄹ'의 이형이라 볼 수 있으며, 현대어의 '바다'는 원형을 반영한 어형이라고 할 것이다.

　　닐굽山 바씌사 鹹水 바다히 잇거든 〈월석 1:23〉
　　准水와 바ㄹ왓 揚州에 흔 俊傑흔 사ㄹ미로소니(准海惟揚一俊人) 〈두초 21:12〉
　　바롤 건나고져 ᄒ야도 〈월석 21:176〉

6-3 ᄂᄆ자기 구조개랑 먹고

(1) ᄂᄆ자기 〉 나문재

'ᄂᄆ자기'는 다른 문헌상 소재가 없어 소상치 않으나 해변가 육지에 나는 여과(藜科)에 딸린 1년초(一年草) 들나무의 일종이다. 강화도에서는 지금도 '나마자기'라는 나물이름이 쓰이고 있으며, J.S.Gale의 「Korean-English Dictionary」에는 '나문작이 — sea wrack(p.177)'이라 번역되어 있다.

(2) 구조개랑 〉 굴과 조개랑

'구조개'는 '굴'과 '조개'의 복합으로 '굴'의 'ㄹ'이 탈락된 형.

  蠣 굴 려 〈훈몽 상 20〉
  鈿螺는 그르세 꾸미는 빗난 조개라 〈월석 2:51〉

복합어간을 형성할 때, 선행 어근의 받침 'ㄹ'이 탈락되는 것은 일반적 현상이다.

  플서리(草中)〉프서리   블거미(穰)〉브거미
  뻘디(振落)〉뻐디   밀나(推出)〉미나

7-1 가다가 가다가 드로라

(1) 가다가 〉 가다가

동사어간 '가(行, 去)'에 진행중지를 뜻하는 접속형어미 '다가'를 연결한 형.

  가다가 도라옳 軍士ㅣ 〈용비 24〉
  道理 븟그리다가 一千梵志 더블오 〈월인 102〉

(2) 드로라 〉 듣노라

동사어간 '듣(聞)'에 어간첨입모음 '오'가 연결되고 여기에 감탄형종결어미 '라'가 연결된 형(동동 3-3 (2) 다호라 참조).

  如來ㅅ 일후믈 듣즈볼 젼츠로 〈석보 9:12〉
  臣下ㅣ 말 아니 드러 〈용비 98〉
  波旬의 말 드러 와 모딘 ᄠᅳ들 이루오려터니 〈월인 72〉

7-2 에졍지 가다가 드로라

(1) 에졍지 〉 에졍지, 쳥산

'에졍지'라는 독립된 어사가 있었는지 모르나 문헌 소재가 없어 알 길이 없다. '에'는 어떤 종류의 접두사로 보이는데, 다음 용례를 보면 '주변, 둘레'의 뜻을 가진 실사에서 온 것이라고 볼 수 있다.

목은 기되 에굽고(項長彎曲) 〈마경언해 상 3〉
간나희 가는 길흘 ᄉ나희 에도ᄃ시 〈송강 2:2〉
圍 에울 위 〈신증 하 26〉
에음과 기릐와 너븨(圍長濶) 〈증수무원록언해 1:54〉
버디며 아ᄅ리며 두루 에ᄒ야셔 울어든 〈석보 9:29〉
汪 엔길 오 〈신증 하 62〉

'졍지'는 보통 다음 예를 따라 '부엌'으로 해석되어 왔다.

廚 졍듀 듀 〈신증 상 23〉

현대어 남도방언에서도 '부엌'을 '졍지'라고 부르는 곳이 많다. 그러나 이 구절에서 '졍지'를 '부엌'으로 보는 것은 맥락이 잘 맞는 것 같지 않으며, 더구나 접두사 '에'가 연결된 '에졍지'가 어떤 종류의 부엌인지를 연상하기란 쉽지 않은 것 같다. 필자의 생각으로는 '졍지'를 '淨地〉졍지〉정지'로 보고 '淨土'나 '樂地'를 의미하는 어사로 추정하는 것이 좋을 듯싶다. 그렇다면 '에졍지'는 '정지에 가까운 곳', 즉 '準淨地'로 볼 수 있으며 이는 바로 이 노래의 작자가 살기를 원하는 '청산'을 가리키는 어사라고 볼 수 있다.

7-3 사ᄉ미 짒대예 올아 셔

(1) 사ᄉ미 〉 사슴이

명사어간 '사ᄉᆷ(鹿)'의 주격형.

사ᄉᆷ도 삿기 비골아 ᄒ거든 〈석보 11:40〉
사ᄉ믈 ᄀᄅ치ᄂ돌 〈금삼 4:40〉
鹿 사ᄉᆷ 녹 〈신증 상 13〉

(2) 짒대예 〉 장대에

'짒대'는 '長竿'의 뜻이며 '짐(荷)'과 '대(竿)'의 복합에서 두 어사의 연결로 사잇소리 'ㅅ'이 들어간 형이다.

   져비는 짐대예 가마괴 조차 ㄴ니ㄴ다〈두중 2:8〉
   三乘 짐째예 一乘돗 돌아두니〈신보권 강월서왕가〉

(3) 올아 셔 〉 올라 있어
   동사어간 '오ㄹ(登)'의 부사형 '올아'에 '시(有)'의 부사형 '셔'가 연결된 형.

   므리 病이 기퍼 山脊에 몯 오ㄹ거늘〈용비 109〉
   樓 우희 ㄴ라올아 耶輸ㅅ 알퓌 가셔니〈석보 6:2〉
   樓의 올오니 ᄒ물며 ᄀᄅᆞᆷ도 잇도다〈두초 15:53〉

'오ㄹ(登), 다ㄹ(異)' 등은 현대어에서처럼 'ㄹㄹ'로 'ㄹ'의 첨입형인 '올라, 달라' 등이 되지 않고, '올아, 달아' 등으로 직접 부사형어미 '아'를 취하였다.

7-4 희금을 혀거를 드로라

(1) 희금을 〉 해금(奚琴)을
   명사어간 '희금'의 대격형. '觱篥'과 같다(한림별곡 6-3 (2) 宗智觱篥 참조).

(2) 혀거를 〉 타는 것을
   동사어간 '혀(引)'에 선행어미 '거'가 연결된 형의 대격형. '혀'의 원형은 '혀'이며 '引'의 뜻에서 '點火'의 뜻도 가지게 되었다(동동 3-2 (2) 현 참조). 여기서 '혀'는 '彈'의 뜻으로 사용된 것이다.

   혀 爲引〈훈해 합자〉
   引導는 혀아 길 알욀씨라〈석보 9:8〉

'거를'은 선행어미 '거'가 직접 대격형을 취했다는 점에서 주목되는 용례이다. 이를 '건을>거늘>거를'과 같이 볼 수도 있지만, 이 경우 'ㄴ>ㄹ'의 변화를 상정하기가 쉽지 않다. 이와 같은 용법은 선행어미가 기본적으로 명사적 자질, 즉 「+N」을 가졌기 때문이라고 할 수 있으며, 이는 고대국어의 통사구성이 명사문의 성격을 기본적으로 내재하였기 때문이라고 생각한다. 이러한 용법은 중기국어 자료에서도 산견될 뿐 아니라, 선행어미의 이러한 자질은 현대어의 통사규칙을 설정함에 있어서도 유용하게 사용되는 기제이다.

붉쥐 절로 니ᄅ거롤 약의 빠 뼈 나오니 〈신속 효 2:46〉
오직 감만 먹거를 ᄒᆞᄅ 세번 ᄒᆞᄅ 〈두창 하 55〉

이상 이 구절은 '가다가 가다가 듣노라 에정지에 가다가 듣노라. 사슴이 짐대에 올라가서 해금을 타는 것을 듣노라'와 같이 풀이되는 바, 여기서 사슴이 짐대에 올라가서 해금을 켠다는 사실은 상상할 수 없다 하여 '사ᄉᆞ미'를 '사ᄅᆞ미'의 오각으로 보려 하는 설도 있으나, 'ㅅ—ㄹ'의 오각으로 볼 필요까지는 없다고 본다. 실제로 사슴이 장대에 올라 해금을 켠다는 것이 불가능한 일이기는 하나 사람이 사슴의 탈을 쓰거나 분장할 수도 있는 것이다. 그러므로 이 구절은 원가대로 '사ᄉᆞ미'로 보아도 좋을 것이다. 목은(牧隱)의 구나행(驅儺行)에는 다음과 같은 구절이 있다.

黃犬踏碓龍爭珠 蹌蹌百獸如堯庭

여기에 대하여는 일찍이 이혜구박사가 목은선생의 구나행이라는 논문에서 논급한 바 있지만, 개가 방아를 디디고 용이 구슬을 쟁취한다든가 하는 이야기 속의 동물은 곡마단의 동물처럼 훈련된 실제 동물들이 아니라 사람이 동물로 분장한 것임을 알 수 있다.

太祖元年十一月 有司言 前主每歲仲冬 大設八關會以祈福 乞遵其制 王從之 遂於毬庭置輪燈一座 列香燈於四旁 又結二綵棚 各高五丈餘 呈百戲舞於前 其仙樂部 龍鳳象馬車船 皆新羅故事 〈고려사 권69 중동 팔관회의〉
飾獅象盡蒙解剝之馬皮 無鵁鷟 更簇參差之雉尾 〈명사 동월(明使 董越)의 조선부 (朝鮮賦)〉

즉 팔관회에서 동물의 가죽을 사람이 뒤집어 쓰는 백수희가 있었는데 이는 신라 때부터 내려왔다는 것이다. 이것이 조금류에까지 미쳐 꿩의 꼬리 등을 꽂고 분장하기도 하였다. 따라서 이 구절의 '사슴'도 분장된 사슴임을 알 수 있으며, 물론 그 정체는 사람이라고 할 수 있다.

이상의 구절을 하나의 비유적 표현으로도 이해할 수 있다. 즉, '사스미 짒대예 올아 셔'는 사냥꾼에게 잡힌 사슴이 '짐대'에 묶인 모습을 비유한 것이고, '히금을 혀거를 드로라'는 이 사슴이 슬피 우는 모습을 비유한 것이라고 보는 견해가 있다. 이 견해를 받아들인다면, 이 구절은 '청산으로 가는 작가'와 '청산에서 잡힌 사슴' 사이에 긴장된 감정이입이 형성되고 있음을 극명하게 표현하는 것이 된다.

8-1 가다니 비브른 도괴

(1) 가다니 〉 가고 있었는데

　동사어간 '가(行, 去)'에 과거회상선행어미 '다'에 연결어미 '니'가 연결된 형(정과정 1 (4) 우니다니 참조).

(2) 비브른 〉 불룩한

　복합동사어간 '비브르(腹飽)'의 관형사형(처용가 2-15 (1) 브르거신 참조).

　　비브르게 홈 업고 〈법화 2:28〉
　　飽 비브를 포 〈훈몽 하:19〉

　그러나 여기 '비브른'은 독의 '中腹이 불룩한'을 의미한다.

(3) 도괴 〉 독의, 독에

　명사어간 '독(甕)'의 속격형.

　　도기다 몸과 잘이 녀허 됴미 잇ᄂ니 〈능엄 8:89〉
　　독 爲甕 〈훈해 용자〉

'도긔'는 '도기'의 모음연결법칙의 혼란형이다. 중기국어에서 '이/의'형은 처격접미사로도 기능하였기 때문에 이를 처격접미사로 볼 수도 있다. 그러나 고대국어에서는 '이/의'에 대응하는 '矣, 衣'가 현대국어의 직관으로는 처격으로 해석되더라도 속격으로 일관할 수 있기 때문에 고대국어의 용법을 많이 반영하고 있다고 보여지는 고려가요의 어석에서는 되도록 속격의 기능을 강조하고자 하는 것이다. 고대국어의 속격형 '矣, 衣'는 다양한 의미역을 가지며 '명사+명사'가 특정한 의미역(행위자, 장소 등)을 가지고 있음을 통사적으로 표현해 주는 기제였다. 고대국어의 처격형은 후치사에 가까운 '中'이 대표적으로 쓰였기 때문에 고대국어 당시에 이미 속격과 처격이 혼재되어 있음은 인정하기 어려운 견해가 된다. 더구나 '矣, 衣'의 고형으로 '希'를 상정할 수 있는데, 그렇다면 속격과 처격이 기원을 같이하기 때문에 중기국어에서 '이/의'형이 속격과 처격을 넘나들었다는 사실도 인정하기 힘들게 된다. 중기국어에서 '이/의'가 처격형으로 기능하게 된 것은 고대국어의 속격형이 '장소의 의미역'을 속격구성에서 회피하게 된 역사적 변천에 따른 것으로 이는 고대국어에 존재했던 '*ï'가 중기국어에서 'ㆍ, ㅣ, ㅢ, ㅔ, ㅐ' 등에 합류되었기 때문이라고 할 수 있다. 따라서 이 구절의 '도긔'는 속격형으로 보고 그 의미역은 행위자를 표시하는 것으로 보고자 하며, 이 경우 명사어간 '독'은 의인화된 것이라고 볼 수 있다.

8-2 셜진 강수를 비조라

(1) 셜진 〉 덜 익은
  동사어간 '셜(未熟)'에 형용사화접미사 '지'와 관형사형어미 'ㄴ'이 연결된 형.

果實의 서룸과 니곰괘 〈원각 상 일지이 180〉
짓기를 실게 ᄒᆞ면 〈박중 하 44〉
셜며 니고몰(生熟) 〈영가 상 18〉

'지'는 현대어에서는 '살지다, 건방지다, 멋지다, 기름지다, 멋지다, 흘지다' 등에서 사용되는데, '설지다'로 파생된 형은 사용되지 않는다. 다만 중기국어에서도 '살지다, 기름지다'와 같은 어형이 보이며, 현대어에 없는 '멋디다, 요란찌다'와 같은 용례가 보이기도 한다.

  열소솜 글혀 멋디거든 〈구간 6:50〉
  요란찌다(鬧) 〈한청문감 231c〉

위 예에서 '디, 찌'는 '지'의 고형, 혹은 이형태라고 보여진다.

(2) 강수를 〉 강술을, 강한 술을

복합명사어간 '강술(强酒)'의 대격형(쌍화점 4-1 (1) 술 참조). '강술'은 '醱'을 '견술' 즉 '全술'이라 함과 같이 '强술'을 뜻하는 것으로 생각된다.

  醱 견술 발 〈훈몽 중 21〉

(3) 비조라 〉 빚는구나

동사어간 '빚(釀)'에 어간첨입모음 '오'와 감탄형종결어미 '라'가 연결된 형.

  술 비즈며 곳 퓌우미 〈금삼 4:10〉
  술 비조물 알오 〈금삼 4:10〉
  釀 비즐 양 〈훈몽 하 14〉

8-3 조롱곳 누로기 미와

(1) 조롱곳 〉 조롱박꽃

'조롱'은 작은 박, 즉 '瓢'.

  瓠 죠롱 호 又瓠子 박 形如菜瓜味甘 〈훈몽 상 8〉
  瓢 죠롱 로 俗呼 瓠瓢 又書作胡盧葫蘆 〈훈몽 상 8〉

'곳'은 '곳'의 실용적 표기형(동동 4-2 (2) 들 윗고지여 참조). 따라서

'조롱곳'은 '조롱박꽃'이라고 볼 수 있다.

(2) 누로기 〉 누룩이

명사어간 '누룩(麴)'의 주격형. '누룩, 누륵' 등도 아울러 사용되었다.

>酒瓠 누룩 〈동문 상 60〉
>누룩 시른 술위롤(麴車) 〈두초 15:40〉
>麴 누륵 국 〈훈몽 중 21〉

(3) 미와 〉 매워, 독하여

동사어간 '밉(釅)'의 부사형, 즉 '밉아〉미바〉미와'로 된 형이다. 국내본에는 '미와'로 되어 있으나 〈동동〉의 '니지〉니저'와 같이 분명히 '미와'의 'ㆍ' 탈각이라고 보아야 한다. 따라서 '미와'는 술이 독하다는 뜻이다.

>酒釅 술 밉다 〈사성 하 81〉
>釅 미울 엄 〈훈몽 하 13〉

8-4 잡스와니 내 엇디 ᄒ리잇고

(1) 잡스와니 〉 마시니

동사어간 '잡습(飮)'에 부사형어미 '아'와 연결어미 '니'가 연결된 형.

>ᄒᆞ번식도 아니 잡ᄉᆞ오면 〈계축 100〉
>一杯만 잡습소 〈첩해 2:7〉

(2) 내 〉 내가, 낸들

명사어간 '나(我)'의 주격형.

(3) 엇디ᄒ리잇고 〉 어찌하리까

복합동사어간 '엇디ᄒ(奈何)'에 미래시상선행어미 '리'와 존칭의문형종결어미 '잇고'가 연결된 형(청산별곡 4-4 (2) 엇디호리라 참조). '엇디ᄒ'와 '엇더ᄒ'는 구별된다. 전자는 동사요, 후자는 형용사이다. 그리고 우리 시가에서는 '엇디ᄒ릿고, 내 엇디ᄒ리잇고, 긔 엇더ᄒ니잇고' 등이 노래의 결사로 흔히 사용되어 '엇디ᄒ'형은 미래에 대한 체념적 달관을 표시함에 반하여 '엇더ᄒ'형은 체념적 낙관 또는 해학적 찬양을 표현하는 하나의 전통적 형식이었다고 볼 수 있다. 향가시대에는 '엇디ᄒ' 형과 '엇더ᄒ' 형이 분리되지 않고 양면으로 사용되었던 것으로 생각된다.

　　本矣 吾下是如馬於隱 奪叱良乙 何如爲理古〈유사 처용가〉

즉 향가에서 '何如爲理古'는 '엇더ᄒ' 형이 '엇디ᄒ'의 표현으로 사용된 표기로 볼 수 있기 때문이다.

이상 마지막 연은 '(청산으로) 가고 있는데 불룩한 술독이 설익은 강술을 빚고 있구나(즉 술독에 강술이 그득하구나). (비록 설익은 것이지만) 조롱박꽃 누룩이 독하여 마시니 내 어찌하리오'와 같이 풀이된다.

이 노래의 전편을 통하여 볼 때 각 연마다 기복이 있고 특이한 영탄적 표현법을 구사하고 있는 점을 발견하게 된다. 즉 제 1연은 의지를 내재한 감탄형인 '살어리 살어리랏다'로 시작하여 체념적 애조 속에서 '이상향'을 추구하는 심정을 노래하였고, 제 2연은 명령형인 '우러라 우러라 새여'로 시작하여 복받치는 생의 비애를 새의 울음소리에 의탁하는가 하면, 제 3연에서는 의문형인 '가던 새 본다 가던 새 본다'로 시작하여 '청산으로 날아간 새(물속에 비친 새)'를 꿈꾸는 현실을 자조하기도 한다. 제 4연은 감탄형인 '이링공 뎌링공ᄒ야 나즈란 다내와손뎌'라 영탄하면서 괴롭고도 지루하던 하루 해를 보낸 것을 새삼스럽게 깨닫고 안도의 한숨을 내쉬는 것이나, 그러나 그도 순간 모든 것이 암흑의 정숙에 잠기는 밤의 고독이 엄습하여 몸을 떤다. 이와 같이 하여 하루가 가고 또 하루가 가고 얼마나 괴롭고 지루하던 나날이었던가. 이 노래는 전 8연 중 제 4연에서 전환점을 마련하고 멈추는 것으로 볼 수 있다. 제 5연은 의문형인 '어듸라 더디던 돌코 누리라 마치던 돌코'로 시작하여 속세의 애증, 질척, 갈등을 비유한 것으로 이는 단순히 속세의 인과가 덧없음을 한하는 것이 아니다. 이에 이은 '믜리도 괴리도 업시 마자셔 우니노라'는 애꿎게 피해를 입고 고생하는 것은 나뿐이 아니라 바로 죄 없는 백성 전체임을 노래함이라 볼 수 있어, 현실의 부패와 부도덕성을 날카롭게 꼬집는 것이라고 할 수 있다. 그러므로 이렇게 고되고 욕된 세상일 바엔 차라리 모두 버리고 청산이나 바다에 가서 살리로다 하는 심정은 스스로 도피 은둔의 경지로 몰아간 것이다. 이런 심정은 초연에서 '살어라 살어리랏다 청산애 살어리랏다'로 노래하였고, 제 6연에서는 다시 '살어리 살어리랏다 바ᄅ래 살어리랏다'로 노래한 것이다. 이는 바로 '청산'과 '바다'로 상징되는 '이상향'에의 바람이며 오직 그곳으로 가는 길만이 이러한 질곡을 피하는 길임을 토로하는 것으로, 고려 일대에 내우외환에 시달리던 일반 서민계급의 생활감정을 그대로 표현한 것이라고 할 수 있다. 그러므로 제 6연의 '살어리'는 제 1연에서 표백한 '이상향'에 대한 욕망을 다시 한번 강조하면서 변화를 추구한 것이다. 제 7연은 감탄형인 '가다가 가다가 드로라'로 시작하여 '사스미 짒대예 올아 셔 히금을 혀거를 드로라'라 하여 기발하게도 분장된 사슴(사냥꾼에게 잡힌 사슴)이 해금 켜는 것을 들어 세상을 조소하고 자기자신을 조소하는 자위적 해학에 잠기었다. 이와 같은 자위적 해학은 마침내 청산에 이르지 못하고 현실 속에 잠길 수밖에 없는 자기를 발견하게 한다. 즉 제 8연 결사에서는 '가다니 비브른 도긔'로 시작하여 '설익은 강술'을 보고 '잡스와니 내 엇디ᄒ리잇고'라 하여 청산과의 거리에서 오는 엄청난 자아적 괴리를 견디지 못하고 '설익은 강술'에나마 자신을 의탁하게 되지만 그것이 진정한 해결이 되지 못함을 한탄하는 것이다. 생의 집념과 속세에의 미련은 생의 고뇌와 체념적 인생관 속에서도 향락의 유혹과 함께 이율배반적인 갈등을 모면할 수 없으리라 생각된다.

〈현대어 옮김〉

살어리 살어리랏다
청산에 살어리랏다
머루랑 다래랑 먹고
청산에 살어리랏다
얄리얄리 얄랑셩 얄라리 얄라

우는구나 우는구나 새여
자고 나면 우는구나 새여
너보다 시름 많은 나도
자고 나면 우는구나
얄리얄리 얄라리 얄라리 얄라

가던 새 가던 새 보느냐
물 아래 가던 새 보느냐
이끼 묻은 쟁길랑 가지고
물 아래 가던 새 보느냐
얄리얄리 얄라리 얄라리 얄라

이러고 저러고 하여
낮일랑 지내왔구나
올 이도 갈 이도 없는
밤일랑 또 어찌할꼬
얄리얄리 얄라리 얄라리 얄라

어디라 던지던 돌인고
누구라 맞추던 돌인고
미워할 이 사랑할 이 없이
맞아서 울고 있네
얄리얄리 얄라리 얄라리 얄라

살어리 살어리랏다
바다에 살어리랏다
나문자기 굴조개랑 먹고
바다에 살어리랏다
얄리얄리 얄라리 얄라리 얄라

가다가 가다가 듣네
에정지 가다가 듣네
사슴이 짐대에 올라 있어
해금을 켜느니 듣네
얄리얄리 얄라리 얄라리 얄라

가다가 배부른 독이
설진 강술을 빚고 있네
조롱꽃 누룩이 매워
마시면 어이하리
얄리얄리 얄라리 얄라리 얄라

7. 쌍 화 점

雙花店에 雙花 사라 가고 신뒨
回回아비 내 손모글 주여이다
이 말숨미 이 店 밧긔 나명들명
다로러거디러 죠고맛감 삿기광대 네 마리라 호리라
더러둥셩 다리러디러 다리러디러 다로러거디러 다로러
긔 자리예 나도 자라 가리라
위 위 다로러거디러 다로러
긔 잔 디ᄀᆞ티 덦거츠니 업다

三藏寺애 브를 혀라 가고 신뒨
그 뎔 社主ㅣ 내 손모글 주여이다
이 말스미 이 뎔 밧긔 나명들명
다로러거디러 죠고맛간 삿기上座ㅣ 네 마리라 호리라
더러둥셩 다리러디러 다리러디러 다로러거디러 다로러
긔 자리예 나도 자라 가리라
위 위 다로러거디러 다로러
긔 잔 디ᄀᆞ티 덦거츠니 업다

드레우므레 므를 길라 가고 신뒨
우믓 龍이 내 손모글 주여이다
이 말스미 이 우믈 밧ᄭᅴ 나명들명
다로러거디러 죠고맛간 드레바가 네 마리라 호리라
더러둥셩 다리러디러 다리러디러 다로러거디러 다로러

긔 자리예 나도 자라 가리라
위 위 다로러거디러 다로러
긔 잔 티 더ᄀ티 덦거츠니 업다

술 풀 지븨 수를 사라 가고 신둔
그 짓아비 내 손모글 주여이다
이 말ᄉ미 이 집 밧ᄭ의 나명들명
다로러거디러 죠고맛간 싀구바가 네 마리라 호리라
더러둥셩 다리러디러 다리러디러 다로러거디러 다로러
긔 자리예 나도 자라 가리라
위 위 다로러거디러 다로러
긔 잔 티 더ᄀ티 덦거츠니 업다

이 노래는 다음과 같은 기록으로 고려 충렬왕 때의 작품임을 알 수 있다.

三藏
三藏寺裏點燈去 有社主兮執吾手
儻此言兮出寺外 謂上座兮是汝語

蛇龍
(前略) 右二歌 忠烈王朝所作 王狎群小 好宴樂 倖臣吳潛 金元祥 內僚石天輔 天卿 等務以聲色容悅 以管絃房太樂才人爲不足 遣倖臣諸道 選官妓有姿色技藝者 又選城中官婢及女巫善歌者 籍置宮中 衣羅綺 戴馬鬃笠 別作一隊 稱爲男粧 閱此歌 與群小日 夜歌舞褻慢 無復君臣之禮 供億賜與之費 不可勝記 〈고려사 권71 악2〉

「고려사」악지와 열전의 오잠(吳潛) 조(권125)에는 〈쌍화점〉 제 2연을 한역하여 그 첫 구를 따서 '삼장(三藏)'이라 하였고,「악장가사」에는 제 1연을 따서 〈쌍화점〉이라 하였다. 그 후 이퇴계는 '雙花店'을 '霜花店'으로 기록하고 있는데, 이를 통해 한자 자체가 원래의 의미로 사용된 것이 아님을 알 수 있다.

頣藏 有密陽朴浚者 名知衆音 凡係東方之樂 或雅或俗 靡不裒集爲一部書 刊行于世

而此詞 漁父歌 霜花店諸曲 混載其中〈퇴계집 권43 서어부가후(書漁父歌後)〉

〈쌍화점〉은 충렬왕조의 〈사룡(蛇龍)〉과 김원상이 지은 신조〈태평가(太平歌)〉와 함께, 당대 민간에 유행한 속요를 성색(聲色)과 기악(妓樂)을 즐기는 군신의 명악(冥樂)에 바친 것으로, 조선조에 들어와서는 남녀상열지사(男女相悅之詞) 또는 음사(淫詞)라 하여 배척된 음설지사(淫褻之謝) 중의 하나이다.

이 노래는 4연으로 이루어져 있으며, 각 연은 6구로 되어 있다. 그 중 뒤의 2구는 후렴이다. 그리고 노래 전체가 동일 음수율의 정형을 취하고 있다.

이〈쌍화점〉을 음설지사라 하여 조선조 성종 때에 문신들이 개작한 것이「시용향악보」에 수록된〈쌍화곡〉으로, 다음과 같은 한시이다.

    雙花曲 俗稱雙花店 ○ 平調
    寶殿之傍 雙花薦芳 來瑞我王 馥馥其香 燁燁其光 允矣其祥 於穆我王 俾熾而昌 繼序不忘 率由舊章 無怠無荒 綱紀四方

    君明臣良 魚水一堂 徹戒靡遑 庶事斯康 和氣滂洋 嘉瑞以彰 福履穰穰 地久天長 聖壽無疆

즉 이〈쌍화곡〉에서는 '쌍화'를 '쌍으로 핀 꽃'으로 해석하여 임금의 복덕을 칭송하였다. 이는 시경의 아송체(雅頌體)를 모방하여 지었을 뿐, 원래의〈쌍화점〉과는 아무런 관계도 없는 노래이다.

1-1 雙花店에 雙花 사라 가고 신딘

(1) 雙花 〉 만두
  '쌍화, 상화'는 '상화'의 음역으로 만두를 가리키는 말이다.

    第七道는 스면과 상화롤 ᄒᆞ면(第七道紛湯饅頭)〈박초 상 7〉
    혹 효근 상화 먹고(或是些點心)〈노걸 하 48〉
    饅 상화 만〈훈몽 중 20〉

饅頭 상화 〈역어 상 51〉

(2) 사라 〉사러

동사어간 '사(買)'와 의도형어미 '라'의 연결형(동동 1-4 (1) 나ᄋ라 참조).

五百銀도ᄂ로 다ᄉ 줄기롤 사아지라 〈월석 1:20〉
양 사라 가게 ᄒ디(買羊去) 〈박초 상 3〉
買 살 미 〈훈몽 하 21〉

(3) 가고 신던 〉가 있으니, 가 있으면

동사어간 '가(行)'와 접속어미 '고'의 연결형에 동사어간 '시(有)'와 조건을 나타내는 연결어미 'ㄴ던'이 연결된 형.

'던, 댄'은 원시추상명사 'ᄃ'에 처격접미사가 연결된 'ᄃ+의〉디', 'ᄃ+애〉대'형에 절대격접미사 'ㄴ'이 연결된 형이다. 그러나 'ᄃ'의 주격형 '디'가 명사로 굳어졌듯이 'ᄃ'의 처격형 '디, 대'도 명사적 기능으로 직접 절대격을 취하여 '던, 댄'으로 되었다. 그리고 관형사형어미에 연결된 형인 'ㄴ던, ㄴ댄'은 '니까, 면' 등으로 어미화하였다. 오늘날 사용하는 '하건대, 생각건대'의 '대'는 이 처격형 '디, 대'가 어미로 굳어진 것이다.

求ᄒ논 야올 본던 布施롤 ᄒ디 〈석보 13:19〉
願ᄒᄉ온던 慈悲로 어엿비 너기샤 〈불정 상 2〉
天女를 보건댄 내 겨지비사 눈먼 獼猴 곧도소이다 〈월석 7:12〉
ᄒ다가 잇ᄂ 닌댄 엇뎨 論量ᄒ며 〈몽산 62〉
나ᅀ오던덴 목숨 기트리잇가 〈용비 51〉

1-2 回回아비 내 손모글 주여이다

(1) 회회아비 〉중국계 서역인

고려조에 중국 서역을 통하여 터키계 사람들이 많이 들어왔는데, 회회아비는 중국계 서역인으로 중국 음식인 쌍화를 팔아 생계를 유지했던 것으로 보인다. 1연에는 '쌍화-회회아비-삿기광대'가 연결되어 나타나는데, 여기서 '샷기광대'란 실제 연희를 하던 광대를 의미하는 것일 수도 있고 동양인과는 모습이 다른 서역인의 모습을 광대에 빗대어 나타낸 것일 수도 있다. 그러나 '回回아비'의 '回回'를 '儈儈'의 오기로 본다면 '回回아비'는 '거간꾼, 흥정꾼'으로 생각될 수도 있다.

  儈 즈름 회〈훈몽 중 3〉
  즈름아비 도의 엿ᄂᆞ니〈박초 상 33〉
  ᄒᆞ나흔 즈름이러라(一箇是牙子)〈노걸 하 7〉

 '아비'는 '압(父)'의 주격형이 명사화한 형이다.

(2) 내 손모글 〉 내 손목을
 명사어간 '나(我)' 속격형과 명사어간 '손목(腕)'의 대격형이 연결된 형.

  손모골 자바〈두초 9:12〉
  腕 손목 완〈훈몽 상 26〉

(3) 주여이다 〉 줍니다
 동사어간 '주이(握)'와 선행어미 '어', 존칭서술형어미 '이다'의 연결형. '握'의 뜻으로는 '쥐다'가 널리 사용되었으나 '주이다'는 '쥐다'의 고형을 보여 주는 것으로 볼 수 있다.

  다ᄉᆞᆺ 輪指ㅅ 그틀 구펴 주여 사ᄅᆞᆷ 뵈실쎄(五輪指端 屈握示人)〈능엄 1:98〉
  손바리 거두 주여〈구간 1:39〉
  펴락쥐락거시늘(開合)〈능엄 1:108〉
  발 쥐여 ᄀᆞ마니 잇고(拳精)〈두초 25:21〉
  두 소니 쥐오〈구급 상 15〉

1-3 이 말ᄉᆞ미 이 店 밧긔 나명 들명

(1) 이 말ᄉᆞ미 〉 이 말이
 '말ᄊᆞ미'로 표기되어야 하나 형태의식이 강하게 작용하여 혼철되었다 (정과정 11-2 님믈 참조). 제 2연 이하에서는 '말ᄊᆞ미'로 바르게 표기되었다.

(2) 이 店 밧긔 〉 이 가게 밖에

'밧긔'는 명사어간 '밧ㄱ(外)'과 처격접미사 '의'의 연결형. '밧'은 'ㄱ' 말음명사로, 모음으로 시작하는 접미사와 연결될 때 다음과 같이 변한다. (동동 11-3 (1) 것거 참조).

  밧기 - 주격,   밧ᄀᆫ - 절대격,   밧ᄀᆯ - 대격
  밧ᄀ로 - 향격,   밧긔 - 속격, 처격

어간말음에 'ㄱ'을 보유하고 있는 ㅅ종성 단어들은 현대어에서 다음과 같이 변화하였다.

① ㅅ이 탈락하고 ㄱ이 종성화한 형.

  봇ㄱ(炒) 〉 복 〉 볶
  닷ㄱ(修) 〉 닥 〉 닦

② 접미사가 붙어 ㅅ이 그대로 유지된 형.

  잇ㄱ(苔) 〉 잇기 〉 이끼
  삿ㄱ(雛) 〉 삿기 〉 새끼

(3) 나명들명 〉 나며들며 하면, 나면들면

명사어간 '나(出)', 연결어미 '며', 운율적 성조를 고르기 위한 'ㆁ'의 연결형에 명사어간 '들(入)', 연결어미 '며', 운율적 성조를 고르기 위한 'ㆁ'이 연결된 형. 뒷구절과의 연결로 보아 '나명 들명' 뒤에 'ᄒ면'이 생략된 것을 알 수 있다.

1-4 다로러거디러 죠고맛감 삿기광대 네 마리라 호리라

(1) 다로러거디러

조율을 위하여 아무 뜻없이 부르는 말이며, 고려가요에서 흔히 사용하는

조흥구적 사설이다. '다로러거디러'나 '다리러디러 다리러디러 다로러거디러 다로러' 등은 연희하는 데 흥을 돋구기 위해 사용한 장단이라 할 수 있다. 다음에 나오는 '더러둥셩'은 악률에 맞추기 위한 북소리의 의성적 장단인가 하면, '위 위'는 탄성을 곁들여 흥취를 절정으로 몰고가는 감정의 표출이라 할 것이다.

(2) 죠고맛감 〉 조그마한

명사어간 '죠고마(微小)', 속격접미사 'ㅅ', 경시의 뜻을 나타내는 명사 '간'의 연결형 '죠고맛간'의 오기. 제 2연부터는 '죠고맛간'으로 올바르게 표기되었다.

　　　죠고맛 드틀도 업게 ᄒ야ᅀᅡ 妙覺애 들리라 〈월석 2:62〉
　　　죠고맛 ᄇᆞᄅᆞᆷ 니르와다(俗鼓微風) 〈남명 하 32〉
　　　죠고맛 ᄆᆞᅀᆞ매 銘佩ᄒ야(寸心銘佩) 〈두초 8:57〉

'간'은 원래 분수의 뜻을 가진 명사이나, '죠고맛간'과 같이 다른 동사나 명사에 접미된 때는 경시의 뜻으로 사용되었다. 현재 사용되는 '네깐에, 그깐 것' 등은 이 '간'이 '깐'으로 경음화한 것이다.

　　　分은 제여곰 가니니 〈월석 7:10〉
　　　제 간올 뎌리 므롤ᄊᆡ 둘희 쏜 살이 세낱붚쓴 ᄲᅨ여디니 〈월인 40〉

(2) 삿기광대 〉 새끼광대

명사어간 '삿기'와 명사어간 '광대'의 연결형.
'삿기'는 '어린아이(雛, 兒)'의 뜻.

　　　삿기 ᄇᆡ 골하 ᄒ거든 〈석보 11:41〉
　　　羊과 鹿馬 삿기 나ᄒ며 〈월인 24〉
　　　雛 삿기 추 〈훈몽 하 7〉

'삿기'는 '삿ㄱ'의 주격형이 굳어진 형이다(쌍화점 1-3 (2) 밧괴 참조).

'광대'는 가면을 쓰고 연희를 하는 사람을 일컫는다.

   傀 광대 괴 〈훈몽 중 3〉
   儡 광대 뢰 傀儡 假面戱 俗呼鬼臉兒 〈훈몽 중 3〉

광대는 「훈몽자회」의 의미와 같이 괴뢰 혹은 가면을 지칭하나, 나아가 그것을 쓰는 가면연희자를 지칭하는 것으로 볼 수 있다. 쌍화 가게와 연결되어 삿기광대가 나오는 것으로 미루어, 이 시대에 만두를 파는 가게에서 간단한 연희를 했을 것으로 추측해 볼 수 있다.

(4) 네 마리라 〉네 말이고, 네가 한 말이라고

(5) 호리라 〉하리라, 할 것이다
  동사어간 'ㅎ'와 어간첨입모음 '오'의 연결형 '호'에 미래시상선행어미 '리'와 서술어미 '다〉라'가 연결된 형.

   涅槃 得호몰 나 곧게 호리라 〈석보 6:1〉
   이 피롤 당다이 사룸 두외에 ᄒᆞ시리라 〈월석 1:8〉

1-5 긔 자리예 나도 자라 가리라

(1) 긔 자리예 〉그의 자리에
  명사어간 '그(其)'와 속격접미사 'ㅣ'의 연결형에 명사어간 '자리', 처격접미사 '에'가 연결된 형(동동 12-1 (2) 자리예 참조).
  'ㅣ'는 속격접미사 '의, 애'의 고형이다. '그'의 속격형이 '긔'인 것은 '나, 너, 저'의 속격형이 '내, 네, 제'인 것과 마찬가지이다.

(2) 나도 〉나도
  명사어간 '나(我)'와 태격접미사 '도'의 연결형.

(3) 자라 〉자러
  동사어간 '자(寢)'와 의도형어미 '라'의 연결형.

(4) 가리라 〉 가리라, 가겠다
　동사어간 '가(行)'와 미래시상선행어미 '리', 서술형어미 '다〉라'의 연결형.

1-6 긔 잔 되ᄀᆞ티 덦거츠니 업다

(1) 긔 〉 그의

(2) 잔 되 〉 잔 곳, 잔 데
　동사어간 '자(寢)'의 관형사형 '잔'과 추상명사 'ᄃᆞ'의 처격형 '듸'의 연결형(정읍사 2-2 (2) 즌 디룰 참조).

(3) ᄀᆞ티 〉 같이, 처럼
　동사어간 'ᄀᆞᆮᄒᆞ(如)'와 부사화접미사 '이'의 연결형(처용가 2-7 (1) 紅桃花ᄀᆞ티 참조).

(4) 덦거츠니 〉 지저분한 것이, 거친 것이
　동사어간 '덦거츨(濊, 蕪)'과 관형사형어미 'ㄴ', 추상명사 '이'의 연결형. 주격접미사는 생략되었다.

　　ᄒᆞ다가 四趣惡種과 生死業因은 ᄒᆞ갓 덦거츠러 藥草 아니라(苦四趣惡種과 生死業因은 則徒爲蕪濊ᄒᆞ야 非藥草矣이라) 〈법화 3:3〉

　이 '덦거츨'은 '덦(染, 濊)'과 '거츨(荒)'의 복합어간이다.

　　　오직 덦디 아니ᄒᆞ며 〈월석 13:13〉
　　　世間法에 덦디 아니호미 〈법화 5:119〉

2-1 三藏寺애 브를 혀라 가고 신된

(1) 브를 혀라 〉 불을 켜러, 점화하러

　브를 — 명사어간 '블(火)'과 대격접미사 '을'의 연결형.

혀라 — 동사어간 '혀(點火)'와 의도형어미 '라'의 연결형(동동 3-2
(2) 현 참조).

(2) 가고 신둔 〉 가 있으니, 가 있으면(쌍화점 1-1 (3) 가고 신둔 참조)

2-2 그 뎔 社主ㅣ 내 손모글 주여이다

(1) 그 뎔 〉 그 절

'뎔'은 '절(寺)'.

  뎔 爲佛寺〈훈해 용자〉
  뎌례 드러 안쫴〈석보 11:1〉
  寺 뎔 스〈신증 상 18〉

'뎔'의 어원은 '토지, 나라, 장소'의 뜻을 갖는 범어 'Ksetra'의 한역음에서 온 것이다. 'Ksetra'는 한역불전에서 '掣多羅, 差多羅, 刹多羅, 紇差怛羅' 등으로 음역하였는데, 이를 '刹'이라 줄여 금찰(金刹), 범찰(梵刹), 사찰(寺刹) 등에 사용하였다. 국어의 '뎔'은 '多羅, 怛羅'의 음사로 사찰과 동의어이다.

(2) 社主ㅣ〉사주가

명사어간 '社主'와 주격접미사 'ㅣ'의 연결형. '社主'는 '寺主'와 통용된다.

  處藏寺主彦承長老亦 今月一日陪到爲賜乎事亦在等以
  〈정도사조탑기(淨兜寺造塔記)〉
  乙酉 王與公主幸妙蓮社〈고려사 권31 충렬왕〉
  乙丑 王與公主行妙蓮寺〈고려사 권31 충렬왕〉

2-3 죠고맛간 삿기上座ㅣ 네 마리라 호리라

(1) 삿기上座ㅣ

명사어간 '삿기'와 명사어간 '上座', 주격조사 'ㅣ'의 연결형.
'上座'는 절에서 아직 중이 되지 않은 행자를 지칭하는 말이다.

3-1 드레우므레 므를 길라 가고 신된

(1) 드레우므레 〉 두레박 우물에
  명사어간 '드레(汲器)'와 명사어간 '우믈(井)', 처격접미사 '에'의 연결형.

> 드레 爲汲器 〈훈해 용자〉
> 그저 줄드레로(只着繩子)〈노걸 상 28〉
> 드레 水斗 〈역어 하 14〉

'드레'는 물을 깃는 용기인 두레박을 말하는 것으로, 동사어간 '들(入)'에 명사화접미사 '에'가 붙어서 된 형이다. 이와 같이 만들어진 단어로는 '며개, 찌개, 모개' 등이 있다.

> 며개예 여의주 이실 씨라 〈석보 13:11〉
> 콩 찌개를 난호아 먹고(分半菽)〈두초 24:5〉
> 모개 관(關) 모개 익(隘)〈훈몽 상〉

우므레 — 명사어간 '우물(井)'과 처격접미사 '에'의 연결형.

> 井曰 烏沒 〈계림유사〉
> 井은 우므리라 〈월석 21:33〉
> 우믈에 믈 긷더시니 〈월석 8:84〉

'우믈'은 '울(泉)'과 '믈(水)'의 복합명사로, '울'의 ㄹ이 탈락된 형이다.

(2) 므를 〉 물을
  명사어간 '믈'의 대격형(동동 2-1 (3) 므른 참조).

(3) 길라 〉 길러

동사어간 '긷(汲)'에 조성모음이 연결된 '긷으)기르'의 축약형 '길'이나 '기르'의 축약형 '길'에 의도형어미 '라'가 연결된 형.

   ᄒᆞᄡᅢ 계도록 걷다가 〈월석 7:9〉
   므를 져기 기르라(少汲水) 〈두초 8:32〉
   므를 기러 두고ᅀᅡ 〈월석 7:9〉

3-2 우뭇 龍이 내 손모글 주여이다

(1) 우뭇 龍이 〉 우믈의 용이

  명사어간 '우믈(井)'과 '龍'이 연결되면서 'ㄹ'이 탈락하고 사잇소리 'ㅅ'이 삽입된 '우뭇龍'의 주격형. 복합명사나 두 어사가 연결될 때 선행어간의 'ㄹ' 종성은 사잇소리 'ㅅ'이 들어가면 일반적으로 탈락되었으며, 그렇지 않을 경우에도 'ㄹ'이 탈락되는 현상이 있었다.

   수수워려 입논 픗뎌 소리 나ᄂᆞ니 〈두초 23:45〉
   뭇겨를 뻘일에 ᄒᆞ라(拂波濤) 〈두초 18:11〉
   밧바다애 시요미 니ᄂᆞ니 〈능엄 10:79〉
   梟 믓올히 부 〈훈몽 상 16〉

3-3 이 말ᄉᆞ미 우믈 밧긔 나명들명 〉 이 말이 우물 밖에 나며 들며 하면
   (쌍화점 1-3 참조)

3-4 죠고맛간 드레바가 네 마리라 호리라

(1) 죠고맛간 〉 조그마한, 작은

  1연에는 '죠고맛감'으로 쓰여 있으나, 2연부터는 '죠고맛간'으로 표기되었다(쌍화점 1-4 (2) 참조).

(2) 드레바가 〉 두레박아

  명사어간 '드레박'과 호격접미사 '아'의 연결형. '드레'를 대개 '박(瓢)'으로 만들었기 때문에 '드레' 또는 '드레박'이라고 하였다.

4-1 술·풀 지븨 수를 사라 가고 신된

(1) 슐 〉 술

'술'의 원형은 '수블'이며, '수블〉수볼〉수울〉술'의 변천을 겪었다.

> 酒曰 酥孛〈계림유사〉
> 짯기르미 나니 마시 수을 곧더라 〈월석 1:43〉
> 羊과 수울과 보내라 ᄒ시니라 〈삼강 효 6〉
> 사라신 저긔 서로 마조 보매 술올 머굴디니라(生前相遇且銜盃)〈두초 15:38〉

(2) 폴 〉 팔

동사어간 '폴(賣)'과 관형사형어미 'ㄹ'의 연결형. 그러나 'ㄹ'이 중복되어 관형사형어미는 생략되었다.

> 지블 프라 香華와 供養홀 것돌홀 너비 求ᄒ야 〈월석 21:20〉
> 고기 프라 제 사ᄂ닐 〈법화 5:27〉
> 賣 폴 매 〈훈몽 하 21〉

(3) 지븨 〉 집에

명사어간 '집'과 처격접미사 '의'가 연결된 형.

> 지븨로 도라오싫 제 〈용비 18〉
> 지블 나아가려 터시니 〈월인 45〉

(3) 수를 〉 술을

명사어간 '술'의 대격형.

4-2 그 짓아비 내 손모글 주여이다

(1) 그 짓아비 〉 그 집 아비

'짓아비'는 '집(家)'과 '아비(父)'의 연결에서 사잇소리 'ㅅ'이 들어가 '짒아비'가 되고, 여기서 'ㅂ'이 탈락하여 '짓아비'가 된 형이다.

그 짓 ᄯᅳ리 뿔 가져 나오나눌 〈석보 6:14〉
이웃짓 브른 바미 깁ᄃᆞ록 볼갯도다 〈두초 7:6〉
내 짓 眞因ᄋᆞ로 네 짓 極果ᄅᆞᆯ 삼ᄂᆞ니라 〈월석 8:98〉

'夫'를 뜻하는 '지아비'는 '짓아비〉지아비'로 변한 형이다.

夫 짓아비 부 〈석봉 15〉
仙女에게 지아비 업고 〈소아 5〉

4-3 이 말ᄉᆞ미 이 집 밧긔 나명들명(쌍화점 1-3 참조)

4-4 죠고맛간 싀구바가 네 마리라 호리라

(1) 싀구바가 〉시구박아
  명사어간 '싀구박'과 호격접미사 '아'가 연결된 형. '싀구박'은 문헌에 용례가 없어 정확한 의미는 알 수 없으나, 내용으로 보아 술독에서 술을 푸는 바가지의 일종일 것이다.

〈현대어 옮김〉

쌍화점에 쌍화 사러 가 있는데
회회아비가 내 손목을 줍니다.
이 말이 이 가게 밖에 나고들면
다로러거디러 조그만 새끼광대 네 말이라 하리라.
더러둥셩 다리러디러 다리러디러 다로러거디러 다로러
그 자리에 나도 자러 가리라.
위 위 다로러거디러 그 잔 데같이 지저분한 곳이 없다.

삼장사에 불을 켜러 가 있는데

그 절 중이 내 손목을 쥡니다.
이 말이 이 절 밖에 나고들면
다로러거디러 조그만 새끼상좌 네 말이라 하리라.
더러둥셩 다리러디러 다리러디러 다로러거디러 다로러
그 자리에 나도 자러 가리라.
위 위 다로러거디러 그 잔 데같이 지저분한 곳이 없다.

드레우므레 물을 길러 가 있는데
우물 용이 내 손목을 쥡니다.
이 말이 이 우물 밖에 나고들면
다로러거디러 조그만 두레박아 네 말이라 하리라.
더러둥셩 다리러디러 다리러디러 다로러거디러 다로러
그 자리에 나도 자러 가리라.
위 위 다로러거디러 그 잔 데같이 지저분한 곳이 없다.

술 파는 집에 술을 사러 가 있는데
그 집 남자가 내 손목을 쥡니다.
이 말이 이 집 밖에 나고들면
다로러거디러 조그만 술바가지야 네 말이라 하리라.
더러둥셩 다리러디러 다리러디러 다로러거디러 다로러
그 자리에 나도 자러 가리라.
위 위 다로러거디러 그 잔 데같이 지저분한 곳이 없다.

8. 정 석 가

딩아 돌하 當今에 계샹이다
딩아 돌하 當今에 계샹이다
先王聖代예 노니ᄋ와지이다

삭삭기 셰몰애 별헤 나눈
삭삭기 셰몰애 별헤 나눈
구은 밤 닷 되를 심고이다
그 바미 우미 도다 삭 나거 시아
그 바미 우미 도다 삭 나거 시아
有德ᄒ신 님믈 여희ᄋ와지이다

玉으로 蓮ㅅ고즐 사교이다
玉으로 蓮ㅅ고즐 사교이다
바회 우희 接柱ᄒ요이다
그 고지 三同이 퓌거 시아
그 고지 三同이 퓌거 시아
有德ᄒ신 님 여희ᄋ와지이다

므쇠로 텰릭을 물아 나눈
므쇠로 텰릭을 물아 나눈
鐵絲로 주룸 바고이다
그 오시 다 헐어 시아
그 오시 다 헐어 시아

有德ᄒ신 님 여희ᄋ와지이다

므쇠로 한 쇼를 디여다가
므쇠로 한 쇼를 디여다가
鐵樹山에 노호이다
그 쇠 鐵草를 머거아
그 쇠 鐵草를 머거아
有德ᄒ신 님 여희ᄋ와지이다

구스리 바회예 디신ᄃᆞᆯ
구스리 바회예 디신ᄃᆞᆯ
긴힛ᄃᆞᆫ 그츠리잇가
즈믄 히ᄅᆞᆯ 외오곰 녀신ᄃᆞᆯ
즈믄 히ᄅᆞᆯ 외오곰 녀신ᄃᆞᆯ
信잇ᄃᆞᆫ 그츠리잇가

　이 노래를 비롯한 〈만전춘〉, 〈이상곡〉, 〈사모곡〉, 〈가시리〉 등은 「악장가사」에 수록되어 있을 뿐, 「고려사」 등 다른 문헌에는 그 명칭이나 내용에 관한 기록이 없으므로 고려가요라고 단정할 수 없으나, 그 형식과 내용 그리고 운율적 정조가 다른 고려가요와 상통하며, 조선의 노래와는 경향이 다르므로 이들 5편 역시 고려가요의 구전으로 간주하기로 한다.
　이 노래 이름의 원뜻은 문헌적 기록이 없어 미상이나 노래 내용으로 보아 이 노래의 주인공이 연모하는 대상인물의 인명이 '정석'이 아닌가 생각된다. 이 노래의 첫 연에

　　딩아 돌하 當今에 계샹이다
　　딩아 돌하 當今에 계샹이다
　　先王盛代에 노니ᄋ와지이다

에서 '딩아 돌하'의 '딩'과 '돌'은 '정석'이란 인명을 '딩, 돌'이란 금석악기에 은유하여 표현한 것이라고 볼 수 있다.

> 鄭石我東方之兒小輩 有弄石丸之戲 名曰拱碁 擲丸於空中 以掌承受礐己承者爲鼎形 名鼎石拱碁〈오주연문장전산고(五洲衍文長箋散稿)〉

위에서 정석공기(鼎石拱碁)놀이가 어린아이들 사이에 유행한 것을 알 수 있는데, 이는 〈정석가〉의 '딩돌' 즉 '정석'의 인명이 하나의 상징적 존재로 유희에까지 발전한 것이라 볼 수 있다.

형식은 전체가 6연으로 되어 있고, 제 1연은 서사로 3구체이며, 2연 이하는 6구체이다. 각 연은 전후 3구로 되어 전후 각 2구는 첫구의 첩구로 되어 있으며, 제 6연인 마지막 연을 제외하면 매연 끝구는 후렴이다. 결국 첩구를 제외하면 제 1연은 2구, 제 2연 이하는 4구의 정형이며, 3음보를 기본 율격으로 하고 있다.

이 노래 마지막 연은 〈서경별곡〉의 제 2연과 동일하다. 이것은 아마 구전의 혼동이라기보다 의식적인 첨가가 아닌가 생각된다. 이 마지막 연의 첨가는 원작에서 비롯한 것이라고는 볼 수 없으며, 정착과정에서 첨가된 것으로 볼 수 있다. 그러므로 원 노래는 전 5연으로 된 것이라고 보는 것이 좋을 듯하다. 그 이유는 다음과 같다.

① 〈서경별곡〉과 〈정석가〉는 율격이 비슷하여 첩구적 첨작이 용이하다는 점.
② 내용면에서 다같이 애정을 노래하고 있다는 점.
③ 이 마지막 연에만 후렴구 '有德ᄒ신 님 여히ᄋ와지이다'가 없다는 점.

그러나 애정을 노래한 면에서 볼 때, 〈정석가〉와 〈서경별곡〉과는 그 성격을 달리한다. 즉 〈서경별곡〉은 남녀간의 헤어짐과 만남의 정을 노래하였으나, 〈정석가〉는 영원한 해로를 기약하는 사랑의 충정을 노래한 것이다. 따라서 제 5연에서 마지막 연에의 연결이 자연스럽지 못한 점을 들 수 있다.

1-1 딩아 돌하 當今에 계샹이다

(1) 딩아 돌하 〉 딩돌아, 정석아

명사어간 '딩'과 '돌ㅎ'에 호격접미사 '아'가 연결된 형(정읍사 1-1 (1) 돌하 참조).

'딩'은 '鉦', '돌'은 '石' 즉 '磬' 그러므로 '딩, 돌'은 금석악기인 '鉦, 磬'에 은유하여 연정의 대상인물인 '鄭石'을 나타낸 것이다.

　　鄭 징·졍 鉦 졍·징 〈화동정음/삼운성휘〉

즉 '딩〉징'은 '鄭'의 음차로 '정'으로 은유하였고, '돌'은 '石'의 훈차로 '석'으로 은유하였다. 그러므로 '딩돌'이 인명 '鄭石'의 음훈차이며 금석악기인 '정, 석'으로 은유되었음을 알 수 있는데, 이 '石'의 훈인 '돌'은 신라때 이래 남자이름으로 널리 관용된 것이며 그 견고함에서 수명장수를 뜻하였다.

　　突山高墟村 長曰蘇伐都利 初降于兄山 是爲沙梁部鄭氏祖〈유사 권1 시조혁거세〉
　　智證麻立干立 姓金氏 諱智大路 或云知度路 又云一作智哲老〈사기 권4신라본기〉
　　阿其拔都 아기바톨 …… 阿其方言小兒之稱也 拔都又作拔突 蒙古語 勇敢無敵之名也〈용비 7:10〉

이들 '都利, 大路, 度路, 哲老, 拔突' 등의 원뜻은 돌, 즉 '石'을 뜻하는 말이며, 이 '돌〉tol'은 몽고어 'čolŏ'에 대응되는 것으로 생각된다. 이 중 '拔突'은 몽고어 'baγatol〉baatol'과 동일어이며 청대에 무공 있는 사람에게 준 '覇都魯'의 칭호와도 동일어이다. 원래 인간은 수명을 금석에 비유하여 그 장생을 소원하였으니 현재 '돌釗〉돌쇠'라고 하는 아명을 많이 사용한 것도 이런 이유에서이다.

(2) 계샹이다 〉 계십니다, 계시나이다

동사어간 '겨(在)'에 존칭선행어미 '시'와 어간첨입모음 '아' 그리고 존칭서술형종결어미 '이다'가 연결된 형. '계샤'는 '겨샤'의 'ㅣ'모음동화로

'겨〉계'가 된 형이다.

>   가샴 겨샤매 오늘 다ᄅ리잇가 〈용비 26〉
>   안자 겨샨 양도 보ᅀᆞᇦ며 〈석보 19:40〉

'이다'는 원형 '이다'가 발음대로 표기되어 '계샤이다〉계샹이다'로 된 형으로「시용향악보」에는 원형대로 '겨샤이다'로 표기되어 있다.

>   벼슬이 그리ᄒᆞ닝이다 〈태평 2:7〉
>   願ᄒᆞ논 배 아니닝이다 〈소학 6:44〉

위의 '닝이다'는 원형 '니이다'의 '이'의 비음이 발음대로 '니'에 붙어 '닝이다'로 표기된 것이다.

1-2 先王 聖代예 노니ᄋᆞ와지이다

(1) 聖代예 〉 성대에
  명사어간 '聖代'에 처격접미사 '에'가 연결된 형(동동 1-1 (2) 곰비예 참조).

(2) 노니ᄋᆞ와지이다 〉 노니고 싶습니다
  동사어간 '놀(遊)'과 '니(行)'의 복합어간에 겸양선행어미 '습'과 부사형어미 '아'가 연결된 형에 다시 원망존칭서술형어미 '지이다'(동동 2-2 (1) 어져 참조)가 연결된 형.
  'ᄋᆞ와'는 겸양선행어미 '습'의 부사형 'ᅀᆞᄫᅡ〉ᅀᆞ와〉ᄋᆞ와'로의 변천형이며(동동 1-1 (3) 받줍고 참조), '아지이다'는 동사어간 '지(의지하다)'가 선행 부사형어미 '아/어'와 함께 어미로 굳어진 형이다. 원망명령형어미 '아지라' 형도 이와 같은 과정으로 어미화한 것으로 볼 수 있다.
  이 구절은 '유덕하신 님과 노니고 싶습니다'로 해석되며 생략된 '유덕하신 님' 때문에 겸양선행어미 '습'이 사용된 것으로 볼 수 있다.

2-1 삭삭기 셰몰애 별헤 나는

(1) 삭삭기 〉 바삭바삭한 것

'바삭바삭ᄒ다(乾燥貌)'를 '삭삭ᄒ다'로도 사용하는 예로 보아 '삭삭'에 명사형성접미사 '기'를 첨가하여 '삭삭기'형으로 된 듯하다.

    삭삭호 ᄲᅧᄶ(脆骨) 〈노걸 하 34〉

(2) 셰몰애 〉 가는 모래, 잔모래

명사어간 '셰(細)'와, 명사어간 '몰애(沙)'가 결합한 복합어. 즉 잔모래 (細沙).

    더본 몰애 모매 븓는 苦왜라 〈석보 13:8〉
    그믈 미틔 金몰애 잇ᄂ니 〈월석 1:24〉
    자던 해야로비 두려운 몰애예서 니ᄂ니(宿鷺起圓沙) 〈두초 7:7〉

'몰애'가 '모래'로 표기되지 않고 '몰애'로 표기된 것은 원래 '몰개'였던 것이 'ㄹ'아래 'ㄱ'이 탈락된 형임을 보여 주는 것이다. '몰개'형이 문헌에 나타나지는 않지만, '멀구〉멀위(葡), 벌게〉벌에(蟲)' 등의 단어와 동일한 'ㄱ'보유어였으리라 생각되며, 이들은 방언에서 'ㄱ'을 보유하고 있음을 찾아 볼 수 있다.

    몰애(沙) – 몰개, 몰개미
    벌에(蟲) – 벌거지, 벌기
    멀위(葡) – 멀구, 멀게, 멀기

등은 원형이 'ㄱ'을 보유한 어간들이었음을 암시하는 것이다. '놀개〉놀애 (翼)'는 'ㄱ'탈락형임을 보여 주는 명확한 예라고 할 것이다.

    迦樓羅上 金놀개라 혼 쁘디니 〈월석 1:14〉
    매 놀애 티ᄃ시 가비얍고 〈월석 10:78〉

(3) 별헤 〉 벼랑에

명사어간 '별ㅎ(水厓)'에 처격접미사 '에'가 연결된 형(동동 7-2 (1) 별해 참조).

(4) 나는
악율에 맞추기 위한 무의미한 조흥구(助興句)(서경별곡 2-2 (3) 나는 참조).

2-2 구은 밤 닷 되를 심고이다

(1) 구은 〉 구운
동사어간 '굽(炙, 燒)'의 관형사형 즉 '구본〉구운'형. '구은'은 '구운'의 오기이다.

　　陶師는 딜엇 굽는 사ᄅ미라 〈월석 2:9〉
　　밤 그봀제 더본 氣韻이 소배 드러 〈몽산 44〉
　　글휴미 ᄃ외며 구우미 ᄃ외ᄂ니라(爲煎爲炙) 〈능엄 8:106〉

(2) 밤 〉 밤
명사어간 '밤'은 '栗'.

　　토란과 바물(芋栗) 〈두초 7:1〉
　　栗 밤 률 〈훈몽 상 11〉

(3) 닷 되를 〉 닷 되를, 다섯 되를
'닷'은 명사어간 '다솟(五)'의 관형사형.

　　다솟 가마괴 디고 〈용비 86〉
　　닷 되 ᄡᆞ롤(五升米) 〈두초 15:37〉

명사어간 '되'는 '升'.

　　升曰 刀 〈계림유사〉
　　升 되 승 〈훈몽 중 11〉

'닷 되'는 즉 '五升', '를'은 대격접미사, '닷 되를'은 '닷 되룰'의 모음연결 법칙의 혼란형이다.

(4) 심고이다 〉 심습니다

동사어간 '심ㄱ(植)'에 어간첨입모음 '오'와 존칭서술형어미 '이다'가 연결된 형(정과정 2 (3) 이슷ᄒ요이다 참조).

> 福이 조ᄉᆞᆯ빅니 아니 심거 몯홀 꺼시라 〈석보 6:37〉
> 됴흔 根源 심구디 不足ᄒ면 正覺 일우디 아니호리이다 〈월석 8:63〉

앞의 예에서 '심거'는 부사형이며 '심구'는 어간첨입모음 '우'의 연결형이다. 어간모음이 'ㅣ'중성모음이기 때문에 '오/우' 양 어간첨입모음과 연결할 수 있어 '심고, 심구'의 양형으로 나타나는 것이다(정읍사 2-2 (2) 드디욜셰라 참조).

2-3 그 바미 우미 도다 삭 나거 시아

(1) 그 바미 〉 그 밤이

'바미'는 명사어간 '밤(栗)'의 주격형.

(2) 우미 〉 움이

명사어간 '움(芽)'의 주격형.

> 萌 움 밍 〈훈몽 하 3〉
> 芽 움 아 〈신증 하 50〉

현대어에서는 '엄(母), 암(雌), 움(芽)'등을 별개 단어로 인정하나 동일어근 '엄'의 모음교체로 의미분화한 것이며, 조선 초기만 하더라도 '엄'과 '암'과 '움'이 어감의 차이일 뿐 아직 의미분화를 수행하지 않았음을 볼 수 있다(처용가 1-3 (1) 아바 참조).

> 어믜 恩慈룰 울워넷ᄂᆞ니라(仰母慈) 〈두초 8:47〉

        봄 어미 이르고(春苗草)〈두초 18:20〉
        프섰어미 ᄒᆞ마 퍼러히 나고(草芽旣靑出)〈두초 22:2〉

(3) 도다 〉 돋아

  동사어간 '돋(出, 昇)'의 부사형(정읍사 1-1 (3) 도ᄃᆞ샤 참조).

(4) 삭 나거 시아 〉 싹이 나 있어야

  명사어간 '삯(芽)'의 영주격형과 동사어간 '나(出)'에 부사형어미 '거', 동사어간 '시(有)', 부사형어미 '아', 강세접미사 '아'가 연결된 형(처용가 4-8 (1) 熱病神이아 참조). 강세접미사 '아'는 '사〉ᅀᅡ〉아'의 변천을 겪은 형이다.

        神足은 삭 남 ᄀᆞ트고(神足如抽芽)〈원각 상 2지 2:117〉
        삯과 삯괘 뻐롤 브터 나고(芽芽復種生)〈원각 상 1지 2:14〉

  '움'과 '삯'은 의미론적으로 다르다. 즉 '움'은 종자나 뿌리에서 나오는 눈으로 무한한 생성의 가능성을 예시하는 창조의 상징이라 한다면 '삯'은 움에서 돋아난 첫 잎과 줄기로서 번성(繁盛)의 상징이라고 할 수 있다.
  이 구절의 해석은 '싹이 나 있어야'로 된다. 이때 '거시'를 선행어미로 볼 수도 있으나 그렇게 되면 뒤의 구절과 의미가 연결되지 않으므로 선행어미로 볼 수 없고 '거'를 부사형어미로 본다.
  중기국어에서 '거'가 부사형어미로 사용된 예를 보면 다음과 같다.

        밀므리 사ᄋᆞ리로더 나거ᅀᅡ ᄌᆞᄆᆞ니이다〈용비 67〉
        엇디 쟝ᄎᆞᆺ 늙거야 ᄇᆞ리리오〈내훈 3:56〉
        아디 몯게이다〈육조 상 8〉
        아비 보라 니거지라〈월석 8:101〉

  위와 같이 '거'는 부사형어미 '어/아'의 이형태이다.
  한편 중기국어에서 'ᅀᅡ'는 체언과 용언에 두루 쓰이는 강세접미사로 체언이나 용언에 직접 접미되지 못하고 명사에는 격형 밑에 사용되며, 동사에서는 연결어미 밑에 사용된다.

나거샤 주무니이다 〈용비 67〉
시름으로 사니거늘샤 〈월석 8:86〉
이말 듣고샤 아라 〈월 11:118〉
慈悲 힝뎌글 ᄒᆞ야샤 ᄒᆞ릴ᄊᆡ 〈석보 6:2〉
너희 行호미샤 이 菩薩道ㅣ니 〈법화 3:51〉

따라서 '나거시아'에서 강세접미사 '아'는 존칭선행어미 '시'에 접미될 수 없으므로 '시'는 어간 '시(有)'로 보아야 한다. '시'가 어간 '시(有)'라면 그 뒤에 강세접미사 '아'가 바로 올 수 없으므로, 이 때는 그 앞에 부사형 어미 '아'가 생략된 것으로 보아야 한다. 결국 '나거 시아'는 '나거 시아샤〉 나거 시아아'의 변천을 밟은 것으로 볼 수 있다.

2-4 有德ᄒᆞ신 님믈 여희ᄋᆞ와지이다

(1) 有德ᄒᆞ신 〉 유덕하신
   명사어간 '有德'에 동사어간 'ᄒᆞ(爲)'가 연결되고 여기에 다시 존칭선행어미 '시'와 관형사형어미 'ㄴ'이 연결된 형.

(2) 님믈 〉 임을
   명사어간 '님'의 대격형. '님을'이나 '니믈'로 표기되어야 하나 중간형을 취한 혼란형이라고 볼 수 있다(정과정 1 (2) 님믈 참조).

(3) 여희ᄋᆞ와지이다 〉 여희고 싶습니다
   동사어간 '여희(別)'에 'ᄋᆞ와지이다'가 연결된 형(정석가 1-2 (2) 노니ᄋᆞ와지이다 참조).
   '이별'의 뜻으로는 '여희, 여희'의 양형이 사용되었는데 '여희'는 '여희'의 이형태이다.

여러 法緣을 여희약 分別이 업슳단댄 〈능엄 2:26〉
죽사릿 法은 모댓다가도 모미 여희ᄂᆞ니이다 〈석보 11:12〉

3-1 玉으로 蓮ㅅ고즐 사교이다

(1) 玉으로 〉 옥으로
'玉ㅇ로'의 모음연결법칙의 혼란형, 'ㅇ로/으로'는 조격접미사.

(2) 蓮ㅅ고즐 〉 연꽃을
'고즐'은 명사어간 '곶(花)'의 대격형. '고졸'로 표기될 곳이나 모음연결법칙의 혼란형.

(3) 사교이다 〉 새깁니다, 새기나이다
동사어간 '사기(刻)'에 어간첨입모음 '오'와 존칭서술형어미 '이다'가 연결된 형(동동 1-4 (2) 오소이다 참조).

　　刻은 사길 쎠라〈월석 2:49〉
　　호 大藏敎ㅣ 이 사곤 거시어시니 아래 이 無ㅎ字도 사기도소니야〈몽산 60〉
　　刻 사길 각〈훈몽 상 2〉

현대어 '새기'는 원형 '사기'의 'ㅣ'모음동화로 굳어진 형이다.

3-2 바회 우희 接柱ㅎ요이다

(1) 바회 〉 바위
명사어간 '바회'는 '巖'(서경별곡 2-1 (2) 바회예 참조).

(2) 우희 〉 위에
명사어간 '우ㅎ(上)'에 처격접미사 '의'가 연결된 형.

　　곳 우마다 닐굽 玉女ㅣ 러니〈석보 6:32〉
　　ㅂㄹ미 믈 우흘 브러〈월석 1:39〉
　　우희논 ᄆ숨 업슨 구루미 잇고(上有無心雲)〈두초 7:23〉

(3) ㅎ요이다 〉 합니다, 하나이다
동사어간 'ㅎ(爲)'에 어간첨입모음 '오'와 존칭서술형어미 '이다'가 연결된 형. 일반적으로 어간첨입모음 '오'가 '요'가 되는 것은 반자음 'j' 삽입에 의한 것이나 여기에서 'ㅎ'아래 '요'가 된 것은 'ㅎ'의 '·'모음의 특수성에 의한 것이다(정과정 2 (3) 이슷ᄒ요이다 참조).

3-3 그 고지 三同이 퓌거 시아

(1) 그 고지 〉 그 꽃이

　명사어간 '곶(花)'의 주격형.

(2) 三同이 〉 삼백 송이가

　명사어간 '三同'의 주격형. '同'은 '백(百)'을 뜻한다. 주(周)나라 토지제도의 면적단위에서 '同'은 '사방백리'의 땅을 가리킨다.

　　　同方百里 〈주례, 지관, 사도 주〉

따라서 '三同'은 '꽃 삼백 송이'를 말한다.

　만약 '同'을 '사방백리'로 해석하여 '三同'을 '사방삼백리의 땅'으로 해석하면 뒤에 처격이 사용되어야 하나 '이'가 나타난 것으로 보아 '三同'은 꽃 '삼백 송이'로 해석함이 자연스럽다. 또한 '三同이'를 '三冬애'의 오기로 보는 견해도 있으나 원문대로 '三同이'로 풀이해도 노래의 의미에는 지장이 없다.

　'이'는 주격접미사이다. 따라서 이 구절은 '그 꽃이 삼백송이가 피어 있어야'가 되어 주격중출문이 된다. 중기국어에는 많은 주격중출문을 볼 수 있어 이러한 표현이 매우 생산적이었음을 알 수 있다.

　　　諸佛이 身相金色이 無量光올 펴샤 〈법화 5:73〉
　　　持經ᄒ실 싸ᄅᆞ미 四行이 功이 이르시면 반ᄃᆞ기 妙果를 이긔샬 따라
　　　〈법화 5:72〉

(3) 퓌거 시아 〉 피어 있어야

　동사어간 '퓌(發)'에 부사형어미 '거', 동사어간 '시(有)', 부사형어미

'아', 강세접미사 '아'가 연결된 형(정석가 2-3 (4) 삭나거 시아 참조).

  수울 이시며 고지 퓌여신 저기어든 (有酒有花)〈박초 상 7〉
  잇깃 퓐 黃菊花룰〈송강 2:14〉
  곳은 밤비에 퓌고〈청구 86〉

부사형어미 '거'는 '퓌'와 결합하면 'ㄱ'이 탈락하여 '퓌어'가 되어야 하나 여기에서는 'ㄱ'이 탈락하지 않은 형태를 보인다.

3-4 有德ᄒ신 님 여희ᄋᆞ와지이다(정석가 2-4 참조)

4-1 므쇠로 텰릭을 몰아 나는

(1) 므쇠로 〉무쇠로
 명사어간 '므쇠'는 '生鐵'

  鐵 쇠 텰 俗呼鐵頭生鐵 무쇠〈훈몽 중 31〉
  鐵曰 歲〈계림유사〉

(2) 텰릭을 〉융복(戎服)을
 '텰릭'은 한역의 '帖裏, 天翼, 綴翼'의 음사(音寫)이며, 융복으로 고관대작이 입던 의복의 하나이다.

  帖裏 텰릭 戎服也〈이두편람〉
  帖裏者 戎事之服也 續大典曰 堂上官藍色帖裏 堂下官青玄色帖裏 郊外動駕時紅色帖裏 今俗誤以爲天翼 或以爲綴翼 疏箚用之 帖裏之制 上衣下裳 有襞積 如古之深衣
  〈아언각비 권2〉

'帖裏, 天翼, 綴翼' 등은 몽고어 'čamči'의 한음역으로 생각된다.

(3) 몰아 〉말라, 말라서
 동사어간 'ᄆᆞᆯ(裁)'의 부사형 즉 'ᄆᆞᆯ아〉몰아' 형.

  옷 ᄆᆞᆯ기 됴ᄒᆞ니(好裁衣)〈박중 중 54〉

裁 ᄆᆞ롤 지 〈훈몽 하 19〉
칼로 몰아낸가 붓으로 그려낸가 〈불우헌집 상춘곡〉

'ᄆᆞᄅ'는 원래 '몰'이 조성모음 'ᄋᆞ'를 취하여 어간으로 굳어진 형이며(처용가 4-2 (1) 샐리 참조) 부사형을 취할 때, 다시 'ᄆᆞᄅ〉몰'로 축약되면서 'ㄹ'이 개입하여 'ㄹㄹ'형이 되나, 이 구절의 'ᄆᆞᄅ아〉몰아'는 'ㄹ'이 개입하지 않고 직접 부사형어미 '아'를 취한 형이다.

4-2 鐵絲로 주롬 바고이다

(1) 鐵絲로 〉 쇠 실로
  명사어간 '鐵絲'에 조격접미사 '로'가 연결된 형.

(2) 주롬 〉 주름
  명사어간 '주롬'은 '襞' 즉 '주름'의 이형태이다.

  襞 주롬 벽 〈훈몽 중 23〉
  ᄀᆞᄂᆞ 주룸도(細褶兒) 〈노걸 하 26〉

(3) 바고이다 〉 박습니다, 박나이다
  동사어간 '박(縫, 釘)'에 어간첨입모음 '오'와 존칭서술형어미 '이다'가 연결된 형.

  四百 ᄇᆞ롤 바ᄀᆞ라 ᄒᆞ시고 〈능엄 발 4〉
  山林과 白衣롤 바가 주라 〈능엄 발 4〉

4-3 그 오시 다 헐어 시아

(1) 그 오시 〉 그 옷이
  명사어간 '옷(衣)'의 주격형.

  ᄂᆞᄆᆞᆫ 맛ᄂᆞᆫ 오ᄉᆞᆯ 아니바사 〈용비 92〉

새 조호 옷 닙고(著新淨衣)〈능엄 7:6〉

(2) 다 〉 모두, 다
  부사 즉 '皆, 盡'.

  興望이 다 몯즈븧나〈용비 11〉
  百姓둘히 놉올 다 조츠니〈월인 11〉

(3) 헐어 시아 〉 헐어 있어야만
  동사어간 '헐(毀損, 弊)'에 부사형어미 '거', 동사어간 '시(有)', 부사형어미 '아', 강세접미사 '아'가 연결된 형(정석가 2-3 (4) 삭나거 시아 참조). '어'는 '거'에서 'ㄱ'이 탈락한 형(정읍사 1-2 (3) 비취오 시라 참조).

  부톄는 멀텁고 헌 것 사므시니〈법화 2:89〉
  새 집 헌 더룰 깁노라(補茅屋)〈두초 8:66〉
  毁 헐 훼〈훈몽 하 29〉

4-4 有德ᄒ신 님 여희ᄋ와지이다(정석가 2-4 참조)

5-1 므쇠로 한 쇼를 디여다가

(1) 한 쇼를 〉 큰 소를, 황소를
  '한 쇼'는 '大牛', '한'은 '하(大, 多)'의 관형사형(청산별곡 2-3 (2) 시름한 참조). '쇼'는 '牛', '한 쇼를'은 '한 쇼'의 대격형으로 '한 쇼룰'의 모음연결법칙의 혼란형이다.

  싸호는 한 쇼룰 두 소내 자ᄇ시며〈용비 87〉
  한 쇼룰 내니 몸 크고 드리 크고〈월인 162〉
  牛 쇼 우 俗呼䍃牛 한 쇼〈훈몽 상 19〉
  牛曰 燒〈계림유사〉

(2) 디여다가 〉 지어다가, 주조하여다가

동사어간 '디(鑄)'의 부사형 '디어〉디여'에 접속형어미 '다가'가 연결된 형(동동 13-4 (2) 가재다 참조). '디어〉디여'는 모음충돌회피로 반자음 'j'가 삽입된 형.

> 시혹 쇠로 디며 시혹 남ᄀ로 사기며(或鑄以金或彫以木) 〈금삼 2:31〉
> 흔 번 디여 곧 이ᄂ니(一鑄便成) 〈금삼 2:30〉
> 銅鐵을 모도아 砲 디여 〈삼강 충 28〉

5-2 鐵樹山에 노호이다

(1) 鐵樹山에 〉 쇠 나무산에
처격접미사 '에'는 '애'로 표기될 것이 모음연결법칙의 혼란으로 '에'가 된 것이다.

(2) 노호이다 〉 놓습니다, 놓나이다
동사어간 '놓(放)'에 어간첨입모음 '오'와 존칭서술형어미 '이다'가 연결된 형.

> 東征에 功이 몯이나 所掠을 다 노ᄒ샤 〈용비 41〉
> 能히 아ᅀ며 노호미 이시며(能奪有放) 〈금삼 2:50〉

5-3 그 쇠 鐵草를 머거아

(1) 그 쇠 〉 그 소가
명사어간 '쇼'의 주격형.

(2) 鐵草를 〉 쇠 풀을
'鐵草'의 대격형으로 '鐵草룰'의 모음연결법칙의 혼란형.

(3) 먹거아 〉 먹어야
동사어간 '먹'의 부사형 '머거'에 강세접미사 '사〉사〉아'의 변천형 '아'가 연결된 형(처용가 4-8 (1) 熱病神이아 참조).

6-1 구스리 바회예 디신돌

6-2 긴힛든 그츠리잇가

6-3 즈믄히롤 외오곰 녀신돌

6-4 信잇든 그츠리잇가

이상 6연은 서경별곡 제 2연에서 이미 밝혔다.

 이상 이 노래의 내용을 보면 제 1연은 서사로 '딩아돌하'의 호격을 통하여 연모의 대상인 '딩돌' 즉 '鄭石'을 은유하는 한편, '딩돌'이 가지는 그 견고한 금석의 성질을 암유적 표현하여 제 2연 이하의 '임과의 영원한 사랑, 영원한 해로(偕老)'를 다짐하는 말과 연결되어 있다. 제 2연 이하는 매연 후렴구 '有德ᄒ신 님 여히ᄋ와지이다'로 결구하여 임과 여의고 싶은 마음을 토로한 듯하나, 사실은 기상천외의 기적을 그리며 있을 수 없는 사랑의 파경을 전제로 영겁을 노래하고 있는 것이다. 즉 제 2연에서는 '구운 밤 닷 되'가 움이 돋고 싹이 나기를 바라며, 제 3연에서는 '옥으로 새긴 연꽃'을 바위에 접주하여 그 꽃이 피기를 바라고, 제 4연에서는 '무쇠로 만든 융복'을 철사로 박아 그 옷이 헤어지기를 바라며, 또 제 5연에서는 '무쇠로 황소'를 지어 쇠 나무산에 놓아 쇠 풀을 먹기를 바라는 등 한결같이 그 기상천외의 기적이 이루어지는 날 '有德ᄒ신 님'과 '여의고 싶어'하는 마음으로 그 표현방식이 일관되어 있다. 그러므로 마지막 연에 첨가한 듯한 '구스리 바회예 디신돌' 이하의 굳은 맹세 같은 말은 오히려 군더더기요 사족에 불과한 것이다.

 따라서 〈정석가〉의 표현방식은 별리를 노래한 〈가시리〉나 〈서경별곡〉 등과 같이 별리를 서러워하고 그 단장의 아픔을 서술하는 것과는 전혀 다른 완곡한 방법이며, 그 발상의 기발함은 타의 추종을 불허하는 일품이라고 할 것이다.

〈현대어 옮김〉

딩이여 돌이여 지금 계십니다.
딩이여 돌이여 지금 계십니다.
선왕성대에 노니고 싶습니다.

바삭바삭한 잔모래 벼랑에
바삭바삭한 잔모래 벼랑에
구운 밤 닷 되를 심습니다.
그 밤이 움이 돋아 싹이 나 있어야
그 밤이 움이 돋아 싹이 나 있어야
유덕하신 임을 여의고 싶습니다.

옥으로 연꽃을 새겨다가
옥으로 연꽃을 새겨다가
바위 위에 뿌리를 내리게 합니다.
그 꽃이 삼백송이가 피어 있어야
그 꽃이 삼백송이가 피어 있어야
유덕하신 임을 여의고 싶습니다.

무쇠로 융복을 지어다가
무쇠로 융복을 지어다가
쇠실로 주름을 박습니다.
그 옷이 모두 헐어 있어야
그 옷이 모두 헐어 있어야
유덕하신 임을 여의고 싶습니다.

무쇠로 큰 소를 만들어서
무쇠로 큰 소를 만들어서
쇠나무산에 놓습니다.
그 소가 쇠풀을 먹어야
그 소가 쇠풀을 먹어야
유덕하신 임을 여의고 싶습니다.

구슬이 바위에 떨어진들
구슬이 바위에 떨어진들
끈이야 끊어지겠습니까?
천년을 홀로 살아간들
천년을 홀로 살아간들
믿음이야 끊어지겠습니까?

9. 만전춘 (별사)

어름 우희 댓닙자리 보와
님과 나와 어러 주글만뎡
어름 우희 댓닙자리 보와
님과 나와 어러 주글만뎡
情둔 오ᄂᆞᆳ범 더듸 새오 시라 더듸 새오 시라

耿耿 孤枕上애
어느 ᄌᆞ미 오리오
西窓을 여러ᄒᆞ니
桃花ㅣ 發ᄒᆞ두다
桃花ᄂᆞᆫ 시름 업서 笑春風ᄒᆞᄂᆞ다 笑春風ᄒᆞᄂᆞ다

넉시라도 님을 ᄒᆞ ᄃᆡ
녀닛 景 너기다니
넉시라도 님을 ᄒᆞ ᄃᆡ
녀닛 景 너기다니
벼기더시니 뉘러시니잇가 뉘러시니잇가

올하 올하
아련 비올하
여흘란 어듸 두고
소해 자라 온다
소콧 얼면 여흘도 됴ᄒᆞ니 여흘도 됴ᄒᆞ니

南山애 자리 보와

玉山을 벼여 누어
錦繡山 니블 안해
麝香각시를 아나 누어
南山애 자리 보와
玉山을 벼어 누어
錦繡山 니블 안해
麝香각시를 아나 누어
藥든 가슴을 맛초 요사이다 맛초 요사이다

아소 님하 遠代平生애 여힐 솔 모ᄅ 요새

  이 노래의 형식은 전 5연이며 내용은 유녀(遊女)의 애정을 노래한 것이다. 이 노래 중 첫 연을 김수온(金守溫)은 다음과 같이 한시로 번역하였다.

    十月層氷上 寒凝竹葉樓
    與君寧凍死 遮莫五更鷄〈김수온 술악부사(述樂府辭)〉(정석가 해설 참조)

1-1 어름 우희 댓닙자리 보와

(1) 어름 〉 어름
  동사어간 '얼(凍)'에 명사화접미사 '음'의 연결로 명사화한 형. '어름'은 '氷'.

    얼본 어르믈 하놀히 구티시니 〈용비 30〉
    어름 爲氷 〈훈몽 용자례〉

(2) 우희 〉 위에
  (정석가 3-2 (2) 우희 참조).

(3) 댓닙자리 〉 댓잎자리
  명사어간 '댓닙(竹葉)'과 잠자리, '자리'는 동사어간 '자(寢)'의 관형사형 '잘'에 명사화접미사 '이'의 연결로 명사화한 형(동동 12-1 (2) 자리예 참조)의 복합명사.

   箬 댓닙 약 〈훈몽 하 5〉

(4) 보와 〉 펴서
 동사어간 '보(設)'에 모음충돌을 피하기 위하여 'w'를 개입시키어 부사형어미 '아'의 합성인 '와'의 연결형.

1-2 님과 나와 어러 주글만뎡

(1) 님과 나와 〉 임과 나와
 '님(主)', '나(我)'에 공동격접미사가 연결된 형.
 공동격접미사 '와/과'는 조선시대의 문헌에서 비롯하며, 향가표기에는 나타나지 않고 거격 '良)랑'이 공동격적 기능으로 사용된 점이 격형의 발달에서 주목할 만한 일이다(동동 1-2 (1) 德으란 참조).

(2) 어러 주글만뎡 〉 얼어 죽을망정, 얼어 죽을지라도
 동사어간 '얼(凍)'의 부사형 '어러'와, 동사어간 '죽(死)'의 관형사형 '주글'의 연결형 '어러 주글(凍死)'에, 수량, 정도를 뜻하는 추상명사 '마'에 관형사형어미 'ㄴ'에 감탄형어미 '뎌'의 연결형 'ㄴ뎌'에 'ㆁ'이 첨미된 형과 연결된 형.

   身肉이 어러 뻐야딜 씨오 〈능엄 8:103〉
   내 몰라 주긂 相이 一定ᄒ야 〈석보 9:29〉
   坐룰 法으로 홇디언뎡 눈서블 바ᄅ 보아 〈몽산 35〉

1-3 情둔 오ᄂᆳ범 더듸 새오 시라 더듸 새오 시라

(1) 오ᄂᆳ범 〉 오늘밤
 '오ᄂᆳ범'은 '오ᄂᆳ밤'의 오자.
 명사어간 '오ᄂᆯ(今日)'에 사잇소리 'ㅅ'과 명사 '밤(夜)'의 연결형.

(2) 더듸 〉 더디게, 늦게

동사어간 '더듸(遲)'가 직접 부사로 전성된 형(동동 7-4 (1) 젹곰 참조).

> 더듸며 섄른 功이 이 날와 劫괘 서르 〈능엄 4:100〉
> 더듸 도라 올가 〈남명 하 46〉

(3) 새오 시라 〉 새고 있으라

동사어간 '새(曙)'와 연결어미 '고'의 연결형에 동사어간 '시(有)', 명령형종결어미 '라'가 연결된 형. '오'는 'ㅣ'모음 다음에서 'ㄱ'이 탈락한 형. (정읍사 1-2 (3) 비취오 시라 참조).

> 언제 새어든 부텨를 가 보ᅀᆞ보려뇨 ᄒᆞ더니 〈석보 6:19〉
> 잠드러 새도록 자ᄂᆞ니(睡到明) 〈박초 상 21〉

2-1 耿耿 孤枕上애 어느 ᄌᆞ미 오리오

(1) 어느 〉 어찌

'어느'는 부사 '豈'의 뜻. 현재는 '어느'가 관형사로만 사용되나 중기국어에서는 관형사뿐 아니라 부사와 명사로도 사용되었다(정읍사 3-1 (1) 어느 이 다 참조). '어느'를 '어느 ᄌᆞᆷ'으로 보면 관형사로도 뜻이 통하나 문맥상 부사로 보는 것이 좋을 듯하다.

(2) ᄌᆞ미 〉 잠이

동사어간 '자(寢)'의 명사형 '잠'으로 표기되어야 할 것이 'ᄌᆞ오롬(睡, 眠)'의 'ᄌᆞ'의 유추로 '잠'이 아닌 'ᄌᆞᆷ'이 명사형으로 사용되었으며, 'ᄌᆞ미'는 'ᄌᆞᆷ'의 주격형이다.

> ᄌᆞᆷ 자싫 제 風流ㅣ ᄀᆞ바ᅀᆞᆸ더니 〈월인 118〉
> ᄌᆞᆷ 드로미 ᄒᆞ마 기프니(寢已熟) 〈두초 8:28〉
> ᄒᆞᆫ번 ᄌᆞᆷ 찌요미 곧ᄒᆞ니 〈금삼 3:20〉

(3) 오리오 〉 오겠느냐?, 올 것인가?

　동사어간 '오(來, 到)'에 미래시상 '리'와 의문형 종결어미 '오'의 연결형.

　미래시상 '리'의 본체는 어간의 관형사형어미 'ㄹ'과 추상명사 '이'의 합성형이 굳어진 형이며, 어간의 관형사형어미 'ㄹ' 자체가 미래시상을 나타내는 것이다.

　　　　뇌한 도즈글 모른샤 보리라 기드리시니 〈용비 19〉
　　　　이러트시 고텨 두외샤미 몯리ㄹ 헤리리라 〈월석 1:21〉
　　　　반드기 부톄 두외리로소이다 〈법화 1:249〉

　앞의 예는 '볼 이라, 헬 이러라, 두욀 이로소이다' 등으로 볼 수 있으나, 이미 선행어미 '리'로 굳어진 형태로 나타나는 것이다. 그러므로 이들 '리'의 본체는 'ㄹ+이〉리'형에 지나지 않는 것이다. 따라서, '보리라〉볼이라'에서 이를 '것'을 나타내는 추상명사로 보면 의문형어미 '오'가 명사와 직결된 형태이며 '리'를 선행어미로 본다면, '리'에 '오'가 연결된 형이 된다.

　　　　엇뎨 일후미 般若오 〈금강 서 8〉
　　　　뉘 이 靑雲서리옛 器具오 〈두초 16:18〉

　앞 예는 명사에 의문형 '오'가 직결된 예이다.

2-2 西窓을 여러ᄒᆞ니 桃花ㅣ 發ᄒᆞ두다

(1) 여러ᄒᆞ니 〉 여니

　동사어간 '열(開)'의 부사형. '여러ᄒᆞ니'는 '여르니'로 표기될 것이 가창의 음률상 부사형을 취하여 다시 동사 'ᄒᆞ니'와 연결된 형.

　　　　世尊ㅅ 말을 듣줍고 도라 보아ᄒᆞ니 제 모미 고텨 두외니 〈월인 29〉
　　　　對答ᄒᆞ디 지븨 가ᄒᆞ니 수졔 섯드러 잇고 〈월석 23:74〉
　　　　萬二千峰을 歷歷히 혜여ᄒᆞ니 〈송강 관동별곡〉
　　　　日出을 보리라 밤듕만 니러ᄒᆞ니 〈송강 관동별곡〉

情을 못다ᄒ여 목이조차 몌여ᄒ니 〈송강 속미인곡〉
長松을 遮日사마 石逕의 안ᄌᄒ니 〈송강 성산별곡〉

앞 예와 같이 송강가사에서는 기조에 맞추기 위하여 'ᄒ니'형을 많이 사용함을 볼 수 있다.

(2) 桃花 ㅣ 〉 복숭아꽃이

'ㅣ'는 주격접미사.

(3) 發ᄒ두다 〉 피도다

2-3 桃花는 시름 업서 笑春風ᄒᄂ다 笑春風ᄒᄂ다

(1) 시름 업서 〉 시름없어

'시름'은 '憂'.

> 시름ᄆ슘 업스샤디 〈용비 102〉
> 뻐무든 옷 닙고 시름ᄒ야 잇더니 〈석보 6:27〉

(2) ᄒᄂ다 〉 한다, 하는구나

'ᄂ다'는 현대국어 'ᄂ다, 는다'의 고형으로 현재형이다.
'ᄂ다'의 어간첨입모음 '오'가 연결되면 '노다'가 된다.

> 羅睺羅 ᄃ려다가 沙彌 사모려 ᄒᄂ다 ᄒᆯ쎄 〈석보 6:2〉
> 힘 세니 바미 지여 ᄃᆞᆯ돈 어리닌 모ᄅᄂ다 ᄒ니라 〈능엄 1:16〉
> 五色이 사ᄅᄆ로 눈 멀에 ᄒᄂ다 〈원각 서 28〉
> 나그내 ᄯ든 林垌에 도라가고져 ᄒ노다 〈두중 6:20〉

이 'ᄂ다'형은 때로는 노래에서 감탄적으로 사용되는 일도 있어 이 노래의 예는 다분히 감탄적 요소가 내포되어 있는 것으로 볼 수 있다.

3-1 넉시라도 님을 ᄒ 디 녀닛 景 너기다니

3-2 벼기더시니 뉘러시니잇가 뉘러시니잇가

3-1과 3-2는 정과정곡의 대엽(大葉), 부엽(附葉)인

넉시라도 님은 훈 디 녀져라 아으 벼기더시니 뉘러시니잇가

와 유사하여 마치 관용구처럼 옮겨 놓은 듯한 구절이다. 그러나 문맥상 '넉시라도 님을 훈 디 녀닛景 너기다니'는 '넉시라도 님을 훈 디 녀져라 녀닛景 너기다'로 '녀져라'가 생략된 것으로 볼 수 있으며, 이와 같은 관용적 용법은 다시 〈동동〉 칠월령에 '니믈 훈 디 녀가져'에서도 볼 수 있다.

(1) 넉시라도 〉 넋이라도, 혼백이라도
(2) 님을 〉 임과
(3) 훈 디 〉 한 곳에, 같은 곳에(이상은 정과정 5 이하 참조).
(4) 녀닛 景 〉 남의 景況, 또는 가는 정경

관형사 '녀느(他)'와 '사람'을 뜻하는 추상명사 '이'와의 합성, 즉 '녀느이〉녀니'형으로 '놈(他人)'의 뜻이며, 'ㅅ'은 속격접미사로 '景'과의 통합을 표시한 속격의 기능으로 사용되어 '놈의, 타인의'로 된다.

녀느 쉰 아히도 다 出家ᄒ니라 〈석보 6:20〉
녀느 사ᄅ미 供養ᄆ차놀 〈월석 1:13〉

'녀느이'가 '녀니'로 '으'모음이 줄어지는 것은 어간모음 'ㅡ, ㆍ'가 주격형이나 용언화접미사형을 취할 때, 이 'ㅡ, ㆍ'가 줄어지는 것과 동일한 현상이다.

'ᄃ'의 용언화접미사형 'ᄃ+이〉디'

어루 베푸미 잇다 어루 닐올 다나 〈금삼 3:9〉
沙門과 婆羅門과롤 恭敬혼 디면 〈석보 6:29〉

'노ᄅ(獐)'의 주격형 '노ᄅ+이〉놀이'

여슷 놀이 디며 〈용비 86〉
놀이 ᄒᆞ오ᅀᅡ 뛰어 〈영가 하 41〉

'여ᅀᆞ(狐)'의 주격형 '여ᅀᆞ+이〉엿이'

나몬 쥡이 엿이 ᄃᆞ외ᄂᆞ니라 〈능엄 8:120〉
엿이 버믜 威를 비러 〈남명 하 37〉

'아ᅀᆞ(弟)'의 주격형 '아ᅀᆞ+이〉앗이'

앗이 모딜오도 無相猶矣실ᄊᆡ 〈용비 103〉
介立이 實로 내 앗이니(介立寔吾弟) 〈두초 8:53〉

기타 '어느마(幾許)〉언마' '그잇돈〉깃돈' 등도 역시 'ㅡ' 모음이 줄어지는 예이다.

景 — 한림별곡 등 경기체가의 '景 긔 엇더ᄒᆞ니잇고'의 '景'과 같은 용법이나, 여기에서는 '景況'의 뜻으로 풀이된다.

이상과 같은 분석과는 달리 '녀닛 景'은 다음과 같이 풀이될 가능성도 있다.

녀닛 — 동사어간 '녀(行)'와 동사어간 '니(行)'의 복합형 '녀니'에 후행어를 수식하는 기능을 가진 'ㅅ'의 결합형.

길 녏 사ᄅᆞ미어나 〈월석 1:119〉
行 녈 힝 〈훈몽 하 27〉
須達이 護彌 지븨 니거늘 〈석보 6:15〉
내 니거지이다 〈용비 58〉

앞의 예들은 각각 '녀'와 '니'가 본동사로 사용된 용례이다. 이들이 결합된 '녀니'는 '니'가 갖는 '지속'의 의미가 결합하여 '가는'의 의미로 풀이될 수 있다.

攻戰에 돈니샤 〈용비 113〉
出은 나아 ᄒᆞ닐 씨라 〈석보 서 2〉

따라서, '녀닛 景'은 '가는 정경'으로도 풀이될 가능성이 있으나 좀더 검토를 요한다.

(5) 너기다니 〉 여기더니

동사어간 '너기(惟, 擬)'에 과거회상선행어미 '다'(정과정 1-1 (4) 우니다니 참조)와 어미 '니'의 연결형.

　　諸天이 다 츠기 너기니 〈월인 13〉
　　讚嘆ᄒᆞᆸ바 殷重히 너기ᅀᆞᄫᅵ며 〈월석 10:45〉
　　衰殘훈 프를 므던히 너겻거니라 〈두초 8:42〉

(6) 벼기더시니 〉 어기시던 사람이

(7) 뉘러시니잇가 〉 누구였습니까?(이상은 정과정 6 이하 참조).

이상에서 본 구절 중 '넉시라도 님은 ᄒᆞᆫ 더 녀닛景 너기다니'는 앞에서 기술한 바와 같이 두 가지로 풀이될 가능이 있다.

첫째, '녀져라'가 생략된 것으로 보고 즉, '혼백이라도 임과 한 곳에 (가고 싶습니다 하는 말을) 남의 景況(일)으로만 생각하였더니'로 보는 것이다.

둘째, 생략된 것이 없이, '혼백이라도 임과 한 곳에 가는 정경을 생각하였더니'로 보는 것이다.

4-1 올하 올하 아련 비올하

(1) 올하 〉 오리야

'올'은 '올히(鴨)'의 원형. '올'은 원래 ㅎ말음명사로 '올하'이며, 거기에 명사화접미사 'ㅣ'의 연결로 명사로 굳어진 형이다(동동 5-2 (2) 곳고리새여 참조). 따라서, '올ㅎ〉올히〉올이〉오리'의 변천을 겪은 것이라 할 수 있다.

　　그려기 올히는 기리 혜요미 맛당ᄒᆞ니(鵝鴨宜長數) 〈두초 7:9〉

鴨 올히 압 〈훈몽 상 16〉

 '올하'는 '올'에 호격접미사가 연결된 형인데 '올'이 ㅎ말음명사이기 때문에 '하'가 된 형(정읍사 1-1 (1) 돌하 참조).

(2) 아련 〉 연약한
 '아련'은 동사어간 '여리(軟,弱)'의 모음교체형 '야리'에 어간모음 '어'를 취하여 관형사형어미 'ㄴ'과 연결된 형으로 즉, '야리어ㄴ〉야련〉아련'이라 볼 수 있다.

여린 홀굴 하놀히 구티시니 〈용비 37〉
邦本이 곧 여리ㄴ니 〈용비 120〉

(3) 비올하 〉 비오리야
 명사어간 '비올ㅎ(花鴨)'에 호격접미사 '아'가 연결된 형. '비올'은 '빗올'의 'ㅅ'탈락형.

빗올히 훍 무든 디 업스니(花鴨無泥滓) 〈두초 17:23〉
鴨 올히 압 俗呼鴨子 又梳鴨子 빗올히 〈훈몽 상 16〉
梳鴨子 — 비올히 〈역어 하 27〉

4-2 여흘란 어듸 두고 소해 자라 온다

(1) 여흘란 〉 여울일랑
 '여흘(灘)'에 목적어의 주제화접미사 'ㄹ란'이 연결된 형(동동 1-1 (1) 德으란 참조).

여흘 믌결 中에 이셔 〈몽산 43〉
여흘 너튼 디 正히 서르 브텃도다 〈두초 15:27〉
灘 여흘 탄 〈훈몽 상 5〉

(2) 어듸 〉 어디
 명사어간 '어듸(何處)'의 처격형이 명사로 굳어진 형(청산별곡 5-1

(1) 어듸 참조).

(3) 소해 〉 소에, 늪에
  명사어간 '소ㅎ(沼, 潭)'와 처격접미사 '애'의 연결형.

    기픈 소히 다두라 〈관음 12〉
    소해 드러 죽거눌 〈신속 효 6:82〉
    潭 소 담 〈훈몽 상 5〉

(4) 자라 온다 〉 자러 오느냐?
  동사어간 '자(寢)'와 지향을 뜻하는 연결어미 '라'의 연결형(동동 1-4 (1) 나ᄋ라 참조)에 동사어간 '오(來)', 의문형 종결어미 'ㄴ다'의 연결형 (서경별곡 3-2 (2) 노ᄒ다 참조).

4-3 소콧 얼면 여흘도 됴ᄒ니 여흘도 됴ᄒ니

(1) 소콧 〉 소마저
  '소ㅎ'는 ㅎ말음명사이므로 강세접미사 '곳'이 '콧'으로 유기음화하였다 (처용가 4-3 (1) 아니옷 참조).

(2) 얼면 〉 얼면
  동사어간 '얼(凍)'와 연결어미 '면'의 연결형.

(3) 여흘도 〉 여울도
  명사어간 '여흘(灘)'과 태격접미사 '도'의 연결형(쌍화점 1-5 (2) 나도 참조).

(4) 됴ᄒ니 〉 좋으니, 좋습니다
  동사어간 '둏(好)'에 조성모음 'ᄋ', 시상선행어미 '니'와 존칭서술형종결어미 '이다' 연결형에서 '이다'생략형 '니'가 연결된 형.

    어늬ᅀᅡ 못 됴ᄒ니잇가 〈석보 6:35〉

婆羅門 솔본 말올 天神이 됴타호쎠 〈월인 32〉
好 됴홀 호 〈훈몽 하 31〉

5-1 南山애 자리 보와 玉山을 벼어 누어

(1) 南山애 〉 남산에

(2) 자리 보와 〉 잠자리를 펴
　（만전춘 1-1 (3) 댓닙자리 보아 참조).

(3) 벼어 누어 〉 베고 누어
　동사어간 '볘(寢着)'의 쌍형 '벼'에 부사형어미 '어'의 연결형과 동사어간 '눕(臥)'의 부사형 '누워'의 오기형(동동 12-2 (2) 누워 참조) '누어'가 연결된 형.

　　호나흔 바르래 누보며 둘흔 須彌山올 볘며 〈월석 1:17〉
　　노피 볘여 누우니 〈두초 22:19〉
　　남지늬 주검 볘여 〈삼강 열 3〉

5-2 錦繡山 니블 안해 麝香각시를 아나 누어

(1) 니블 〉 이불

'니블'은 '衾'.

　　貴흔 니블로 布施호며 〈석보 13:23〉
　　錦니브레 조오로몰(錦衾眠) 〈두초 23:11〉
　　衾 니블 금 〈훈몽 중 23〉

　'니블'은 '닙(被, 着)'의 관형사형 '닙〉니블'과 동형인데, 동사어간 '닙'에서 명사화한 것은 의심할 수 없다.

(2) 안해 〉 안에, 속에
　명사어간 '안ㅎ(內)'과 처격접미사 '애'의 연결형(동동 10-3 (2) 안해 참조).

(3) 麝香각시를 〉 궁노루의 香囊을 지닌 듯한 아름답고 젊은 여인을

　麝香 — 궁노루의 香囊.

　　獸名屬反芻類 以鹿無角 長三尺許 毛灰褐色甚長 牧者犬齒突出口外 腹部有皮脂結成之塊 大如鷄卵 香甚烈 謂之麝香 可入藥 皮可製物 靑海西藏等處産之〈사원(辭源)〉

　각시를 — 명사어간 '각시(姬)'와 대격 'ㄹ'의 연설형.

　　각시 뫼노라 놋 고비 抛여 〈월인 49〉
　　이 각시사 내 얼니논 ᄆᆞᅀᆞ매 맛도다 ᄒᆞ야 〈석보 6:14〉
　　綵女는 꾸뮨 각시라 〈월석 2:28〉
　　閣氏者東語女子也 香娘閣氏者蓋指馬陸也 〈동국세시기〉

(4) 아나 누어 〉 안고 누워, 품고 누워

　아나 — 동사어간 '안(抱)'과 부사형어미 '아'의 연결형.

　　綵女ㅣ 기베 안ᅀᆞᄫᅡ 어마닚긔 오ᅀᆞᆸ더니 〈월인 23〉
　　쎼에 사겨 슬푸믈 아낫노라(鏤骨抱酸辛) 〈두초 20:40〉
　　抱 아놀 포 〈신증 하 46〉

5-3 藥든 가슴을 맛초ᅀᆞᆸ사이다 맛초ᅀᆞᆸ사이다

(1) 藥든 〉 향낭이 든

　'약'은 사향의 향낭.
　'든'은 동사어간 '들(入)'과 관형사형어미 'ㄴ'의 연결형.

　　王ㅅ 알ᄑᆡ 드라 말이 재야 숫두버리더니 〈월인 157〉
　　入 들 입 〈신증 하 5〉

(2) 가슴을 〉 가슴을

　명사어간 '가슴(胸)'의 대격형. '가스믈' 또는 '가스믈'로 표기될 것이

모음연결법칙 또는 형태 의식의 혼란으로 '가솜을'로 표기되었다(정과정 1 (2) 니믈 참조).

    가스미며 허리 우히 거여벼 〈월석 2:41〉
    胸 가솜 흉 〈훈몽 상 27〉

(3) 맞초옵사이다 〉 맞추십시다

  동사어간 '맞ㅎ(合)'과 어간첨입모음 '오'의 연결로 '맞초'가 되어야 하나 '맞〉맛'의 변이형을 취하였다(정읍사 2-2 (2) 노피곰 참조).

  '옵사이다'는 겸양선행어미 '숩'의 △탈락형 '옵'과 존칭권유형종결어미 '사이다'의 연결형(동동 2-2 (2) 오소이다 참조).

5-4 아소 님하 遠代平生애 여힐 술 모ᄅ옵새

(1) 아소 〉 아소서

  동사어간 '알(知)'의 ㄹ탈락형 '아'와 명령형종결어미 '소'의 연결형. 이 노래의 '아소'는 〈정과정〉의 '아소'와 같이 '아서라, 맙소서' 등의 금지사로 볼 수 없다(정과정 1 (1) 아소 참조).

    아소 님하 어마님ᄀ티 괴시리 업셰라 〈악장 사모곡〉

  위 사모곡의 '아소'도 이 노래의 '아소'와 동일한 용법으로 보아야 한다.

(2) 님하 〉 임이시여

  명사어간 '님'과 강조형호격접미사 '하'의 연결형(정읍사 1-1 (1) 둘하 참조).

(3) 여힐 술 〉 여일 줄을

  '여히'는 동사어간 '여희(離, 別)'의 쌍형(서경별곡 1-3 (1) 여히므론 참조)이며, '여힐'은 동사어간 '여히'의 관형사형.

  '술'은 원시추상명사 'ᄉ'의 대격형(정읍사 2-2 (2) 드디욜셰라 참조).

(4) 모ᄅ옵새 〉 모릅시다, 모르고 지냅시다

동사어간 '모ᄅ(不知)'와 겸양선행어미 '습'의 △탈락형 '옵', 존칭청유형종결어미 '사이다'의 '다' 생략형인 '사이〉새' 축약형의 연결형.

> 書契를 내셔돈 보옵새 〈첩신 2:16〉
> 짐쟉이 계실 쩌시니 니르옵소 듯줍새 〈첩신 5:8〉
> 어와 자네는 우은 사롬이로쇠 〈첩신 9:19〉
> 祥瑞도 하시며 光明도 하시나 ㅉ 업스실쎄 오ᄂᆞᆯ 몯 솗뇌 〈월석 2:45〉

앞 예에서 '쇠'는 '소이다'의, '뇌'는 '노이다'의 '소이, 노이'의 축약형이다.

따라서, '모ᄅ옵새'는 '모ᄅ'에 선어말어미 '옵'과 이른바 청유형종결어미 '새'가 연결된 것이다.

이상 이 노래는 유녀(遊女)의 신세타령을 듣고 한 폭의 춘화(春畵)를 연상하게 하는 남녀간의 정사를 노래한 것이며 〈쌍화점〉과도 상통하는 면이 있다. 즉, 제 1연에서는 정부와의 해후를 그리고 있으며, 제 2연에서는 마치 철새같이 떠나간 임을 그리며 전전불매(轉轉不寐) 수심에 밤을 지새우는 애처로움을, 제 3연에서는 죽어서라도 임과 함께 있고 싶어하는 정이 남의 일로만 생각했더니, 정작 내 앞에 닥치고 보매 혹 임에 대한 무슨 허물이 있지나 않나 스스로 두려워하며 임의 뜻을 어긴 사람이 도대체 누구인가를 하소연하면서 연모의 정은 마침내 원한으로 번져가고 있다. 제 4연은 이른바 전(轉)으로 노류장화(路柳墻花)를 찾는 탕아들을 오리에 비유하여 그들의 행실을 노래하였다. 제 5연은 마무리로 다시 정부와의 해후를 그리며 그리운 임과의 평생에 변치 않는 정분을 다짐하고 있다. 이와 같이 만전춘은 항간에 불리어진 노래의 하나로 유녀들의 생활의 일면을 노래한 것인 바, 첫 연의 '임과 나와 얼어 죽을망정 정을 푸는 오늘밤이 더디 새고 있으라'라든지 또는 마지막 연의 '궁노루의 향낭을 지닌 듯한 아름다운 여인을 안고 누워 향낭이 든 가슴을 맞춥시다 그려' 등 노래는 직설적인 창부타령을 듣는 듯한 속된 표현이라 할 것이다.

〈현대어 옮김〉

어름 위에 댓잎자리를 펴서
님과 나와 얼어죽을망정
어름 위에 댓잎자리를 펴서
님과 나와 얼어죽을망정
정 둔 오늘밤 더디게 새고 있으라 더디게 새고 있으라.

뒤척뒤척 외로운 침상에서
어찌 잠이 올까나.
서쪽 창문을 열어 보니
복숭아꽃이 피고 있네.
복숭아꽃은 시름 없어 봄바람을 비웃네 봄바람을 비웃네

넋이라도 님과 한 곳에
남의 일로 알았더니
넋이라도 님과 한 곳에
남의 일로 알았더니
어기시던 사람이 누구였습니까 누구였습니까

오리야 오리야
연약한 비오리야
여울은 어디 두고

소에 자러 오느냐
소마저 얼면 여울도 좋습니다 여울도 좋습니다

남산에 자리를 펴서
옥산을 베고 누워
금수산 이불 안에
사향각시를 품고 누워
남산에 자리를 펴서
옥산을 베고 누워
금수산 이불 안에
사향각시를 품고 누워
약든 가슴을 맞추십시다 맞추십시다.

아소서 임이시여 평생토록 여읠 줄을 모르고 지냅시다.

10. 이 상 곡

비 오다가 개야 아 눈 하 디신 나래
서린 석석사리 조븐 곱도신 길헤
다롱디우셔 마득사리 마두너즈세 너우지
잠 짜간 내 니믈 너겨
깃돈 열명길헤 자라오리잇가
죵죵 霹靂 生 陷墮無間
고대셔 싀여딜 내 모미
죵 霹靂 아 生 陷墮無間
고대셔 싀여딜 내 모미
내 님 두숩고 년 뫼롤 거로리
이러쳐 뎌러쳐
이러쳐 뎌러쳐 期約이잇가
아소 님하 흔디 녀젓 期約이이다

이 노래도 고려 속요의 하나로 내용은 청상(靑孀)의 번민을 노래한 것이다(정석가 해설 참조).

1. 비 오다가 개야 아 눈 하 디신 나래

(1) 비 오다가 〉 비가 오다가
  '비(雨)'는 영형태의 주격으로 실현된 명사어간.

  雨曰 霏微〈계림유사〉
  비 오게 ᄒᆞ야〈석보 6:43〉

'오다가'는 동사어간 '오(來)'에 접속형어미 '다가'의 연결형(정석가 5
-1 (2) 디여다가 참조).

(2) 개야 〉 개여

동사어간 '개'의 원형은 '가(霽)'라고 할 수 있으나, 이 경우 '가〉개'의
교체 원인이 분명치 않다. 일단 고형을 '*가이'로 보면, '*가이〉개'의 통
시적 변천을 생각할 수 있는데, '가'형은 '가야'형으로만 출현하는 것으로
보아 어간의 축약 이전에 '이'가 후속하는 어미에 통합된 형이라고 할 수
있다. '개여'는 '가이〉개'의 부사형이다(쌍화점 1-2 (3) 주여다 참
조).

> 몰기 가야 氣이 가드면 〈능엄 2:25〉
> 하놄 ᄀ앳 霜雪에 츤 하놀히 가얏도다 〈두중 14:19〉
> 비 한 저긔 ᄯ 能히 개에 ᄒ며 〈월석 10:88〉
> 이믜셔 비 오고 개어늘(旣雨已) 〈두초 16:65〉

(3) 아 〉 아(감탄사)

(4) 눈 〉 눈이

명사어간 '눈(雪)'의 영형태의 주격형.

> 서리와 누니라와 더으니(勝霜雪) 〈두초 16:60〉
> 雪 눈 셜 〈훈몽 상:2〉

(5) 하 〉 많이

'하'는 동사어간 '하(多, 大)'가 직접 부사로 전성된 예이다(동동 7-4
(1) 젹곰 참조).

(6) 디신 〉 지신, 내리신, 오신

동사어간 '디(落)'에 존칭선행어미 '시'와 관형사형어미 'ㄴ'의 연결형.
여기서 '시'는 자연물에 대한 존칭이며, 현재 '비 오신다'와 같은 표현에서
이러한 용법을 살필 수 있다(서경별곡 2-1 (3) 디신둘 참조).

(7) 나래 〉 날에
　명사어간 '날(日)'의 처격형.

2. 서린 석석사리 조븐 곱도신 길헤

(1) 서린 〉 서리는
　명사어간 '서리(霜)'의 절대격형.

　　　서리 爲霜 〈훈해 용자〉
　　　霜은 서리오 〈월석 서:15〉

(2) 석석사리 〉 나무 숲
　'석석'은 '섭섭', 즉 '섭(薪)'의 중복이며 연음관계에서 'ㅂ〉ㄱ'으로 구개음화한 형태라고 할 수 있다. '사리'는 명사 아래 붙는 접미사. 경주 방언에서 관목의 기간(枝幹)이 얼크러진 숲을 '석석사리'라고 한다. 한편, '석석사리'의 '석석'을 '버석버석하다'와 같은 동사어간과 같은 것으로 보고 여기에 '어렵사리, 쉽사리'의 부사화접미사 '사리'가 연결된 형으로 보는 견해도 있다. 이러한 견해도 어석상 배제할 수는 없으나 전체적인 문맥을 고려하면 전자의 견해가 온당할 듯싶다. 또한 후자의 어석으로도 '석석사리'를 '나무 숲'의 의미를 지닌 어사라고 결론지을 수 있다. 즉 '기간이 얼크러진 숲'이란 '버석버석한 길'이 많을 것이기 때문이다.

(3) 조븐 〉 좁은
　동사어간 '좁(狹)'의 관형사형.

　　　좁던 東山이 어위며 〈월석 2:28〉
　　　손토비 조ᄇᆞ시고 〈법화 2:14〉

(4) 곱도신 〉 굽어 돌아 있는
　동사어간 '곱도'는 '곱(曲)'과 '돌(廻)'의 복합어 어간이며, 여기에 존재를 의미하는 동사어간 '시'가 연결되어 새로운 복합어어간 '곱도시'가 된 것이다. 'ㄴ'은 관형사형어미. 고려가요에서 '비존칭'의 의미로 사용된 '시'는 대부분의 경우 문법적으로 존재를 의미하는 동사어간 '시'로 분석된다. 이 경우에는 사실 이러한 분석이 쉽지 않다. 이는 '곱도시'가 삼중 복합어어간이라는 일반적인 경우를 가정해야 하기 때문이다. 그러나 노래의 문맥상으로 '시'가 동사인 것이 자연스러울 뿐 아니라, '디신'과 운을 맞추고 있기 때문에 이러한 용법이 가능하다고 보았다.

  曲은 고볼씨라 〈석보 11:6〉
  어긔디 아니ᄒᆞ며 곱디 아니ᄒᆞ며 〈월석 17:52〉
  廻 돌 회 〈신증 상:3〉
  ᄒᆞ번도 아니 도라놀 〈월인 151〉

(5) 길헤 〉 길에
  ㅎ말음명사인 어간 '길ㅎ(道)'의 처격형.

3. 다롱디우셔 마득사리 마두너즈세 너우지

(1) 다롱디우셔 〉 장고의 장단을 흉내낸 조율음(정읍사 1-4 (2) 다롱디리 참조).

  '다롱디우셔'의 '다롱디'는 동사어간 '아롱다롱'과 같은 의미를 갖고 있는 실사일 수 있다. 그렇다면 '다롱디우셔'는 '다롱디'에 사동접사 '우'와 존칭선행어미 '시', 그리고 종결어미 혹은 연결어미 '어'가 연결된 형이라고 볼 수 있다. 그러나 이러한 어석이 전체적인 문맥을 매끄럽게 하는 것 같지 않다. 문제는 다음의 '마득사리 마두너즈세 너우지'와의 연결인데, 이 구절이 비록 여음구의 일반 형태와 동떨어져 있지만, 현재로서 그 이상으로 어석을 확정한다는 것도 주저되는 일이다. 고려가요에 보이는 여음구들의 특징은 제한된 초성을 사용한다는 것과 종성에 'ㄹ, ㅇ'과 같은 공명음을 사용한다는 것이다. 참고로 이들 여음구의 일람을 보이면 다음과 같다.

  어긔야 어강됴리 아으 다롱디리 〈정읍사〉

아으 動動다리 〈동동〉
　　아즐가 〈서경별곡〉
　　위 두어렁셩 두어렁셩 다링디리 〈서경별곡〉
　　얄리얄리 얄랑(라)셩 얄라리 얄라 〈청산별곡〉
　　다로러거디러 〈쌍화점〉
　　더러둥셩 다리러디러 다리러디러 다로러거디러 다로러 〈쌍화점〉
　　위 위 다로러거디러 다로러 〈쌍화점〉
　　위 덩더둥셩 〈사모곡〉
　　나는 〈가시리〉
　　위 증즐가 大平盛代 〈가시리〉

(2) 마득사리 마두너즈세 너우지 〉 악율을 맞추기 위한 주술적 조율음.
　이 구절도 단순한 여음으로 볼 수 없다는 견해가 있다. 즉 '마득사리'는 '集, 聚, 皆'의 의미를 지닌 동사어간 '맏'에 '가득하다, 나즉하다'를 구성하는 명사화접미사 '옥'이 연결된 형에 앞에서 보인 부사화접미사 '사리'가 덧붙은 어사라는 것이다. 그러나 앞에서도 언급한 바와 같이 이러한 연결이 구체적으로 어떤 의미를 가지게 되는지 확실치 않다. 또한 '너즈세'와 '너우지'와 같은 불명의 어사들에 대한 문법적 접근도 거의 불가능한 것처럼 보인다.

4. 잠 싸간 내 니믈 너겨

(1) 잠 싸간 〉 잠을 따간, 잠을 빼앗아 간
　'잠'은 동사어간 '자(寢)'의 명사형(만전춘 2-1 (2) 주미 참조).
　'싸간'은 동사어간 '싸(摘)'와 '가(去)'의 복합어 어간이며, 'ㄴ'은 관형사형어미. '싸'는 '쁘'와 교체 가능하다.

　　여르믈 다 빠 먹느니 〈월인 99〉
　　摘 뿔 뎍 〈신증 하 46〉
　　올길헤 뽕 싸다가 누에 머켜 보쟈스라 〈청구 15〉

(2) 내 니믈 〉 내 임을, 나의 임을

'내'는 '나(我)'의 속격형(정읍사 3-2 (1) 내 참조).
'니믈'은 '님(主)'의 대격형.

(3) 너겨 〉 여기어, 생각하여
 동사어간 '너기(惟, 擬)'의 부사형. 즉 '너기어〉너겨' 형이다(만전춘 3-1 (5) 너기다니 참조).

5. 깃ᄃᆞᆫ 열명길헤 자라 오리잇가

(1) 깃ᄃᆞᆫ 〉 그이야
 명사어간 '그(彼)'에 용언화접미사 '이'가 연결된 후, 어간말음 'ㅡ'가 축약되고 여기에 강조형어미 'ᄯᆞᆫ'이 연결된 형('ㅡ' 축약에 대해서는 만전춘 3-2 (4) 녀닛景 참조). 강조형어미 'ᄯᆞᆫ'은 설의법이나 감탄법을 구사하는 문장에서 명사의 용언형에 부착되어 명사구를 강조하는 기능을 가지는 것이다(서경별곡 2-2 (1) 긴힛ᄯᆞᆫ 참조).

구스리 바회예 디신들 긴힛ᄯᆞᆫ 그츠리잇가 〈악장 서경별곡〉
雜草木 것거다가 ᄂᆞ출 거우ᅀᆞᄫᆞᆯ들 므슴잇ᄃᆞᆫ 뮈우시리여 〈월인 62〉

 그러므로 여기서 '그잇ᄃᆞᆫ〉깃ᄃᆞᆫ'은 죽은 망부를 가리키는 것이라고 생각된다.

(2) 열명길헤 〉 (十忿怒明王과 같이) 무서운 길에
 '열명'은 불전어 '十忿怒明王'의 약칭 '十明'으로 보는 것이 이 노래의 불교적 성격으로 보아 타당하다. 한편 '열명'을 동사어간 '열(開)'과 '명〉明'으로 보고, '열명길〉薄明길' 즉 '어두운 새벽길'로 보는 견해도 있으나 여기에서는 '열명〉十明'을 취하기로 한다.

(3) 자라 〉 자러
 동사어간 '자(寢)'에 의도형어미 '라'가 연결된 형.

(4) 오리잇가 〉 오겠습니까

　동사어간 '오(來)'에 미래시상선행어미 '리'와 존칭의문형종결어미 '잇가'의 연결형(동동 1-4 (1) 나ㅇ라 및 (2) 오소이다 참조).

6. 죵죵 霹靂 生 陷墮無間

(1) 죵죵 霹靂 〉 종종 벽력

　'죵죵'은 '種種'의 음사로 생각하여 '때때로'의 뜻으로 새길 수 있으며, 이 때 '죵죵 霹靂'은 '때때로 벼락이 치면'과 같이 해석된다. 혹은 '죵죵'을 벽력소리에 대한 의성어라고도 볼 수 있는데, 이 경우 '죵죵 霹靂'은 벼락이 치는 상황을 사실적으로 묘사한 것이라고 할 수 있다. 어떤 해석도 확실한 문법적 기반을 가진 것은 아니지만 시의 문맥에 크게 벗어난 것도 아니다. 그러나 다음 구절에서 '죵 霹靂'이라고 한 것을 보면 의성어일 가능성도 높다고 본다.

(2) 生 陷墮無間 〉 몸은 무간지옥에 떨어지고

　불경의 한 귀절을 원용하여 표현한 것이다.

7. 고대셔 싀여딜 내 모미

(1) 고대셔 〉 바로

　동사어간 '곧(直)'에 명사화접미사 '애'가 연결된 형에 접미사 '셔'가 연결된 형.

　　金剛杵를 자바 머리 견지니 고대 믈어디니 〈월인 160〉
　　고대 어름 노ᄀ며(當下氷消) 〈금삼 2:1〉

대체로 동사어간에 모음을 첨가하면 부사로 전성되는 경우가 많다(서경별곡 2-3 (2) 외오곰 참조).

　'셔'는 주로 동사의 부사형 'ᄒ야, ᄒ고'와 처격접미사 '애, 에' 밑에 첨용되는 접미사로, 여기서 '고대셔'는 부사어로 쓰인 명사 '고대'에 '셔'가 연결된 형이다(서경별곡 2-3 (2) 몰라셔 참조).

> 제 어미 사라셔 因果信티 아니턴둘 알쎄 〈월석 21:20〉
> 評事롤 對接ᄒ야셔 술 마시노니 〈두초 7:13〉

(2) 싀여딜 〉 없어질, 죽어갈

동사어간 '싀(漏)'의 부사형 '싀어'가 모음충돌 회피로 반모음 'j'의 첨입으로 '싀여'가 되었고, '디(落)'의 관형사형 '딜'과 연결된 형이다. 따라서 '싀여디'는 '漏落'의 뜻으로, 이것이 관용화되어 '盡無' 또는 '死去'의 뜻으로도 사용되었다.

> 봄 비츨 싀여딜 거슨(漏洩春光) 〈두중 11:36〉
> ᄀ마니 므리 싀여디놋다(潛洩瀨) 〈두중 13:17〉

위의 '싀여디'는 '漏落'의 뜻으로 사용된 예이며, 다음과 같은 예는 '盡無, 死去'의 뜻으로 사용된 것이다.

> 츨히 싀여뎌 듯디 말고져 ᄒ오나 〈계축 172〉
> 츨하리 싀여디여 범나븨 되오리라 〈송강 사미인곡〉
> 츨하리 내 몬져 싀여뎌 제 그리게 ᄒ리라 〈고시조〉

(3) 내 모미 〉 내 몸이

명사어간 '나(我)'의 속격형과 명사어간 '몸(身)'의 주격형.

8. 죵 霹靂 아 生 陷墮無間

6의 구절에서 '죵죵〉죵'이 되었고 감탄사 '아'가 첨입된 것인데, 변화와 강조를 주기 위한 구절이다.

9. 고대셔 싀여딜 내 모미

10. 내 님 두옵고 년 뫼롤 거로리

(1) '내'는 '나'의 속격형. '님'은 영형태 대격형.

(2) 두옵고 〉 두옵고
　　동사어간 '두(置)'에 겸양선행어미 '옵'과 연결어미 '고'가 연결된 형.

(3) 년 뫼롤 〉 다른 산을
'년'은 관형사 '녀느(他)'의 'ㅡ' 축약형(만전춘 3-1 (4) 녀닛景 참조).

　　　녀듸 옮디 아니호니 〈석보 11:29〉
　　　比丘ㅣ 년 分이시리잇가 오눐날애 世尊이시니 〈월석 17:77〉

　위의 '녀느〉 년'은 관형사이나, 명사형도 '녀느〉 년' 형을 취한다. 그러나 특정한 곡용어미를 취할 때에는 '나모, 구무' 형의 경우와 같이(동동 13-1 (1) 분디남ᄀ로 참조) '녀느'의 'ㅡ' 모음이 줄면서 'ㄱ'이 나타난다.

　　　四海롤 년글 주리여 〈용비 20〉
　　　년기 가면 몯 이기리니 〈석보 6:22〉
　　　년그란 주기고 貞婦ㅣ 고볼시 두루려커늘 〈삼강 열 21〉

'뫼롤'은 명사어간 '뫼(山)'의 대격형.

　　　山曰 每 〈계림유사〉
　　　뫼 爲山 〈훈해 용자〉
　　　나모와 뫼콰 내콰 〈능엄 2:34〉

　'뫼'는 ㅎ말음명사이므로 '뫼과〉 뫼콰'로 후행 'ㄱ'이 유기음화된 형을 보인다. 한편, '뫼'의 원형은 '모로ㅎ'라고 볼 수 있는데, 이러한 근거는 다음 예문에서 살필 수 있다. 그렇다면 '뫼'는 '모로ㅎ'가 ㄹ 탈락과 음절축약의 통시적 변화를 겪은 형태라고 할 수 있다(동동 2-1 (2) 나릿 참조).

　　　椴山 피모로 〈용비 4:21〉

(4) 거로리 〉 걷겠습니까?

　동사어간 '걷(步)'에 어간첨입모음 '오'가 연결되고, 여기에 다시 미래시상선행어미 '리'와 존칭의문형종결어미 '잇가'의 결합에서 '잇가'가 생략된 '리'가 연결된 형이다.

　　　天意를 小人이 거스러 親王兵을 請ᄒᆞ둘 忠臣을 매 모ᄅᆞ시리 〈용비 74〉
　　　하ᄂᆞᆳ ᄆᆞᅀᆞ몰 뉘 고티ᅀᆞᄫᆞ리 〈용비 85〉

11. 이러쳐 뎌러쳐 期約이잇가

(1) 이러쳐 뎌러쳐 〉 이렇게 하고자 저렇게 하고자, 이렇게 저렇게 하고자

　'이러ᄒᆞ져, 뎌러ᄒᆞ져'에서 'ᄒᆞ져'의 축약형이 '쳐'이며, '져'는 원망형어미이다. '이러ᄒᆞ, 뎌러ᄒᆞ'는 '이렇, 뎌렇'으로 축약되나 '이러ᄒᆞ져, 뎌러ᄒᆞ져'에서는 '져'와 연결되어 '이러쳐, 뎌러쳐'로 축약되었다.

　　　보며 드루미 이러ᄒᆞ며 〈석보 13:18〉
　　　帝業憂勤이 뎌러ᄒᆞ시니 〈용비 5〉

(2) 期約이잇가 〉 期約이겠습니까?

　명사어간 '期約'에 용언화접미사 '이'를 연결한 후 존칭의문형종결어미 '잇가'를 연결한 형(동동 1-4 (2) 오소이다 참조).

12. 아소 님하 ᄒᆞ 딘 녀졋 期約이이다

(1) 아소 〉 아서라, 맙소서
　금지사(정과정 11 (1) 아소 참조).

(2) 님하 〉 임이시여
　명사어간 '님'에 강조형호격접미사 '하'를 연결한 형(정읍사 8-3 (2) 돌하 참조).

(3) 훈 디 〉 한 곳에, 같은 곳에(동동 8-3 (2) 훈 디 참조)

(4) 녀졋 〉 가고 싶은

　동사어간 '녀(行)'와 원망형어미 '져'의 연결형이며 여기에 속격접미사 'ㅅ'이 연결된 형이다. 속격은 명사접미사이므로 원래 체언 다음에 연결되는 것이 보통이나, 동사가 명사화될 경우 이러한 연결이 허용되기도 한다. 따라서 이 경우 원망형어미 '져'는 동사어간 '지'에 부사형어미 '어'가 연결되어 굳어진 것이라고 보아야 한다. 부사형어미 '아, 어'가 통사적으로 명사화의 기능을 수행하고 있음은 최근 활발히 논의되고 있다.

(5) 期約이이다 〉 期約입니다

　명사어간 '기약'에 용언화접미사 '이'를 연결한 후 존칭서술형종결어미 '이다'를 연결한 형(동동 1-4 (2) 오소이다 참조).

　이 노래는 다음과 같이 풀이된다. 즉 '비 오다가 개고, 눈 많이 내린 날에. 서리는 나무 숲 좁고 굽어 돌아 있는 길에. 내 잠을 앗아가신 임을 생각하여 (이렇게 밤을 지새우고 있는데), (한번 가신) 그이야 (어찌 이런) 열명길에 자러 오겠습니까? 벽력치면 아 몸은 무간지옥에 떨어지고. 곧 사라질 이 몸이 내 임 말고 다른 이를 가까이 하겠습니까? 우리의 약속이 이렇게 저렇게 하고자 하는 기약입니까? 아 임이시여 함께 지내고자 하는 기약입니다.'와 같다. 이는 죽은 임을 애타게 그리면서 저승에서 재회하고 싶은 마음을 노래하면서, 이룰 수 없는 사랑을 죽음과 업보의 사생관에 접목하여 승화시킨 노래라고 할 수 있다.

〈현대어 옮김〉

비 오다가 개어, 아 눈도 많이 내린 날
서리는 석석사리, 좁고 곱돌아난 길에
다롱디우셔 마득사리 마두너즈세 너우지
잠따간 내 임을 생각하지만
그이야 열명 길에 자러올까나
벼락소리, 몸은 무간지옥에 떨어지고
곧 죽어질 이 몸이
벼락소리, 아 몸은 무간지옥에 떨어지고
곧 죽어질 이 몸이
내 임 두고 딴 산을 걸으리
이렇게 하여, 저렇게 하여
이렇게 하여, 저렇게 하자는 기약이었습니까?
마소 임이시여. 한 데 살자는 기약입니다.

11. 사 모 곡

호미도 놀히언마르는
낟ㄱ티 들리도 업스니이다
아바님도 어이어신마르는
위 덩더둥셩
어마님ㄱ티 괴시리 업세라
아소 님하 어마님ㄱ티 괴시리 업세라

이 노래는 어머님의 사랑을 노래한 아주 뛰어난 노래로, 전체가 5구로 되어 있다. 「시용향악보」에는 속칭 〈엇노리〉라 하여 표기면에서 「악장가사」소재의 가사와 다소 다른 다음과 같은 노래가 기록되었다.

思母曲　　俗稱 엇노리○界面調

호미도 눌히어신마르는
낟ㄱ티 들리도 어쁘새라
아바님도 어싀어신마르는
위 덩더둥셩
어마님ㄱ티 괴시리 어뻬라
아소 님하 어마님ㄱ티 괴시리 어뻬라
　　　　(정석가 해설 참조)

이 〈사모곡〉은 신라 때부터 불리어 온 노래가 아닌가 생각된다. 「고려사」 삼국속악 신라조 목주(木州)에

木州孝女所作 女事父及後世以孝聞 父惑後母之讒 逐之 女不忍去 留養父母 勤不息 父母怒甚 又逐之 女不得已 辭去至燕山中 見石窟有老婆 遂言其情 因請奇寓 老

婆哀其窮而許之 女以事父母者事之 老婆愛之 嫁以其子 夫婦協心 勤儉致富 聞其父
母甚貧 邀致其家 奉養備至 父母猶不悅 孝女作是歌以自怨

이라 하여 목주가의 사유가 전해지고 있다. 목주는

大麓郡 本百濟大木岳郡 景德王改名 今木州〈사기 권36 지리3〉

와 같이 백제에서 대목악이라 불렸던 것을 경덕왕이 목주로 개명한 것이다. 이는 현 충남 천안군 목천면 목천리에 해당한다. 이〈목주가〉는「고려사」기록에서 보이는 바와 같이 어느 효녀가 아버지를 섬기다가 계모가 들어온 후 갖은 곤욕 끝에 쫓겨나 마침내 산중 석굴에 사는 노파의 사랑을 받았고 노파를 부모님 섬기듯 하다가, 그의 아들과 결혼하여 치부한 후 부모가 어렵게 지낸다는 말을 듣고, 부모를 모셔다가 효도를 하였으나 오히려 기뻐하지 않으므로 스스로를 원망하며 지은 노래이다. 이는〈사모곡〉의 사연과 부합되는 것으로,〈목주가〉의 제목을 바꾸어〈사모곡〉이 된 듯하다. 부모는 부모지만 아버지 사랑은 무디고 어머니의 사랑은 날카롭다는 호미와 낫의 비유는 여러 가지 곤욕을 겪은 효녀의 숨김없는 감회였으리라 생각된다. 이 노래는 일찍이 신라 때부터 애송되고 오래오래 구전되어 내려오다가 조선조에 들어 문자로 정착된 것으로 볼 수 있다.

1. 호미도 놀히언마르는

(1) 호미도 〉 호미도

　명사어간 '호미(鉏)'와 태격접미사 '도'의 연결형(쌍화점 1-5 (2) 나도 참조).

　　　호미 메유리라(荷鉏)〈두초 8:48〉
　　　鉏 호미 서〈훈몽 중 16〉

'호미'는 땅에서 물건을 캘 때 사용하는 도구를 말하지만, 제주도 방언에서 '호미'는 육지에서 사용하는 '낫'을 일컫는다. 또한 제주도 방언에서 '낫'은 육지에서 사용되는 것보다 훨씬 긴(50-60cm), 물건을 자르는 연장을 말한다. 〈사모곡〉에서 '호미'와 '낟'이 모두 '날'을 가지고 있다고 한 것으로 보아 '호미'와 '낟'은 제주도 방언에서 나타나는 의미로 파악하는 것이 타당할 것이다.

(2) 놀히언마ᄅᆞᄂᆞᆫ 〉 날이건마는

'놀ᄒᆞ(刃)'과 용언화접미사 '이', 선행어미 '거', 관형사형어미 'ㄴ', 연결어미 '마ᄅᆞᄂᆞᆫ'의 연결형.

   刃은 놀히라 〈월석 21:75〉
   갌 놀해 디여 氷霜 ᄀᆞᆮᄒᆞ니롤 십고(落刀嚼氷霜)〈두초 15:19〉
   놀ᄒᆞ란 너므 둗겁게 말오 〈박초 상 16〉

'마ᄅᆞᄂᆞᆫ'은 '마ᄂᆞᆫ'의 변형으로 노래의 음수율을 맞추기 위한 'ᄅᆞ' 첨가형이다(서경별곡 1-1 (2) 셔울히마르는 참조). '마ᄂᆞᆫ'의 원형은 '만ᄋᆞᆫ'이며, '만ᄋᆞᆫ〉마ᄂᆞᆫ〉마는'으로 변천되었다. '만ᄋᆞᆫ, 마ᄂᆞᆫ' 등의 음절 첨가형으로 '마ᄅᆞᄂᆞᆫ, 마르는, 마ᄂᆞᄂᆞᆫ' 등이 주로 고려가요에서 사용되었다.

「시용향악보」의 '놀히어신마ᄅᆞᄂᆞᆫ'은 '놀히언' 형에 존칭선행 어미 '시' 가 개입되어 '놀히어신' 형으로 바뀐 것이다.

2. 낟ᄀᆞ티 들리도 업스니이다

(1) 낟ᄀᆞ티 〉 낫같이, 낫과 같이

 명사어간 '낫(鎌)'의 고형 '낟', 동사어간 'ᄀᆞᆮᄒᆞ(如)', 부사화접미사 '이'의 연결형.

   낟 爲鎌 〈훈해 합자해〉
   鎌 낟 렴 俗音 겸 〈훈몽 중 16〉
   나돌 횟두루며 〈속삼 효 9〉

'ᄀᆞ티'는 원래 'ᄀᆞᆮᄒᆞ'의 'ㆍ'음 탈락형 'ᄀᆞᇀᄒᆞ'이 부사화접미사 '이'를 취하여 'ᄀᆞ티'로 된 형이므로 어간은 'ᄀᆞᇀ'이 아니라 'ᄀᆞᆮᄒᆞ'이다(처용가 2-7

(1) 홍도화ᄀ티 참조).

(2) 들 리도 〉 들 리도, 들 까닭도
　동사어간 '들(切, 入)'과 의존명사 '리(이유, 까닭)', 태격접미사 '도'의 연결형. '들'은 어간말음 '리'때문에 직접 관형사형으로 사용된 것이다.

　　　드는 갈콰 긴 戈戟이(快劍長戟)〈두초 16:16〉
　　　네 갈이 드ᄂ녀〈박초 상 44〉

　의존명사 '리'의 예는 다음과 같다.

　　　알 리 업거늘〈원각 서 43〉
　　　항복홀 리 업거니와〈오륜 2:35〉

(3) 업스니이다 〉 없습니다
　동사어간 '없(無)'과 조성모음 '으', 현재시상선행어미 '니', 존칭서술형 종결어미 '이다'의 연결형(동동 1-4 (2) 오소이다 참조).
　「시용향악보」의 '어쁘새라'는 '업스세라'의 이형으로, '업스'로 표기되어야 하나 어두자음군을 가진 '뿔(米), 삐(種), 쁘(用)' 등에 사용된 초성 'ㅄ'의 유추에 의해 '어쁘'로 변형되었다. '새라'는 뒷 구에 나오는 '어뼤라'와 동일형인 '어쁘새라〉어뼤라'로 표기되어야 하나 가창의 필요에서 조성모음 '으'를 취하여 '어쁘'형에 감탄형종결어미 '새라'가 연결된 형이다. 원래는 '업서'의 '서'에 서술형종결어미 'ㅣ라'가 합성되어 '세라'가 되어야 하나, '새라'로 변형되었다(정읍사 2-2 (2) 드디욜셰라 참조).

3. 아바님도 어이어신마ᄅ논 위 덩더둥셩

(1) 아바님도 〉 아버님도
　명사어간 '압(父)'과 호격접미사 '아', 존칭접미사 '님'의 연결형(처용가 1-3 (1) 아바 참조). '님'은 원래 앞이나 주인을 뜻하는 명사였으나, 애인 또는 손위의 어른에게 붙이는 존칭접미사로 기능하게 되었다(동동 1-

1 (2) 곰비예 참조).

> 靑衣 긔별을 술바놀 아바님 깃그시니 〈월인 23〉
> 이 偈 다 니르고 아바넚긔 술보디 〈월석 18:34〉

(2) 어이어신마ᄅᆞᄂᆞᆫ 〉 어버이시건마는

 명사어간 '어이(親)'와 선행어미 '거신〉어신', 연결어미 '마ᄅᆞᄂᆞᆫ'의 연결형.
 '어이'의 어근은 '엇(母)'이며, '어이'는 '엇'에 명사형성접미사 '이'가 연결되어 굳어진 형으로, '엇+이'가 '어시〉어ᅀᅵ〉어이'의 변천을 거쳤다. 「시용향악보」에는 〈사모곡〉을 속칭 〈엇노리〉라 하여 '어머니 노리'의 뜻으로 '어이'의 원형 '엇'을 보여 주고 있다. 또한 「시용향악보」의 표기에는 '어ᅀᅵ어신마ᄅᆞᄂᆞᆫ'으로 'ᅀ'음이 남아 있다.

> 臣隱 愛賜尸 母史也 〈유사 안민가〉
> 어ᅀᅵ 아ᄃᆞᆯ이 입게 사노이다 〈월인 142〉
> 우리 어ᅀᅵ 아ᄃᆞᆯ이 외롭고 입게 ᄃᆞ외야 〈석보 6:5〉

 〈사모곡〉에서 '어ᅀᅵ〉어이'는 부모의 뜻으로 사용된 것이다. 그러나 '엇'은 향가에서 보이듯이 본래는 '어머니'의 뜻으로만 사용되다가 뒤에 점차 '부모'의 뜻으로 전의된 것이다. 이는 모계를 중심으로 한 씨족사회인 고대 가족제도에서 어머니만이 '친(親)'이었던 사실을 말해 준다. 그러다가 점차 부계가족제도가 확립됨에 따라 '엇'이 부모 공칭으로 전의된 것임을 알 수 있다. 한편으로는 모계중심에서 부계중심 사회로 변천함에 따라 '어ᅀᅵ〉어이'의 앞에 아버지, 수컷을 뜻하는 '압'의 모음교체형 '업'이 붙어 '업+어ᅀᅵ(어이)' 즉 '어버ᅀᅵ〉어버이'가 생겨 오늘날 부모(親)의 뜻으로 굳어진 것이다.

> 어버ᅀᅵ 여희ᅀᆞᆸ고 ᄂᆞᄆᆞᆯ 브터 이쇼디 〈월인 142〉
> ᄒᆞ몰며 어버신ᄃᆞᆯ 내야 주며 〈석보 9:12〉
> 그듸 가매 늘근 어버싈 여희ᄂᆞ니(君行別老親) 〈두초 23:40〉

제 어버이 文書를 셰워 주어시니 〈박중 중 9〉
　　어버이 셤기는 배 아니니라 〈소언 2:9〉

　또한 '어머니'만을 뜻한 '엇'은 오늘날 사용되는 '어머니, 어미, 엄마'의 어근 '엄'과는 별개의 어사이다. 원형 '엄'이 '암컷(雌), 싹(芽), 창조, 여성' 등을 모두 뜻하다가 음의 상징적 변화로 '암(雌), 엄(母), 움(芽)' 등으로 의미분화를 한 것이다. 그러나 조선 초기만 하더라도 이들 '암, 엄, 움'은 어감의 차이만 보였을 뿐 분별함이 없이 단일 어사로 두루 사용되었다(처용가 1-3 (1) 아바 참조). '암' 등이 '엇'과 더불어 어머니의 뜻으로 일찍이 사용된 것은 사실이나, '엇'은 모계중심의 가족제도에서의 '어머니'를, '암' 등은 '암컷'을 각각 지칭한 것이라고 볼 것이다.

　　母城郡 一云 也次忽 〈사기 권35 지리2〉
　　母山縣 或云 阿英城 或云 阿莫城 〈사기 권34 지리1〉

　위의 지명에서 '也次'는 어머니의 뜻인 '엊〉엇'의 음차이며, '阿英, 阿莫'은 역시 어머니의 뜻인 '암'의 음차로 볼 수 있어, '엇'이 '암'과 일찍이 병용된 사실을 알 수 있다. 그러므로 '엇·어싀〉어이'는 어머니의 칭호에서 부모를 공칭하는 것으로 바뀌게 되었고, 부모를 공칭하게 됨에 따라 '아버지'의 뜻인 '업'이 머리에 붙어 '어버싀〉어버이'가 되어 현재에 이르게 되었다. '어버싀'형의 우세에 따라 '어싀'형은 자연히 소멸되고 '어머니'의 뜻에는 '암'의 모음교체형인 '엄'이 대치되었다. '암, 엄, 움' 등의 의미분화에 따라 '엄'이 어머니의 뜻으로 굳어진 것은 아버지의 뜻이 '압'임에 비추어 볼 때, 남녀의 비칭으로 굳어진 '놈(男), 년(女)'과 더불어 'ㅏ' 대 'ㅓ', 또는 'ㅗ' 대 'ㅕ'로 양과 음이 대조를 보인다.

(3) 위 — 감탄사(한림별곡 1-4 (1) 위 참조).

(4) 덩더둥셩 — 조율음, 즉 북소리의 의성적 장단이다.

4. 어마님ᄀ티 괴시리 업세라

(1) 어마님ᄀ티 〉어머님같이, 어머님과 같이

  명사어간 '엄(母)'의 호격형인 '엄아〉어마'와 존칭접미사 '님', 'ᄀ티'의 연결형(사모곡 3 (1) 아바님도 참조).

>　어마님 드르신 말 엇더ᄒ시니 〈용비 90〉
>　안좀 걷뇨매 어마님 모ᄅᆞ시니 〈월인 16〉
>　菩薩ㅅ 어마니미 姓이 므스기러니잇고 〈월석 21:28〉

  '어미'는 '엄'의 주격형이 굳어진 형이며, '어머니'는 '엄'에 '어니'가 접미되어 굳어진 형이다. 현재 사용되는 '엄마'는 호격형 '어마'에 'ㅁ'이 첨입된 형이다(처용가 1-3 (1) 아바 참조).

(2) 괴시리 〉사랑하실 사람이

  동사어간 '괴(寵)'와 존칭선행어미 '시', 관형사형어미 'ㄹ', 사람을 뜻하는 추상명사 '이'의 연결형. 주격이 생략된 형이다(정과정 11 (5) 괴오쇼셔 참조).

(3) 업세라 〉없어라, 없도다

  동사어간 '업ㅅ(無)'에 부사형어미 '어', 용언화접미사 '이', 종결어미 '다'가 연결된 '에다〉에라'형이 연결되어 감탄형으로 굳어진 것.

>　龍泉劍 ᄑᆞ내욜 혜유미 업세라 〈두초 21:42〉
>　셴 머리예 비치 업세라 〈두초 8:70〉
>　내 셜흔 량 은이 이셰라 〈박초 상 62〉

5. 아소 님하 어마님ᄀ티 괴시리 업세라

(1) 아소 〉아소서, 아시오

  〈사모곡〉에서의 '아소'는 〈정과정〉이나 〈이상곡〉의 '아소'와 같이 '아서라, 마시오' 등의 금지사로는 볼 수 없으며, 〈만전춘〉의 '아소'와 동일한 뜻으로 사용된 것으로 보아야 한다. 즉 이 노래의 '아소'는 동사어간 '알(知)'에 명령형 종결어미 '소'가 연결된 것으로, '아시오, 아소서'의 뜻으로 사용된 것이라고 할 수 있다(만전춘 5-4 (1) 아소 참조).

(2) 님하 〉 님이시여
  명사어간 '님'과 호격접미사 '하'의 연결형(정읍사 1-1 (1) 돌하 참조).

  이 노래는 부모의 애정을 호미와 낫에 비유하여, 어머니의 자애롭고 깊은 사랑을 빼어나게 표현하였다.

〈현대어 옮김〉

호미도 날을 가지고 있지만
낫의 날처럼 잘 드는 것은 없습니다.
아버님도 어버이시긴 하지만
어머님같이 사랑하실 분도 없습니다.
아소서 임이시여
어머님처럼 사랑하실 분은 없습니다.

12. 가 시 리

가시리 가시리잇고 나는
 리고 가시리잇고 나는
  위 증즐가 大平盛代

날러는 엇디 살라 ᄒ고
 리고 가시리잇고 나는
  위 증즐가 大平盛代

잡ᄉ와 두어리마ᄂᆞᆫ
선ᄒ면 아니 올셰라
  위 증즐가 大平盛代

셜온 님 보내ᄋᆞᆸ노니 나는
가시ᄂᆞᆫ 듯 도셔 오쇼셔 나는
  위 증즐가 大平盛代

　이 노래는 이별의 정한을 노래한 것으로 소박하고 꾸밈없는 표현을 사용하고 있다. 그러나 이별의 애절한 정한을 한없이 느끼게 하는 점에서 어떠한 이별 노래보다 가장 뛰어난 노래라 할 수 있다.
　「시용향악보」에는 〈가시리〉를 '귀호곡(歸乎曲)'이라 개명하여 '속칭(俗稱) 가시리'라 하였고, 제1연만이 표기만 좀 달리하여 다음과 같이 기록되었다.

　　　歸乎曲 俗稱가시리○平調

　가시리 가시리이꼬 나는

보리고 가시리이쏘 나는
위 증즐가 大平盛代
(정석가 해설 참조)

 이 〈가시리〉를 「고려사」 속악조에 보이는 〈예성강곡(禮成江曲)〉의 전편으로 보는 견해도 있다. 즉

> 禮成江 歌有兩篇
> 昔有唐商賀頭綱 善棋 嘗至禮成江 見一美婦人 欲以棋賭之 與其夫棋 佯不勝 輸物倍其夫利之 以妻注 頭綱一擧賭之 載舟而去 其夫悔恨 作是歌 世傳 婦人去時 粧束甚固 頭綱欲亂之不得 舟至海中 旋回不幸 卜之 曰節婦所感 不還其婦 舟必敗 舟人懼 勸頭綱還之 婦人亦作歌 後篇是也

라 하여, 이 해설에서 볼 수 있듯이 어느 아름다운 부인의 남편이 당나라 상인 하두강(賀頭綱)과 아내를 건 내기바둑에 져서, 그 남편은 아내를 두강에게 넘겨 주었다는 것이다. 두강이 아내를 배에 싣고 가자 이를 슬퍼하여 이 노래를 지었다 한다. 그러므로 이 〈예성강곡〉 전편을 개명한 것이 〈가시리〉가 되었다는 것이나 노래 내용의 전개로 보아 이 말이 어떤 관련을 맺고 있다고 보기는 어렵다.

1-1 가시리 가시리잇고 나는

(1) 가시리 가시리잇고 〉 가시렵니까 가시렵니까

 동사어간 '가(行, 去)'에 존칭선행어미 '시', 미래시상어미 '리', 존칭의 문형종결어미 '잇고'가 연결된 형.
 '가시리 가시리잇고'는 '가시리잇고'의 첩구 즉 '가시리잇고 가시리잇고'이나 가창의 율조상 3음보를 유지하기 위하여 전구 '가시리잇고'의 '잇고'를 생략한 것이다.
 미래시상어미 '리'의 본체는 어간의 관형사형어미 'ㄹ'과 '것'을 뜻하는 추상명사 '이'의 합성으로 굳어진 형이다(만전춘 2-1 (3) 오리오 참조).

가시리 317

(2) 나ᄂᆞᆫ 〉 악율에 맞추기 위한 무의미한 조흥구(서경별곡 2-2 (3) 나ᄂᆞᆫ 참조).

1-2 ᄇᆞ리고 가시리잇고 나ᄂᆞᆫ

(1) ᄇᆞ리고 〉 버리고
　동사어간 'ᄇᆞ리(棄, 捨)'에 어미 '고'가 연결된 형(동동 7-2 (2) ᄇᆞ론 참조). 원문에 'ᄇᆞ러고'로 되어 있으나 이는 'ᄇᆞ리고'의 오각이다.

1-3 위 증즐가 大平盛代

(1) 위 〉 감탄사(한림별곡 1-4 (1) 위 참조).

(2) 증즐가 〉 조율음, 즉 현성(絃聲)의 의성적 장단으로 볼 수 있다.

(3) 大平盛代 〉 노래의 의미와는 관계없이 악율에 맞추기 위한 첨입구.

2-1 날러는 엇디 살라 ᄒᆞ고

(1) 날러는 〉 날더러는
　명사어간 '나'와 대격접미사 '룰'의 연결에, 후치사 'ᄃᆞ려'와 절대격접미사 '는'이 연결된 형. 즉 '날러는'은 '날ᄃᆞ려는'에서 율격을 맞추기 위하여 'ᄃᆞ'를 생략한 것으로 보인다. 'ᄃᆞ려'는 현대어의 '더러'로 변천한 것이다.

(2) 엇디 〉 어찌
　'엇디'는 부사 즉 '어찌(豈)'.

> 서로 볼 주롤 엇디 알리오 〈두초 15:47〉
> 져젯 수를 ᄒᆞ야 온둘 엇디 머글고 〈박초 상 2〉
> 豈 엇디 기 〈석천 7〉

'엇디'의 이형태로 '엇더, 엇뎌, 엇데' 등이 사용되었다. 그러나 이들

'엇디' 형은 명사로도 사용되었는데, 이는 '어느'형이 부사뿐 아니라 명사로도 사용되는 기능과 동일한 것이다.

   이 아기 엇디 니완디 늘그늬 허튈 안고 이리ᄃ록 우ᄂ다 〈월석 8:100〉
   그 相ᄋ 欲震의 나샨 디 아니시니 엇뎨어뇨 〈능엄 2:12〉
   그 마리 엇뎨오 〈법화 2:27〉

'어느' 형과 '엇디' 형이 동일한 부사로 사용되던 것이 '어느' 형은 관형사로 '엇디' 형은 부사로 굳어졌으며 오늘날의 '어찌'는 '엇디' 형의 구개음화형이다(정읍사 3-1 (1) 어느이다 참조).

(3) 살라 〉 살라
 동사어간 '살(生, 居)'에 명령형어미 '라'가 연결된 형.

   죽다가 살언 百姓이 〈용비 25〉
   ᄆᄉ매 살오져 아니ᄒ야 〈능엄 9:74〉

3-1 잡ᄉ와 두어리마ᄂᆞᆫ

(1) 잡ᄉ와 〉 잡아, 붙잡아
 동사어간 '잡(執)'에 겸양선행어미 '숩'의 부사형 '숩+아' 즉 'ᄉ바〉ᄉ와' 형이 연결된 형(동동1-3 (3) 받줍고 참조).

   四諦法을 니르시고 듣줍고 깃ᄉ바 〈석보 6:21〉
   불상을 그리고 공양ᄒᄉ와 〈지장 상 26〉

(2) 두어리마ᄂᆞᆫ 〉 두겠습니다마는, 둘 일이지마는
 동사어간 '둣(置)'에 선행어미 '어'가 연결된 '두서〉두어' 형에 관형사형어미 'ㄹ'과 추상명사 '이'가 연결된 형이다.
 동사어간 '둣'은 동사어간 '두'와 부사형어미 '어'와 동사어간 '이시(有)'의 축약형으로 원형은 '뒷'이며 '둣'은 특이형으로 이 축약형이 동사 '둣다'로 굳어진 것이다.

ᄆᆞᄉᆞ매 듯거니 〈남명 하 48〉
뜯 듯논 사ᄅᆞ믄 〈번소 8:11〉
天下애 뜯을 듯더니 〈소언 6:119〉

'마ᄂᆞᆫ'은 '마ᄅᆞᆫ'의 이형태이다(동동 9-2 (1) 嘉俳나리마ᄅᆞᆫ 참조).

3-2 선ᄒᆞ면 아니올셰라

(1) 선ᄒᆞ면 〉 그악스러우면, 까딱 잘못하면

 '선ᄒᆞ'는 문헌적 용례가 없어 미상이나 전후 문맥은 '붙잡아 둘 것이지마는 너무 지나치게 그악을 부려 붙잡으면(까딱 잘못하면) 오히려 정이 떨어져 다시 오지 않을까 두려워'로 풀이하는 것이 옳을 듯하다.

(2) 아니 올셰라 〉 아니 올까 두렵습니다, 오지 않을까 두렵습니다

 '아니'는 '안(不)'의 부사형(동동 5-1 (1) 아니 참조).

 '올셰라'는 동사어간 '오(來)'에 의구형종결어미 'ㄹ셰라'가 연결된 형(정읍사 2-2 (2) 드디욜셰라 참조).

 한편 '선ᄒᆞ면 아니 올셰라'를 '~면 아니 ㄹ것이냐'로 해석하여 '님의 눈에 내가 선하면 반드시 온다'로 풀이한 경우도 있으나 다음 구절 '셜온 님 보내ᅀᆞᆸ노니'를 고려해 보면 문맥상 어울리지 않는다. 따라서 '선ᄒᆞ면'은 '그악스러우면'으로, '아니 올셰라'는 '아니올까 두렵습니다'로 해석하는 것이 자연스럽다.

4-1 셜온 님 보내ᅀᆞᆸ노니 나ᄂᆞᆫ

(1) 셜온 님 〉 서러운 임을, 괴로운 임을

 동사어간 '셟(哀, 痛)'의 관형사형 '셜본'의 'ㅸ' 약화형. 즉 '셜본〉셜운(온)' 형.

 —生 셜본 ᄠᅳᆮ ᄀᆞ장 니ᄅᆞ시니 〈월인 139〉

> 通온 셜볼 씨라 〈월석 서 10〉
> 兄弟ㅣ 여희요미 셜우니 (兄弟分離苦) 〈두초 8:37〉
> 섧고 애받븐 뜯디여 〈월인 143〉

(2) 보내옵노니 〉 보내옵나니, 보내드리오니

동사어간 '보내(遣, 送)'에 겸양선행어미 '숩'의 'ㅿ' 탈락형 '옵'과 'ᄂ니'에 어간첨입모음 '오'의 첨입형 '노니'가 연결된 형. '노니'는 선행어미 'ᄂ'에 어간첨입모음 '오'의 첨가로 '노'가 된 형(정읍사 2-2 (2) 드디욜셰라 참조).

> 使者롤 보내신돌 七代之王올 뉘 마ᄀ리잇가 〈용비 15〉
> 目連일 보내샤 耶輸ㅅ긔 유무ᄒ샤 〈월인 138〉
> 使者 브려 보내오라 ᄒ야놀 〈월석 7:15〉

4-2 가시ᄂ돗 됴셔 오쇼셔

(1) 가시ᄂ돗 〉 가시는 것처럼

동사어간 '가(行)'에 존칭선행어미 '시'와 현재시상선행어미 'ᄂ'가 연결된 형 '가시ᄂ'에 관형사형 'ㄴ'을 취하면서 '如, 似'의 뜻을 가진 접미어 '돗'이 연결된 형. 원래 '如, 似'의 뜻을 가진 '돗'은 'ᄒ다' 동사를 취하여 '돗ᄒ'로 사용되는 것이 통례였다.

> ᄒ다가 말홀 뻔 아ᄂ 돗ᄒ고 〈몽산 47〉
> ᄆᅀᆞ매 일혼 돗ᄒ더니(心若失) 〈두초 7:29〉
> 辭는 하딕이라 ᄒ돗ᄒ 마리라 〈석보 6:22〉
> 당샹 비취돗ᄒ니 〈금강 60〉

위의 예들은 모두 '돗ᄒ'형으로 형용사가 되나, '돗'이 'ᄒ다' 형과의 연결 없이 관형사형 'ㄴ' 아래 단독으로 직결되면서 접미형으로 어미화되는데, 이 '가시ᄂ돗'은 이와 같이 단독으로 직결된 형이다.

> 炎涼이 째롤 아라 가ᄂ돗 고텨오니 〈송강 사미인곡〉
> 플은 어이ᄒ야 프르ᄂ돗 누르ᄂ니 〈고산 오우가〉

위의 예에서 '둣'도 '가시는둣'의 '둣'과 동일한 형태로 사용된 형이며, 이 경우 '둣'은 '둣ᄒ다가 곧'의 뜻으로 사용된 접미형이다. '둣'이 현재 '듯'으로 변하여 흔히 사용됨은 주지의 사실이다.

(2) 도셔 오쇼셔 〉 돌아 오소서

동사어간 '돌(廻)'에 존칭선행어미 '시'와 부사형어미 '어'가 연결된 형.
'오쇼셔'는 동사어간 '오(來)'에 존칭명령형어미 '쇼셔'가 연결된 형(동 동 1-4 (2) 오소이다 참조).

이 노래는 전체적으로 '기, 승, 전, 결'의 구분을 이루면서 가식이 없고 소박한 속에서도 함축미가 넘치고 있어, 이별의 애절한 정한을 노래한 이런 종류의 노래 중에서도 빼어난 작품이라 할 만하다.

〈현대어 옮김〉

가시렵니까 가시렵니까
나를 버리고 가시렵니까
위 증즐가 태평성대

날러는 어찌 살라 하고
나를 버리고 가시렵니까
위 증즐가 태평성대

잡아 둘 일이지마는
까딱하면 아니 올까 두려워
위 증즐가 태평성대

서러운 임 보내드리니
가시는 것처럼 다시 돌아오소서
위 증즐가 태평성대

13. 한림별곡

元淳文 仁老詩 公老四六
李正言 陳翰林 雙韻走筆
冲基對策 光鈞經義 良鏡詩賦
위 試場ㅅ 景 긔 엇더ᄒᆞ니잇고
(葉) 琴學士의 玉笋門生 琴學士의 玉笋門生
　　위 날조차 몃 부니잇고

唐漢書 莊老子 韓柳文集
李杜集 蘭臺集 白樂天集
毛詩尙書 周易春秋 周戴禮記
위 註조쳐 내 외옩 景 긔 엇더ᄒᆞ니잇고
(葉) 太平廣記 四百餘卷 太平廣記 四百餘卷
　　위 歷覽ㅅ 景 긔 엇더ᄒᆞ니잇고

眞卿書 飛白書 行書草書
篆籒書 蝌蚪書 虞書南書
羊鬚筆 鼠鬚筆 빗기 드러
위 딕논 景 긔 엇더ᄒᆞ니잇고
(葉) 吳生劉生 兩先生의 吳生劉生 兩先生의
　　위 走筆ㅅ 景 긔 엇더ᄒᆞ니잇고

黃金酒 栢子酒 松酒醴酒
竹葉酒 梨花酒 五加皮酒

鸚鵡盞 琥珀盃예 ᄀ득 브어
위 勸上ㅅ 景 긔 엇더ᄒ니잇고
(葉) 劉伶陶潛 兩仙翁의 劉伶陶潛 兩仙翁의
　　위 醉혼 景 긔 엇더ᄒ니잇고

紅牧丹 白牧丹 丁紅牧丹
紅芍藥 白芍藥 丁紅芍藥
御柳玉梅 黃紫薔薇 芷芝冬栢
위 間發ㅅ 景 긔 엇더ᄒ니잇고
(葉) 合竹桃花 고온 두 분 合竹桃花 고온 두 분
　　위 相映ㅅ 景 긔 엇더ᄒ니잇고

阿陽琴 文卓笛 宗武中琴
帶御香 玉肌香 雙伽倻ㅅ고
金善琵琶 宗智嵇琴 薛原杖鼓
위 過夜ㅅ 景 긔 엇더ᄒ니잇고
(葉) 一枝紅의 빗근 笛吹 一枝紅의 빗근 笛吹
　　위 듣고아 줌 드러지라

蓬萊山 方丈山 瀛洲三山
此三山 紅樓閣 婥妁仙子
綠髮額子 錦繡帳裏 珠簾半捲
위 登望五湖ㅅ 景 긔 엇더ᄒ니잇고
(葉) 綠楊綠竹 栽亭畔애 綠楊綠竹 栽亭畔애
　　위 囀黃鶯 반갑두셰라

唐唐唐 唐楸子 皂莢남긔
紅실로 紅글위 미요이다

혀고 시라 밀오 시라 鄭少年하
위 내 가논 더 놈 갈셰라
(葉) 削玉纖纖 雙手ㅅ 길헤 削玉纖纖 雙手ㅅ 길헤
  위 携手同遊ㅅ 景 긔 엇더ᄒ니잇고

 이 노래는 다음과 같은 「고려사」 악지의 기록으로 보아 고종때 한림의 유생들이 지은 작품임을 알 수 있다.

   翰林別曲
  元淳文(兪元淳) 仁老詩(李仁老) 公老四六(李公老) 李正言(李奎報) 陳翰林(陣
  澕) 雙韻走筆 冲基對策(劉冲基) 光鈞經義(閔光鈞) 良鏡詩賦(金良鏡) 偉 試場
  景何如 琴學士(琴儀) 玉笋門生 云云(凡歌詞中 以俚語不載者 倣此)
  唐漢書 莊老子 韓柳文集 李杜集 蘭臺集 白樂天集 毛詩尙書 周易春秋 周戴禮記 云
  云(俚語) 太平廣記 四百餘卷 偉 歷覽景何如
  眞卿書 飛白書 行書草書 篆籀書 蝌蚪書 虞書南書 羊鬚筆 鼠鬚筆 云云(俚語) 吳
  生劉生 兩先生 偉 走筆景何如
  黃金酒 柏子酒 松酒醴酒 竹葉酒 梨花酒 五加皮酒 鸚鵡盞 琥珀杯 云云(俚語) 劉
  伶陶潛 兩仙翁 云云(俚語)
  紅牡丹 白牡丹 丁紅牡丹 紅芍藥 丁紅芍藥 御柳玉梅 黃紫薔薇 芷芝冬柏 偉
  間發景何如 合竹桃花 云云(俚語)
  阿陽琴 文卓笛 宗武中琴 帶御香 玉肌香 雙伽倻琴 金善琵琶 宗智嵇琴 薛原杖鼓 偉
  過夜景何如 一枝紅 云云(俚語)
  蓬萊山 方丈山 瀛洲三山 此三山 紅樓閣 婥妁仙子 綠髮額子 錦繡帳裏 珠簾半捲 偉
  登望五湖景何如 綠楊綠竹 栽亭畔 偉 囀黃鶯景何如
  唐唐唐 唐楸子 皁莢木 云云(俚語) 削玉纖纖 云云(俚語) 偉 携手同遊景何如 此
  曲 高宗時翰林諸儒所作〈권71 악2〉

 고종때는 안으로는 무신 정씨의 집권과 밖으로는 금, 거란의 침입에 뒤이은 몽고의 국토 유린으로 한 때 강화도로 수도를 옮기는(고종 19년 1232년) 내우외환이 겹치던 시대였으나 귀족계급의 문화는 난숙기에 달하였으며 특히 일찍이 이인로, 이규보 등을 중심으로 한 많은 문재(文才)들의 배출로 인한 기악(妓樂)의 전성과 더불어 크게 그 위세를 떨쳤던 것이다. 그러나, 당시의 문신들은 집권계급인 무신들의 문객으로서 그들의 호화로운 연회에 참여하여 현실에 영합하는 퇴폐적 향락에 빠지거나 그렇지 않으면 자연 속에 들어가 시와 술을 벗삼아 현실도피적인 풍류를 일삼는 유약한 문사들이었다. 〈한림별곡〉은 이러한 시대를 배경으로 그들 귀족계급의 현실도피에서 오는 퇴폐적 향락과 반시대적인 생활상을 별곡체의 운율에 맞추어 노래한 기악(妓樂)의 가사이며, 귀족·한림 사이를 풍미한 한문주체의 문학이었다.

내용은 전 8연으로 각 연마다 경(景)을 달리하여 '시부(詩賦), 서적(書籍), 명필(名筆), 명주(名酒), 화훼(花卉), 음악(音樂), 누각(樓閣), 추천(鞦韆)'의 순으로 노래하였다. 각기 명문(名文), 명집(名集), 명필(名筆), 명주(名酒), 명화(名花), 명악(名樂) 등 당대의 명류(名流)를 열거함으로써 귀족의 호화로운 풍류생활과 극단으로 향락적이며 퇴폐적인 생활감정을 노래하는 한편 마지막 연에 이르러서는 치정(癡情)의 절정으로 대단원을 맺고 있다.

가사의 형식은 옛 형식을 벗어나 종래의 악부(樂府)나 사곡(詞曲) 등 중국 시가의 형식인 별곡체의 독특한 운율과 구법(句法)을 사용하였다. 즉, 전편 8연의 각 연은 엽(葉)을 경계로 하여 전후 2강(腔)으로 나뉘며, 4구 후강(後腔) 2구 모두 6구체로 되었고 글자수와 구와의 관계는 다음과 같다.

```
제 1구        3 · 3 · 4 ⎫
제 2구        3 · 3 · 4 ⎪
제 3구        3 · 3 · 4 ⎬ 전강(前腔)
제 4구 위     3 · 3 · 4 ⎭
제 5구(葉)   4 · 4 · 4 · 4 ⎫ 후강(後腔)
제 6구 위     3 · 3 · 4 ⎭
```

이 형식은 실제로 부를 때는 음성의 신축이 자유로우므로 그 글자수에 있어서는 다른 연과의 사이에 다소 변동이 있다.
　이와 같은 별곡체의 가사에서 '별곡(別曲)'이란 명칭은 '특별한 가곡'이란 뜻이 아니었던가 생각된다. '곡(曲)'이라고 하는 말은

　　詩之外又有和聲則曲也　古樂府 皆有聲 有詞 連屬書之 如曰賀賀賀 何何何之類 皆和聲也〈夢溪筆談〉

라 하였고, 문체명변(文體明辨)의 악부(樂府) 9가지 종류 중에는 '금곡(琴曲), 잡곡(雜曲), 신곡(新曲)' 등 중국의 악부에서 찾아 볼 수 있는데,〈한림별곡〉의 곡도 이들에 보이는 곡과 같은 것이라고 볼 수 있다. '별곡'은 여기다가 별종 또는 특별의 뜻을 가진 '별(別)'자를 붙인 것으로 고려의 특별한 가곡이라는 뜻으로 사용된 것으로 생각된다. 따라서 '특별한 가곡'인 〈한림별곡〉은 악부나 전사(塡詞, 詩餘)의 정칙 중에서 어느 일부만을 딴 것이 아닌가 생각되는데, 시여(詩餘)에 대한 문체명변(文體明辨)의 기록을 보면,

　　詩餘謂之 塡詞則調有定格 字有定數 韻有定聲

이라 하여 '조(調), 자(字), 운(韻)' 등 세 가지 정칙이 있음을 알 수 있다. 〈한림별곡〉은 이들 중에서 우리가 노래를 부를 때 실제 중요시되지 않은 조(평측 사성)와 운은 무시되고 오직 '자유정수(字有定數)'의 한가지 법칙만을 딴 특별한 가곡이란 뜻으로 사용된 것으로 볼 수 있다.〈한림별곡〉이 글자수에서 '3·3·4'의 기조(基調)를 이루고 있는 점은 이와 같은 사실을 말한다.
　또한, 이 별곡에 대하여 이제현(1287~1367)의「익재난고」에

　　昨見郭翀龍言及 菴欲和小樂府以其事一 而語重故未也 僕謂劉賓客作竹枝歌 皆夔峽
　　間男女相悅之辭 東坡則用二妃屈子懷王項羽事 綴爲長歌夫豈襲前人乎 及菴取別曲
　　之感意者 飜爲新詞可也 作二篇挑之〈권4 小序文〉

라 있는 것으로 보아 역시 고려속요인 〈청산별곡〉이나 〈서경별곡〉 등으

로 미루어 별곡이란 내용으로는 남녀의 정사나 민속을 노래하였으며, 항구속곡(巷謳俗曲)의 하나인 죽지사(竹枝詞) 등과 같은 뜻으로 사용된 것임을 알 수 있고 그 후 조선시대에 와서는 송강의 〈관동별곡〉, 〈성산별곡〉등을 비롯하여 〈상사별곡〉, 〈강촌별곡〉 등 별곡들이 당시의 신체가요(新體歌謠)의 뜻으로 사용된 것은 이 〈한림별곡〉의 별곡체에서 유래한 것이라고 할 수 있다. 그러므로 이와 같은 특별한 가곡 즉, 신체가요의 뜻을 갖는 '별곡'이란 명칭은 고려조의 기록에 발견되는 '신곡(新曲), 신조(新調), 신성(新聲), 시조(時調)' 등의 말과 상통되는 개념이라고 볼 것이다. 이들 '신곡' 등 기록에 대하여는 다음을 참고할 수 있다.

> 夏四月宮花盛開 宴群臣于香閣酒酣 王命典理正郎閔漬 國學直講趙簡製新曲 左副承旨安珦 亦製詩以進〈동국통감 권39 충렬왕14년〉
>
> 五月幸壽康宮 王狎昵群小嗜好宴樂 倖臣吳祁金元祥 內僚石天補天卿等 務以聲色容悅 謂管絃坊大樂戈人 猶爲不足 分遣倖臣諸道 選官妓有色藝者 又選城中官婢及巫善歌舞者 籍置宮中 衣羅綺戴馬尾笠別作一隊 稱爲男粧敎以新聲 其歌云云〈동국통감 권40 동왕25년〉
>
> 秋七月以主簿金元祥爲通禮門祗侯 內侍朴允材爲權務 梁州妓譎仙來者 得幸於王 元祥允材與妓同里閈相往來 元祥製時調曰太平曲〈동국통감 권40 동왕22년〉
> 元祥製新調 太平曲令妓習〈고려사 권125 간신열전 김원상〉

〈한림별곡〉이 귀족의 신체가요로서 공사석의 연회에서 성행함에 따라 이 별곡체는 고려시대와 조선시대를 통하여 많은 모방작을 보게 되었다. 즉, 고려시대(충숙왕대)의 안축(安軸)이 지은 〈관동별곡〉(9연)과 〈죽계별곡〉(5연)은 〈한림별곡〉의 형식을 그대로 답습한 것이며, 조선시대에 들어와서는 〈한림별곡〉의 형식을 그대로 따른 것도 있으나 대부분은 새로운 형식을 취하여 이를 계승, 모방하였다. 조선시대에 들어 별곡체를 모방한 작품을 들면 다음과 같다.

華山別曲　卞季良　〈악장가사〉
五倫歌　작자 미상　〈악장가사〉

宴兄弟曲	작자 미상	〈악장가사〉
霜臺別曲	權　近	〈악장가사〉
不憂軒曲	丁克仁	〈불우헌집〉
花田別曲	金　絿	〈자암집〉
道東曲	周世鵬	〈무릉잡고〉
六賢歌	周世鵬	〈무릉잡고〉
儼然曲	周世鵬	〈무릉잡고〉
太平曲	周世鵬	〈무릉잡고〉

이상 별곡체의 노래는 고려 문신들의 향락적, 퇴폐적 풍조와 오락의 성행으로 새로운 형식의 특별 가곡으로 발달하였고 조선에 들어서는 이를 계승, 모방하여 새로운 노래 형식으로 발전, 크게 성행하였으나 중엽에 이르러 김구(1488~1534)의 〈화전별곡〉, 주세붕(1492~1554)의 〈도동곡〉 등을 최후로 그 자취를 감추게 된 것은 이른바 음사(淫詞)로서 조선 유신들의 비위에 맞지 않는 시대적 추세의 결과라고 할 것이다. 당시, 퇴계 이황의 〈도산십이곡〉의 발(跋)에 다음과 같이 정면에서 비방하고 있는 점으로 알 수 있다. 즉,

> 我東方歌曲 大低多淫哇不足言 如翰林別曲之類 出於文人之口 而矜豪放蕩 兼以褻慢戲狎尤非君子所宜尙〈퇴계집 권43〉

1-1 元淳文 仁老詩 公老四六

(1) 元淳文 〉 유원순의 문장

> 兪升旦 初名元淳 仁同縣人 沈訥謙遜 博聞强記 尤工於古文 世稱元淳文…高宗十九年卒 諡文安〈고려사 권102 열전〉

(2) 仁老詩 〉 이인로의 시

> 李仁老 字眉叟 自幼聰悟 能屬文……高宗初 拜秘書監 右諫議大夫 卒年六十九 以

詩名於時〈고려사 권102 열전〉

(3) 公老四六 〉이공로의 사륙변려문

　　李公老 字去華 丹山縣人 文章富贍 尤工四六 明宗朝登第……高宗初 以禮部郎中 爲趙冲兵馬判官……進樞密院右副承宣 國子大司成…十一年卒 家無擔石〈고려사 권102 열전〉

　　四六 — 사륙변려문(四六騈儷文), 4자 6자의 대구(對句)로 된 문장.

1-2 李正言 陳翰林 雙韻走筆

(1) 李正言 〉이규보

　　李奎報 字春卿 黃驪縣人……幼聰敏 九歲能屬文 稍長 經史百家佛老之書 一覽輒記 ……崔忠獻屢招致 走筆賦詩 驟遷司宰丞 高宗初 以詩贊忠獻求參職階……乃拜右正言知制誥……蒙古兵壓境 奎報久掌兩制 製陳情書表 帶感悟撤兵 王大嘉之 特授樞密副使右散騎常侍 進知門下省事 戶部尙書 集賢殿大學士 二十四年 上表固辭 特加守太保門下侍郞平章事 二十八年卒 年七十四 諡文順〈고려사 권102 열전〉

(2) 陳翰林 〉진화

　　二年 冬十一月 禮部員外郞尹世儒謁崔忠獻 請命題賦詩 忠獻卽幷召正言李奎報 直翰林陳澕同賦十餘韻 使翰林承旨琴儀考閱 奎報爲首 澕次之〈동국통감 권30 고종〉

(3) 走筆 〉謂運筆而書也〈사원〉

　　興酣不疊紙 走筆操狂詞〈백거이 시〉

1-3 冲基對策 光鈞經義 良鏡詩賦

(1) 冲基對策 〉유충기의 대책문

　　劉冲基(一作冲基) 翰林義子 官至國子監大司成 文章贍富 最長於對策 操行亦高潔 有其父風〈고려사 여지승람〉

對策 — 漢詩考試發策以問使應考者對之 謂之對策〈사원〉

(2) 光鈞經義 〉민광균의 경의

閔光鈞 高宗朝人 以經義者〈고려사〉
經義 — 經書之意義也〈사원〉

(3) 良鏡詩賦 〉김양경의 시부

金仁鏡 初名良鏡 慶州人……高宗……十九年進政堂文學吏部尙書 陞中書侍郎平章事二十二年卒 諡貞肅 仁鏡……詩詞淸新 尤工近體詩賦 世稱良鏡詩賦〈고려사 권102 열전〉

詩賦 — 시와 부(賦), 중국 각 운문(韻文)의 한 종류.
詩 — 중국 운문의 한 종류. 고시와 근체시의 2종이 있다.

詩言志 歌永言〈서경 舜典〉

文之有聲韻可歌詠者也 古多四言 仿自風雅 漸變爲樂府長短句 魏晋以後 多五七言 相傳五言起於蘇李之贈答 七言起於漢武之柏梁 至唐而詩學大盛 遂有古體近體之分 古體卽仿樂府之作 近體的律詩及絶句也〈사원〉

賦 — 중국 운문의 한 종류. 사물의 형세를 기술적으로 그 감상을 표현하는 운문의 형식.

賦者古詩之流也〈班固 賦詩〉

1-4 위 試場ㅅ景 긔 엇더ᄒ니잇고

(1) 위 〉감탄사

안축의 〈관동별곡〉, 〈죽계별곡〉에는 '爲'자로 표기하였고, 김구의 〈화전별곡〉, 정극인의 〈불우헌곡〉, 주세붕의 〈도동곡〉 등에는 '偉'자로 표기하였으나, 이들 '위'는 고려가요에 흔히 쓰이는 '아으, 어와, 애, 이' 등과 같은 가창에 사용되는 감탄사이다(정읍사 1-4 (1) 아으 참조). 그러나, '위'는 주로 별곡체에 많이 사용되었던 듯하다.

爲 巡察景 幾何如〈근재집 관동별곡〉
　　　爲 釀作中興景 幾何如〈근재집 죽계별곡〉
　　　위 都邑ㅅ景 긔 엇더ᄒ니잇고〈악장 화산별곡〉
　　　위 萬古淸風ㅅ景 긔 엇더ᄒ니잇고〈악장 상대별곡〉
　　　偉 石田茅屋時和歲豊〈자암집 화전별곡〉
　　　偉 唐堯聲德이 하놀와 ᄀᆞᄐᆞ샷다〈무릉잡고 태평곡〉

(2) 試場ㅅ景 〉시험장의 모습
　'ㅅ'은 속격접미사(동동 2-1 (1) 正月ㅅ 참조).

(3) 긔 〉그것이
　명사어간 '그(其)'의 주격 '이'의 연결형.

　　　늚믈 디니 긔 아니 어리니잇가〈월인 103〉
　　　긔 귀옛 實相이다〈석보 19:16〉

(4) 엇더ᄒ니잇고 〉어떠합니까 (참 좋습니다)
　동사어간 '엇더ᄒ(何如)'에 현재선행어미 '니'와 존칭의문형 종결어미 '잇가'의 연결형.

　　　避仇흟 소니 마리 兩漢故事애 엇더ᄒ니잇고〈용비 28〉
　　　나라 니스리롤 굿게 ᄒ시ᄂᆞ니 엇더ᄒ니잇고〈석보 6:7〉
　　　다시 줄 ᄠᅳ디 엇더ᄒ니오(重惠意如何)〈두초 7:40〉

　'엇더ᄒ니잇고'는 '엇디ᄒ리잇고'와는 구별된다. '엇더ᄒ니잇고'는 의문을 통한 과시의 뜻이 있는 반면, '엇디ᄒ리잇고'는 의문에서 곤혹의 뜻을 가진 것이며 다음과 같은 향가표기와 대응된다.

　　　奪叱良乙 何如爲理古(엇다 ᄒ리고 — 엇디 ᄒ리잇고)〈처용가〉

1-5 (葉) 琴學士의 玉笋門生 琴學士의 玉笋門生

(1) 葉 〉노래 가락의 한 술어
　자산(自山) 안확은 다음과 같은 유서(劉恕)의 풀이에서 그 출전을 구하였다.

> 人聲曰歌 歌柯也 所歌之言 見其質也 以聲吟咏 有上下如草木之有柯葉也

(2) 琴學士의 〉 금의의

> 琴儀 字節之 奉化縣人 少力學 善屬文……高宗二年拜政堂文學……加守太保門下侍郎 判吏部事 七年引年乞退加壁上功臣 仍令致仕 以琴碁自誤 卒年七十八年 諡英烈……屢典貢擧 所選多名士 翰林曲有稱琴學士者是也 〈고려사 권102 열전〉

(3) 玉笋門生 〉 죽순같이 죽 늘어선 문하생

> 玉笋 — 宗閱典貢擧所取多知名士 世謂之玉笋 〈당서 이종민전〉
> 一鞭盡掃胡塵淸 萬里南荒作逐臣 玉笋門生 多出餞 感深難禁淚霑巾
> 〈고려사 권102 김인경전 시〉

1-6 위 날조차 몃 부니잇고

(1) 날 〉 나를
  명사어간 '나(我)'의 대격 'ㄹ'의 연결형, 'ㄹ'은 대격원형(정읍사 2-2
(1) 즌 디롤 참조).

(2) 조차 〉 좇아, 따라
  동사어간 '좇(隨, 復)'의 부사형어미 '아'의 연결형.

> 弓劍 츠숩고 左右에 좇ᄌᆞᄫᆞ니 〈용비 55〉
> 百姓돌히 놉올 다 조츠니 〈월인 11〉
> 降伏ᄒᆞ야 좇ᄌᆞᄫᆞ며 〈월석 17:75〉

  '좃'은 '좇'의 실용적 표기형(정읍사 1-1 (2) 노피곰 참조).

(3) 몃 부니잇고 〉 몇 분입니까(참 많습니다)
  '몃(幾)'은 '몇'의 실용적 표기형, 명사 또는 관형사로 된 형과 명사어간 '분(사람)'에 용언화접미사 '이'가 연결된 '부니'에 존칭의문형 종결어미 '잇고'의 연결형.

네 나히 며친 쎼 恒河ㅅ 므를 본다 〈능엄 2:8〉
몃 間ㄷ지븨 사ᄅ시리잇고 〈용비 110〉

天尊은 하놀햇 尊ᄒ신 부니라 〈월석 2:50〉
혼 부니 天命이실쎄 〈용비 37〉

2-1 唐漢書 莊老子 韓柳文集

(1) 唐漢書 〉 당서와 한서

　당서 － 舊唐書・新唐書
　舊唐書 － 石晋의 劉昫 等撰 200권.
　新唐書 － 宋의 歐陽修・宋祁 撰 225권.
　한서 － 전한(前漢)의 역사책, 후한(後漢)의 반고(班固)가 지음, 其妹 班昭 補作 120권, 12帝紀, 8表, 10志, 70列傳 등으로 되어 있다. 三史(漢書, 後漢書, 史記)의 하나.

(2) 莊老子 〉 장자와 노자

　장자 － 전국시대(戰國時代)의 학자, 이름은 주(周), 자는 자휴(子休), 莊周 10권 一名 南華眞經

　　蒙人 嘗爲蒙漆園吏 與梁惠王齊宣王同時 於學無所不闚 楚威王聞其賢 遣使厚幣迎之……於是著書十餘萬言 號莊子 漢志列於道家 與老子立稱爲道家之祖 唐天寶初 詔號爲南華眞經 〈중국인명대사전〉

　노자 － 주나라 시대 철학자, 성은 이(李), 이름은 이(耳), 자는 백양(伯陽), 諡는 聃, 도가의 시조. 그의 저서 「도덕경」 五千餘言을 「노자」 혹은 「노자도덕경」이라 한다.

　　楚之若縣人 字伯陽一名重耳 外字聃 亦稱老聃 相傳母懷之八十一歲而生 故號爲老子爲周守藏史 孔子往問禮焉 孔子退日 鳥吾知其能飛 魚吾知其能游 獸吾知其能走 至於龍 吾不能知其乘風雲而上天 今見老子 其猶龍乎 後見周衰 乃西出函關 隱去 著道德經五千餘言 莫知所終 〈중국인명대사전〉

(3) 韓柳文集 〉한유와 유종원의 문집

한유 － 당나라시대 문장가, 당송팔대가(한유, 유종원, 구양수, 소순, 소식, 소철, 증공, 왕안석)의 한 사람. 자는 퇴지(退之), 諡文公 追封 昌黎伯, 韓昌黎集 50권.

> 昌黎人 字退之 介弟 生三歲而孤 嫂鄭鞠之 自知讀書 比長盡通六經百家學 擢進士第 張建封辟爲府推官 調四門博士……文章宏深奧衍 佐佑六經 卓然成一家言 後學之士 取爲師法 故世稱韓文 門人李漢編其文 爲昌黎先生集 〈중국인명대사전〉

유종원 － 당나라 시대 문장가, 당송팔대가의 한 사람. 자는 자후(子厚), 문장이 한유와 버금감.

> 鎭子 字子厚 少精敏絶倫 爲文卓偉精緻 一時輩行推仰 第進士……韓愈謂其雄深雅健似司馬子長云 有柳先生文集 外集 龍城錄 〈중국인명대사전〉

2-2 李杜集 蘭臺集 白樂天集

(1) 李杜集 〉이백과 두보의 시집

이백 － 李太白集 30권.

> 蜀之昌明人 字太白 生於靑蓮鄕 號靑蓮居士 天才英特……賀知章見其文 歎爲謫仙 言於玄宗 供奉翰林甚見愛重 白嘗侍帝醉……所爲詩高妙淸逸 與杜甫竝稱 有李太白集 〈중국인명대사전〉

두보 － 杜工部集 20권.

> 審言從孫 字子美 居杜陵 自稱杜陵布衣 又稱少陵野老 少貧 擧進士不第 玄宗時以獻賦待制集賢殿……甫博極群書 善爲詩歌 渾涵汪洋 千態萬狀 憂時卽事 世號詩史 元稹謂詩人 以來 未有如子美者 有杜工部集 〈중국인명대사전〉

(2) 蘭臺集 〉한대(漢代) 난대령사(蘭臺令使)들의 시문집

> 董卓遷都關中 允悉收斂蘭臺石室圖書 以後 旣至長安 皆分別條上 經籍具存 允有力焉 〈후한서 왕윤전〉
> 漢藏秘絮之宮觀 以於史中丞掌之 後置蘭臺令使掌書奏 〈사원〉

(3) 白樂天集 〉 백거이의 문집

　백거이 — 당나라 시인, 자는 낙천(樂天), 호는 향산(香山), 官至刑部尙書 白氏長慶集 71권.

> 季庚子 字樂天 貞元中擢進士拔萃 元和初入翰林爲學士……自稱香山居士 大中初卒 諡文 居易文章精切 尤工詩 平易近人……有白氏長慶集七十一卷 六帖三十卷〈중국인명대사전〉

2-3 毛詩尙書 周易春秋 周戴禮記

(1) 毛詩尙書 〉 모시(毛詩)와 상서(尙書), 즉 시경(詩經)과 서경(書經)

　모시 — 시경이라고도 함. 한(漢)의 毛萇, 毛亨이 전한 중국 고대시.

> 卽詩經 以其書爲毛公所傳 故稱毛詩 漢書藝文志有毛詩二十九卷 毛詩故訓傳三十卷 但稱毛公……獨存毛詩 唐有孔穎達疏共四十卷〈사원〉

　상서 — 서경이라고도 함. 虞, 夏, 商, 周의 道政記錄.

> 經名 尙上也 以其爲上古典謨訓誥之文 故曰上書 實世界最古之史也 秦火亡失 漢初 濟南伏生口授量錯二十八篇 號爲今文尙書 後魯恭王壞孔子舊宅 於壁中得竹簡尙書 皆科斗文 號爲古文尙書 合以今文省其煩複多三十一篇 故今尙書共有五十九篇 有漢 孔安國傳 孔穎達疏共二十卷 卽今注疏本也〈사원〉

(2) 周易春秋 〉 주역과 춘추

　주역 — 주문왕, 주공, 공자 등이 지은 경서.

> 書名 文王周公孔子所作 因伏犧所畵八卦 重之爲六十四卦 三百八十四爻 秦焚書 周易獨以卜筮得存 故於諸經中最爲完善……魏有王弼注 唐孔穎達爲之疏 卽今注疏本 唐有李鼎祚集解 宋有程子易傳 朱子本義〈사원〉

　춘추 — 공자가 지은 魯나라 역사.

> 孔子成春秋而亂臣賊子懼〈맹자 승문공〉

(3) 周戴禮記 〉 대대례와 소대례

주대 − 戴德撰 대대례.

대대례는 경전석문서록설(經典釋文敍錄說)에 의하면, 대덕이 古禮 204편을 다듬어서 85편으로 했다고 한다.

예기 − 戴聖撰 소대례.

소대례는 예에 관한 이론 및 실제를 기록 편찬한 것이다.

대성은 대덕의 사촌형의 아들로 대덕을 대대라 하고 대성을 소대라 부른 바 이들이 전수한 것을 각각 호를 따서 대대례와 소대례라 한다.

戴德號大戴爲信都太傅 戴聖號小戴 以博士論石渠 至九江太宗 二人皆傳禮 故禮有大戴小戴之學〈한서 유림전〉

2−4 위 註조쳐 내 외옰 景 긔 엇더ᄒ니잇고

(1) 조쳐 〉 아울러, 겸하여

동사어간 '좇'은 '隨, 從'의 뜻과 '逐'의 뜻이 있는데, 여기에서는 의미가 바뀌어 '兼'의 뜻으로 사용된 예이다. 따라서 본 노래 첫연에 사용된 '좇(隨, 從)'의 부사형 '조차'와는 구별된다.

'조쳐'는 '좇'의 사동형 '조치'에 부사형어미 '어'의 합성으로 '조쳐'가 된 형.

亡兒ᄅᆞᆯ 조쳐 爲ᄒ야(兼爲亡兒)〈월석 서 18〉
盜賊하미 조ᄎ니(兼賊繁)〈두초 16:19〉

따라서, '註조쳐'는 '(본문과) 주를 아울러'로 된다.

(2) 내 외옰 景 〉 내내(늘, 항상) 외운 것의 모습, 또는 나의 외운 것의 모습

내 − 동사어간 '나(經過)'에 부사화접미사가 굳어진 형(동동 4−1 (1) 나며 참조).

'내'를 '나(出)'에 부사화접미사가 결합된 형으로 보는 것보다 '경과'를 뜻하는 '나'의 부사형으로 보는 것이 좋을 것이다. 현재도 '내내'라는 어휘

가 사용된다.

그러나 이 '내'가 '나(我)'의 주격형으로 해석될 여지도 있다. 이는 이 노래의 첫번째 연과 마지막 연에서도 '위 날조차 몃 부니잇고', '위 내 가논 더 놈 갈셰라'의 표현들이 등장하기 때문이며 일인칭 주어로 해석하여도 노래의 뜻에는 아무런 지장이 없다.

외온ㅅ — 동사어간 '외오(誦)'의 관형사형인 '외온'이 직접 명사적 기능으로 속격접미사 'ㅅ'을 취하여 다음 어간 '景'에 연결되었다. 문법상 '외온'이 명사적 기능이 아니고는 속격접미사 'ㅅ'을 취할 수 없는 것이다 (용언의 관형사형이 직접 명사적 기능으로 사용되는 예는 동동 1-3 (2) 福이라호놀 참조).

   닐거나 외오거나 〈월석 17:55〉
   白頭吟을 외오도다(誦白頭吟) 〈두초 21:21〉
   誦은 외올 씨라 〈월석 서 23〉

2-5 太平廣記 四百餘卷 太平廣記 四百餘卷

(1) 太平廣記 — 송나라의 이방 등이 감수한 전설기문집(傳說奇聞集).

  書名 宋太平興國二年李昉等奉敕監修 分五十五部 所採書三百四十五種 雖多談神怪 而名物典故 錯出其間 〈사원〉

2-6 위 歷覽ㅅ 景 긔 엇더ᄒ니잇고

(1) 歷覽ㅅ 景 〉 두루 두루 읽는 모습
'ㅅ'은 속격접미사.

3-1 眞卿書 飛白書 行書草書

(1) 眞卿書 — 해서 서체의 하나.

  後漢王次仲始隷字作楷法 亦稱楷隷 後人謂之正書……俗作眞書 〈사원〉

(2) 飛白書 — 서체의 하나.

> 書體之一種 筆畫枯槁而中空者 後漢蔡邕小作……因歸作飛白書 漢魏宮闕多用其體 〈사원〉

(3) 行書 草書 — 각각 서체의 하나.

행서

> 後漢劉德昇所造 卽正書之小譌 務從簡易 相間流行 故名 鍾繇謂之行押書〈사원〉

초서

> 說文序 漢興有草書 趙壹曰 起秦之末 均不言作者姓名 蓋草書之稱〈사원〉

3-2 篆籒書 蝌蚪書 虞書南書

(1) 篆籒書 〉 篆書와 籒文 즉 小篆과 大篆

篆書 — 중국 고대문자의 하나.

> 篆書有大小二種 大篆周宣王太史籒所作 小篆秦丞相李斯所作 按王莽時損改秦八體爲六書 三曰篆書 專指小篆言 以大篆已包括於古文奇字二者中見〈단옥재 설문해자 주〉

籒文 — 중국 고대문자의 하나.

> 卽大篆 以其爲周宣王時太史籒所作 故名……〈사원〉

(2) 蝌蚪書 〉 통칭 科斗文, 중국 고대문자

> 周時古文也 王隱曰 太康元年 汲郡民盜發魏安釐王家 得竹書漆字科斗之文 科斗文者周時古文也 其字頭粗尾細 似科斗之蟲 故俗名之焉 科斗文爲晋人俚語 漢人無此名稱 尙書孔安國序 有科斗文字之語 說者謂孔傳爲後人僞託之書 此亦一證〈사원〉

(3) 虞書南書 〉 虞書와 南書

> 虞書 尙書中紀虞代之書曰虞書自堯典至益稷凡五篇〈사원〉

南書 － 南北史

　　　書名 唐李延壽撰 南史八十卷 北史一百卷 北起魏盡隋二百四十二年 南起宋盡陣一
　　　百七十年 刪斂補闕 過本史遠甚 司馬光稱爲佳史〈사원〉

3-3 羊鬚筆 鼠鬚筆 빗기 드러

(1) 빗기 〉비스듬히
　동사어간 '빗ㄱ(橫, 斜)'의 부사화접미사 '이'의 연결형.

　　　빗기 자본 뎌흘(橫笛)〈두초 15:22〉
　　　흐르는 므른 脈脈히 빗겟도다(津流脈脈斜)〈두초 3:26〉

(2) 드러 〉들어
　동사어간 '들(擧)'의 부사형어미(동동 1-3 (3) 드러 참조) '어'의 연결형.

3-4 위 딕논 景 긔 엇더ᄒ니잇고

(1) 딕논 〉찍는
　동사어간 '딕(點, 捺)'에 시상선행어미 'ᄂ'와 어간첨입모음 '오'의 연결형에 다시 관형사형 'ㄴ'의 연결형.

　　　點 딕거나 點 아니커나(若點不點)〈법화 3:86〉
　　　먹 아니 디근 國土조쳐 보아 듣그를 밍ᄀ라〈능엄 1:5〉

　'딕'은 '찍, 픽'으로도 표기되어 경음화하였고, '찍'은 이들 경음의 구개음화이다.

　　　표를 픽으니〈오륜 1:33〉
　　　잡아내여 픽으니〈오륜 2:23〉

3-5 吳生劉生 兩先生의 吳生劉生 兩先生의

(1) 吳生劉生 〉오선생과 유선생
　오생, 유생은 당시의 명필일 것이나 문헌상 전하는 바가 없다.

3-6 위 走筆ㅅ景 긔 엇더ᄒ니잇고

(1) 走筆ㅅ景 〉붓 놀리는 모습

4-1 黃金酒 柏子酒 松酒醴酒

(1) 黃金酒 〉미주(美酒)

(2) 柏子酒 〉백약주(栢藥酒)
　　元旦進栢藥酒〈풍토기〉

(3) 松酒醴酒 〉송주와 예주
　예주 - 甘酒

　　醴酒不設〈한서 楚元王傳〉

4-2 竹葉酒 梨花酒 五加皮酒

(1) 五加皮酒 〉소주에 땅두릅나무의 근피(根皮)를 담은 술, '오가(五加)'는 '갓둘' 즉 '땅두릅나무'

4-3 鸚鵡盞 琥珀杯예 ᄀ득 브어

(1) 鸚鵡盞 〉앵무패각(鸚鵡貝殼)으로 만든 잔

(2) 琥珀杯 〉호박(琥珀)으로 만든 잔
　　松脂淪入地 千年化爲茯苓 茯苓千歲化爲琥珀〈박물지〉

(3) ᄀ득 〉가득히
　명사어간 'ᄀ득'의 영파생부사 'ᄀ득'.

滿은 ᄀ᷐독홀 씨라 〈월석 2:53〉
法界예 ᄀ᷐독도소니(充滿法界)〈영가 하 104〉

(4) 브어 〉부어

동사어간 '븟(注)'의 부사형 '브ᅀᅥ'의 'ㅿ'탈락형. 즉 '븟어〉브ᅀᅥ〉브어〉부어'의 음운변천을 거쳤다.

朝廷이 偏히 쁘들 네게 브ᅀᅥ(朝廷偏注意)〈두초 23:13〉
一切 大水 븟ᄂᆞ니와 大雲 ᄐᆞ니롤 〈월석 10:96〉
香 기름 브ᅀᅡ 神力으로 몸 ᄉᆞᄅᆞ샤 〈월석 18:31〉

'븟〉붓'은 순음 아래서 '으'모음의 '우'모음화(동동 2-1 (3) 므른 참조).

4-4 위 勸上ㅅ 景 긔 엇더ᄒᆞ니잇고

4-5 劉伶陶潛 兩仙翁의 劉伶陶潛 兩仙翁의

(1) 劉伶陶潛 〉유영과 도잠

劉伶 - 진 竹林七賢의 한 사람.

沛國人 字伯倫 容貌甚陋 放情肆志 常以細宇宙齊萬物爲心 性尤嗜酒……一飮一石五斗解酲 婦兒之言愼不可聽 引酒御肉陶然復醉……未嘗厝意文翰 惟著酒德頌一篇 〈중국인명대사전〉

陶潛 - 동진의 시인.

侃曾孫 字淵明或云字元亮一作名元亮 少有高趣 博學善屬文 嘗著五柳先生傳以自況 親老家貧 起爲州祭酒 不敢吏職自解歸 後爲彭澤令 在官八十餘日 郡遣督郵至縣 吏自應束帶見之 潛曰 吾不能爲五斗米折腰向鄉里小兒 卽日解印授去職 賦歸去來辭……有陶淵明集〈중국인명대사전〉

4-6 위 醉흔 景 긔 엇더ᄒᆞ니잇고

(1) 醉혼 景 〉취한 모습
  '혼'은 동사어간 '호(爲)'에 어간첨입모음 '오'와 관형사형의 연결형. 관형사형이 직접 명사적 기능으로 사용되어 속격접미사 'ㅅ'을 취하여 '景'과 연결되었다(한림별곡 2-4(2) 내외엿 景 참조).

5-1 紅牡丹 白牡丹 丁紅牡丹

5-2 紅芍藥 白芍藥 丁紅芍藥

5-3 御柳玉梅 黃紫薔薇 芷芝冬栢

(1) 芷芝冬栢
  芷 - 鎧草, 芹科 다년초.

  岸芷汀蘭〈范仲淹 岳陽樓記〉

  芝 - 靈芝, 예전부터 瑞草라 한다.

  芝生於土 土氣和 故芝草生〈論衡〉

  冬栢 - 일명 山茶.

5-4 위 間發ㅅ 景 긔 엇더ㅎ니잇고

(1) 間發ㅅ 景 〉사이에 핀 모습

5-5 合竹桃花 고온 두 분 合竹桃花 고온 두 분

(1) 合竹桃花 〉합죽과 복숭아꽃
  合竹 - 一名 合歡竹.

  雙梢竹出 九疑山笋長獨莖及生枝葉卽分爲兩梢 謂之合歡竹〈笋譜〉

(2) 고온 〉고운

동사어간 '곱(娟)'의 관형사형, 즉 '곱은〉고볼〉고온(고운)'의 변천에서
'고볼'의 'ㅸ〉오'형(동동 12-4 (1) 고우닐 참조).

    古溫 貌 我隱 伊西爲乎伊多〈근재집 관동별곡〉
    (고온 양지 난 이슷ᄒᆞ요이다)

(3) 두 분 〉 두 분
  '합죽'과 '도화'를 의인화한 것이다.

5-6 위 相映ㅅ 景 긔 엇더ᄒᆞ니잇고

(1) 相映ㅅ 景 〉 서로 바라보는 모습

6-1 阿陽琴 文卓笛 宗武中琴

(1) 阿陽琴 〉 아양이 타는 거문고
  아양 - 당시 거문고의 명수일 것이나 문헌상 전하는 바가 없다.

    琴
    按造琴之制 前面用桐木 後面用栗木 漆以黑暉以螺蛤爲之凡十三中暉 最大至第一暉
    第十三暉 漸次而小凡七絃 初絃稍大至七絃 漸次而細〈악학궤범 권6 琴〉

(2) 文卓笛 〉 문탁이 부는 피리
  문탁 - 당시 피리의 명수일 것이나 문헌상 전하는 바가 없다.

(3) 宗武中琴 〉 종무가 부는 중금
  종무 - 당시 중금의 명수일 것이나 문헌상 전하는 바가 없다.
  중금 - 고려사 악지에는 다음과 같이 기록되어 있다.

    新羅樂 三竹三絃……三竹 一大琴 二中琴 三小琴
    三竹 亦模倣唐笛而爲之者也……鄕三竹 此亦起於新羅 不知何人所作 古記云 神文
    王時 東海中忽有一小山 形有龜頭 其上有一竿竹 晝分爲二 夜合爲一 王使斫之 作笛
    名萬波息 雖有此說 怪不可信 三竹笛有七調〈사기 권32 악지1〉

6-2 帶御香 玉肌香 雙伽倻ㅅ고

(1) 帶御香 玉肌香 〉기생 이름, 당시 가야금의 명수

(2) 雙伽倻ㅅ고 〉쌍가야금
    '伽倻ㅅ고'는 가야금, 'ㅅ'은 사잇소리이며 '고'는 '琴'의 훈.

> 堂앤 單文의 거믄괴 빗노햇도다(堂橫單文琴)〈두초 21:35〉
> 琴 거믄고 금〈유합 상 23〉

'거믄고'는 '玄琴'을 말한다.

> 伽倻琴 亦法中國樂部箏而爲之……羅古記云 加耶國嘉實王 見唐之樂器而造之 王以謂 諸國方言各異 聲音豈可一哉 乃名樂師省熱縣人于勒造十二曲 後于勒以其國將亂 携樂器 投新羅眞興王 王受之 安置國原 乃遣大奈麻注知 階古 大舍萬德 傳其樂……伽倻琴有二調 一河臨調 二嫩竹調 共一百八十五曲〈사기 권32 악지〉
> 三國史云 玄琴象中國雅部琴而爲之 羅古記云 初晋人以七絃琴送高句麗 時第二相王山岳改易 其法制而造之 兼製曲以奏之 於是玄鶴來舞 遂名玄鶴琴 後但云玄琴〈악학 권6 현금〉

6-3 金善琵琶 宗智嵆琴 薛原杖鼓

(1) 金善琵琶 〉김선이 타는 비파
    김선 — 당시 비파의 명수,〈정읍사〉의 '김선조(金善調)'는 이 김선이 창제한 악조명일 것이다.

> 三國史云 鄕琵琶與黨制度大同而少異 亦始終新羅 但不知何人所造 按造鄕琵琶之制 背用栗木 腹板用桐木 棵及粧飾木與玄琴同 凡五絃 大絃最大 武絃中絃稍細 淸絃次之 遊絃最細 腹板付以玳瑁匙用鐵柑木〈악학 권7 향비파〉

(2) 宗智嵆琴 〉종지가 타는 해금
    종지 — 당시 해금의 명수일 것이나 문헌상 전하는 바가 없다.

> 혜금 — 通作 奚琴

文獻通考云 奚琴胡中奚部所好之樂 出於絃鼗而形亦類焉 其制兩絃間 以竹片軋之民
　　　間或用〈악학 권7 해금〉

(3) 薛原杖鼓 〉설원이 치는 장고
　　설원 — 당시 장고의 명수일 것이나 문헌상 전하는 바가 없다.

　　　文獻通攷云 羯鼓 杖鼓 腰鼓 漢魏用之大者以瓦 小者以木類 皆廣首纖腹 宋蕭史所謂
　　　細腰鼓是也 右擊以杖 左拍以手 後世謂之杖鼓 其聲和壯而有節也〈악학 권7 장
　　　고〉

6-4 위 過夜ㅅ 景 긔 엇더ㅎ니잇고

(1) 過夜ㅅ 景 〉밤을 새는 모습

6-5 一枝紅의 빗근 笛吹 一枝紅의 빗근 笛吹

(1) 一枝紅 〉기생명, 당시 피리의 명수

(2) 빗근 〉비낀
　　동사어간 '빗ㄱ(橫, 斜)'의 관형사형, 즉 어간 '빗ㄱ'에 조성모음 '으'와
관형사어미 'ㄴ'의 연결형(관동별곡 3-3 (1) 빗기 참조).

6-6 위 듣고아 좀드러지라

(1) 듣고아 〉듣고야
　　'아'는 강세접미사, '아'의 원형은 '사'로 '사〉솨〉아'의 'ㅅ'약화탈락형이
다(처용가 4-8 (1) 熱病神이아 참조).

(2) 좀 드러지라 〉잠 들고 싶습니다
　　좀 — '睡, 眠'(만전춘 2-1 (2) 주미 참조).

　　　좀 자싫 제 風流ㅣ ᄆᆞᄇᆞ습더니〈월인 118〉
　　　ᄒᆞᆫ 번 좀 씨요미 곧ᄒᆞ니〈금삼 3:20〉

드러지라 — 동사어간 '들(入)'의 부사형 '드러'에 원망형어미 '지라'의
연결형. '지라'는 원래 원망형 선행어미 '지'와 명령형어미 '라'의 연결형.

겨스레 뫼롤 머거지라 ᄒ거늘 〈삼강 효 30〉
蒼然히 이룰 議論ᄒ야지라 請ᄒ거늘 〈두초 22:35〉

7-1 蓬萊山 方丈山 瀛洲三山

(1) 三山 — 三神山

海中三山也 一曰方壺則方丈也 二曰蓬壺則蓬萊也 三曰瀛壺則瀛洲也〈拾遺記〉
海中有三神山名曰蓬萊方丈瀛洲仙人居之〈사기 시황기〉

7-2 此三山 紅縷閣 婥妁仙子

(1) 紅縷閣 〉富家女 또는 美人住居

紅縷富家女〈백거이 시〉

(2) 婥妁仙子
　婥妁 — 미모.
　仙子 — 선인, 미녀.

仙子玉京路〈이상은 시〉
其中婥約多仙子〈백거이 장한가〉

7-3 綠髮額子 錦繡帳裏 珠簾半捲
　綠髮 — 美黑髮

7-4 위 登望五湖ㅅ 景 긔 엇더ᄒ니잇고

(1) 五湖ㅅ 景 〉 오호의 모습
　五湖 — 태호(太湖)의 다른 이름.

周禮 揚州其浸五湖 按張勃吳錄曰 太湖之別名 以其周行五百里二萬六千頃 故以五湖名之〈群書拾唾〉

7-5 綠楊綠竹 栽亭畔애 綠楊綠竹 栽亭畔애

7-6 위 囀黃鶯 반갑두셰라

(1) 반갑두셰라 〉 반갑기도 하구나
 동사어간 '반갑(歡)'에 감탄형종결어미 '두셰라'의 연결형.

> 아들님 반가비 보샤〈월인 128〉
> 심히 반갑다〈태평 1:58〉

 '두셰라'의 원형은 '도셰라'로 선행어미 '도'에 감탄형어미 '셰라'의 연결형, 선행어미 '도'는 어간모음 'ㅣ'아래서는 'ㄷ〉ㄹ'로 음이 변한 것으로 '로'로 되어 '도셰라〉로셰라'로 된다(처용가 4-5 (5) 네히로새라 참조).
 이 노래의 '반갑두셰라'는 관동별곡에 다음과 같이 표기되어 동일형을 보여 준다.

> 爲 鷗伊鳥 藩甲豆斜羅〈근재집〉

8-1 唐唐唐 唐楸子 皁莢남긔

(1) 唐唐唐 〉 조율음
 다음에 오는 '唐楸子'의 첫소리 '唐'을 음률에 맞추어 강조의 뜻으로 되풀이된 것. 이런 표현방식은 처용가의 '마아만 마안만ᄒ니여' 등에서도 찾아 볼 수 있다(처용가 3-4 참조).

(2) 唐楸子 〉 호두나무

(3) 皁莢남긔 〉 쥐엄나무에

조협 — 차풀과에 속하는 낙엽교목(落葉喬木), 쥐엄나무.
남긔 — 명사어간 '나모(木)'의 축약으로 'ㄱ'이 첨입된 '낡' 이 처격접미사 '의'와 연결된 형, '남ㄱ'의 처격형은 '남긔'로 되어야 하나 '남괴'는 모음연결법칙의 혼란형(동동 13-1 (1) 분디남ᄀ로 참조).

8-2 紅실로 紅글위 믹요이다

(1) 紅실로 〉 붉은 실로
　실로 — 명사어간 '실(絲)'에 조격접미사 '로'의 연결형.

(2) 글위 〉 그네
　'글위'는 동사어간 '그울(轉)'의 축약음 '글'에 명사형성접미사 '위'의 접미로 명사화한 형.

　　　轉은 그울 씨오 〈월석 1:19〉
　　　너를 홀러 그울에 호미 〈석보 1:46〉

　따라서 '글위'는 '그네'의 고형이다.

　　　鞦 글위 츄 〈훈몽 중 19〉

(3) 믹요이다 〉 맵니다
　동사어간 '미(繫,結)'에 어간첨입모음 '오'와 존칭서술형어미 '이다'의 연결형(처용가 4-2 (5) 미야라 참조).
　'요이다'의 '요'는 어간모음 'ㅣ'때문에 'ㅣ'모음동화로 '요'가 된 형태이다(정읍사 2-2 (2) 드디욜셰라 참조).

8-3 혀고 시라 밀오 시라 鄭少年하

(1) 혀고 시라 〉 당기고 있으라
　동사어간 '혀(引)'에 연결어미 '고'의 연결형과 동사어간 '시(有)'에 명령형 종결어미 '라'의 연결된 형.
'혀'의 고형은 '혀'이다(동동 3-2 (2) 현 참조).

    諺語 혀爲舌 而혀爲引〈훈해 합자해〉
    引혼 혈씨니 經 뜨들 혀 낼씨라〈능엄 1:15〉
    蛟龍은 삿기롤 혀 다나가고(蛟龍引子過)〈두초 7:8〉

朴炳采(1968)에서는 '혀고시라'에서 '고시라'를 의문형어미로 해석하였으나, '라'만이 명령형이다. 이는 정읍사의 '노코 시라'에서도 동일하게 해석된다.

(2) 밀오 시라 〉 밀고 있으라

동사어간 '밀(推)'에 연결어미 '고'의 ㄱ탈락형 '오'의 연결형과 '시라'(한림별곡 8-3 (1) 참조)가 연결된 형.

    討賊之功올 눌 미르시리〈용비 99〉
    推 밀 퇴〈신증 하 38〉

(3) 鄭少年하 〉 정소년아

명사어간 '鄭少年'에 강조형 호격접미사 '하'의 연결형(정읍사 1-1 (1) 돌하 참조).

8-4 위 내 가논 디 놈 갈셰라

(1) 내 가논 디 〉 나의 가는 곳에

이 구절은 정읍사의 '내 가논 디'와 동일형이며 동일한 의미로 사용된 예이다(정읍사 3-2 (1),(2) 참조).

(2) 놈 갈셰라 〉 남이 갈셰라, 남이 갈까 두렵구나

놈 - 다른 사람.

갈셰라 - 동사어간 '가(行)'에 의구형종결어미의 연결형(정읍사 2-2 (2) 드디욜셰라 참조).

8-5 削玉纖纖 雙手ㅅ 길혜 削玉纖纖 雙手ㅅ 길혜

(1) 雙手ㅅ 길혜 〉양 손길에

'ㅅ'은 사잇소리, '길혜'는 ㅎ말음명사 '길ㅎ(途, 道)'의 처격형, 현재도 '손ㅅ길, 발ㅅ길' 등으로 사용된다.

8-6 위 携手同遊ㅅ 景 긔 엇더ㅎ니잇고

(1) 同遊ㅅ 景 〉같이 노는 모습

이상 〈한림별곡〉 전 8연 8경은 당시 귀족계급인 한림유생들의 향락적이며 퇴폐적인 생활과 풍속을 남김없이 노래한 것이었다. 즉, '試場ㅅ 景, 외옰歷覽 ㅅ景, 닥논走筆ㅅ 景, 勸上취ㅎ 景, 間發相映ㅅ 景, 過夜ㅅ 景, 登望五湖ㅅ 景, 携手同遊ㅅ 景' 등 마치 팔폭병풍의 풍속도를 보는 듯하다. 이들 중 앞의 칠경은 한자어의 나열로 생활상을 과시하여 마치 한문에 토를 단 것 같은 문체임에 반하여 마지막 팔경 '携手同遊ㅅ 景'은 이른바 국어로 표현된 유일한 것으로 그들 생활의 정점을 암유나 은유적인 일상적 용어로 맺은 것이다. 그러므로, 〈한림별곡〉 중 이 마지막 장은 그들 생활의 일면을 국어로 솔직하게 표현한 점에서 가장 빼어난 것이라고 할 수 있다.

그러므로, 이 마지막 장은 정욕적인 극치를 노래한 점에서 내용을 파악해야 할 것이다. 즉, '당당당'으로 마치 무슨 신호와도 같은 무의미한 말로 비롯하여 '당추자'와 '조엽남긔'를 끌어 내었고, 이어 '홍실로 홍글위 미요이다'라 하여 '붉은 실', '붉은 그네'의 강력한 정감을 돋우면서 '혀고 시라 밀오 시라'하는 대조로 율동과 운동을 연상함에 다시 문득 '정소년하 위 내 가논 디 놈 갈셰라'로 의구와 시기, 질투로 번지었다. 이와 같이 은어적으로 표현된 '携手同遊ㅅ 景'에서 '홍실'로 '홍글위'를 매고 '혀고 시라 밀오 시라'의 바탕이 되는 '당추자'는 오늘날에도 지방에 따라 어린이 고환의 귀여운 상징으로 '호도'라 하여 쓰이는 말임에 비추어 이것과 무관한 것이라고는 할 수 없으며, '조협'은 음상징에서 온 것일지도 모르나, 어찌 되었든 신체 어느 부분의 은어적 표현으로 볼 수 있는 것이다. 그리고 호격으로 상징된 '정소년하'의 '소년'은 정력의 상징이며 남자 아이의 미칭이기도 하나 '鄭'이라는 성을 붙인 것은 정석가에 '鄭石'을 '딩아 돌하'로 풍유한 것과 같이 '鄭'은 즉 '딩'인 '鉦'으로 동라(銅羅)라고 하는 동으로 만든 화분모양의 종인 '鉦'이 '호도나무'나 '쥐엄나무'와 관계가 있는 은어가 아니었던가도 생각된다. 이렇게 보면 다음에 나오는 '위 내 가논 더 놈 갈셰라 - 나의 가는 곳에 남이 갈셰라'는 정읍사의 '즌 더(泥水之處)'를 은유하는 수법과 상통하는 것이며, 의구, 시기, 질투 등의 표출이라 할 것이다.

〈현대어 옮김〉

유원순의 문장, 이인로의 시, 이공노의 사륙변려문
이규보 진한림의 쌍운주필
유충기의 대책, 민광균의 경의, 김양경의 시부
아, 시험장의 모습 그것이 어떠합니까?
(엽) 금의의 죽순같이 늘어선 문하생
　아, 나를 따라 몇 분입니까?

당서와 한서, 장자와 노자, 한유와 유종원의 문집
이백과 두보의 시집, 난대령사들의 시문집, 백거이의 시문집
시경과 서경, 주역과 춘추, 대대례와 소대례를
아, 주와 아울러 내내 외운 모습이 어떠합니까?
(엽) 태평광기 사백여권 태평광기 사백여권
　아, 두루두루 읽는 모습 그것이 어떠합니까?

진경서, 비백서, 행서 초서
전주체, 과두체, 우서남서체를
양털붓, 쥐털붓 비스듬히 들어
아, 찍는 모습 그것이 어떠합니까?
(엽) 오선생과 유선생 양선생의 오선생과 유선생의 양선생의
　　아, 붓을 놀리는 모습 그것이 어떠합니까?

황금주, 백약주, 송주 예주
죽엽주, 이화주, 오가피주
앵무잔, 호박잔에 가득 부어
아, 올리는 모습 그것이 어떠합니까?
(엽) 유영과 도잠의 유영과 도잠의
　　아, 취한 모습 그것이 어떠합니까?

붉은 모란, 흰 모란, 진홍 모란
붉은 작약, 흰 작약, 진홍 작약
석류매화, 노란 장미, 지지 동백꽃들이
아, 사이에 피는 모습 그것이 어떠합니까?
(엽) 합죽과 복숭아 고운 두분 합죽과 복숭아 고운 두분
　　아, 서로 바라보는 모습 그것이 어떠합니까?

아양의 거문고, 문탁의 피리, 종무의 중금
대어향, 옥기향의 쌍가야금
김선의 비파, 종지의 해금, 설원의 장고
아, 밤을 새는 모습 그것이 어떠합니까?
(엽) 일지홍의 비낀 피리소리 일지홍의 비낀 피리소리
　　아, 듣고야 잠 들고 싶습니다.

봉래산, 방장산, 영주산의 삼신산

이 삼신산 홍루각에 신선아이 데리고
풍류객이 비단 장막 속에서 주렴을 반을 걷고
아, 산에 올라 오호를 바라보는 모습 그것이 어떠합니까?
(엽) 푸른 버들 푸른 대 자라는 정자 둔덕에 푸른 버들 푸른 대 자라는 정자 둔덕에
　아, 지저귀는 꾀꼬리가 반갑기도 하구나.

당당당 호두나무 쥐엄나무에
붉은 실로 붉은 그네를 맵니다
당기고 있으라 밀고 있으라 정소년아
아, 내가 가는 곳에 남이 갈까 두렵구나.
(엽) 옥을 깎은 듯 고운 두 손길에 옥을 깎은 듯 고운 두 손길에
　아, 손을 잡고 같이 노는 모습 그것이 어떠합니까?

■ 시용향악보

14. 나 례 가

羅슈公宅 儺禮日이
廣大도 金線이샤스이다
궁에아 山ㅅ굿붓 겻더신둔
鬼衣도 金線이리라
 리라리러 나리라 리라리

　나례(儺禮)는 음력 섣달 그믐 밤에 민가와 궁중에서 악귀와 역신을 쫓는 의식이다. 원래 나례는 섣달 그믐을 세제(歲除), 세진(歲盡), 제일(除日)이라 하여 중국에서 일찍이 악귀를 그 징치자(懲治者)인 신다(神荼) 울첩형제(鬱疊兄弟)에게로 쫓아내기 위하여 조정이나 공청에서 구나(驅儺)의 의식을 행하였고, 각 가정에서는 수세(守歲)니 사세(辭歲)니 조세(照歲)니 하여 여러 가지 주술이 행해지던 것이 고려 이후 우리나라에도 전하여져 고려조에서는 궁중의식으로 나례가 행해졌고, 이 나례는 다시 처용희(處容戲), 처용무와 연결되어 그 무용과 노래는 역신을 몰아내는 극적 형식으로 되어 조선에까지 그대로 내려 왔다. 특히 조선에서는 12월 제석(除夕) 전날 밤에 구나의 의식을 행한 뒤 소위 '학연화대처용무합설(鶴蓮花臺處容舞合設)'로 〈처용가〉, 〈삼진작(정과정)〉, 〈정읍사〉, 〈북전(北殿)〉, 〈처용가〉, 〈미타찬(彌陀讚)〉, 〈본사찬(本師讚)〉, 〈관음찬(觀音讚)〉 등의 순으로 연주 가창하여 나례와 대응하는 의식으로 변하여 조선조 초기의 무용, 음악, 가요의 종합적 표상으로 나타났다.
　고려조의 나례(儺禮)에 대하여는

　　靖宗六年十一月戌寅詔曰 朕即位以來 心存好生 欲使鳥獸昆虫 咸被仁恩 歲終儺禮
　　磔五雞以驅儺疫氣 朕甚痛之 可以驅儺之事 觀象監主之〈고려사 권64〉

驅儺之事 觀象監主之 〈증보문헌비고 권64〉

라 하였고, 이 기록에 의하면 정종조 때는 관상대(觀象臺)라고 하는 나례를 관장한 기관까지 있었음을 알 수 있다. 또한

除夕設儺禮 呈雜技王臨視 內侍茶房奉龍等 交相騰躍爲樂 內侍金敦中 年少氣銳 以燭燃仲夫鬚 仲夫搏之 敦中父富軾怒 白王欲拷仲夫 王允之 然異仲夫爲人 密令逃免 仲夫由是慊敦中 〈고려사 권128〉

라 하여 제석(除夕)에 나례와 더불어 잡기로서 군신이 즐거워함을 볼 수 있다. 이와 같은 나례에 대한 동원된 인원이나 규모에 대하여는

大儺之禮前一日 所司奏聞選人 年十二以上十六以下 爲侲子 着假面 衣赤布袴褶 二十四人爲一隊 六人作一行 凡二隊 執事者十二人 着赤幘褠衣 執鞭 工人二十二人 其一方相氏 着假面 黃金四目蒙熊皮 玄衣朱裳 右執戈 左執楯 其一爲爲唱帥 着假面 皮衣執捧 鼓角軍二十爲一隊 執旗四人 吹角四人 持鼓十二人 以逐惡鬼于禁中
〈고려사 권64〉

라 하여, 12세에서 16세까지의 소년을 뽑아 진자(侲子)라 하고 모두 78명을 동원하여 금중(禁中)의 악귀를 쫓은 사실을 알 수 있다. 여기에 뒤에는 점차 악공, 기녀, 재인 및 광대의 창과 예능도 동원되어 귀신을 쫓는 것뿐 아니라 칙사(勅使) 등의 위안 등 오락으로도 나희(儺戲)라 하여 자주 베풀어졌다.

九年正月癸丑 納哈出遣文哈刺不花請 尋舊好禑 如謹妃殿作儺戲 翼日禑以妓樂出遊時 寒風甚烈 禑手自吹笛謂妓輩曰 手凍吹笛甚苦 〈고려사 권135 신우삼〉
十二月晦前一日五更初 樂師女妓樂工等 詣闕 是日儺禮時 樂師率妓工 奏樂至驅儺後 設池塘具於內庭 樂師率兩童女 以入坐於蓮花中 而出以待節次 凡驅儺後處容舞二度 〈악학 권5〉

이와 같이 나례가 고려조부터 성행한 것으로 보아 이 〈나례가〉는 고려조에 만들어져 일찍부터 민간에 구전된 노래라 볼 수 있다. 그 원형이 다소 조선에 와서 개작되었을 가능성도 없지 않으나 대체로 고려 이전의 율조를

간직하고 있어 고려가요로 보고자 한다. 다만 「시용향악보」에 실린 가사가 전반적으로 그렇듯이 첫머리 〈납씨가〉 주(註)에 '가사는 다만 제 1장만 기록하고 나머지는 가사책에 보인다. 다른 음악도 이를 따른다.(歌詞只錄第一章 其餘見歌詞册 他樂倣此)'라 하여 그대로 제 1연만 수록된 노래이며 제 2연 이하의 가사가 궁금하지만 어쩔 수 없는 일이다.

1. 羅令公宅 儺禮日이

(1) 羅令公宅 〉 나령감댁(羅令監宅)

令公―'令監'과 같은 말이며 이는 본래 조선의 종 2품, 정 3품의 관원의 존칭이나 그 유래는 상위존칭인 대감과 더불어 신라시대부터 일찍 사용된 것으로 생각된다.

> 大監二人 眞平王四十五年初置 太宗王十五年加一人 景德王改爲侍郞
> 〈사기 권38 직관 상〉
> 令二人 眞平王八年置 位與兵部令同 〈사기 권38 직관 상〉
> 監二人 位自奈麻至沙湌爲之 〈사기 권39 직관 중〉

즉 '令監' 또는 '大監' 등 관직이 있었던 것으로 보아 일찍부터 '令公, 令監'이 관청이나 노인의 존칭으로 널리 사용된 것이라고 볼 수 있다.

宅―'戶, 家'와 같음.

> 京中十七萬八千九百三十六戶 一千三百六十坊 五十五里 三十五金入宅 …… 財買井宅(庾信公祖宗) 北維宅 〈유사 권1 진한〉

(2) 儺禮日이 〉 나렛날이

'儺禮日'의 주격형.

2. 廣大도 金線이샤스이다

(1) 廣大도 〉 광대도

명사어간 '廣大'에 태격접미사 '도'가 연결된 형.

'廣大'는 가면 연희자. 고려때부터 전래하는 직업적인 예능인이며 사천 (私賤)으로 나례나 연회 또는 산대도감극(山臺都監劇)의 배우로 활약하였다(쌍화점 1-4 (3) 샷기광대 참조).

> 假面爲戱者謂之廣大〈고려사 권124〉

(2) 金線이샤스이다 〉 금선이십니다

명사어간 '金線'에 용언화접미사 '이', 존칭선행어미 '시', 선행어미 '아', 청유형종결어미 '스이다(사이다)'가 연결된 형(동동 1-4 (2) 오소이다 참조).

> 이는 우리 허므리라 世尊ㅅ 다시 아니다 스이다〈법화 2:5〉
> 부톄 날 위ᄒᆞ야 大乘法을 니르리라 스이다〈법화 2:231〉

위의 예 '스이다'는 'ᄒᆞ스이다'의 'ᄒᆞ'를 생략하고 '아니다, 니르리라' 등에 직결된 이례적인 용법으로 볼 수 있다.

'金線'은 광대의 몸치장에서 금색의 줄무늬가 든 옷을 말한다.

3. 궁에사 山ㅅ굿봇 겻더신ᄃᆞᆫ

(1) 궁에사 〉 그 곳에야

'궁에'는 처소를 가리키는 '그'와 처격접미사 '에'의 연결에서 모음충돌을 피하기 위하여 조성자음 'ㅇ'이 개입하여 '그에'가 될 것이 그 이형태를 취하여 조성자음 'ㅇ'이 체언에 올라 붙은 형이다. 즉 '그+ㅇ+에〉그에〉궁에' 형이다.

> 그에 精金 업거니 어드리 가료〈석보 6:22〉
> 處는 그에 이실 씨라〈월석 10:104〉

'사'는 강세접미사(처용가 4-8 (1) 熱病神이아 참조).

(2) 山ㅅ굿봇 〉 산굿만

'山ㅅ굿'은 산에서 하는 굿. '굿'은 무당(巫堂)이나 나례 등에서 노래와 춤으로 하는 의식의 하나. 현재는 일반 구경거리로 전의되었다.

여기서 '山ㅅ굿'은 나례 의식의 장소가 옥내가 아니라 야외에서 하는 경우이며 이때는 높은 곳에 무대를 마련하기 때문에 산위에서 하는 것임을 알 수 있다. 무당의 도당굿(都堂) 같은 것도 산위에서 잡희(雜戱)와 더불어 행해졌다.

'봇'은 강세접미사(처용가 4-3 (1) 아니옷 참조).

(3) 겻더신ᄃᆞᆫ 〉 겪으신 것이야

동사어간 '겻ㄱ(經驗)'에 과거회상선행어미 '더'와 존칭선행어미 '시'가 연결된 형. 즉 현재 '시더'의 이전형 '더시'에 'ㄴᄃᆞᆫ'이 연결된 형.

　　　娑婆ᄂᆞᆫ 受苦ᄅᆞᆯ 겻ᄂᆞ다 ᄒᆞ논 ᄠᅳ디니 〈월석 1:21〉
　　　부톄 神力 내샤 無量衆을 ᄌᆞ래 겻그니 〈월석 7:26〉
　　　날로 가난ᄒᆞᆫ 苦ᄅᆞᆯ 겻더니 〈금삼 5:45〉

'ㄴᄃᆞᆫ'은 관형사형어미 'ㄴ'에 추상명사 'ᄃᆞ'와 절대격접미사 'ᄋᆞᆫ'이 연결된 형인데 이 'ㄴᄃᆞᆫ, ㄴ딘'은 이유 등을 드러내는 어미로 변한 예이다(정읍사 2-2 (1) 즌 ᄃᆡ롤 참조).

　　　求ᄒᆞ논 야ᄋᆞᆯ 본딘 布施ᄅᆞᆯ ᄒᆞ디 〈석보 13:19〉
　　　저ᄒᆞᆫ 이 病ᄋᆞᆫ 乘黃인가 ᄒᆞ야 〈두중 17:27〉

4. 鬼衣도 金線이리라

(1) 鬼衣도 〉 귀의도

'鬼衣'에 태격접미사 '도'가 연결된 형.

(2) 金線이리라 〉 금선이겠다, 금선일 것이다

'金線'에 용언화접미사 '이'와 미래시상선행어미 '리'와 종결어미 '다'가 연결된 형(서경별곡 4 (5) ᄒᆞ리라 참조).

5. 리라리러 나리라 리라리

이상은 후렴구이며 악율에 맞추기 위한 조율음으로 무의미한 사설이다. 이 사설은 마지막 구절 '金線이리라'의 '리라'를 딴 점이 매우 묘한 점이라 하겠는데 이 후렴 역시 현악기 소리에 맞추기 위한 의성적 장단으로 속요의 전형적인 율조라 할 수 있다.

이 노래는 궁중나례에서 '工人二十二人 其一方相氏着假面 黃金四目蒙熊皮'라는 「고려사」의 기록과 같이 화려하고 찬란한 몸차림을 민간인 나령감댁의 나례에서도 그런 몸차림을 바라고 또한 부러워하는 광대의 넋두리로 볼 수 있다. 즉 '羅令公宅에서는 山굿의 鬼衣도 金線일진대 廣大도 金線 두른 옷을 입읍시다그려'와 같은 하나의 기정사실을 희망과 소원 또는 영광으로 돌려 노래하고 있는 것으로 볼 수 있다.

〈현대어 옮김〉

나령공님댁 나례를 하는 날이면
광대의 몸치장도 금선을 두른 옷입니다그려
그곳에야 산굿만 겪으신 것이야
귀의까지도 금선 두른 옷이리라

15. 유 구 곡

비두로기새눈
비두로기새눈
우루믈 우루디
버곡댱이사
난 됴해
버곡댱이사
난 됴해

　이 노래는 고려 예종이 지었다는 〈벌곡조가(伐谷鳥歌)〉를 제목만 바꾼 것으로 생각되며, 그 율조나 언어 등으로 보아 고려대에 만들어진 것임이 틀림없을 것이다.

　　伐谷鳥
　　伐谷鳥之善鳴者也 睿宗欲聞己 過及時政得失 廣開言路 猶恐群下不言 作此歌以諷
　　諭之也〈고려사 권71 속악조〉

　벌곡조는 포곡조(布穀鳥) 즉 뻐꾹새로 예종이 신하의 언로(言路)를 널리 열기 위하여 풍론(諷論)으로써 이 노래를 지었다고 하니, 이 〈벌곡조가〉가 후대에까지 오래 애창되었으리라는 것을 짐작할 수 있다. 〈유구곡〉은 속칭 '비두로기'라 했다고 하며 본 노래는 「고려사」의 벌곡조 해설과 잘 어울린다. 이 노래 중 '버곡댱이사 난 됴해 버곡댱이사 난 됴해'의 '버곡댱'은 포곡조이고 속칭 '비두로기'는 노래의 첫 구 '비두로기새눈 비두로기새눈'에서 '비두로기' 노래로 속칭되었을 것이며, 〈유구곡〉으로 제목이 바뀐 것으로 볼 수 있다.

이 노래도 역시 '歌詞只錄第一章'에서 그친 것이다.

(1) 비두로기새노 > 비둘기는

　명사어간 '비두로기(鳩)'는 원래 의성어로 '비두리, 비도리'가 원형일 것이다. 즉 '비둘이, 비돌이'로 '비둘, 비돌'에 명사화접미사 '이'가 붙어 명사화한 형.

　　　새비두리 鴛鴦報를 니르고 〈월석 21:65〉
　　　비두리를 구워 사ᄒ니라 〈박초 상 5〉
　　　비도리 모다 오더라 〈삼강 왕승〉

'비둘기, 비돌기, 비돌기' 등은 '비두리, 비도리' 등에 'ㄱ'을 첨가한 형.

　　　鳩 비둘기 구 〈신증 상 11〉
　　　비돌기(鴿子) 〈역어 하 25〉
　　　비둘기 알 숨믄 이와 〈박중 상 5〉

따라서 '비두로기'는 '비둘기'에 다시 '오' 모음의 음절첨가형이다.
'새노'은 명사어간 '새(鳥)'에 절대격접미사 '노'이 연결된 형.

(2) 우루믈 > 울음을

　동사어간 '울(泣, 哭)'의 명사형 '우룸'의 대격형.

　　　엇던 젼초로 우르시ᄂ니잇고 〈월석 8:93〉
　　　아들 우루믈 슬피 너겨 드르샤 〈용비 96〉
　　　우룸 쏘리 즐게 나마 가며 〈월석 1:27〉

(3) 우루디 > 울되, 울지만

　동사어간 '울(泣, 哭)'에 어간첨입모음 '우'와 어미 '디'가 연결된 형.

　　　시믄 두서힛 자히 나디 〈월석 1:6〉
　　　수픐그테 안자 이트를 자디 〈두초 7:23〉

(4) 버곡댱이사 > 뻐꾹새야, 포곡이야

'버곡댱이'에 강세접미사 '사'가 연결된 형(처용가 4-8 (1) 熱病神이아 참조). '버곡댱이'는 '버곡댱'의 주격형으로 볼 수도 있고 '버곡댱이'를 명사어간으로 볼 수도 있다. 원래 '버곡댱'이나 '버곡댱이'나 조류의 반향음에 대한 의성음에서 온 상징어로 '버곡, 버국'에 명사화접미사 '이'의 접미로 '버고기, 버구기' 등으로 명사화한 형이며, '버곡댱'의 '댱'도 일종의 접미사에 불과하다(동동 5-2 (2) 곳고리 참조).

'버곡댱'은 '뻐꾸기, 꾸꾸기, 뻐꾹새'라고 하며, 한자로는 '포곡(布穀), 곽구(郭鳩), 곽공(郭公), 곡국(鵠鵠), 획곡(獲穀)'이라고도 한다. 「고려사」에 보이는 '벌곡조'는 '포곡조'의 다른 표기이다.

> 버국새는 곧마다셔 붊곡식 심고믈 뵈아ᄂᆞ다(布穀處處催春種) 〈두중 4:19〉
> 鵠 버국새 알 一名布穀 〈훈몽 상 19〉
> 우는 거시 벅구기가 프른 거시 버들숩가 〈고산 어부사시사〉

(5) 난 〉 나는

명사어간 '나(我)'에 절대격접미사 '온'이 연결된 형(동동 2-1 (3) 므른 참조).

(6) 됴해 〉 좋아하네, 좋아한다

동사어간 '둏(好)'에 부사형어미 '아'와 용언화접미사 '이'가 연결되어 감탄형으로 굳어진 어미 '애'가 연결된 형.

> 이 중에 彼美一人를 더욱 닛디 못ᄒᆞ애 〈청구 10〉

위의 예에서 '못ᄒᆞ애'는 'ᄒ'의 특성으로 '애'가 '애'가 된 것이다.

이 노래는 비록 첩구형식의 짧은 노래이기는 하지만 아무런 기교가 없으면서도 몇 마디 말 속에는 천금의 함축미가 번득이는 노래라고 할 수 있다. '벌곡조'의 해설과 같이 '恐群下不言'을 비둘기에 풍유함도 재미있고 또한 널리 언로(言路)를 열기 위하여 울음이 예쁜 '뻐꾸기'와 대비시킨 점도 천연의 소리로서 앞뒤 구절이 서로 어울려 맛볼수록 묘미가 있는 노래다.

〈현대어 옮김〉

비둘기는
비둘기는
울음을 울지만
뻐꾸기야말로
나는 좋네
뻐꾸기야말로
나는 좋네.

16. 상 저 가

듥긔동 방해나 디히 히얘
게우즌 바비나 지서 히얘
아바님 어마님씌 받줍고 히야해
남거 시든 내 머고리 히야해 히야해

이 노래는 소위 방아찧기 노래로 노동요에 속한다. '상저(相杵)'의 '저(杵)'는 '절구공이, 방앗고', '상(相)'은 '송저성(送杵聲)'으로 '상저'는 절구통에 둘러 서서 소리와 노래를 하면서 방아를 찧는 것을 말한다. 그러므로 이 노래는 일찍부터 민간 부녀자 사이에 성행하던 노래로 그 형식이나 내용, 언어 및 율조 등으로 보아 고려 이전부터 전해 오고 불리어 오던 구전가요임이 틀림 없으리라 생각된다. 혹 〈상저가〉는 신라때 백결 선생이 거문고에 올려 지었다는 대악(碓樂)에 맞추어 불리어 온 노래인지도 모르겠다. 즉

> 碓樂 慈悲王時人百結先生作也 〈사기 권32 악〉
> 百結先生 不知何許人 居狼山下 家極貧 衣百結若懸鶉 時人爲東里百結先生 嘗慕榮啓期之爲人 以琴自隨 凡喜怒悲歡不平之事 皆以琴宣之 歲將暮 隣里春粟 其妻聞杵聲曰 人皆有粟春之 我獨無焉 何以卒歲 先生仰天嘆曰 夫死生有命 富貴在天 其來也不可拒其往也 不可追 汝何傷乎 吾爲汝作杵聲以慰之 乃鼓琴作杵聲 世傳之 名爲碓樂 〈사기 권48 열전 제8〉

1. 듥긔동 방해나 디히 히얘

(1) 듥긔동 〉 덜꺼덩, 들쿵
　'들쿵, 덜꺼덩, 들그덩' 하는 방아 찧는 소리. 즉 의성어.

(2) 방해나 〉 방아나

'방해'는 '방하(碓)'에 용언화접미사가 연결된 형으로 '방하이〉방해'이며, '나'는 연결어미이다.

> 杵는 방핫괴니 굴근 막다히 ᄀ톤 거시라 〈석보 6:31〉
> 믈 기르며 방하 디호ᄆᆯ 곳노니(疲井臼) 〈두초 20:45〉
> ᄆᆞᅀᆞᆶ 방핫 소리ᄂᆞᆫ 비오ᄂᆞᆫ 밧긔셔 쌘ᄅᆞ고 〈두초 7:6〉

(3) 디허 〉 찧어

동사어간 '딯(擣)'에 부사형어미 '어'가 연결된 '디허' 형의 오각.

> 夢中예 디ᄒᆞ며 두드리ᄂᆞᆫ 소리 듣고 〈능엄 4:30〉
> 精히 디허 흰 ᄡᆞ래 어울우리라 〈두초 7:37〉
> 擣 디홀 도 〈훈몽 하 6〉

이 구절은 다음 구절 '게우즌 바비나 지ᅀᅥ 히애'와 함께 그 다음 구절의 '받ᄌᆞᆸ고'를 수식하고 있다. 즉 '방아를 찧어서, 그것으로 밥을 지어 부모님께 바치고'로 풀이함이 자연스럽다. 따라서 '방아를 찧는 행위'와 '밥을 짓는 행위'가 시간적으로 서로 연결되며, 노래에서는 대구를 이루고 있다고 할 수 있다.

(4) 히애 〉 방앗고를 조절하고 숨을 돌리기 위해 지르는 감탄적 조율음.

2. 게우즌 바비나 지ᅀᅥ 히애

(1) 게우즌 〉 게궂은, 누렇고 까실까실한

동사어간 '게궂(糲)'에 관형사형어미 '은'이 연결된 형.

'게웆'은 '게궂(糲)'의 'ㅣ'모음 아래 '궂〉웆'의 ㄱ탈락형. '게'는 '거칠다'의 뜻을 가진 접두사, '궂'은 '粗, 惡'의 뜻이다. 따라서 '게우즌'은 '게웆'의 관형사형으로 '밥'을 수식한다. 그러나 여기서 '게우즌'은 '밥'을 수식하기는 하나 실은 '게우즌' 쌀로 지은 '밥'을 의미하는 것으로 '곱게 찧지 않고 애젊은 쌀', 즉 '糯米, 玄米'로 지은 밥, 또는 누렇고 까실까실한 쌀로 지은 햇밥을 의미한다. 지금도 전라도 지방에서는 '무어니무어니 해도 촌가(村家)의 게궂은 쌀밥이 구수하다'라는 말이 쓰인다.

구즌 밠바배 곳다온 마시 더으니(飯糯添香味)〈두초 22:20〉
이 뿔이 구즈니〈박중 중 7〉

(2) 바비나 〉 밥이나

명사어간 '밥'에 용언화접미사 '이'와 연결어미 '나'가 연결된 형.

밥 爲飯〈훈해 용자〉
바볼 머굻대로 혜여 머굼과〈월석 7:31〉

(3) 지서 〉 지어

동사어간 '짓(作)'의 부사형 즉 '짓어〉지서'로 'ㅅ'의 약화형.

큰 龍올 지서 世尊ㅅ 모매 감아눌〈월인 76〉
造 지슬 조〈훈몽 하 1〉

3. 아바님 어마님씌 받줍고 히야해

(1) 아바님 〉 아버님

'아바'는 명사어간 '압(父)'의 호격형(처용가 1-3 (1) 아바 참조).

'님'은 '主'의 원의미에서 손위나 제 3자의 경칭접미사로 전의된 형(동동 5-3 (2) 錄事니믄 참조).

(2) 어마님씌 〉 어머님께

명사어간 '엄(母)'의 호격형 '어마'에 경칭접미사 '님'과 존칭여격접미사 '씌'가 연결된 형으로 현재의 '엄(母), 암(雌), 움(芽)' 등은 같은 어근 '엄'에서 모음교체로 인하여 의미분화를 가져 온 것이다(처용가 1-3 (1) 處容아바 참조).

'씌'는 존칭여격접미사인데 이는 일반 여격에서 전용된 것이며, 일반 여격의 원형은 '이그에, 의그에'로 모음연결법칙에 따라 사용되었다.

　　　　나는 어버싀 여희오 ᄂᆞ미그에 브터 사로디 〈석보 6:5〉
　　　　阿藍迦蘭이그에 不用處定을 三年을 니기시니 〈월인 58〉
　　　　겨지븨그에 브튼 더러본 이스리 업스며 〈월석 1:26〉
　　　　어버싀그에 갈 사ᄅᆞ미 〈삼강 효 4〉

'이그에, 의그에'에서 '에'의 'ㅇ'은 모음간에 들어간 조성자음. 이는 다시 '이그에〉이게, 의그에〉의게'로 축약되었다.

　　　　내 엇뎨 阿羅漢이게 새옴 모ᄉᆞ몰 내리오 〈월석 9:35〉
　　　　이제 너희게 付囑ᄒᆞ노니 〈월석 18:15〉

이 '이게, 의게'는 다시 'ㆍ'모음의 소실과 모음연결법칙의 혼란에 따라 '에게'로 통합되어 현재에 이르렀다. 이에 대하여 존칭의 '씌'는 그 원형이 'ㅅ그에'로 이는 '이그에, 의그에'의 전용으로 '그'에 'ㅅ'을 첨용하여 'ㅅ그에' 형이 된 것이다.

　　　　龍이그엔 이쇼리라 王ㅅ그엔 가리라 〈월석 7:26〉
　　　　부텨와 즁괏그에 布施ᄒᆞ며 〈석보 13:22〉

'ㅅ그에'는 또한 'ㅅ긔'로 축약되었으며, 다시 '씌'로 축약되어 굳어졌다.

　　　　조걋긔 黃袍 니피ᅀᆞᄫᆞ니 〈용비 25〉
　　　　아바닚긔와 아즈마닚긔와 〈석보 6:1〉
　　　　世尊씌 저습다 혼 말도 이시며 〈월석 1:36〉
　　　　부텨씌 더으며 祖師애 너믄 〈몽산 50〉

따라서 현대어 '께'는 'ㅅ그에〉ㅅ긔〉씌〉께'의 변천을 거친 것이다.

(3) 받줍고 〉 바치옵고
　동사어간 '받(獻, 捧)'에 겸양선행어미 '줍'과 연결어미 '고'가 연결된 형(동동 1-1 (3) 받줍고 참조).

(4) 히야해 - 감탄적 조율음

4. 남거 시든 내 머고리 히야해 히야해

(1) 남거 시든 〉 남아 있거든

　동사어간 '남(餘)'에 행동사실의 지속, 미래의 희망 등을 나타내는 부사형어미 '거'가 연결된 형 '남거'에 동사어간 '시(有)'와 조건을 뜻하는 연결어미 '든'이 연결된 형.

(2) 내 〉 내가

　명사어간 '나(我)'의 주격형(동동 13-4 (1) 소니 참조).

(3) 머고리 〉 먹으리, 먹으리라

　동사어간 '먹(食)'에 어간첨입모음 '오'(정읍사 2-2 (2) 드디욜셰라 참조)와 미래시상선행어미 '리'가 연결된 형. '리'는 '리라'에서 '라'가 생략된 형.

　이 노래는 촌부(村婦)의 소박한 생활감정이 그대로 나타나 있어 〈유구곡〉과 더불어 민간 속요 중에서도 가장 뛰어난 것으로 평가된다. 즉 아무런 꾸밈이 없는 말이면서도 훈훈한 농촌풍속이 배어 나오는 노래다.

〈현대어 옮김〉

덜꺼덩 방아나 찧어 히애
누렇고 까실까실한 쌀로 밥이나 지어서 히야해
아버님 어머님께 바치옵고
남아 있거든 내 먹으리 히야해 히야해

17. 성 황 반

東方애 持國天王님하
南方애 廣目天子天王님하
南無西方애 增長天王님하
北方山의사 毗沙門天王님하

　다리러 다로리 로마하
　디렁디리 대리러 로마하
　도람 다리러 다로링 디러리
　다리렁 디러리

內外예 黃四目天王님하

　이 노래 〈城皇飯〉을 비롯하여 이하 〈내당, 대왕반, 삼성대왕, 대국 1, 2, 3〉과 여음으로만 된 것으로 주석에서 제외한 〈군마대왕, 구천, 별대왕〉 등은 모두 무당의 노래로 그 전편을 적은 노래도 있겠지만, 대부분은 첫 노래 납씨가에 주기한 '가사는 다만 제 1장만 기록하고 나머지는 가사책에 보인다. 다른 음악도 이를 따른다. (歌詞只錄第一章 其餘見歌詞册 他樂倣此)와 같이 제 1연만이 수록된 것으로 생각된다.
　〈성황반〉의 '성황'은 성황(城隍)이며, 이는 원래 중국의 성지(城池) 수호신으로 일찍이 고려조에 우리나라에 들어와 재래 고유의 샤마니즘인 산신, 부락신의 수호신과 결합되어 널리 전국에 퍼진 민간신앙의 대표적인 것이다. 중국의 성황에 대하여는

　　　城隍 猶言城池(易) 城復于隍 〈사원(辭源)〉

이라 하였고, 또한

神名 禮八蜡 水庸居七 水庸即城隍 是爲祭城隍之始 北齊書 有慕儼禱城隍穰佑事 唐
張說張九齡 均有祭城隍文 後唐淸泰中 始封王爵 宋以後其祠遍天下 明初京都郡縣
並爲壇以祭〈사원〉

라 하였다. 즉 성반은 성지이니, 성지는

城池 池即城河也 所以爲保障之用者也〈사원〉

라 한 것과 같이 성하(城河)로, 성하는 곧 성의 보장지용(保障之用)으로
성 밖에 파놓은 물구덩이다. 이와 같은 성황이 신앙의 대상이 된 것은 예
의 입사(入蜡)의 하나인 성지신수용(城池神水庸)을 제사 지내면서 비롯
되어 북제(550-557) 이후 당을 거쳐 송 이후에는 중국 전체에 퍼졌으
며, 명초에는 경도 군현에 단을 모아 제를 지냈다. 이와 같은 중국의 성황
신앙은 우리나라 고유의 산신, 부락신을 수호신으로 하는 민간신앙인 천왕
당(天王堂), 선왕당(仙王堂), 산신당(山神堂) 또는 국사당 신앙과 결합
됨으로써 중국 본래의 성지신이 아닌 우리나라 재래의 천신, 산신, 부락신
을 그 신앙대상으로 하는 '서낭, 서낭당'이란 명칭으로 굳어진 것이다. 이
와 같은 서낭신앙의 대상이 되는 형태는 '당산(堂山)'이란 이름의 돌무더
기 곧 누석단(累石檀)과 '堂나무'란 이름의 신수(神樹)와 '堂집'이라고
하는 신당으로 그 유적은 아직도 전국 각지에서 찾아볼 수 있다.

이와 같은 민간신앙인 누석단, 신수, 신당 등의 기원은 선신(善神)에 대
한 숭배보다도 우환질고(憂患疾苦)를 준다고 믿는 악령에 대한 두려움,
나아가서는 원통하게 죽은 원혼(冤魂)들에 대한 위무(慰撫) 등의 심리가
이 성황신앙에 작용한 것이기는 하나 이것은 후세의 변형인 형태이고, 원
래는 그 대상이 천신, 산신, 부락신으로 그 시초는 단군신화나 마한의 소
도숭배(蘇塗崇拜)에서 찾을 수 있는 것이다('소도'에 대해서는 동동 6-2
(1) 수릿날 참조). 이규경(李圭景)은

我東八路 嶺峴處有仙王堂 即城隍之誤 古叢祠之遺意歟 是如中國嶺上之關索廟也或
建屋以祠 或壘砂石 石磊磧於叢林古樹下以詞之 行人必膜拜唾之而去 或縣絲緯或掛

> 紙條 髻髮累累然 而其積磧以祠者 或沿通典馬韓祭鬼神立 蘇塗之遺俗也歟
> 〈오주연문장전산고(五洲衍文長箋散稿)〉

라 하여 소도의 유속에서 그 연원을 찾으려 한 것은 정곡을 얻은 것이라 할 것이다. 곳곳에 석적(石磧)을 만들고 신수(神樹)를 정하고 신당을 짓는 것은 거기에 천신이 있었다고 믿었기 때문이며, 이것이 부락이나 가정에까지 설단(設壇), 입목(立木)하여 치제(致祭)함에 미쳐 부락신, 가신으로까지 분화된 것이다. 그러므로 성황신앙은 고유의 천신신앙과 혼연일체로 구현된 것이며, 여귀(厲鬼)에 대한 축출, 위압, 무위(撫慰) 등의 여제(厲祭)에도 먼저 성황단에 고제(告祭)하였다.

이 노래의 성황반은 이런 민간신앙인 서낭신앙으로 서낭단에 서낭상(床)을 차려 놓고 제사 지내는 노래이다. 이 노래가 언제부터 불려 내려오는 것인지는 자세히 알 수 없으나 「고려사」에 자주 나타나는 제도군현(諸道郡縣)의 성황신에 치제(致祭)하는 기록이 있으며, 제사 지내는 노래인 만큼 천신 이름의 한어(漢語)가 주류이기는 하나, 그 율조와 후렴의 여음 등으로 미루어 고려조에 만들어져 조선에까지 전승되어 무악(巫樂)으로 정착된 것이라 할 수 있다.

> 丙午中外城隍 名山大川載祀典者 皆加德號〈고려사 권29 충렬왕 2〉
> 令州民祭城隍 不律用兩禁民畜豚甚嚴 州人一日盡殺其豚〈고려사 권35 충숙왕〉
> 九年三月甲午 祭諸州郡城隍 于諸神廟 以謝戰捷〈고려사 권63 예 5〉
> 王以郡城隍神 有密祐之功 加封神號 以呂爲郡戶長〈고려사 권 23 고종 2〉
> 人祠諸城隍神廟 撫慰 城中使按堵遣馬判 官魯洙奉表獻捷〈고려사 권98 열전 11〉
> 我死以金贈術師 令葬我縣城隍堂南歸龍洞 必伏埋〈고려사 권90 종실(宗室) 1〉
> 巫覡尤加敬信 撤城隍祠廟〈고려사 권107 열전 권훤(權喧)〉

이상 기록에 의하면 국난이 있을 때 또는 전첩(戰捷)에 대해 감사하기 위하여 조의(朝議)로서 무당으로 하여금 치제하였음을 알 수 있으며, 조선조에 들어서 태조 2년에 각 고을 성황을 진국공(鎭國公), 계국백(啓國伯) 등으로 봉하기도 하였다.

吏曹請 封境內名山大川城隍海島之神松岳城隍曰鎭國公 和寧安邊完山城隍曰啓國伯
智異無等錦城雞龍紺嶽三角白嶽諸山晋州城隍曰護國伯 其餘皆曰護國之神
〈태조실록 권32년 2월조〉

(1) 東方애 〉 동쪽에

명사어간 '東方'에 처격접미사 '애'가 연결된 형.

(2) 持國天王님하 〉 지국천왕님아

'持國天王'은 제석(帝釋)의 외장(外將)인 사천왕(四天王)의 하나이며, 동방의 수호신으로 국토를 수호한다. 사왕천은 사왕천의 우두머리로서 수미산(須彌山)의 네 주(四洲)를 수호하는 신으로 호세사천왕(護世四天王)이라고도 한다. 즉 사천왕은

    持國天王 - 東洲 守護神
    增長天王 - 南洲 守護神
    廣目天王 - 西洲 守護神
    多聞天王 - 北洲 守護神

등이며, 사천왕은 육욕왕(六欲王)의 제일이며 천처(天處)의 최초이다.

동방의 수호신인 지국천왕은 제다라타천왕(提多羅吒天王)으로 수미산의 제 사층에 거주하고 그 형상은 바른손을 허리에 대고 왼손에는 칼을 들고 얼굴은 바른쪽으로 향하며 여러가지 천의(天衣)로 몸을 장식하였다. 또 혹은 왼손에 칼, 바른손에 보배를 들기도 하였다. 남방의 수호신인 증장천왕은 비류륵차천왕(毘留勒叉天王)으로 수미산 중턱 제 사층의 서방에 있고 자타의 선근(善根)을 증진한다는 뜻이며, 그 형상은 몸은 적양화(赤兩花) 왼손은 주먹을 쥐어 허리에 대고 바른 손에는 칼을 들었다.

서방의 수호신인 광목천왕은 비류박우천왕(毘留博又天王)으로 수미산 제 사층의 서방 백은산(白銀山)에 있으며 세계를 수호한다. 그 형상은 입을 벌리고 눈을 부릅떠 위엄으로 나쁜 것들을 물리치므로 광목(廣目) 또는 악목(惡目)이라 하며 여러가지 웅변으로써 나쁜 이야기를 굴복시키므

로 난어(難語)라고도 한다. 북방의 수호신인 다문천왕은 비사문천왕(毘沙門天王), 폐실라마라(吠室羅摩拏), 비사라바라(毘沙羅婆拏)라고도 하며 역시 수미산 제 사층의 수정산(水精山)에 있으며 북방의 수호와 세상 사람에게 복덕을 주는 신이다. 늘 부처님의 도량을 수호하면서 불법을 들었으므로 다문천왕이라고 하였으며, 그 형상은 여러 가지가 있으나 몸에 갑주(甲冑)를 입고 왼손에 탑을 들고 바른 손에 보봉(寶捧)을 잡은 좌상이 있다.

'님'은 '主'의 광의에서 경칭접미사로 전의된 형(동동 5-3 (2) 錄事니믄 참조).

'하'는 강조형호격접미사(정읍사 1-1 (1) 돌하 참조).

(3) 南無 〉나무(돌아가 의지함, 歸依)

'南無'는 범어 'namas, namo'의 음역으로 '南謨, 納莫, 囊謨'라고도 음역되며, '歸命, 歸依, 救我'의 뜻으로 중생이 진심으로 부처님께 귀의, 경순(敬順)한다는 말이다.

(4) 廣目天子天王님하
　　增長天王님하
　　毘沙門天王님하 (모두 앞주 (2) 持國天王님하 참조)

(5) 北方山의사 〉北方山에야

명사어간 '北方山'에 처격접미사 '의'와 강세접미사 '사'가 연결된 형(처용가 4-9 (1) 熱病神이아 참조).

(6) 다리러 다로리 로마하
　　 디렁디리 대리러 로마하
　　 도람 다리러 다로링 디러리
　　 다리렁 디러리
이는 모두 진언(眞言)과 같은 주술적 조율음으로 무의미한 사설이다.

(7) 內外예 〉 내외에, 안팎에

명사어간 '內外'에 처격접미사 '에'가 연결된 형(동동 1-1 (2) 곰비예 참조).

(8) 黃四目天王님하 〉 황사목천왕님아

'黃四天王'은 나례(儺禮)에서 역귀(疫鬼)를 쫓는 방상씨(方相氏)를 말한다. 방상씨는 광부사인(狂夫四人)이 황금사목(黃金四目)을 한 곰의 껍질로 가면을 쓰고 현의주상(玄衣朱裳)에다 바른손에 창, 왼손에 방패를 들고 귀신을 쫓는 무서운 형체이다.

> 大儺之禮前一日 所司奏聞選人 年十二以上十六以下 爲侲子 …… 工人二十二人 其一方相氏 着假面 黃金四目蒙熊皮 玄衣朱裳 右執戈 左執楯 …… 〈고려사 권64〉

이상 이 노래는 소위 서낭신앙으로, 서낭단에 서낭상(床)을 차려 놓고 사주(四洲) 수호신인 사천왕과 역귀를 쫓는 방상씨(方相氏)를 불러 고발함으로써 나라 또는 고장의 안전과 더불어 마귀와 귀신을 쫓는 노래이다.

〈현대어 옮김〉

동방에 지국천왕님이여
남방에 광목천자천왕님이여
나무서방에 증장천왕님이여
북방산에 계신 비사문천왕님이여
　다리러 다로리 로마하
　디렁디리 대리러 로마하
　도람 다리러 다로링 디러리
　다리렁 디러리
내외에 황사목천왕님이여

18. 내 당

山水淸凉소리와
淸凉애사 두스리 믈어디새라
道場애사 오시느니
혼 남종과 두 남종과
열세 남종 주셔 샨라
바회예 나ᄅ 새라
   다로럼 다리러
열세 남종이 다 여위실 더드런
니믈 뫼셔 술와지
   聖人無上兩山大勒하
   다로럼 다리러

  이 노래는 내당(內堂) 또는 내불당(內佛堂)에서 무당들이 굿을 할 때 부르던 무가이다. 이 노래가 언제부터 불리어 내려 왔는지는 확실하지 않으나 고려조에 일찍이 천재지변(天災地變), 질병, 재난이 있을 때 불력(佛力)으로 이를 막기 위하여 궁중에 각종 도량을 세워 반승(飯僧)으로 하여금 제식(齊食)을 베푼 사실과 고유한 민간신앙인 무속이 일찍이 기우제, 사은제, 성황제, 질병액제(厄祭) 등의 행사에서 일반 가정은 물론 국가나 중요행사에도 참여한 점으로 보아 고려조에 형성되어 내려 온 노래임이 틀림없으리라 생각된다.

      丙子王飯僧普愚 于內佛堂 普愚卽普虛 三月丙戌 王及公主 奉太妃如奉恩寺 聽普愚說禪 頂禮施幣帛銀鉢繡袈裟 積如丘山其徒三百餘僧 皆白布二匹 袈裟一領 士女奔波 猶恐不及〈고려사 권39 공민왕2〉
      於是內佛堂之法席 演福寺之文殊會講經 飯僧至屈千乘之尊 拜髡爲師親 執弟子之禮 至于甲寅未蒙事佛之福臣等 未知...〈고려사 권120 열전 김자수(金子粹)〉

己卯又設 灌頂道場 于內願堂〈고려사 권26 원종2〉
新羅稱王曰居西干 辰言王也 或云 呼貴人之稱 或曰次次雄 或作慈充 金大問云 次次
雄方言謂巫也 世人以巫事鬼尙祭祀 故畏敬之〈유사 권1〉

(1) 山水淸凉소리와 〉山水의 맑고 시원한 소리와

'소리와'는 명사어간 '소리'에 공동격접미사 '와'가 연결된 형.

> 音은 소리니 光明에서 말ᄒᆞᄂᆞ니라〈월석 1:33〉
> 소리를 놋가이 ᄒᆞ며〈번소 8:25〉
> 聲 소리 셩〈석천 10〉

공동격접미사는 조선조 초기에 '와/과'가 사용된 것은 현재와 동일하나 다만 현재의 용법과 다른 점은 받침 'ㄹ'아래에서 '과'의 'ㄱ'이 탈락한 '와'가 사용되었다.

> 果實와 믈와 좌시고〈월석 1:5〉
> 三寶ᄂᆞᆫ 佛와 법과 승괘라〈석보 서 6〉
> 너브신 복이 하놀와 ᄀᆞᆮᄐᆞ샤〈박초 상 2〉

또한 '와/과'는 최종명사 아래에도 붙는 것이 보통이어서 '와/과 ~와/과'형으로 사용되었다.

> 三寶ᄂᆞᆫ 佛와 법과 승괘라〈석보 서 6〉
> ㅑ와 ㅕ와란 올호 너긔 브텨 쓰라〈훈언〉
> 옷과 쁴와를〈구급 6:3〉

(2) 淸凉애ᅀᅡ 〉淸凉에야

여기서 '淸凉'은 열뇌(熱惱)를 떠난 경지이며 처격접미사 '애'에 강세접미사 'ᅀᅡ'가 연결된 형(처용가 4-8 (1) 熱病神이아 참조).

(3) 두ᅀᅳ리 〉두어里, 二三里, 數里

명사어간 '두ᅀᅳ'는 '두서(二三)'이며 '리'는 '里'이다. '두서'는 '두서〉두서〉두어'로 변천하였다.

다시 서라 두서히롤 디내여서 죽거룰 〈속삼 6: 42〉
두서번 브즈러니 ᄒᆞ야 〈심경 67〉
도적이 알프로 ᅘᅳ며 뒤히셔 텨 힘ᄒᆞ기놀 두어리는 ᄒᆞ니(賊前曳後杖行數
里) 〈속삼 8: 78〉

(4) 믈어디새라 〉 무너지는구나

　동사어간 '믈어디(倒, 崩)'에 감탄형종결어미 '셰라'의 이형 '새라'가 연결된 형. '믈어디'는 선행어간 '믈(退)'에 선행어미 '거'의 'ㄹ' 아래 ㄱ 탈락형 '어'가 연결된 형에 후행어간 '디(落)'의 복합어간. 즉 '믈거디〉믈어디'가 '倒, 崩'의 뜻으로 굳어진 형이다.

ᄒᆞᆫ 것도 업시 믈어디거늘 〈석보 6: 31〉
엇뎨 一人이 能히 스러 믈어디게 ᄒᆞ료 〈능엄 9: 45〉
勢 뫼 믈어듐 곤ᄒᆞ야(勢若崩山) 〈남명 상 36〉
退 므를 퇴 〈훈몽 하 26〉
三菩提예 므르ᇙ 사ᄅᆞ미 업스리라 〈월석 17: 33〉

감탄형종결어미 '새라'의 원형은 '셰라'이며, '셰라'는 원래 관형사형어미 'ㄹ'과 연결하여 'ㄹ셰라'형이 의구형으로 사용된 것이다(정읍사 2-2 (2) 드디욜셰라 참조). 이 'ㄹ셰라'형이 관형사형이 아닌 어간에 '셰라'가 연결되어 감탄형으로 전용된 것이다.

一葉鯉竽이 胡越에 좀겨셰라 〈고시조 남이〉
客興이 더어셰라 〈고시조 신흠〉

그러나 '셰라'형이 「시용향악보」의 표기에서는 모두 그 이형인 '새라'를 취하였다.

열세남종 주셔 싼라 바회예 나ᄅᆞ 새라 〈내당〉
호ᄆᆡ도 눌히어신마ᄅᆞᄂᆞᆫ 낟ᄀᆞ티 들리도 어쁘새라 〈시용 사모곡〉
뭇ᄌᆞ가ᄉᆞ리 쟝화새라 〈시용 대왕반〉

(5) 道場애사 〉 도량에야
　앞주 (2) '淸凉애사' 참조.

(6) 오시ᄂ니 〉 오시나니, 오시니

동사어간 '오(來)'에 존칭접미사 '시'와 선행어미 'ᄂ'에 연결어미 '니'가 연결된 형.

(7) ᄒᆞᆫ 남종과 〉 한 남자종과

'ᄒᆞᆫ'은 명사어간 'ᄒᆞ나(一)'의 축약으로 관형사화한 형(동동 8-3 (2) ᄒᆞᆫ 디 참조).

'남종과'는 명사어간 '남종(奴僕)'에 공동격접미사 '과'가 연결된 형. '남(男)'과 '종(奴)'의 합성. '종'의 원형은 '죵'이다.

  죵 爲奴 〈훈해 용자례〉
  ᄂ미 죠이 ᄃᆞ외야 〈월석 9:33〉
  오히려 ᄂ미 죵이어뇨 〈몽법 22〉

(8) 주ᅀᅥ ᄲᅡ라 〉 주어 빨아서

'주ᅀᅥ'는 동사어간 '줏(拾)'의 부사형. 즉 '줏어〉주ᅀᅥ〉주어'의 변천에서 'ㅅ'의 약화형이다.

  주ᅀᅥ다가 次第로 니ᅀᅥ 노코 〈월석 8:102〉
  줏디 몯ᄒᆞ야(不拾) 〈금삼 5:16〉
  이삭 주우므란 ᄆᆞᇫ 아ᄒᆡ를 許ᄒᆞ노라 〈두초 7:18〉

'ᄲᅡ라'는 동사어간 '섈(吮, 嗽)'의 부사형.

  현맛 벌에 비느를 ᄲᅡ라뇨 〈월석 2:47〉
  효ᄀᆞᆫ 벌에 나아 모몰 섈쎼 〈월석 2:51〉
  吮 섈 연 〈훈몽 14〉

'섈'은 '탁(濯)'과 동어원에서 분화된 것이며, '줏(拾)'은 이화로 현재 '줍'으로 변하였다.

(9) 바회예 〉 바위에

명사어간 '바회(岩)'에 처격접미사 '에'가 연결된 형(동동 1-1 (2) 곰비예 참조).

(10) 나ᄅ새라 〉 너는구나, 펼쳐 놓는구나

'나ᄅ'는 '널(볕이나 바람을 쐬이거나 펼쳐 놓는 것)'의 원형으로 '나ᄅ〉날'로 축약되었고 다시 모음교체로 '날〉널'로 변하여 현재에 이른 것이다.

'새라'는 앞주 (4) '믈어디새라' 참조.

(11) 다로럼 다리러

악율에 맞추기 위한 주술적 조율음.

(12) 다 여위실 〉 다 여윌, 모두 파리하게 된

부사 '다'는 '皆'.

> 興亡이 다 몯ᄌ붙나 〈용비 11〉
> 다 구디 좀겨 뒷더시니 〈석보 6:2〉
> 皆 다 기 〈신증 상 20〉

'여위실'은 동사어간 '여위(脟, 廋)'에 존칭접미사 '시'와 관형사형어미 'ㄹ'이 연결된 형. 그러나 여기서 '시'는 음율상 첨가된 것이며 비존칭으로 사용된 것이다.

> 술히 지도 여위도 아니ᄒ니라 〈월석 1:26〉
> 衰老혼 나래 病ᄒ야 오직 여위요니 〈두초 16:72〉
> 脟 여윌 척 〈훈몽 중 33〉

(13) 더드런 〉 때일랑, 때는

'더드런'은 '더드란(덛으란)'의 이형태이다. 즉 동사어간 '덛(間, 時)'에 '으란'의 이형 '으런'이 연결된 형이다.

> 밥 머긂 덛만뎡 長常 이 이룰 성각ᄒ라 〈월석 8:8〉
> 刹那는 아니혼 더디라 〈능엄 2:7〉
> 져근 더들 셔슈라(立斯須) 〈두초 8:2〉

'으란(으런)'은 원래 대격접미사 '을'과 주제격접미사 '랑'의 이형 '란'의 복합형으로 '을랑〉을란〉으란'의 변천을 거친 것이다(동동1-1 (1) 德으란 참조).

(14) 니믈 〉 님을
명사어간 '님(主)'의 대격형(동동 7-3 (2) 니믈 참조).

(15) 뫼셔 〉 모시어
동사어간 '뫼(陪, 待)'에 존칭접미사 '시'와 부사형어미 '어'의 연결형. 즉 '셔'는 '시어'의 축약형(동도 9-3 (2) 뫼셔 참조).

(16) 술와지 〉 사라지고 싶습니다, 사라지게 하소서
'술와'는 동사어간 '술(消)'에 어간첨입모음 '오'와 부사형어미 '아'가 연결된 형.

> 江漢앳 客의 넉스로 ᄒᆞ여 술에 ᄒᆞᄂᆞ니(江漢客魂銷)〈두중 5:22〉
> 邊方애 監臨ᄒᆞ얫ᄂᆞᆫ 王相國의 金甲을 즐겨 술오〈두중 5:46〉

'지'는 원망형선행어미며 '지이다'의 '이다'의 음율상 생략형이다.

> 내 니거지이다 가샤 山미틔 軍馬 두시고〈용비 58〉
> 말 드러 이ᄅᆞᆺ바지이다〈석보 6:22〉
> 蒼然히 이를 議論ᄒᆞ야지라 請ᄒᆞ거늘〈두초 22:35〉

(17) 聖人無上 〉 부처님과 무상보리(無上菩提)
'聖人'은 '佛, 菩提'이고 '無上'은 다섯종 '菩提' 중의 하나인 '無上菩提'.

(18) 兩山大勒하 〉 두 山寺의 大彌勒아
'大勒'은 대미륵보살(大彌勒菩薩), '하'는 강조형 호격접미사(정음사 1-1 (1) 둘하 참조).
이 노래는 비록 聖人無上 大彌勒에 붙이는 염불이기는 하나, 불타는 정

욕의 대상을 갈구하는 음사(淫詞)로 깊숙한 규방(閨房)에 갇혀 사는 귀부인들의 생태를 엿볼 수 있는 노래다.

〈현대어 옮김〉

산수의 맑고 시원한 소리와 더불어
청정한 도량에선 두어리 되는 번뇌도 무너지는구나
도량에 오시나니
한 남종과 두 남종과
열셋 남종을 주어 빨아
바위에 너는구나
다로럼 다리러
열셋 남종이 모두 여윌 때면
임을 모시어 사라지고 싶습니다
성인무상 양 산의 대미륵님
다로럼 다리러

19. 대 왕 반

八位城隍 여듧 位런 놀오 쉬오
믓ᄀᆞᆺ 가ᅀᅳ리 쟝화새라
當時예 黑牧丹고리
坊廂애 ᄆᆞ드가리
노니실 大王하
　디러렁다리 다리러디러리

(1) 八位城隍 〉여덟 성황신
　'八位'의 '位'는 경사(敬詞).

　　位 敬詞 稱人曰位 如言諸位各位 〈사원(辭源)〉

(2) 여듧 位런 〉여덟 성황신은
　명사어간 '여듧'은 '八', 즉 '八位城隍'과 같다.
　'런'은 거격접미사 '랑'의 이형인 '란'의 모음교체형. 즉 '랑〉란〉런'형으로 여기서는 주제화접미사로 사용되었다(동동 1-1 (1) 德으란 참조).

(3) 놀오 쉬오 〉놀고 쉬고, 놀고 쉽니다
　동사어간 '놀(遊)'에 연결어미 '고'가 연결된 형. 이 때 '놀오'는 '놀고〉놀오'로 어간말음 아래에서 'ㄱ'이 탈락한 형이다.
　'쉬오'는 동사어간 '쉬(休)'에 서술형종결어미 '오'가 연결된 형.

(4) 믓ᄀᆞᆺ 가ᅀᅳ리 〉 물가의 계집질이
　'믓ᄀᆞᆺ'은 명사어간 '믈(水)'과 'ᄀᆞᆺ(邊)'의 복합이며 두 어간 사이에 사잇소리가 들어가 복합명사가 된 형이다. 이때 선행명사의 'ㄹ'말음이 탈락되어 '믌ㄱ>믓ㄱ'이 된다(정과정 7-8 (1) 몰힛 참조).

> 믓ㄱ애 고기 엿ᄂ니는 〈박초 상 70〉
> 믓ㄱ애 두 주검이 ᄒ티 잇거늘 〈속삼 열 3〉
> 汀 믓ᄀ 뎡 〈훈몽 상 4〉

'가ᄉ리'는 '갓어리'의 이형태인 듯하다. 즉 '갓어리>가서리>가ᄉ리'형이며 주격형이다.

> 남진 子息은 나가 돈니다가 사오나온 벋 부쳐 도죽도 비호며 갓어리도 비호며 〈칠대 21〉

(5) 쟝화새라 > 장하구나, 훌륭하구나

'쟝화'는 '쟝ᄒ와'의 축약형. 즉 'ᄒ와>화' 형이다. '쟝'을 한자 '壯'으로 표기하지 않음이 이상하나 거의 국어화한 탓인 듯하다. '새라'는 '셰라'의 이형태(내당 (4) 믈어디새라 참조).

(6) 當時예 > 당시에

명사어간 '當時'에 처격접미사 '에'가 연결된 형.

(7) 黑牧丹 고리 > 흑모단 꼴이, 흑모단 모양이

'黑牧丹'은 귀신에 홀린 많은 여인들을 비유함인 듯하다. 산당사고(山堂肆考)에 의하면 당나라 말에 경사인(京師人)이 모란으로써 상을 탔는데 유훈(劉訓)이라는 사람이 손님을 청하여 꽃을 완상(玩賞)하니 물소 수십 마리를 앞에 매어 놓고 이것이 흑목단이라 하였다 하니 이와 비슷한 비유로 볼 수 있다.

> 唐末京師人 以牧丹爲勝賞 劉訓邀客賞花 乃繫水牛數十頭於前 曰此黑牧丹也
> 〈산당사고(山堂肆考)〉

'고리'는 명사어간 '골(貌)'의 주격형.

> 골 업슨 양ᄌ를 지서 〈월석 2:35〉

세 受의 고리 덛더니 그리ㅎ더 〈영가 하 74〉

(8) 坊廂애 〉 방상에

명사어간 '坊廂'에 처격접미사 '애'가 연결된 형. '坊廂'은 중국에서 성치(城治)의 구획이며 성이 있는 곳을 말한다. 고려조에는 지방구역의 단위로 '방리(坊里)'가 있었으므로 방상은 제사를 지내는 성중을 가리키는 것으로 생각된다.

> 坊廂 地方之區或也 在城曰坊廂 在鄕曰鄕圖 〈사원〉
> 十二月 置盤纏色 歛銀 諸王宰樞承宣班主 一斤 宰樞致仕者 正三品 十三兩 從三品 十一兩 以至權務尉正 各出有差 坊里 二戶幷一兩 又歛銀及紵布 于各道 〈고려사 권79 식화인(食貨二)〉

(9) ᄀᆞ드가리 〉 가득가득히

명사어간 'ᄀᆞ득(滿)'에 접미사 '아리'가 연결된 형. 'ᄀᆞ득'의 원형은 'ᄀᆞ독'이다.

> 滿은 ᄀᆞ독 홀 씨라 〈월석 2:53〉
> ᄀᆞ득디 아니 ᄒᆞ녀 〈능엄 1:66〉
> 뿍 ᄀᆞ톤 머리예 니 가득ᄒᆞ엿더라 〈속삼 효 3:82〉

접미사 '아리'는 '항아리'의 '아리'와 같이 어간을 강조하는 기능을 가진 듯하다.

(10) 노니실 〉 놀으실

'노니'는 동사어간 '놀(遊)'과 '니(行)'의 복합어간이다. 이 경우 '니'는 선행어간의 현재진행으로 결합되는 것이 통례였다(동동 7-4 (2) 좃니노이다 참조). '실'은 존칭선행어미 '시'에 관형사형어미 'ㄹ'이 연결된 형.

(11) 大王하 〉 대왕아, 대왕이여

명사어간 '大王'에 감탄호격접미사 '하'가 연결된 형.

(12) 디러렁다리 다리러더러리

악율에 맞추기 위한 조흥적 조율음(쌍화점 1-4 (1) 다로러거디러 참조).
　이상 이 노래는 여덟 성황신이 성 안에서 그들을 따르는 여인들과 노는 모양을 노래한 것이다.

〈현대어 옮김〉

팔위성황 여덟 성황님은 놀고 쉽니다그려.
물가 계집질이 장하기도 합니다
그 때에 흑모란 같은 많은 여인들이
이 성안에 가득 차서
놀고 계신 대왕님
　디러렁다리 다리러디러리

20. 삼 성 대 왕

瘴 ᄀᆞᅀᆞ실가 三城大王
일 ᄋᆞᅀᆞ실가 三城大王
瘴이라 難이라 쇼셰란듸
瘴難을 져차쇼셔
　　다롱디리 三城大王
　　다롱디리 三城大王
녜라와 괴쇼셔

(1) 瘴 ᄀᆞᅀᆞ실가 〉 장독(瘴毒)을 끊으실까(씻으실까)
　'瘴'은 장독(瘴毒) 즉 중풍기(中風氣).

　　山川溼熱蒸鬱之氣 人中之輒病 我國南部最盛 日本亦以風濕及傴麻質斯等癰瘑病 謂
　　之瘴毒〈사원〉

'ᄀᆞᅀᆞ실가'는 동사어간 'ᄀᆞᆺ(切)'에 조성모음 'ᄋᆞ'와 존칭선행어미 '시'
와 의문형어미 'ㄹ가'가 연결된 형.

　　牛頭栴檀 種種 香木을 ᄀᆞ사오라〈월석 10:13〉
　　바ᄅᆞ래 가아 香木ᄀᆞ사 즉자히 도라오나놀〈월석 10:13〉

(2) 三城大王
　성황신의 하나.

(3) 일 ᄋᆞᅀᆞ실가 〉 일을 빼앗으실까
　명사어간 '일'은 '事'.
　'ᄋᆞᅀᆞ실가'는 '아ᅀᆞ실가'의 이형태. 즉 동사어간 '앗(取, 奪)'에 조성모음
'ᄋᆞ'의 연결로 '아ᅀᆞ'가 된다. '시'는 존칭선행어미, 'ㄹ가'는 의문형어미.

네 내 利益을 앗ᄂ니 내 네 나라홀 배요리라 〈월석 7:46〉
掠은 티고 ᄂ미 것 아ᅀᆞᆯ 씨라 〈월석 10:70〉
큰 지븨 노풀 몰롤 아ᄂᆞᆫ ᄃᆞᆺᄒᆞ며 〈두초 24:17〉

(4) 瘴이라 〉 장독이라

　명사어간 '瘴'에 용언화접미사 '이'와 서술형종결어미 '다'가 연결된 형.

(5) 難이라쇼셰란ᄃᆡ 〉 재난이라소서일진대

　'難이라'는 명사어간 '難'에 용언화접미사 '이'와 종결어미 '다'가 연결된 형. '難'은 '患難, 災難'의 뜻.
　'쇼셰란ᄃᆡ'는 존칭청원형어미 '쇼셔'(동동 1-4 (2) 오소이다 참조)에 조건을 나타내는 접속형연결어미 'ㅣ란ᄃᆡ'가 연결된 형. 즉 '쇼셔ㅣ란ᄃᆡ〉 쇼셰란ᄃᆡ' 형이다(처용가 1-4 (2) 相不語ᄒᆞ시란ᄃᆡ 참조).

　　如來 니르샨 經에 疑心을 아니ᄒᆞᅀᆞᆸ노니 엇뎨어뇨 ᄒᆞ란ᄃᆡ 〈석보 9:26〉
　　相不語ᄒᆞ시란ᄃᆡ 三災八難이 一時消滅ᄒᆞ샷다 〈악학 처용가〉

(6) 져차쇼셔 〉 제거하소서

　동사어간 '져차(除去)'에 존칭청원형종결어미 '쇼셔'가 연결된 형.

　　四面瘴難을 아니 져차실가 〈시용 대국1〉

　'져차'는 '좇(逐)'과 동일어근에서 분화된 것으로 생각된다. 즉 '져차'는 '좇'의 부사형이 어간으로 굳어진 것이며, '좇'은 '좇'의 모음교체로 의미분화한 것일 것이다. '좇'의 사동형으로 '져티'형이 '져차'형과 같이 사용되었다.

　　사ᄅᆞᆷ의 ᄲᅩᆯ골도 져티고 〈첩신 5:25〉
　　壞 져틸 양 〈신증 하 24〉

(7) 다롱디리 〉 조율음. 즉 북소리의 의성적 장단(정읍사 1-4 (2) 다롱디리 참조).

(8) 녜라와 〉 옛보다
'녜'는 '昔'. 즉 '옛, 옛날'.

> 녜 업던 모술 帝釋이 일워내니 〈월인 105〉
> 녜롤브터 封애 迷惑ᄒ며(依舊迷封)〈금삼 2:12〉
> 古 녜 고〈훈몽 하 2〉

'라와'는 비교격접미사(청산별곡 2-3 (1) 널라와 참조).

> 븘비ᄎ로 莊嚴호미 日月라와 느러〈석보 9:4〉
> 비 사ᄅ미 쌔미라와 더으고(梨勝頰)〈두초 2:9〉

(9) 괴쇼셔 〉 사랑하소서
동사어간 '괴(寵)'에 존칭명령형종결어미 '쇼셔'가 연결된 형(정과정 11 (5) 괴오쇼셔 참조).

이상 이 노래도 삼성대왕 성황신을 불러 장난의 제거를 기원하는 노래다.

〈현대어 옮김〉

장독을 끊어 없애실까 삼성대왕
일을 빼앗으실까 삼성대왕
장독이라 재난이라 할진대
장독을 제거하소서.
　　다롱디리 삼성대왕
　　다롱디리 삼성대왕
옛날보다 더 사랑하소서.

21. 대 국

1

술도 됴터라 드로라
고기도 됴터라 드로라
엇더다 別大王 들러 신디
四百瘴難을 아니 져차실가
　얄리얄리얄라 얄라셩얄라

2

오부샹셔 비샹셔 슈여天子
天子大王 景象여 보허리허
天子大王 오시논 나래수랑
大王인돌 아니 오시려
兩分이 오시논 나래
命엣 福을 져미쇼셔
　얄리얄리얄라 얄라셩얄라

3

大國도 小國이로다
小國도 大國이로다
小盤의 다ᄆ샨 紅牧丹
섯디여 노니져
　얄리얄리얄라 얄라셩얄라

1-1 술도 됴터라 드로라

(1) 술도 〉 술도

  명사어간 '술(酒)'에 태격접미사 '도'가 연결된 형.

  술의 원형은 '수블'이며 '수블〉수볼〉수울(수을)〉술'의 변천을 거친 형이다(쌍화점 4-1 (1) 술 참조).

(2) 됴터라 〉 좋더라

  '둏(好)'에 과거회상선행어미 '더'와 서술형종결어미 '라'가 연결된 형.

> 곶 됴코 여름 하ᄂ니 〈용비 2〉
> 三十棒올 됴디 됴토다(好與三十棒) 〈몽산 53〉
> 好 됴홀 호 〈훈몽 하 31〉

(3) 드로라 〉 들어라

  동사어간 '들(擧)'에 어간첨입모음 '오'와 명령형어미 '라'가 연결된 형.

> 難陁ㅣ 바리 들오 부텨 미좃ᄌᆞᄫᅡ 〈월석 7:8〉
> 니르 드디 몯ᄒ시릴ᄊᆡ(不可勝擧) 〈법화 2:173〉
> 擧 들 거 〈신증 하 20〉

1-2 고기도 됴터라 드로라

(1) 고기도 〉 고기도

  명사어간 '고기(肉)'에 태격접미사 '도'가 연결된 형.

> 수울 고기 먹디 마롬과 〈석보 6:10〉
> 肉 고기 육 〈훈몽 중 21〉

우리말에는 육류와 어류를 구별하지 않고 통틀어 '고기'라고 하였다.

> 고기 자볼 사ᄅᆞ미(漁人) 〈두초 7:3〉
> 魚 고기 어 〈훈몽 하 3〉

1-3 엇더다 別大王 들러 신디

(1) 엇더다 〉 어쩌다가

동사어간 '엇더ㅎ'에 방향이니 장소로 이끄는 접속형어미 '다'가 연결된 형.

> 네 ᄠᅳ데 엇더뇨 〈석보 19: 4〉
> 罪와 福괘 비록 靈혼둘 네게 엇더료 〈남명 3: 63〉

한편 '엇더ㅎ'의 'ㅎ'는 '다'와 결합할 때 탈락하는데, 그 음운론적 환경을 살펴 보면 주로 'ㄷ, ㄴ, ㅁ' 앞에서 탈락한다.

> 또 어드움과 숨디 아니ᄒᆞ려니ᄯᅩᆫ 〈능엄 2: 100〉
> 퍼런 됴호 菜蔬쎄치 〈두초 16: 68〉
> 이런 일이 慈悲 어늬신고 〈월곡 144〉
> 뎌런 모딘 이리 害티 몯ᄒᆞ며 〈석보 9: 17〉
> 그러나 識을 브터 〈월석 1: 36〉
> 그러모로 公이 德과 그르시 이러 〈소학 6: 5〉
> 그러면 니ᄅᆞ샨 아롬 어려우미 〈법화 3: 165〉

(2) 別大王 〉 특별한 대왕, 성황신의 하나

(3) 들러 신디 〉 들렸는데

동사어간 '들(入)'의 사동형 '들리'에 부사형어미 '어'의 연결로 '들리어〉들려(들러)'가 된 형에 동사어간 '시(有)'와 접속형어미 'ㄴ디'(정읍사 2-2 (1) 즌 디를 참조)가 연결된 형.

1-4 四百瘴難을 아니 져차실가

(1) 四百瘴難을 〉 많은 장난을

'四百瘴難'의 '四百'은 불가(佛家)에서 말하는 '四百四病'의 '四百'에서 유래한 숫자이다. 즉 '地, 水, 火, 風'에 각각 백가지 병이 있다고 하는 데서 유래한 것이다.

> 四百四病 佛家說 地水火風各有百一病 由水風起者爲冷病 有二百零二 由地火起 者 爲熱病 亦二百零二〈사원〉

(2) 아니 져차실가 〉 아니 제거하실까

  명사어간 '아니'가 그대로 부사로 파생한 형(동동 5-1 (1) 아니 참조).

  '져차실가'는 동사어간 '져차'에 존칭선행어미 '시'와 의문형종결어미 'ㄹ가'가 연결된 형(삼성대왕 (6) 져차쇼셔 참조).

(3) 얄리얄리얄라 얄라셩얄라

  악률에 맞추기 위한 무의미한 조율음.〈청산별곡〉의 '얄리얄리얄라셩 얄라리 얄라'와 같이 현악기 소리에 맞추기 위한 의성적 장단이다.

2-1 오부샹셔 비샹셔 슈여天子

(1) 오부샹셔 비샹셔 〉 五部尙書 非尙書

  상서(尙書)는 고려의 관직이며 '吏, 戶, 禮, 兵, 刑, 工'의 육부상서가 있었다. 이 육부는 중앙관서의 국무 분장기구로서 성종때 당나라 시대의 행정조직인 삼성(三省) 육부제(六部制)를 모방한 것이다. 그러므로 여기에 '五部尙書 非尙書'는 '육부상서가 아닌 오부상서'의 뜻으로 생각되며, 권력의 상징으로 다음 '슈여天子'를 수식하는 말인 듯하다.

(2) 슈여天子 〉 授與天子, 왕위를 물려 준 天子

  '수여天子'는 '授與天子'인 듯하다. 고려조에 정중부, 이의방 등이 난을 일으켜 의종과 태자를 추방하고 왕제 익양공(명종)을 옹립했다가 그후 다시 명종을 폐하고 왕제 평량공(신종)을 옹립하는 등의 사건이 있었다. 이런 상황을 '授與天子'라 하였을 것으로 생각된다.

2-2 天子大王 景象여 보허리허

(1) 天子大王
 앞구의 '授與天子'를 말하는 듯하다.

(2) 景象여 〉 경상이여, 풍모여
 명사어간 '景象'에 감탄격접미사 '여'가 연결된 형(정읍사 1-1 (1) 둘하 참조).

(3) 보허리허 〉 들보같은 허리여
 명사어간 '보(樑)'와 '허리(腰)'의 복합어간에 처격접미사 '이'와 감탄격접미사 '허'가 연결된 형.

  므릇와 보콰 셔와 긷괘(棟樑椽柱) 〈법화 2:124〉
  허리 우희 거여벼 獅子ㅣ 굳ㅎ시며 〈월석 2:41〉

 '허'는 '하'의 이형으로 감탄호격으로 볼 수 있다. 따라서 '보허리허'는 '들보같은 허리여'로 '天子大王의 景象이여 들보같은 허리여'로 그 '景象'에 따르는 구상적 표현으로 이중 감탄형을 사용한 것이라 생각된다.

2-3 天子大王 오시논 나래ᄉ랑

(1) 오시논 〉 오시는
 동사어간 '오(來)'에 존칭선행어미 '시'와 현재시상선행어미 'ᄂ'가 연결되고 다시 어간첨입모음 '오'(정읍사 2-2 (2) 드디욜셰라 참조)와 관형사형어미 'ㄴ'이 연결된 형.

(2) 나래ᄉ랑 〉 날엘랑, 날에는
 '나래'는 '날(日)'에 처격접미사 '애'가 연결된 형.

  虐政이 날로 더을쎄 〈용비 12〉
  悉達이라 ᄒ샤리 나실 나래 〈석보 6:17〉

'ᄉ랑'은 '나래'에 속격접미사 'ᄉ'의 첨입형 '나랫'에 거격접미사 '랑'의 연결. 즉 '나랫랑'이 조성모음 '가'를 취하여 '나래ᄉ랑'이 된 형이다. '랑'은 향가시대의 거격 원형 '랑'을 보여 주는 예라 할 수 있다(정읍사 1-1 (1) 德으란 및 청산별곡 1-3 (1) 멀위랑 참조). 그러나 'ᄉ'이 속격접미사라면 후행성분은 명사이어야 하는데 '랑'이 명사에서 파생된 것인지에 대해서는 더 많은 연구가 요망된다.

2-4 大王인들 아니 오시려

(1) 大王인들 〉 대왕인들
  명사어간 '大王'에 용언화접미사 '이'와 접속형어미 'ㄴ들'이 연결된 형. 여기에서 '大王'은 성황신을 가리킨다.

(2) 아니 오시려 〉 아니 오시려는가?
  '아니'는 명사어간 '아니'가 부사로 파생된 형. '오시려'는 동사어간 '오(來)'에 존칭선행어미 '시'와 미래시상선행어미 '리'가 연결되고 여기에 다시 시상선행어미 '어'와 의문형어미 '뇨'가 연결된 형.

2-5 兩分이 오시논 나래

(1) 兩分이 〉 두 대왕이
  명사어간 '兩分'의 주격형. '천자대왕'과 '성황신대왕'을 말한다.

(2) 나래 〉 날에
  명사어간 '날(日)'에 처격접미사 '애'가 연결된 형.

2-6 命엣 福을 져미쇼셔

(1) 命엣 福을 〉 命에 있는 복을

'엣'은 처격접미사 '에'에 속격접미사 'ㅅ'가 연결된 형으로 향가표기의
'阿叱'과 대응되는 형이다.

> 行尸 浪阿叱 沙矣以支如支 〈유사 원가〉
> 法性叱 宅阿叱 寶良 〈균여전 보개회향가 10〉

향가에서 '阿叱'은 속격으로 사용되었는데 조선조 초기의 '앳'은 이 향가표
기의 '阿叱'과 동일한 형이라고 할 수 있다.

> 몸앳 필 뫼화 그르세 담아 〈월인 4〉
> 내 바랫 혼 터리롤 몯 무우리니 〈석보 6:27〉

한편 대격접미사 '을'은 명사구 '命엣 福'에 접미되는 것이다.

(2) 져미쇼셔 〉 저미소서, 마련하소서

'져미'는 '細切, 寸斷'의 뜻이며 현재도 사용되는 말이나, 여기에서 '져
미'는 '만들다, 마련하다'의 뜻으로 사용된 것이다.

> 아으 져미연 브롯다호라 〈악학 동동〉

3-1 大國도 小國이로다

(1) 小國이로라 〉 소국이로다

명사어간 '小國'에 용언화접미사 '이'와 어간첨입모음 '오' 서술형종결어
미 '다'가 연결된 형. '로'는 '오'가 '이'와 결합한 형이다.

3-2 小國도 大國이로다

3-3 小盤의 다무산 紅牧丹

(1) 小盤의 〉 소반에

명사어간 '小盤'에 처격접미사 '의'가 연결된 형.

대 국 397

(2) 다ᄆᆞ샨 〉 담으신

동사어간 '담(容, 盛)'의 조성모음연결형 '다ᄆᆞ'에 존칭선행어미 '시'와 어간첨입모음 '아'가 연결되고('샤'는 정읍사 1-1 (3) 도ᄃᆞ샤 참조) 다시 관형형어미 'ㄴ'이 연결된 형.

> 供養ᄋᆞᆯ 담ᄋᆞ샤미 四天王이 請이ᅀᆞᇦ니 〈월인 87〉
> 記得은 ᄆᆞᅀᆞ매 다몰시라 〈금삼 4:54〉
> 밥 다ᄆᆞᆫ 그르셋 서늘호몰(食單涼) 〈두초 15:9〉

3-4 섯디여 노니져

(1) 섯디여 〉 섞어져

동사어간 '섯ㄱ(混)'과 '디(落)'의 복합어간에 부사형어미 '어'가 연결된 형(동동 11-3 (1) 것거 참조).

> 오ᄋᆞ로 섯근 거시 업서 〈석보 13:28〉
> 道理롤 ᄉᆞᆯ펴 섯근 것 업시 眞實ᄒᆞ야 〈월석 2:60〉
> 몰ᄀᆞᆫ 門關애 드트리 섯디 아니ᄒᆞ얫거든(淸關塵不雜) 〈두초 8:8〉

(2) 노니져 〉 놀고 싶습니다

동사어간 '놀(遊)'과 '니(行)'의 복합어간(대왕반 (10) 노니실 참조)에 원망형어미 '져'가 연결된 형(동동 2-2 (1) 어져 참조).

> 千里外예 處容아비롤 어여려거져 〈악학 처용가〉
> ᄒᆞ녀긔 다ᄉᆞᆺ식 분ᄒᆞ여셔 뽀져 〈박초 상 54〉

이상 〈대국 1, 2, 3〉은 나라의 태안(泰安)을 축원하는 무가다. '대국 1'은 서낭상에 술과 고기를 차려 놓고 서낭신을 불러 나라의 사백장난의 제거를 축원하는 노래다. '대국 2'도 또한 나라 백성의 복덕을 서낭신께 축원하는 노래다. '대국 3' 은 서로서로 재난 없는 삶을 영위할 것을 축원하면서 구절 하나하나가 해학적 표현으로 충만되어 있는 노래다.

〈현대어 옮김〉

술도 좋더라 들어라
고기도 좋더라 들어라
어쩌다 별대왕 성황신이 들렀는데
많은 장난을 제거하지 않으실까
 얄리얄리얄라 얄라셩얄라

육부상서 아닌 오부상서의 수여천자
그 천자대왕의 풍모여 들보같은 허리여
천자대왕이 오시는 날에는
성황신대왕인들 아니 오시려는가
이 양대왕이 오시는 날에
명에 타고난 복덕을
마련하여 주소서
 얄리얄리얄라 얄라셩얄라

대국도 소국이로다
소국도 대국이로다
소반에 담으신 붉은 모란
섞여져 놀고 싶구나
 얄리얄리얄라 얄라셩얄라

Ⅲ. 한문체 가사

1. 도 이 장 가

主乙 完乎白乎	니믈 오올오솔온
心聞 際天乙 及昆	무스모 곧하놀 밋곤
魂是 去賜矣中	넉시 가샤디
三烏賜敎 職麻 又欲	삼오샨 벼슬마 쏘하져
望彌 阿里剌	브라며 아리라
及彼可 二 功臣良	그쁴 두 功臣랑
久乃 直隱	오라나 고돈
跡烏隱 現乎賜丁	자최 낟호샨뎌

〈장절공유사(將節公遺事)〉

  이 노래는 다음과 같은「장절공유사」및「고려사」의 기록에 의하면 예종 15년(1120) 10월 예종이 서경에 갔을 때 팔관회에서 고려초 공신인 신숭겸, 김락의 가상(假像)연극을 보고 감탄하여 지은 노래다.

    睿宗十五年庚子秋 省西都設八關會 有假像二 戴簪服紫 執笏紆金 騎馬踊躍 周巡於庭 上奇而聞之 左右曰 此申崇謙 金樂也 仍奏本末 上悄然感慨 問二臣之後 賜御題四韻 端歌二章 詩曰

見二功臣像 汎濫有所思 公山蹤寂莫 平壤事留遺 忠義明千古 死生惟一時 爲君躋
　　白刃 從此保王基
歌曰
　　主乙 完乎白乎 心聞 際天乙 及昆 魂是 去賜矣中 三烏賜敎 職麻 又欲 望彌
　　阿里剌 及彼可 二功臣良 久乃 直隱 跡烏隱 現乎賜丁
〈평산신씨 고려태사 장절공유사〉
十五年○八月乙酉幸西京 冬十月辛巳 設八關會 王觀雜戲 有國初功臣金樂申崇謙偶
像 王感歎賦詩〈고려사 권14 예종3〉

2. 관동별곡

海千重 山萬疊 關東別境　　海千里 山萬疊 關東別境
碧油幢 紅蓮幕 兵馬營主　　碧油幢 紅蓮幕 兵馬營主
玉帶傾盖 黑朔紅旗 鳴沙路　玉帶傾蓋 黑朔紅旗 鳴沙路
爲 巡察景 幾何如　　　　　위 巡察ㅅ景 긔 엇더ᄒ니잇고
　朔方民物 慕義起風　　　　　朔方民物 慕義起風
　爲 王化中興景 幾何如　　　　위 王化中興ㅅ景 긔 엇더ᄒ니잇고

鶴城東 元師臺 穿島國島　　鶴城東 元師臺 穿島國島
轉三山 移十洲 金鰲頂上　　轉三山 移十洲 金鰲頂上
收紫霧 券紅嵐 風恬浪靜　　收紫霧 券紅嵐 風恬浪靜
爲 登望滄溟景 幾何如　　　위 登望滄溟ㅅ景 긔 엇더ᄒ니잇고
　桂棹蘭舟 紅粉歌吹　　　　　桂棹蘭舟 紅粉歌吹
　爲 歷訪景 幾何如　　　　　위 歷訪ㅅ景 긔 엇더ᄒ니잇고

叢石亭 金幱窟 奇岩怪石　　叢石亭 金幱窟 奇岩怪石
顚倒岩 四慕峰 蒼苔古碣　　顚倒岩 四慕峰 蒼苔古碣
我也足 石岩回 殊形異狀　　어야자 石岩回 殊形異狀
爲 四海天下 無豆舍叱多　　위 四海天下 업두샷다
　玉簪珠履 三千徒客　　　　　玉簪珠履 三千徒客
　爲 又來悉 何奴日是古　　　　위 ᄯᅩ 오다 ᄒ노니잇고

三日浦 四仙亭 奇觀異跡　　三日浦 四仙亭 奇觀異跡
彌勒堂 安祥渚 三十六峰　　彌勒堂 安祥渚 三十六峰
夜深深 波灔灔松梢片月　　夜深深 波灔灔松梢片月

爲 古溫 皃 我隱 伊西爲乎伊多　　　　위 고온 양지 난 이슷ᄒ요이다
　述郞徒矣 六字丹書　　　　　　　　　述郞徒이 六字丹書
　　爲 萬古千秋 尙分明　　　　　　　　위 萬古千秋 尙分明

仙游潭 永郞湖 神淸洞裏　　　　　　　仙游潭 永郞湖 神淸洞裏
綠荷洲 靑瑤嶂 風煙十里　　　　　　　綠荷洲 靑瑤嶂 風煙十里
香冉冉 翠森森 琉璃水面　　　　　　　香冉冉 翠森森 琉璃水面
爲 泛舟景 幾何如　　　　　　　　　　위 泛舟ㅅ景 긔 엇더ᄒ니잇고
　蓴羹鱸膾 銀絲雪縷　　　　　　　　　蓴羹鱸膾 銀絲雪縷
　　爲 羊酪 豈 勿蔘爲古里　　　　　　위 羊酪 긔 므습ᄒ고리

雪嶽東 洛山西 襄陽風景　　　　　　　雪嶽東 洛山西 襄陽風景
降仙亭 祥雲亭 南北相望　　　　　　　降仙亭 祥雲亭 南北相望
騎紫鳳 駕紅鸞 佳麗神仙　　　　　　　騎紫鳳 駕紅鸞 佳麗神仙
爲 爭弄珠絃景 幾何如　　　　　　　　위 爭弄珠絃ㅅ景 긔 엇더ᄒ니잇고
　高陽酒徒 習家池館　　　　　　　　　高陽酒徒 習家池館
　　爲 四節 遊伊沙伊多　　　　　　　　위 四節 노니사이다

三韓禮義 千古風流 臨瀛古邑　　　　　三韓禮義 千古風流 臨瀛古邑
鏡浦臺 寒松亭 明月淸風　　　　　　　鏡浦臺 寒松亭 明月淸風
海棠路 菌莒池 春秋佳節　　　　　　　海棠路 菌莒池 春秋佳節
爲 遊賞景 幾何如爲尼伊古　　　　　　위 遊賞ㅅ景 긔 엇더ᄒ니잇고
　望槎亭上 滄波萬里　　　　　　　　　望槎亭上 滄波萬里
　　爲 鷗伊鳥 藩甲豆斜羅　　　　　　　위 ᄀᆞᆯ며기새 반갑두셰라

江十里 壁千層 屛圍鏡澈　　　　　　　江十里 壁千層 屛圍鏡澈
倚風岩 臨水穴 飛龍頂上　　　　　　　倚風岩 臨水穴 飛龍頂上
傾綠蟻 聳氷峰 六月淸風　　　　　　　傾綠蟻 聳氷峰 六月淸風
爲 避署景 幾何如　　　　　　　　　　위 避署ㅅ景 긔 엇더ᄒ니잇고

朱陳家世 武陵風物　　　　朱陳家世 武陵風物
爲 傳子傳孫景 幾何如　　　위 傳子傳孫ㅅ景 긔 엇더ᄒ니잇고

　이 노래는 근재 안축(1282-1348)이 충숙왕 17년 강릉도 존무사(存撫使)로 갔다가 관동의 풍경을 읊은 경기체가다.
　형식은 전편 8연이고 첫 연은 서사(序詞)로 순찰경, 제 2연 이하는 학성(안변), 총석정(통천), 삼일포(고성), 선유담, 낙산사(양양), 임영(강릉), 기선 등의 풍경을 노래한 것이다.

3. 죽계별곡

竹嶺南 永嘉北 小白山前　　　　　竹嶺南 永嘉北 小白山前
千載興亡 一樣風流 順政城裏　　　千載興亡 一樣風流 順政城裏
他代無隱 翠華峰 天子藏胎　　　　년디 업는 翠華峰 天子藏胎
爲 釀作中興景 幾何如　　　　　　위 釀作中興ㅅ景 긔 엇더ㅎ니잇고
　淸風杜閣 兩國頭啣　　　　　　　　淸風杜閣 兩國頭啣
　爲 山水高景 幾何如　　　　　　　　위 山水高ㅅ景 긔 엇더ㅎ니잇고

宿水樓 福田臺 僧林亭子　　　　　宿水樓 福田臺 僧林亭子
草菴洞 郁錦溪 聚遠樓上　　　　　草菴洞 郁錦溪 聚遠樓上
半醉半醒 紅白花開 山雨裏良　　　半醉半醒 紅白花開 山雨裏良
爲 遊興景 幾何如　　　　　　　　위 遊興ㅅ景 긔 엇더ㅎ니잇고
　高陽酒徒 珠履三千　　　　　　　　高陽酒徒 珠履三千
　爲 携手相遊景 幾何如　　　　　　　위 携手相遊ㅅ景 긔 엇더ㅎ니잇고

彩鳳飛 玉龍盤 碧山松麓　　　　　彩鳳飛 玉龍盤 碧山松麓
低筆峰 硯墨池 齊隱鄕校　　　　　低筆峰 硯墨池 齊隱鄕校
心趣六經 志窮千古 夫子門徒　　　心趣六經 志窮千古 夫子門徒
爲 春誦夏絃景 幾何如　　　　　　위 春誦夏絃ㅅ景 긔 엇더ㅎ니잇고
　年年三月 長程路良　　　　　　　　年年三月 長程路良
　爲 呵喝迎新景 幾何如　　　　　　　위 呵喝迎新ㅅ景 긔 엇더ㅎ니잇고

楚山曉 小雲英 山苑佳節　　　　　楚山曉 小雲英 山苑佳節
花爛慢 爲君開 柳陰谷　　　　　　花爛慢 爲君開 柳陰谷
忙待重來 獨倚蘭干 新聲鶯裏　　　忙待重來 獨倚蘭干 新聲鶯裏

爲 一朶紅雲垂未絶　　　　　위 一朶紅雲垂未絶
　天生絶艷 小紅時　　　　　　天生絶艷 小紅時
　爲 千里相思又奈何　　　　　위 千里相思 긔 엇더ᄒ니잇고

紅杏紛紛 芳草萋萋 樽前永日　紅杏紛紛 芳草萋萋 樽前永日
綠樹陰陰 畵閣沉沉 琴上薰風　綠樹陰陰 畵閣沉沉 琴上薰風
黃菊丹楓 錦繡春山 鴻飛後良　黃菊丹楓 錦繡春山 鴻飛後良
爲 雪月交光景 幾何如　　　　위 雪月交光ㅅ景 긔 엇더ᄒ니잇고
　中興聖代 長樂太平　　　　　中興聖代 長樂太平
　爲 四節游是沙伊多　　　　　위 四節 노니사이다
〈근재집〉

이 노래는 안축이 그의 관향(貫鄕)인 순흥의 풍경을 읊은 경기체가다.

　竹溪 在順興府 距豊基郡二十三里○李穡送安侍御詩序 順興安氏世居竹溪之上 竹溪
　之源 出於太白山
　豊基 姓氏 順興安・申・李・尹・石
　豊基 人物 安軸 忠肅王十一年 中元朝制科... 出牧尙州 時母在順寧 往來盡孝 官至
　僉議贊成事興寧君〈여지승람 권25 풍기〉

4. 자하동

家在松山紫霞洞　雲烟相接中和堂
喜聞今日耆英會　來獻一杯延壽漿
一杯可獲千年算　願君一杯復一杯
世上春秋都不管　池塘生春草園柳
徧鳴禽三韓元老　開宴中和堂白髮
戴花手把金膓相　勸酒雖道風流勝
神仙亦何傷月留　琴奏太平年願公
酩酊莫辭醉人生　無處似尊前斷送
百年無過酒杯行　到手莫留殘殷勤
爲公歌一曲是何　曲調萬年歡此生
無復見羲皇願君　努力日日飮太平
身也惟醉鄕紫霞　洞中和堂管絃聲
裏滿座佳賓皆是　三韓國老白髮戴
花手把金觴相勸　酒蓬萊仙人却是
未風流云云俚語
〈고려사 권71 악2 속악조〉

　이 노래는 「고려사」 권7 악2 속악조에 한시를 들고 이어 다음과 같이 해설하였다.

　　　侍中蔡洪哲所作也 洪哲居紫霞洞 扁其堂曰中和 日邀耆老極懽及罷作此歌 今家婢歌
　　　之詞皆仙語 盖托紫霞之仙聞 耆老會中和堂來歌此詞也

5. 관 음 찬

白花ㅣ 芬其蕚ᄒ고 香雲이 彩其光ᄒ니
圓通觀世音이 承佛遊十方이샷다
權相百福 嚴ᄒ시고 威神이 巍莫側이시니
一心若稱名ᄒ오오면 千殃이 卽殄滅ᄒᄂ니라
慈雲이 布世界ᄒ고 凉雨ㅣ 酒昏塵ᄒᄂ니
悲願이 何曾休ㅣ시리오 功德으로 濟天人이샷다
四生이 多怨害ᄒ야 八苦ㅣ 相煎迫이어늘
尋聲而濟苦ᄒ시며 應念而與樂ᄒ시ᄂ니라
無作自在力과 好應三十二와
無畏늘 施衆生ᄒ시니 法界普添利ᄒᄂ니라
始終三慧入ᄒ시고 乃獲二殊勝ᄒ시니
金剛三摩地를 菩薩이 獨能證ᄒ시니라
不思議妙德이여 名偏百億界ᄒ시니
淨聖無邊澤이 流波及斯世시니라
〈악학궤범 권5〉

　이 노래는 다음과 같은 기록으로 보아 고려때 만들어진 노래로 추정된다.

　　　謹按 鳳凰吟外 又處容歌 觀音讚 然本自高麗流傳 至今列於樂府而已 非望朝之所常用 故二扁削之不錄 〈문헌비고 권46 악가〉

6. 풍 입 송

聖明天子當今帝 神補千助敷化來
理世欣아(나) 恩深遐邇古今稀
外國躬趨盡歸依야 四境寧淸罷槍旗
聖德堯湯難比야
且樂大平時 是處笙簫聲아 鼎沸아(야)
幷(騈)闐樂音家家喜 祈祝焚香抽玉穗아
惟我聖壽萬歲야 永同山嶽天際야
四海昇平 有德咸勝 堯時야
邊庭無一事 將軍아 寶劍休更揮야
梯山航海自來朝 百寶獻我天墀야
金階玉殿呼萬歲 願我主長登寶位야
對比(此)大平時節아 絃管歌謠聲美야
主聖아 臣賢아 邂逅河淸海晏아
梨園弟子奏霓裳 白玉簫我皇前아
仙樂盈庭皆應律 君臣共醉大平筵
帝意多懽是此日 銀漏莫催頻傳아
文아 武아 官寮 拜賀共祝皇齡아
天臨玉輦廻金闕 碧閣繞아 祥煙아
繽紛花黛(載)列千行 笙歌嘹亮盡神仙
爭唱還宮樂詞아 爲報聖壽萬歲야(아)
爲報聖壽萬歲야(아)
〈시용향악보〉
※ ( ) 안은 〈악장가사〉

이 노래는 「악장가사」와 「고려사」 속악조에도 수록되어 있다.

7. 야 심 사

風光暖 風光暖 向春天
上元佳節設華筵 燈殘月落下群仙
宮漏促水涓涓아 宮漏促水涓涓아

花盈瓶酒盈觴 君臣아
君臣共醉大平年 歡醉夜深雞唱曉
人心甚厚留蓮아 人心甚厚留蓮아

待人難 待人難 何處在
深閉洞房待人難 長夜不寐君不到
羅幃繡幕是仙間 羅幃繡幕是仙間
〈악장가사〉

「시용향악보」에는 초장만 게재되었으며, 「고려사」 속악조에는 현토가 없는 한시로 기록되었고 다음과 같이 해설하였다.

    風入松有頌禱之意 夜深詞言君臣相樂之意
    皆於終宴而歌之也 然未知何時所作〈고려사 권71 악2 속악조〉

8. 보 허 자

碧煙籠曉海波閑 江上數峰寒
佩環聲裏異香飄落人 間弭緯節五雲端尾 宛然共指嘉禾瑞微一笑破朱顔
九重嶢闕望中三祝堯(高)天 萬萬載對南山
〈악장가사〉 ※ ( ) 안은 〈고려사〉

  이는「고려사」권 71 당악 오양선조에도 '步虛子令 碧烟籠曉詞'의 노래 가사로 당악에 넣은 점으로 보아 기원적으로 중국의 〈보허자〉와 같은 노래였던 것이 고려속악화, 즉 한국화한 것이라고 볼 수 있다.

9. 능 엄 찬

世界衆生이 迷失本覺 隨波逐浪이어를
如來哀憫ᄒ샤 始修行路ㅣ 無非一大師ㅣ시니
阿難尊者ㅣ 眞慈方便으로 副爲末學이어시놀
觀世音圓通을 文殊ㅣ 獨善이샷다
南無釋伽世尊하 照此今悔心ᄒ쇼셔
十方佛母 無上寶印으로 有緣을 開道ᄒ시ᄂ니
若有隨證者ㅣ어든 魔風이 不得吹케 ᄒ쇼셔
善哉라 護法ᄒ신 天龍鬼神이여샷다
〈악장가사〉

 이 노래는 〈관음찬〉과 동일형식의 노래인 찬불가이므로, 고려 때 만들어진 가요로 추정한다.

10. 영 산 회 상

靈山會相佛菩薩 代壽萬歲歌
碧海神入乘紫烟 分曺呈舞繡簾前
揷花頭重廻旋緩 共獻君王壽萬年
〈악장가사〉

  이 노래는 「악학궤범」에 관현에 맞추어 '영산회상불보살'이라고 외우면서 회무(回舞)하였다는 기록이 있으며 이를 향악에 넣었는데, 원래 불교악이므로 고려때 만들어진 것으로 추정한다.

11. 하 여 가

如此亦何如 如彼亦何如
城隍堂後垣 頹圮亦何如
我輩若此爲 不死亦何如
〈해동악부〉

　태종이 포은을 유화(侑和)한 노래라고 전하는 이 노래는 한역이 얼마나 원형을 잘 간직하고 있는지는 모르나 「청구영언」에는 다음과 같은 원 노래가 전한다. 그러나 이 원 노래도 얼마나 원형을 전하는 것인지는 알 수 없다.

　　　이런돌 엇더ᄒ며 뎌러ᄒ돌 엇더ᄒ리
　　　萬壽山 드렁츩이 얽어딘돌 긔 엇더ᄒ리
　　　우리도 이ᄀ티 얽어뎌서 百年ᄀ티 ᄒ리라

12. 단 심 가

此身死了死了　一百番更死了
白骨爲塵土　　魂魄有也無
同主一片丹心　寧有改理也歟
〈해동악부〉

이 노래도 얼마나 원형을 전한 것인지는 모르나 「청구영언」에 다음과 같은 원 노래가 전한다.

　이 몸이 죽고 죽어 一百番 고텨 죽어
　白骨이 塵土되어 넉시라도 잇고 업고
　님 向혼 一片丹心이야 가실 줄이 이시랴

참 고 문 헌

□ 어학 및 주석 단행본

金根洙(1965).「校註麗謠」油印, 國語國文學資料叢書 10.
金亨奎(1968).「古歌謠註釋」서울: 一潮閣.
梁柱東(1949).「麗謠箋注」서울: 乙酉文化社.
朴炳采(1968).「高麗歌謠의 語釋研究」서울: 宣明文化史.
全圭泰(1968).「論註 高麗歌謠」서울: 正音社.
全圭泰(1986).「韓國詩歌 研究」고려원.
池憲英(1947).「鄉歌麗謠新釋」서울: 正音社.
池憲英(1991).「鄉歌 麗謠의 諸問題」太學社.

□ 어학 논문

高永根(1983). "高麗歌謠에 나타나는 文法形態." 「白影 鄭炳昱先生還甲 紀念 論叢 Ⅰ」
金尙億(1969). "高麗歌詞 原典上 套語「나는」解釋에 대하여." 「국어국문학」 46.
金尙億(1985). "高麗「俗歌」語 解釋文法 問題에 대하여." 「人文社會科學論集」(淸州大) 18.
金尙億(1987). "高麗 俗歌語 接續形活用 末語尾에 대하여 – 고려속가 解釋을 위한 –." 「人文科學論集」(淸州大) 6.
金亨奎(1959). "古歌註解疑." 「思想界」 71.
金亨奎(1966). "古典 解讀의 問題點." 「이하윤선생화갑기념논문집」
南廣祐(1960). "古語의 正註를 爲하여 – 古語辭典 編纂 餘錄 – 「建大文

湖」創刊號.
南廣祐(1975). "高麗歌謠 註釋上의 問題點에 關하여." 「高麗時代의 言語 와 文學」螢雪出版社.
南豊鉉(1989). "高麗時代의 言語·文字觀." 「周時經學報」 3.
朴炳采(1965). "古代國語의 格形研究-鄕歌表記를 中心으로." 「高大六十 周年紀念-論文集」(人文科學編)
朴炳采(1967). "古代國語의 格形研究(續)." 「人文論集」(高麗大) 8집.
朴炳采(1991). "无涯 梁柱東과 麗謠箋注." 「양주동 연구」(서울: 民音 社), 345~394.
朴智弘(1961). "註釋 高麗歌謠." 「現代文學」 75.
徐在克(1968). "麗謠 註釋의 問題點 分析 -動動·靑山別曲을 中心으로 -." 『語文學』(韓國語文學會) 19.
梁柱東(1939). "麗謠·鄕歌의 註釋 其他." 「朝鮮日報」 1939.3.17
梁柱東(1939). "古歌謠의 語學的 研究." 「東亞日報」
1939.10/7,8,10,11,13,15,17,19,20,22,24,29,
11/1,2,7,109,12,14,15,16.
梁柱東(1949). "古歌箋剳疑." 「學風」(을유문화사) 2-2.
梁柱東(1949). "續古歌今釋 -時調와 麗謠-." 「白民」 5-3.
梁柱東(1969). "古歌箋提綱 및 剳疑." 「논문집」(명지대) 3.
유목상(1970). "麗謠에 나타난 인칭대명사 '내, 네'의 격해석에 대하여." 「논문집」(중앙대) 17.
이광호(1983). "高麗歌謠의 疑問法." 「白影 鄭炳昱先生還甲紀念論叢 Ⅰ」
李基白(1975). "麗謠에서 쓰인 助詞에 對하여." 「高麗時代의 言語와 文 學」螢雪出版社.
李基白(1983). "高麗 歌謠에 나타난 格助詞 研究." 「東洋文化研究」(慶北 大) 10.
이기수(1987). "高麗 歌謠에 나타난 안맺음씨끝「-시-」에 대한 考察."

「敎育論叢」(朝鮮大) 2-2.
梁柱東(1958). "古歌箋劄疑."「人文科學」(延世大) 2.
안병희(1960). "여요二제."「한글」127.
全在昊(1970). "古典註解의 方向."「어문학」22.
하치근(1986). "고려어의 문법현상 -문법현상을 중심으로-."「石堂論叢」(東亞大) 11.

□ 문학 단행본

姜銓燮(1986).「韓國 詩歌文學 硏究」大旺社.
국어국문학회 편(1990).「高麗歌謠의 硏究」국문학총서 2, 정음문화사.
김대행(1976).「한국시가 구조 연구」삼영사.
김동욱(1976).「한국가요의 연구(속)」서울: 이우사. 재판.
김동욱(1976).「한국가요의 연구」서울: 을유문화사. 재판.
金相善(1979).「韓國詩歌 形態論」一潮閣.
김열규·신동욱 편(1982).「高麗時代의 가요문학」새문社.
金俊榮(1990).「韓國古詩歌 硏究」螢雪出版社.
金學成(1980).「韓國古典詩歌의 硏究」圓光大學校出版局.
논문집(1983).「韓國 詩歌文學 硏究」(白影 鄭炳昱先生 還甲記念論叢 2) 新舊文化社.
朴魯埻(1990).「高麗歌謠의 硏究」새문社.
성기옥(1986).「한국시가 율격의 이론」새문社.
宋在周(1991).「古典詩歌槪要」合同敎材公司.
柳鍾國(1990).「古詩歌 樣式論」啓明文化社.
李明九(1974).「高麗歌謠의 硏究」新雅社.
李相寶(1984).「韓國古典詩歌硏究·續」太學社.

李盛周(1991).「高麗 詩歌의 硏究」雄飛社.
이종출(1989).「한국고시가 연구」太學社.
林基中・朴魯埻・黃浿江 共編(1985).「鄕歌 麗謠의 諸問題」半島出版社.
鄭琦鎬(1986).「高麗時代 詩歌의 硏究」仁荷大學校出版部.
鄭炳昱(1967)."韓國詩歌文學史(上)."「韓國文化史大系」(高麗大) 5.
정병욱(1979).「한국고전시가론」신구문화사.
정병욱(1991).「한국고전시가론」(증보판) 신구문화사.
조동일(1982).「한국시가의 전통과 율격」서울: 한길사.
최미정(1990).「고려속요의 수용사적 연구」서울대 박사학위논문.
崔正如(1989).「韓國古詩歌 硏究」啓明大學校出版部.
韓國語文學會 編(1975).「高麗時代의 言語와 文學」螢雪出版社.
黃浿江・尹元植(1986).「韓國古代歌謠」서울: 새문사.
金學成・權斗煥(1984)「古典詩歌論」새문社.

□ 작품별 논문

김형규(1955)."井邑詞 註釋."「論文集」(서울대) 2.
김형기(1973)."정읍사 풀이에 따른 가설."「韓國言語文學」11.
김형기(1975)."井邑詞 "고요"에 대한 疑問."「숭전어문학」4.
이종출(1964)."井邑詞 解讀의 再構的 試論."「趙潤濟博士回甲紀念論文集」
李熙昇(1971)."「井邑詞」解釋에 대한 疑問點."「百濟硏究」(忠南大) 2.
池憲英(1961)."井邑詞의 硏究."「亞細亞硏究」(高麗大) 7.
장지영(1955)."옛 노래 읽기(井邑詞)."「한글」111.

徐在克(1968)."麗謠 註釋의 問題點 分析 －動動・靑山別曲을 中心으로
          －."「語文學」(韓國語文學會) 19.
서재극(1975)."노래〈動動〉에서 본 高麗語."「高麗時代의 言語와 文學」
          螢雪出版社

崔龍洙(1989). "處容歌考."「嶺南語文學」(嶺南語文學會) 16.

강길운(1960). "鄭瓜亭의 노래 新釋."「現代文學」68.

김상억(1969). "高麗歌詞 原典上 套語 '나눈' 解釋에 대하여."「국어국문학」46.

서재극(1960). "鄭瓜亭曲 新釋 試圖."「語文學」(韓國語文學會) 6.

이동림(1966). "믈 힛마러신뎌攷."「聖心語文論集」1.

徐在克(1972). "「西京別曲」의 '네가시럼난디' 再考."「語文學」(韓國語文學會) 27.

高昌植(1962). "靑山別曲 解析에 對한 管見."「國語教育」(한국국어교육연구회) 3.

金完鎭(1966). "靑山別曲의 '사솜'에 대하여."「駱山語文」(서울大) 1.

金完鎭(1971). "靑山別曲 結聯에 對한 一考察."「藏菴池憲英先生華甲紀念論叢」

김형기(1971). "「靑山別曲」의 "살어리랏다"에 대하여."「語文研究」(忠南大) 7.

서재극(1968). "麗謠 註釋의 問題點 分析 —動動・靑山別曲을 中心으로—."「語文學」(韓國語文學會) 19.

李藤龍(1985). "靑山別曲 後斂句 —얄리 얄리 얄라셩 얄라리 얄라—의 語彙的 意味研究."「大東文化研究」(成大) 19.

李勝明(1975). "靑山別曲 研究."「高麗時代의 言語와 文學」

李仁模(1973). "靑山別曲 內容의 再檢討."「국어국문학」61.

윤강원(1983). "「靑山別曲」의 새로운 이해."「廣場」116.

장지영(1955). "옛노래 읽기 —靑山別曲—."「한글」108.

呂運弼(1984). "「雙花店」研究."「국어국문학」92.

李圭虎(1984). "鄭石歌式 表現과 時間意識."「국어국문학」92.

吳貞蘭(1986). "「滿殿春」解釋의 再考."「語文論集」(高麗大) 26.

張孝鉉(1981). "履霜曲 語釋의 再考."「語文論集」 22.

張孝鉉(1984). "履霜曲의 生成에 관한 고찰."「국어국문학」 92.

최호철(1990). "「사모곡」'괴시리'의 해석 재고."「韓國語學新硏究」.

姜憲圭(1972). "「가시리」의 新釋을 위한 語文學的 考察 —「가시리 評說」에의 疑義를 中心으로—."「국어국문학」 62·63.

장지영(1955). "옛 노래 읽기(상저가)."「한글」 112.

찾아보기

1. 어 휘

【ㄱ】

-가(주격) 116
가독 385
가롤 159
가만ᄒᆞ- 104
가비 97
가시 208
가슴 145
가온더 72
간 250
갓ㄱ- 112
강술 238
-거-(부사형) 273
-거-/-어- 105
-거시-/-어시- 133
거출- 176
건나- 210
것ㄱ- 106, 211
게굳- 366
겨- 100, 262
겿ㄱ- 359
계오- 132
-고(연결) 32

-고(의문) 147
고ᄒᆞ 140
-곤 72
곧- 301
골 384
-곰 26, 29
곰비 57
곱돌- 297
곳 79
-곳 155
광대 250
괴- 188
구무 112
구조개 232
굶ㄱ 112
그 251
그리- 172
글월 349
-궁에 358
궂- 201
긴ᄒᆞ 200
긷 255
길ᄒᆞ 298
깃 135
근ᄒᆞ- 138
ᄀᆞᆺ-(끊다) 387

【ㄴ】

- ㄴ다(의문) 207
- ㄴ뎌 (감탄) 225
- ㄴ둔 359
- ㄴ돌 200
- ㄴ딘 247
- 나 72
- 나 79
- 나눈 201
- 나리 67
- 나모 111
- 남ㄱ 111
- 남종 379
- 낫 309
- 낫 64
- 너기 286
- 넘나 208
- 넙 134
- 네(너의) 208
- 네ㅎ 159
- 녀 74
- 녀느 284
- 녀니 285
- 녈 37
- 녜 85
- 노니 158
- 노라 211
- 녹리 153
- 높 26
- 누 147
- 누록 239
- 누리 72
- 눈섭 136
- 는(절대격) 174
- 늘의 143
- 니마ㅎ 134
- 니블 289
- 닐 219
- 닛발 142
- 닛 82
- ㄴ 92
- ㄴᄆ자기 231
- 놀ㅎ 309
- 놈 80, 350

【ㄷ】

- 다 173
- 다가 83
- 달외 79
- 담 397
- 답 75
- 닷ㄱ 197
- 댓닙 279
- 더 173
- 더듸 281
- 더디 228
- 더브런 380
- 던 380
- 덮거츨 252
- 뎌 39
- 뎌리 224

찾아보기 423

뎔	253
－도(태격)	180
－도다	163
돋－	30
돌아보－	91
돌ᄒ	229
동	288
두셰라	348
두스	377
둘ᄒ	160
듯－	318
듶－	108
드레	254
드레박	255
디	39
디－(주저하다)	274
디－(떨어지다)	200
디내－	225
디니－	81
딕－	340
딩	262
딯－	366
ᄃ	39
ᄃ래	218
－ᄃ려	317
－ᄃ록/－도록	158
ᄃᆫ	39
ᄃᆯ	24
－ᄃᆯ(ᄃ의 대격)	39, 204
ᄃᆺᄒ－	320
ᄃᆡ	38, 39

【ㄹ】

－ㄹ셔	43
－ㄹ션뎡	43
－ㄹ션졍	43
－ㄹ셰라	378, 407
－ㄹ손	43
－ㄹ손고	43
－ㄹ시	43
－ㄹ솓	43
－ㄹ솔	43
－ㄹ시	43
－ㄹ시라	44
－ㄹ쎠	43
－ㄹ쎼라	43
－ㄹ쏜가	43
－ㄹ씨	43
－ㄹ쑬	43
－ㄹ씨	43
－ㄹ씨라	44
－라(의도)	247
－라와(비교)	219
－랏다	217
－런/－랑/－란(거격)	383
－로다	163
－를	40
－룰	40

【ㅁ】

－마는	98

-마ᄂᆞᆫ	99	**【ㅂ】**	
-마논	98		
-마ᄅᆞᆫ	99, 309	바롤	231
-마른	98	바회	199
맞-	229	받-	59
맞ㅎ	291	밧ㄱ	249
멀-	31	방하	366
멀위	218, 264	버기-	179
멎	152	벌애	264
모도-	144	별ㅎ	90
모ᄅᆞ-	206, 292	볘-	289
모양ㅎ	139	보-	280
몯-	151	보롬	74
몰애	264	-봇	155
뫼-	100, 381	불무	112
뫼ㅎ	303	븕ㄱ	112
ᄆᆞ쇠	271	브르-	145
ᄆᆞ슴	83	블	252
믈	70, 222	블-	80
믈-	118	븕-	139
믈어디-	378	븟-	342
뭇ᄌᆞ	383	비슷	135
믜-	229	비올ㅎ	287
미나-	142	비취-	32, 76
ᄆᆞᄅᆞ-	271	빌-	96
몰힛	181	빗ㄱ	340
미-	155	빛-	238
미ㅎ	165	ᄇᆞ리-	90, 198
밉-	239	ᄇᆞ릇	106

찾아보기 425

붉-	157
-븟	155
비	145
비브르-	236

【ㅅ】

-ㅅ(속격)	66
-ㅅ(사잇소리)	67
-ㅅ다	78
-사/-솨/-아(강세)	162
사기-	269
사솜	233
-사이다	65
샷기	250
샹화	246
새-(날이 새다)	158, 281
-샤-	30
-샷다	77
-새라	378
선ㅎ-	319
셜-	237
셜믜	144
섯ㄱ-	397
셔-	151
-셔	301
셔울ㅎ	194
솗-	319
셰	264
셰-	148

소리	377
-소이다	65
소ㅎ	288
쇼	273
-쇼셔	65
-쇼셰란더	388
수리	86
수블	255
숙-	143
스싀	110
슳ㅎ-	109
싀-	302
싀구박	257
시-(있다)	85
-시-	30, 262
신고ㅎ	154
ᄉ(의존명사)	44
ᄉ랑	189
ᄉ매	144
ᄉᆞᆯ-(사르다)	109
ᄉᆞᆯ-(사라지다)	381
-ᄊᆡ	367
ᄡᅡ-	299
-ᄡᅩᆫ	201
ᄡᅢᆯ-	153
ᄉᆙᆯ-	379

【ㅇ】

-아(부사형)	30

−아(호격)	24
아니	81
−아리	385
아소	313
아ᅀᆞ	285
아ᅀᆞ	35
−아지라(원망명령)	263
아촘	87
안−	155
안ᅙᆞ	102, 289
앓	114
암	129
−암	188
압	127
−애(공동격)	157
−애−(접속나열)	140
−애라	104
어강됴리	35
어누	44
어느	44
어늬	45
어ᄂᆞ	44
어니	44
어듸	228
어ᄃᆞ	228, 287
어버ᅀᅵ	128
어와	131
어위−	141
어이	311
어이−	166
얼−(사랑하다)	115
얼−(추워서)	71
엄	128
업	127
엇게	143
엇디/엇뎨	227
엇디	317
엇디ᅙᆞ−	227
−에	58
−에−(접속나열)	141
에졍지	232
여리−	287
여ᅀᆞ	285
여흘	287
여희−	197
여히−/여희−	268
열−	209
열명	300
−예−	143
−오(의문)	148
−오−(어간첨입모음)	31, 41
오놀	100
−오라	76
오ᄅᆞ−	234
오올−	137
올ᅙᆞ	286
옵	128
−옷(강세)	161
외	202
외얏	153
−우−(어간첨입모음)	31, 41
우글−	138

우니— 173
우믈 254
우ㅎ 269
움 129
웅긔— 140
—으—(조성) 40
—으란 55, 380
—을 40
—의(처격) 161
이(사람) 229
—*이(원시속격) 46
—이—(사동) 115
—이— 77
이러ㅎ— 161
이리 224
이슷 134
이슷ㅎ— 175
—이여 62
—잇고 316
잇기 223
—ᄋ—(조성모음) 40
—ᄋ로/—으로(조격) 269
—올 40
—이 113
—이/—의(속격) 66
—잇가 65

【ㅈ】

잠기 223
잡ᄉᆞ— 239

쟝화 384
적— 161
져 114
—져 71
져미— 105, 396
져재 35
져차 388
져— 92
졈글— 48
조고마 250
조롱 238
좇니— 199
좇니— 92
주롬/주름 272
주이— 248
줏— 379
즈믄 88
즛 77
—지—(형용사화) 238
—지이다 381
짒대 234
짓— 148
짓아비 256
좀 346
좀골— 48
—좁—/—숩—/—옵— 59

【ㅌ】

텰릭 271
트— 210

톡 ················· 142

【ㅍ】

퓌— ················· 270
풀— ················· 256

【ㅎ】

하 ················· 160
하— ················· 220
—하(호격) ········ 24
허믈 ················· 180
허튀 ················· 146
헐— ················· 273
혀—(불을 켜다) ········ 74
혀— ················· 234
호미 ················· 308
혼자 ················· 73
홀로 ················· 73
—히—(사동) ········ 229
ᄒᆞ— ················· 71
ᄒᆞ나ᄒ ················· 95
ᄒᆞ마 ················· 186
ᄒᆞᄫᅡ ················· 73
ᄒᆞ올로 ················· 73
히 ················· 88
히— ················· 141
히금 ················· 234
ᄒᆑ— ················· 75

2. 문법 용어

ㄱ말음명사 ········ 249, 303
ㄱ탈락 현상 ········ 33
ㄱ탈락형 ········ 264
감탄사 ········ 131, 331
감탄형종결어미 ··· 42, 62, 217, 378
강세접미사 ········ 26, 162, 163
겸양선행어미 ········ 59
공동격접미사 ········ 94, 377
과거회상접미사 ········ 173
관형사 ········ 44
관형사형어미 ········ 63
대격접미사 ········ 40
모음교체 ········ 128, 311
미래시상선행어미 ········ 156, 282
반자음 ········ 41
복합동사어간 ········ 96
사잇소리 ········ 67, 68, 69
속격접미사 ········ 66, 396
어간첨입모음 ········ 41
어미화 ········ 43
연결형어미 ········ 32, 83, 98
원순모음화 ········ 70
원시속격접미사 ········ 46
원시추상명사 ········ 39, 176, 247
음절축약 ········ 138
의문형종결어미 ········ 38, 148, 207
이중모음화 ········ 179
전성부사 ········ 202

절대격접미사	178	균여전	4
존칭선행어미	30	김선	345
존칭청원형어미	388	나례	355
존칭청유형종결어미	64	나례가	355
존칭파생접미사	84	남녀상열지사	193
주격접미사	116, 208	내당	376
주격중출문	270	노자	334
주제화접미사	55	능엄찬	411
처격접미사	58, 113	단심가	414
추상명사	45	대국	390
ㅎ말음명사	103, 303	대왕반	383
형용사화접미사	186	동동	51
호격접미사	24	라후	127
		만전춘	278

3. 기타 용어

		모시	336
가배	97	목주가	308
가사부전가요	13	무악	372
가시리	315	백거이	336
거문고	345	백결선생	365
경기체가	4	백중	93
계면조	146	벌곡조가	361
고려사	5	별곡	327
고려속요	4	별대왕	11
관동별곡	401	보허자	410
관음찬	407	사모곡	307
구천	11	사륙변려문	330
국문정착가요	6	삼국속악	22
군마대왕	11	삼국유사	4
귀호곡	315	삼도	130
		삼성대왕	387

삼재 ················· 130
삼진작 ··············· 171
상서 ················· 336
상서 ················· 393
상저가 ··············· 365
서경별곡 ············· 191
서낭당 ··············· 371
석보상절식 표기 ······ 27
성황 ················· 370
성황반 ··············· 370
세종실록 ············· 5
소도숭배 ········ 87, 371
소로 ················· 195
수리 ················· 86
시용향악보 ··········· 4
쌍화점 ··············· 244
악장가사 ············· 8
악학궤범 ············· 7
야심사 ··············· 409
엇노리 ··············· 307
여음구 ··············· 298
연등 ················· 76
영산회상 ············· 411
예성강곡 ············· 316
월인천강지곡식 표기 ·· 27
유구곡 ··············· 361
유종원 ··············· 335
이공로 ··············· 330
이규보 ··············· 330
이상곡 ··············· 295

익재난고 ············· 5
자하동 ··············· 406
장자 ················· 334
정과정 ··············· 170
정석가 ··············· 259
정읍사 ··············· 21
종성부용초성 ········· 28
주역 ················· 336
죽계별곡 ············· 404
진화 ················· 330
처용가 ··············· 122
처용랑 ··············· 124
처용무 ··············· 124
처용희 ··············· 124
청산별곡 ············· 214
춘추 ················· 336
충신연군지사 ········· 170
팔고 ················· 130
팔관회 ··············· 235
팔난 ················· 130
풍입송 ··············· 408
하여가 ··············· 413
한림별곡 ············· 323
한문체가사 ··········· 399
한문체가요 ··········· 12
한유 ················· 335
후강전 ··············· 36

새로 고친
고려가요의 어석 연구

인쇄일 초판 1쇄 1994년 03월 25일
         2쇄 2015년 02월 20일
발행일 초판 1쇄 1994년 03월 30일
         2쇄 2015년 02월 23일

지은이 박 병 채
발행인 정 찬 용
발행처 **국학자료원**
등록일 1987.12.21, 제17-270호

서울시 강동구 성내동 447-11 현영빌딩 2층
Tel : 442-4623~4 Fax : 442-4625
www.kookhak.co.kr
E- mail : kookhak2001@hanmail.net
ISBN 978-89-85465-14-4 *03800
가 격 9,000원

*저자와의 협의 하에 인지는 생략합니다.